# 호모 파베르의 미래

기술의 시대, 인간의 자리는 어디인가

**The Future of Homo Faber**
by Wha-Chul Son

ACANET, PAJU KOREA 2020.

대우학술총서 629

The Future of Homo Faber

# 호모 파베르의 미래

기술의 시대, 인간의 자리는 어디인가

손화철 지음

아카넷

# 서문

    시간이 지나도 공부가 쌓이지 않는 것은 때로 조금 서글프다. 그러나 언감생심 대단한 학자가 될 재목이 아니라면, 그 현실을 받아들이는 것도 어쩌다 공부가 업(業)이 된 자에게 주어진 숙제일 것이다. 대우재단의 학술지원사업에 응모할 때에는 기술철학의 흐름을 정리하고 나름의 통찰과 대안을 제출하리라 다짐했지만, 마감을 한참 지나 마무리하면서는 미욱한 생각의 한 자락을 정리하는 것마저 버거웠다. 이제 마지막 안간힘을 모아 그 결과물을 감히 내어놓는다.

    배움이 느렸을망정 싫었던 것은 결코 아니다. 이 책을 쓰는 동안 인공지능 프로그램 알파고와 이세돌 9단의 바둑 대국이 있었고 4차 산업혁명에 대한 설왕설래가 있었으며, 포스트휴머니즘에 대한 논의가 본격화되었다. 기술철학에 대한 관심이 커지고 다양한 논의와 관심 있는 연구자의 수도 늘고 있다. 기술철학 전공자로서 그 논의들에 참여할 기회를 얻고 많은 이들로부터 배운 것은 큰 축복이고 즐거움이다. 앞으로 철학을 비롯한 인문학이나 사회학뿐만 아니라 과학과 공학의 영역에서도 기술의 철학적 함의에 대한 연구와 토론이 더 활발해지기를 빈다. 그런 논의가 시민적 토의와 합의, 그리고 전문가들의 책임 있는 기여로 이어지고 그 고민의 결과는 과학기술 개발과 정책 입안의 현장에 적용되어야 한다. 이 작은 책이 그 과정에 조금이라도 도움이 된다면 큰 영광이겠다.

이 책에는 그동안 학술지에 게재한 논문들과 여기저기 발표한 내용이 섞여 있다. 논문 전체를 요약한 부분도 있지만 대부분 이 책의 흐름과 목적에 맞추어 필요한 부분을 발췌하여 다시 정리하였고, 그 출처를 명기하였다. 철학자뿐 아니라 공학자와 기술철학에 관심이 있는 시민들이 이해하는 데 어려움이 없도록 명료한 글쓰기를 하려 애썼다. 그럼에도 불구하고 남아 있을 오류와 실수는 모두 저자의 책임이다. 깔끔한 결론을 맺지 못한 논의와 연구가 부족했던 부분은 기회가 되는 대로 보완하고 싶다.

이 책이 나오기까지 많은 도움을 받았다. 무엇보다 오래 기다리며 넉넉하게 집필을 지원해주신 대우재단에 감사드린다. 학술지원사업은 물질적 지원뿐 아니라 적당한 압력과 꼭 필요한 심사로 책의 내용과 형식을 개선하는 계기가 되었다. 집필 기간 중 결성된 포스트휴먼학회와 유학 직후부터 함께한 한국과학기술학회 여러 선생님들께도 배움의 빚을 많이 졌다. 십수 년째 몸담은 한동대학교는 학문적으로나 인간적으로 위로와 도전이 교차하는 소중한 공동체이다. 존경하는 동료 교수님들과 사랑하는 학생들이 없었다면 이 무모한 시도는 시작되지 못했을 것이다. 언제나 따뜻한 격려와 기쁨의 원천인 곡강교회의 교우들과 하루하루를 즐겁게 만들어주는 가족의 사랑은 내 삶의 든든한 버팀목이다. 초고의 꼼꼼한 첫 독자가 되어주신 아버지와 늘 기도해주시는 어머니, 노년에도 힘든 선교 사역을 감당하시는 장인어른과 장모님, 그리고 특별히 지금 투병 중이신 작은아버지께 깊은 존경과 감사의 마음을 전한다.

2020년 12월
손화철

# 차례

## 2부 이론적 대안의 모색

# 3부 기술철학의 응용과 실천 방안

기술을
묻다

## 1. 10만 년의 반감기

온칼로(Onkalo). 핀란드에서 건설하고 있는 고준위 방사성폐기물 영구 처리장이다. 2001년 핀란드 의회와 정부는 오랜 논의 끝에 핀란드 서해안의 유라호키(Eurajoki)시에 있는 올킬루오토(Olkiluoto) 원자력 발전소 근처의 화강암 암반 지하를 고준위 방사성폐기물 영구 처리장 부지로 선정하였다. 이후 2004년에 처리장을 설치할 지하로 내려가는 땅파기가 시작되었다. 2012년 방사성폐기물 저장시설 건설 허가를 신청하여 2015년 허가를 받았는데, 공사를 완료하고 방사성폐기물을 밀봉하여 영구 저장하기 시작할 것이라 한다. 이 처리장이 다 차서 완전히 밀봉 상태로 닫는 것은 2120년대로 예정하고 있다.[1]

2010년에 개봉된 다큐멘터리 영화 〈영원한 봉인(Into Eternity)〉(Madsen, 2010)은 "과연 이 처리장이 고준위 방사성폐기물을 향후 10만 년 동안 안전하게 봉인할 수 있을 것인가?"라는 물음을 제기하는 과학자, 신학자, 정책입안자들의 논의를 추적한다. 이미 전 세계에 쌓여 있는 몇만 톤의 고준위 방사성폐기물을 어떤 식으로든 처리해야 하는데, 지금 가장 합리적이라고 생각되는 방안은 이 물질을 땅에 묻고[2] 10만 년 동안 누구의 손에도 닿지 않게 하는 것이다. 핀란드에서도 안전에 대한 기술적 문제들은 영구처리장의 위치를 정할 때부터 이미 많은 논의가 있었을 것이다. 그런데 이 다큐멘터리는 핀란드 전문가들이 해당 부지의 지질학적인 안정성이나 방사성폐기물의 보관이라는 기술적인 문제에서 멈추지 않고 더 나아가고 있음을 보여준다.[3] 그들은 물리적 환경과 폐기물 처리 방법론만큼이나 미래 세대와의 소통을 중요시한다. 다시 말해서 기술적 안정성이 보장되더라도 미래 세대와의 소통이 이루어지지 않는다면 자칫 영구처리장의 봉인이 벗겨져 위험해질 수도 있다고 보는 것이다. 원자력 발전의 부산물인 고준위 방사성폐기물의 방사능이 절반으로 줄어드는 반감기 10만 년은, 길게 보아도 4~5만 년 전이라는 현생인류의 출현과 고작 5,000년 남짓한 역사시대와 비교할 때 터무니없이 길다. 그 긴 시간 동안 온칼로 저장소가 파헤쳐지지 않게 할 방법이 있는가? 과연 이 저장소에 대한 기록이 미래 인류에게 전달되고 이해될 수 있을까?

이 연구자들은 현재 인류가 지금 사용하고 있는 문자와 상징을 더 이상 알지 못하는 사람들, 현재보다 기술력이 월등히 우수하거나 혹은 열등한 사람들, 지금과는 전혀 다른 사고체계를 가진 사람들에게 고준위 방사성폐기물의 위험성을 알리고 온칼로 저장소의 봉인을 떼지 않도록 할 방법이 무엇인지 고민하고 있다. 어떤 사람들은 차라리 미래 세대에게 이 저장소의 존재를 알리지 않는 것이 불필요한 호기심을 막아서 위험을 방지하기 더 좋을 것이라 주장하기도 한다.

원자력 발전이나 고준위 방사성폐기물 처리에 대한 논의에서 단골로 등장하는 주제는 위험의 문제, 환경오염의 문제, 경제성의 문제다. 그러나 온칼로 영구저장소의 이야기는 이를 넘어서 있다. 설사 그 모든 문제가 어느 정도 해결되더라도, 의사소통의 실패나 호기심 같은 인간의 문제를 해결하지 못한다면 10만 년 후까지의 안전을 보장할 수 없다.

현대기술은 인간이 생각하고 책임져야 할 시간의 한계를 엄청나게 확장시켰다. 평균수명을 한껏 연장하여 이제 100년을 살게 된 인간이 향후 10만 년 후를 걱정해보지만, 기술의 발달은 정작 우리의 먼 미래를 예측하는 데 근본적으로 무용하다. 인간이 수명이 엄청나게 늘어난다면 이런 걱정을 좀 덜 수도 있을 것이다. 그러나 그렇게 될 경우 그동안 짧은 수명의 인류가 쌓아올린 여러 문화적·정신적 유산들이 무의미하게 되고 말 것이다.

과거의 기술은 인간 삶의 흐름과 범위를 크게 벗어나지 않는 선에서 발전하고 변화를 초래했다. 또 과거의 기술 발전은 긴 세월과 많은 세대를 거쳐 일어났기 때문에 개개인에게는 별다른 의미가 없었다. 그러나 19세기 산업혁명 이후의 기술들은 한 세대가 지나기 전에 사람들의 삶의 형식과 맥락을 바꾼다. 인간 자신은 여전히 시간에 매여 있지만, 인간이 만드는 기술은 시간의 속박에서 벗어나고 말았다. 〈영원한 봉인〉의 고민은 불가피하기도 하지만 부질없어 보이고, 사려 깊은 것처럼 보이기도 하지만 오만하기도 하다.

## 2. 도시의 확장과 인류세

우리나라 인구의 90% 이상, 세계 인구의 50% 이상이 도시에 거주한다. 그리고 이 비율은 계속 늘어나고 있다(Haub 2009).[4] 산업화의 또 다른 말은 도시화이고, 그래서 도시화는 현대기술의 중요한 결과이기도 하다.

자크 엘륄(Jacques Ellul)은 도시의 성경적 의미를 분석한 그의 책 『도시의 의미』에서 도시를 '인간이 신의 도움이 아닌 자기의 힘으로 스스로를 보호할 수 있게 한 곳'으로 정의한다. 성경에서 처음 도시를 만든 것은 다름 아닌 최초의 살인자 카인이다. 동생 아벨을 살해하고 쫓겨난 그는, 자신의 생명은 보존해주겠다는 신의 약속을 믿지 않고 스스로를 보호하기 위해 성벽을 쌓는다(성경 창세기 4장 14-17절; Ellul 1970: 3-9).

엘륄은 이후 성경에 나타난 여러 도시들을 분석하는데, 종교적인 의미를 배제하더라도 여러 통찰을 보여준다. 인간이 스스로를 보호하기 위해서는 당연히 기술이 필요하다. 초기 도시의 성벽은 도시와 기술의 밀접한 관계를 보여주는 전형적인 예이다. 성벽은 도시와 농촌(혹은 자연)을 갈라놓는다. 도시는 소비하는 곳이지 생산하는 곳이 아니다. 도시는 지배력을 갖지만 그 생명력을 농촌에서 빨아들이고 배설물을 농촌으로 다시 보낸다. 그 생명력의 전달이 도시와 농촌, 도시와 자연의 유일한 연결점이다.

도시에 대한 엘륄의 통찰을 좀 더 깊이 생각해보면, 우리는 근대 이후 현대기술의 발전이 도시 확장의 역사와 연결되어 있음을 금방 알게 된다. 여기에 현대기술의 본질이 모든 존재하는 것들을 부품으로 전락시키는 닦달[몰아세움](Gestell)이라 주장한 마르틴 하이데거(Martin Heidegger)의 주장까지 더하면(Heidegger 1954/2008: 27-32), 이야기는 더 복잡해진다. 급격한 도시화는 일차적으로 도시라는 장소의 확장이지만, 과거에 농촌에 속했던 일들을 통제하려는 노력도 상징적인 의미에서는 도시화라고 할 수 있을 것이다. 우리의 먹거리들 중 '자연산'은 점점 줄어든다. 이런저런 방식으로 가공한 음식들뿐 아니라, 채소와 곡물, 과일들도 과거보다 훨씬 더 공격적인 농업 기술의 산물이다. 이제 우리는 계절과 무관하게 공급되고 맛과 향, 모양과 크기, 영양소와 성분까지 조절된 농산물들을 먹고 산다. 공장식 축산, 기계 농업, 비료, 유전자 조작 등이 더해진 우리 시대의 농업은 불과 100여 년 전까지 모두에게 익숙했던 그런 농업과는 차원이 다르다. 오늘의 농업은 도시의 정신으로 수행되고 있다.

현대기술의 수혜를 많이 누린 사회에 사는 사람들의 삶에서 자연의 접촉은 숨 쉴 때 마시는 공기밖에 없다. 서울과 같은 대도시에서 사람은 하루 종일 흙을 밟지 않고 살기도 하고, 모든 시간을 거의 모든 시간을 기둥 위에 만들어진 곳, 그러니까 아래에 허공을 둔 바닥 위에서 보내기도 한다. 과거의 성읍은 벽으로 안과 밖을 갈랐지만, 오늘날 도시에 사는 것은 포장된 공간에서 지낸다는 의미이다. 그뿐이랴, 우리가 하는 대부분의 소통과 정보습득은 휴대전화나 컴퓨터를 통해서 이루어지고, 자연에는 존재하지 않는 플라스틱으로 만든 제품들을 온종일 사용하면서 살아간다. 전기는 공기처럼 어디서나 얻을 수 있는 것이 되었다.

이렇듯 현대 도시의 확장은 광범위하고도 급진적으로 일어났다. 급진적이라 하는 이유는 도시와 자연의 관계가 바뀌었기 때문이다. 지금도 면적으로 따지면 도시가 차지하는 비율이 1/5뿐이라지만, 먼 과거에 도시는 광대한 자연 속에 점처럼 존재하는 공간이었다. 인간이 살아가는 기본 환경은 사실 자연이었다. 과거에도 사람은 여러 가지 기술을 통해 삶의 환경을 바꾸어 왔지만, 그 모든 환경의 기반이 되는 자연 자체를 바꾼 것은 아니다. 전통적으로 인간이 발전시켜온 기술은 자연이 우리에게 지우는 여러 부담과 한계로부터 벗어나려는 노력이었다. 그러나 앞서 말한 것처럼 도시의 정신과 영향력이 농촌과 자연의 영역으로 퍼지면서, 이제 도시는 자연이라는 원초적인 환경, 자신이 살아가는 근본 공간마저 바꾸기에 이르렀다.

최근 많은 반향을 얻고 있는 '인류세(人類世, anthropocene)'라는 개념이 이러한 상황을 잘 표현해준다. 인류세는 지질시대의 여러 구분 중 1만 년 전에 시작된 것으로 보는 홀로세(Holocene)를 잇는 새로운 지질시대로 산업혁명 이후를 일컫는다(주영재 2016; cf. 신두호 2016). 이 주장에 따르면 인류가 지구 대기와 바다, 야생 환경에 심대한 영향을 미쳐 큰 지질학적 변화가 일어났기 때문에 이를 새로운 지질시대, 즉 '세(世, cene)'로 취급해야 한다. 동위원소의 방출, 플라스틱과 콘크리트의 광범위한 사용, 토양 내 질소와 인의 양, 온실가스 배출, 급격한 생물 멸종 등과 같은 특징들이 공룡의 멸종이나 현생인류의 등장처럼 또 다른 세계로의 이행을 초래한 사건들과 맞먹을 정도로 큰 변화라고 보는 것이다.

이 같은 주장은 학계에서 많은 논란을 일으키고 있으며, '인류세'는 아직까지 지질학계에서 확정한 개념이 아니다. 그러나 그 개념의 적절성과는 별개로, 인류세 개념은 산업혁명 이래 일어난 급격한 기술 발전의 함의를 잘 보여준다. 인간은 자연이라는 환경 안에 사는 존재였는데, 이제는 도시라는 인공적 환경 속에 살게 되었을 뿐 아니라 자연 자체를 변화시키는 힘을 갖게 된 것이다. 이는 마치 물고기가 바닷물을 변화시킬 수 있게 된 것과 같은 일이다. 인류가 생긴 이래 알았던 자연, 인간 삶의 기본 환경은 더 이상 없다. 1945년 핵폭탄이 터진 이래, 인간은 바야흐로 '자연보호'를 해야 하는 존재가 되었다.

## 3. 알파고의 '배움'[5]

2016년 3월 13일 한국에서 벌어진 대국에서 이세돌 9단이 구글 딥마인드(Deep Mind)의 바둑 프로그램인 알파고에게 이긴 것은 1996년 2월 10일 체스 마스터 가리 가스파로프(Garry Kasparov)가 IBM의 딥블루(Deep Blue)에게 진 일과 더불어 오래 기억될 것이다. 바둑에는 체스같이 서로 다른 모양의 말이 없고 흑돌과 백돌을 가로 세로 각 19줄로 이루어진 바둑판에 놓는 것으로 승패를 가린다. 그래서 가능한 대국의 경우의 수가 10의 170승이나 되고, 이는 우주에 있는 원자의 수보다 많다고 한다. 그런 만큼 알파고가 이세돌에게 전패할 것이라는 예측이 많았지만, 결과적으로 이세돌이 5번의 대국에서 1승만을 거두었다. 가스파로프는 6번의 대결에서 단 한 번 졌음에도 사람이 기계에게 졌다는 사실 때문에 큰 충격을 주었는데, 이세돌은 사람이 더 이상 기계를 이길 수 없다는 사실을 확인시켜주었다. 요컨대 가스파로프는 인공지능에 처음 진 사람이고, 이세돌 9단은 마지막으로 이긴 사람으로 기록될지 모른다.[6]

사실 사람이 동물이나 자신의 도구보다 더 못하는 일이 많다는 것은 그리 새삼스럽지 않다. 사람은 치타나 자동차처럼 빠르지도 않고 소나 불도저처럼 힘이 세지도 않다. 독수리나 망원경처럼 멀리 보지도 못하고 개나 전자 센서처럼 작은 소리를 잡아내지 못한다. 그런데 인간은 동물을 길들여 이용하며 도구를 만들어 사용함으로써 동물과 기술의 주인이 되어왔다. 불도저의 강함과 망원경의 시력은 곧 인간의 강함과 시력이다. 그리하여 맥루언은 기술을 일컬어 인간 몸의 연장이라고 했다(McLuhan & Fiore 1967: 26-41).

문자와 컴퓨터는 인간의 기억력과 연산능력을 엄청나게 확장시켰다. 여기서 한 걸음 더 나아가 인공지능은 몸의 연장이 아니라 배움과 판단의 능력, 즉 마음에 속하는 한 부분의 연장이라 할 수 있다. 따라서 인공지능의 개발은 더 빠른 자동차, 더 강력한 연산능력 같은 이전의 기술 발전과 질적으로 다르다. 배움과 판단은 동물을 지배하고 도구를 만들어 사용하는 데 필요한 능력이다. 알파고는 제한된 조건에서이지만 배움과 판단의 능력을 모방하는 데 성공했다.

알파고의 놀라운 능력은 수많은 기보에서 나온 데이터와 연습 바둑을 통해 구현된다. 여기에 빅데이터 기술, 기계학습, 기계학습 중에서 딥 러닝이라는 기술이 적용된다. 바둑에서 가능한 모든 경우를 하나하나 계산할 수 없기 때문에, 알파고는 특정 상황에서 고려하지 않아도 될 경우를 제외하고 계산을 해나간다. 이는 사실 사람이 사고하는 방식과 비슷하다. 자기 차례가 되었을 때 바둑 기사가 고려하는 수는 바둑판 전체에 있는 모든 가능성이 아니라 문제가 되는 지점의 몇몇 가능성이다. 알파고는 과거 대국들의 기보 분석을 통해 현 상황에서 고려할 만한 다음 수들을 정하고 각각의 가능성을 다시 분석해서 최종 결정을 내린다. 결정된 수가 궁극적으로 승리에 긍정적인 기여를 하면 다시 다음 분석 데이터에 포함된다. 이런 식으로 일정한 학습이 이루어진 다음에는 알파고가 스스로 연습 바둑을 두어 가며 데이터를 축적한다.

이 과정을 통해 알파고는 사람이 배우고 판단하는 것과 유사한 과정을 구현하게 된다. 어린아이라면 몇 번 가르쳐주면 금방 배우는 간단한 판단을 위해서 수백 대 컴퓨터의 엄청난 연산능력을 동원해야 한다지만, 이것이 실현된 것은 여전히 놀라운 일이다. 물론 바둑의 경우는 목표와 규칙이 뚜렷하기 때문에 상대적으로 고려할 요소가 적은 편에 속한다. 그러나 앞으로 컴퓨터의 연산능력이 확장됨에 따라 복잡한 판단을 하는 인공지능의 능력은 빠른 속도로 향상될 것이다.

그렇다면 알파고는 배움의 능력과 합리적 판단을 통해 자연을 극복해온 인간 지성의 능력을 모두 대체하게 될 것인가? 이 물음에 대해 여러 의견이 나뉘는 것 같지만, 자세히 보면 이에 대한 갑론을박은 '모두' 대체될 것인지 '일부' 대체될 것인지의 문제다. 이제 '생각하는 동물'의 생각 중 상당 부분이 기술로 대체할 수 있다는 것은 기정사실이기 때문이다. 그 생각 중 얼마가 인간 고유의 것으로 남아 있는지가 문제일 뿐이다.

알파고의 경우에서 주의 깊게 보아야 할 것은 알파고가 배움의 과정을 모사하면서 배움의 특징도 가지게 된다는 사실이다. 배움의 중요한 특징으로 입력치보다 출력치가 더 우월할 수 있다는 점이 있다. 알파고는 이세돌보다 약한 기사들의 기보를 보고 배웠지만 결국 이세돌을 이겼다. 이는 이세돌 역시 한때는 스승보다 바둑을 더 못 두었지만 어느 순간 이기게 된 것과 유사하다. 그런데 이 지점에서 제기되는 문제가 있으니, 바로 출력치의 수준 높은 판단을 평가할 수 없다는 점이다. 이전의 컴퓨터 프로그램에 대해서는 그것이 제대로 구현되었는지를 사후에라도 평가하고 검증할 수 있었다. 그러나 딥러닝을 통해 수많은 통계적 방법을 거쳐 선택된 다양한 연산들을 평가하기는 힘들다. 다시 말해 알파고가 왜 그 수를 두었는지는 알 수가 없고, 알 수 있는 것은 알파고가 이세돌을 이겼다는 사실 뿐이다. 알파고가 우수해서 이세돌을 이길 것이라 예측하기는 힘들고 이세돌을 이겼기 때문에 알파고가 우수하다고 말할 수밖에 없다. 이를 빅데이터 기술과 연결하면 문제는 더욱 복잡해진다. 초기의 빅데이터 기술은 일정한 원칙에 따라 만든 알고리듬을 통해 주어진 데이터를 정보로 가공했을 것이다. 그런데 그 가공의 과정이 인공지능을 통해 이루어진다면, 만들어진 정보의 타당성은 검증이 아닌 믿음의 대상이 될 공산이 크다.[7]

## 4. 기술철학의 물음: 인간과 기술

인류가 생겨난 이래 최근까지 시간과 공간의 한계는 현실적으로 매우 뚜렷했다. 사람이 일정 기간 이상 살 수 없었을 뿐 아니라, 미래를 예측하거나 조정하는 것도 능력 밖의 일이었다. 자신이 몸담고 있는 공간에 대한 장악력에도 한계가 있어서 자연의 영향력을 제한하는 수많은 인공물과 도시들을 바다에 뜬 섬처럼 드문드문 배치하는 것으로 만족해야 했다. 물론 인간 지성이 독보적임도 함께 기억해야 한다. 인간이 자신에게 주어진 시간과 공간의 한계를 일부만이라도 극복했다면 그것은 지성을 통해서다. 다른 동물들이 주어진 한계 안에서 살아가는 것과 달리 인간은 자신의 지성을 이용하여 그 한계를 돌파하려 해왔다.

그런데 그 노력의 끝에 과거와는 질적으로 다른 상황에 이르렀다. 이제 인간은 과거에는 상상도 못할 먼 미래에 실질적인 영향을 미치고 자신이 거하는 공간 자체를 통째로 바꿔버린다. 나아가 그 모든 일의 원천인 지성을 기계적으로 복제하고, 일부 영역에서나마 더 높은 수준으로 구현한다. 이 같은 첨단기술의 시대에 인간의 자리는 어디인가? 어느 시절에나 제기되었던 물음이기는 하지만, 최근의 변화들은 이 근본적인 물음을 새로운 맥락에서 다시 제기한다.

시간과 공간의 한계 안에 있는 것, 독보적인 지성으로 그 한계를 일부 극복하며 살아가는 것이 인류가 익히 알아온 삶이다. 현대기술의 발달로 그 익숙한 삶의 자리에 변화가 생겼다. 그 변화는 '증강된 힘의 통제불능 상태'로 요약할 수 있다. 인간은 10만 년 후 미래에 엄청난 물리적 영향력을 행사하게 되었지만 여전히 10만 년을 살지 못한다. 스스로 살고 있는 공간 전체를 변화시켰지만 그 변화를 조절하지는 못한다. 인간 지성의 중요한 역할인 배움과 판단을 인공물이 수행할 수 있게 복제해냈지만, 그 배움과 판단의 결과를 평가하지 못한다.

증강된 힘은 인간이 누구인가를 다시 묻게 한다. 독보적인 지성, 생각의 힘도 인간의 인간됨을 구성하는 중요한 요소였지만, 시공간 안의 한계역시 인간 실존의 핵심이기 때문이다. 기술철학은 기술을 그 성찰의 대상으로 삼지만, 기술의 본질과 특성, 그리고 그 역할만을 묻지 않는다. 기술을 묻다보면, 그중에서도 산업혁명기 이래 빠른 속도로 발전해온 지난 200여 년간의 기술을 묻다보면 새로운 처지에 놓인 인간에 대한 물음이 부상한다. 인간의 지성으로 주어진 상황을 극복하기 위해 노력한 끝에, 인간은 전에 알지 못하던 능력을 가지고 전에는 의미 없었던 물음을 묻는 존재로 변했다. 문자 이전과 이후의 인간이 달라졌듯이, 핵무기와 인공지능 이후 인간은 이제 다른 존재가 된 것인지도 모른다.

통제불능 상태는 기술이 '무엇인가' 뿐 아니라 '무엇이어야 하는가'를 묻게 한다. 자연도 아니고 신도 아니며, 심지어 변덕에 시달리는 사람의 마음도 아닌 인공물, 그러니까 사람이 의도를 가지고 만든 것들을 사람이 어찌하지 못하는 상황에 대한 해석이 필요하다. 이는 앞으로의 기술이 어떠해야 하는지에 대한 고민으로 이어진다. 물론 현대기술이 정말 통제불능 상태라면 이러한 고민은 무의미할 것이다. 그러나 역설적이게도, 기술의 통제를 위한 노력이 있는 한 통제불능 상태는 잠정적이라 보아야 한다.

인간과 기술의 자리를 묻는 것이 새삼스럽다는 비판도 있을 수 있다. 어떤 이는 기술의 미래를 묻는 것이 사람들이 역사를 통해 반복해온 미래 설계의 노력과 동일하기 때문에 전혀 새롭지 않다고 할지 모른다. 어차피 늘 하던 생각을 기술철학의 이름을 붙이기 위해 다시 포장할 필요가 있는가? 또 다른 사람은 이런 물음이 온칼로의 경우처럼 아예 인간의 능력 밖으로 나가버린 물음이라 할 수도 있다. 이 경우 시간과 공간의 한계는 극복되기는커녕 여전히 강고하게 우리를 옥죄고 있는 셈이 되고, 기술철학의 논의는 부질없는 것이 되고 만다.

이런 비판은 철학이 마주하는 비판 중 가장 흔하고 답하기 쉬운 종류에 속한다. 실천철학으로서 기술철학은 일정한 필요에 응하고 스스로의 효용을 증명해야 하는 부담을 진다. 설사 그 부담을 차치하더라도, 어차피 철학의 물음은 인간이 던지는 것이 아니라 인간에게 오는 것이다. 그래서 그 효용의 문제를 완전히 해결하지 못한다 해도 기술철학의 여러 물음들은 여전히 유효하다. 기술의 시대에 우리에게 온 물음을 궁구하고 답을 찾으려 노력하는 것은 사유하는 인간의 숙명이다.

경계해야 할 것은 다가오는 물음을 정직하게 맞이하지 못하거나 정해진 답을 향해 나아가는 방식으로 사유를 전개하는 것이다. 기술철학이 가장 심하게 오용되거나 오해되는 경우는 그 이론이 기술의 진보 일반이나 개별 기술의 개발을 지지하거나 반대하기 위한 도구가 되는 것이다. 그래서 기술철학이 "기술이 무엇인가?"라는 고유의 물음과 함께 철학의 가장 근본적인 문제 중 하나인 "인간이란 무엇인가?"로 돌아가는 것이 중요하다. 기술이 자연에 미치는 영향력과 인간의 삶에서 차지하는 비중이 커진 현대의 상황에서 인간의 자리를 묻는 것은, 다시 기술이 무엇이어야 하는가의 물음으로 이어질 것이다.

## 5. 이 책의 목표와 구성

이 책의 목표는 세 가지이다. 하나는 20세기 전반기부터 본격적으로 시작된 기술철학의 여러 이론들을 소개하는 것이다. 기술철학의 역사가 그리 길지 않기 때문에 다른 분야에 비해서 그 분량 자체는 적다. 그럼에도 지금까지 이 분야에서 수행된 여러 연구를 묶어서 함께 살펴보는 문헌들은 생각보다 많지 않다. 짧은 기간 동안 워낙 다양한 시도들이 있어 왔고, 연한이 짧은 만큼 기술철학의 정의 자체에 대해 서로 다른 입장과 접근이 있기 때문이다. 이 책에서는 여러 이론을 병렬적으로 나열하거나 각 철학자의 주장을 자세히 소개하기보다, 각 이론이 인간과 기술을 어떻게 정의하고 그 상호작용을 어떻게 파악하는지를 기준으로 삼아 기술철학의 흐름을 설명할 것이다. 그리하여 기술철학의 이론들에 대한 교과서적인 소개에 그치지 않고, 그 흐름과 역사에 대한 나름의 해석을 내놓으려 한다.

다른 하나는 기술철학의 기존 논의에 대한 검토를 거쳐 이론적 대안과 함께 실천적 제안을 제시하는 것이다. 기술철학이 실천철학이어야 한다는 입장을 가지고 기술과 관련된 여러 주체가 어떻게 미래의 기술사회를 기획해야 할 것인지에 대한 의견을 담았다. 인간이 기술을 만들고 기술이 인간을 만든다는 역설을 강조하여 기존 기술철학의 여러 이론이 제공한 통찰을 계승하면서, 보다 현실적이고 겸손한 기술 발전을 추구하는 것이 '호모 파베르의 미래'라는 것이 본서의 주장이다.

마지막 목표는 본서가 전문 철학자뿐 아니라 일반인들에게도 기술과 인간의 문제, 나아가 철학의 물음들에 더 가까이 나아가는 계기가 되게 하는 것이다. 이를 위해 기술철학의 이론적 논의들과 기술사회의 실제 문제들을 가능한 많이 연결하여 분석, 검토한다. 이는 기술철학이 실천철학임을 강조함과 동시에 철학에 대한 접근 장벽을 낮추기 위함이다. 기술철학은 현대사회의 가장 핵심적이고 근본적인 문제를 다루면서도 철학의 여러 분과 중 그 문제의식과 해결방안을 파악하기 쉬운 분야이다. 그래서 모두가 피부로 느끼는 기술의 문제를 통해 철학적 성찰로 나아갈 수 있는 좋은 통로가 될 것이라고 생각한다.

본서는 서론과 결론을 제외하고 총 3부 10장으로 이루어진다. 먼저 1장은 기술철학 일반에 관한 설명을 제시하여 이 책에서 논의될 내용의 기본적인 틀과 배경, 그리고 논의의 기조를 설정한다. 이 책이 어떤 방식으로 기술철학의 흐름을 정리할 것인지를 다른 학자들의 분류법과 함께 소개하고, 기술철학이 역사적으로 어떤 과정과 계기를 통해 발전해왔는지를 살펴본다. 이를 통해서 기술철학이 다른 유관 분야와 어떤 차별성이 있는지, 또 철학 일반과는 어떤 차이가 있는지가 드러날 것이다. 또 기술철학이 기술사회가 당면한 문제들에 구체적인 대안을 제시하는 실천철학적 특성이 있다는 점과 기술철학 자체가 끊임없는 변화에 노출된 역동성을 가진다는 점을 강조한다.

2, 3, 4장으로 구성된 1부에서는 제목 그대로 기술철학의 흐름을 소개한다. 기술철학의 연한은 짧지만 그 기간 동안 여러 철학자들이 기술에 대해 고민해왔다. 그들의 주장과 강조점은 때로는 극명하고 때로는 미묘한 차이를 드러내고 서로 얽히기도 하는데, 기술철학의 발전에 일정한 기여가 있었던 사상들을 차례로 검토할 것이다. 논의를 좀 더 건설적으로 이끌기 위해 큰 틀에서 이들을 고전적 기술철학, 경험으로의 전환, 포스트휴머니즘으로 나누어 살펴보되, 각 흐름이 인간과 기술의 관계, 기술 발전에 대한 평가와 대응 방안에 대해 가진 입장을 중심으로 다룰 것이다. 각 사상가가 가진 견해에 대한 비판적인 검토도 시도한다. 개별 철학자들의 사상을 소개하는 부분은 과거에 해당 철학자의 입장을 소개했던 연구들에서 가져와 그대로 다시 사용하거나 본서의 맥락에 맞게 고쳤다. 이 외에도 다른 연구에서 제기한 주장이나 서술 내용을 그대로 옮긴 부분이 본서 곳곳에 흩어져 있는데, 그 전거와 수정 여부를 상세히 밝혀 본래의 맥락도 확인할 수 있게 했다.

5, 6, 7장으로 이루어진 2부에서는 1부의 논의를 배경으로 삼아 기술철학의 여러 쟁점에 대한 필자의 입장과 제안을 제시하려 한다. 여기서 가장 핵심이 되는 것은 5장에서 다루는 '호모 파베르의 역설'이다. 이 개념은 '기술을 만들어 사용하는 인간'이라는 호모 파베르에 대한 가장 기초

적인 이해를 확장하여 "인간이 기술을 만들고 기술이 인간을 만든다"는 역설을 포함하도록 한 것이다. 6장에서는 이 개념을 채택하여 기술을 이해하는 것이 1부에서 살펴본 여러 철학자의 통찰을 더욱 풍성하게 할 수 있음을 논증한다. 이어서 7장은 호모 파베르의 역설로부터 도출되는 기술사회를 향한 제안으로 '목적이 이끄는 과학기술 발전' 개념을 제시하고 기술사회가 앞으로 나아가야 할 방향에 대한 숙고를 요청할 것이다.

　3부 역시 세 장으로 이루어져 있는데, 기술사회의 문제에 대한 구체적인 대안을 제시하려는 시도를 감행하였다. 기술철학은 실천철학이기 때문에 그 이론적 논의에서 제기된 문제들에 대한 해법도 제출할 수 있어야 한다. 그 해법이 얼마나 실용적이고 현실적인지에 대한 물음은 차치하더라도, 막연한 입장의 선포가 아닌 구체적으로 추구해야 할 일들이 무엇인지를 제안함으로써 향후 논의의 발판을 마련할 수 있다. 이런 문제의식을 가지고 8장에서는 기존의 기술철학 이론에서와 달리 공학자의 적극적인 역할을 주문한다. 9장에서는 대표적인 첨단기술들에 기술철학적 고민들이 어떻게 적용될 수 있는지를 살펴보고, 10장에서는 과학기술 거버넌스가 나아갈 방향에 대한 제안을 담았다.

| 1장 |

# 기술철학의
# 정체성 찾기

기술철학이란 무엇인가? 철학의 장구한 역사와 그 흐름 속에서 생겨난 수많은 분과 중에서 기술철학은 사실상 신생 분야에 가깝다. 비슷한 시기에 생겼다고 할 수 있는 과학철학과 비교해도 기술철학이 본격적으로 연구된 연한은 짧고, 그 영향력도 상대적으로 제한적이다. 학회를 꾸려 연구자들이 교류한 것은 1970년대부터인데,[8] 지금도 기술철학의 정의와 역할에 대한 토론이 이어지고 있는 것도 그런 이유 때문이다. 사춘기가 된 아이가 자신의 정체성을 찾아가는 진통을 겪는 것처럼, 기술철학 역시 철학의 한 분과로 자리 잡기 위한 노력을 계속해오고 있다. 칼 미첨(Carl Mitcham)은 1994년에 "현재 연구되고 있는 기술철학은 제대로 정의된 탐구 영역이 아니다. 사실 기술철학에 기여하는 사람들은 서로 정반대되는 목적, 방법을 취하는 경우가 흔하고, 기술철학에 속하는 논의로 손

29

쉽게 분류되는 것들 중에는 전통적인 철학의 주제에서 멀리 벗어난 문제들을 다룰 때가 많다"고 했다(Mitcham 1994: 112-113). 페터 크루스(Peter Kroes)와 안토니 메이어스(Anthonie Meijers)는 1960년대와 1980년대를 지나면서 기술철학은 여전히 정체성 위기를 겪어왔다고 진단했다(Kroes and Meijers 2000: xvii). 두 사람은 16년이 지난 후에도 다시 기술철학의 정체성과 그 미래에 대해 공유된 입장은 아직 없으며, 기술철학은 "성숙을 향해 가는 길 위에 있다"고 평가한다(Franssen et. al. 2016: 8).

물론 기술철학을 '기술에 대한 철학적 물음'이라 간단히 정의할 수 있을 것이다. 그러나 그 '철학적 물음'이 어디까지를 포괄하는지, 그 물음의 목적과 결과가 무엇인지를 가늠하는 일은 간단치 않다. 나아가 "애당초 철학이 왜 기술에 대해 물어야 했는가?"와 "앞으로 기술철학은 무엇을 물어야 하는가?"처럼 같은 물음을 과거형이나 미래형으로 묻는다면 논의가 매우 복잡해질 것이다. 그러나 이 모든 논의는 기술철학이 철학의 분과로서 든든히 서기 위한 중요한 과정이다. 다행히 철학은 스스로의 정체성 탐구를 중요한 주제로 허락하는 유일한 학문 분야이기 때문에 "기술철학이란 무엇인가?"라는 물음 자체가 기술철학의 물음이 된다.

그래서 본 장에서는 기술철학 이론들의 내용으로 들어가기 이전에 기술철학의 정체성과 역할에 대한 논의를 정리하려 한다. 우선 왜 기술철학이 신생 분야이어야 했는지, 다시 말하면 왜 이전까지는 철학이 기술에 대해 묻지 않다가 최근에 와서야 묻게 된 것인지를 살펴볼 것이다. 철학의 물음은 역사적 맥락에서 볼 때 그 의미가 좀 더 잘 드러나게 되기 때문이다. 이어서 우선 기술철학의 여러 이론들을 크게 분류하는 방법을 제안한 미첨과 이상욱의 논의를 간략하게 소개할 것이다. 이들의 제안을 염두에 두고 기술철학의 정체성을 파악하기 위한 시도로 기술철학의 물음이 유관 분야인 과학철학과 과학기술학, 공학윤리에서의 탐구와 어떻게 구분되고 중복되는지 알아보도록 한다. 마지막으로 이 책의 중요 제안 중 하나인 '실천철학으로서의 기술철학' 개념에 대해 설명한다.

## 1. 기술과 철학, 그 뒤늦은 만남에 대하여

과거의 철학자들은 기술을 자기 탐구의 대상으로 삼지 않았다. 각 시대의 철학은 언제나 그 시대에 살던 사람들이 제기하는 가장 중요하고도 근본적인 물음을 다루었다. 그래서 존재의 의미나 윤리적 당위의 문제가 언제나 철학의 주제가 된 것이다. 반면 기술은 주어진 목적을 이루기 위해 사용되는 도구로만 인식되었기 때문에 철학의 관심 밖에 놓였다. 기술보다는 그 기술을 사용해야 하는 이유가 더 중요했기 때문이다. 예를 들어 서양에서는 예배당 건물을 만드는 기술보다는 예배당을 만든 이유, 즉 신에 대해 묻는 것이 당연히 우선시되었다. 도구는 목적을 위해 사용되므로 도구에 대한 탐구는 목적에 대한 탐구에 포함되었다. 목적이 바뀌면 사용하는 도구와 추구의 방법도 함께 바뀌기 때문에 기술에 대해 묻는 것은 의미 없는 일로 취급되었다.

따라서 기술철학의 연원을 고대 그리스에서 찾는 것은, 대부분의 뿌리 찾기가 그러하듯 부질없는 일이다. 물론 그리스의 철학자들이 '기술 (techné)'이라는 말을 어떻게 사용했는지 알아보는 것이 기술을 이해하는 나름의 통찰을 제공해줄 수는 있다.[9] 그러나 이것을 그리스의 '기술철학'

이라 부르는 것은 지나치다. 소크라테스가 철학자의 역할을 산파의 기술에 비유하고 플라톤이 끊임없이 나라를 잘 다스리는 기술을 궁구했지만, 기술 자체가 그들의 관심사는 아니었기 때문이다. 오히려 그들의 논의에서 기술은 따로 떼어 생각할 필요가 없는, 누구나 무엇인지 잘 아는 그런 활동에 불과했다. 기술철학, 혹은 기술에 대한 물음이 시작된 것은 19세기로 파악된다. 기술철학의 초기 역사는 미첨의 설명이 가장 자세하다. 그에 따르면 독일의 철학자 에른스트 카프(Ernst Kapp)와 러시아의 공학자 피터 엥겔마이어(Peter Engelmeier) 등이 기술철학이라는 말을 처음으로 사용했다. 카프는 "인간이 도구 속에서 끊임없이 자신을 재생산한다"고 주장하면서, 기술은 인간이 자신의 생체기관을 무의식적으로 외면화한 결과라고 했다(Micham 1994: 22-23, 김성동 2005: 116-117).[10] 엥겔마이어는 공학자들이 사회의 각 분야로 진출하면서 그 지위가 높아지는 것을 당연한 일로 평가하면서 이러한 상황에 대처하기 위해 공학자들이 기술과 사회의 상호작용을 잘 파악해야 한다고 주장한다(Mitcham 1994: 27). 미첨에 따르면 엥겔마이어는 기업이나 사회를 기술적 원리에 따라 재편하고 운영해야 한다는 테크노크라시(technocracy)의 입장을 가졌다고 한다(Mitcham 1994: 28). 그렇다면 그의 기술철학은 테크노크라시를 위한 일종의 이론적 바탕이라 볼 수 있을 것이다. 그리하여 그는 기술철학이 다루어야 할 주제를 "기술의 개념, 현대기술의 원리, 생물학적 현상으로서의 기술, 인류학적 현상으로서의 기술, 문화의 역사에서 기술이 수행하는 역할, 기술과 경제, 기술과 예술, 기술과 윤리 및 다른 사회적 요소들"을 정의하는 것이라고 주장했다(Mitcham 1994: 28).

이들이 제기한 생각들이나 '기술철학'이라는 말이 사용된 시점의 문제는 그 자체로도 흥미롭지만, 그보다 중요한 것은 그 물음들이 제기된 시기와 맥락이다. 19세기에 여러 학자와 작가들이 기술에 대한 물음을 제기하고 탐구한 것은 우연이 아니라, 자명한 이유에 따른 것이다. 예배당보다 신에 대한 물음에 비중을 두었던 것에서도 본 것처럼, 철학은 가장 중요하고 근본적인 물음에 집중해왔다. 그런데 그런 철학이 기술에 관심을 가지게 된 것은 기술에 대한 물음이 이전과 다른 위치를 차지하게 되었기 때문이다. 근대 과학혁명이 산업혁명으로 이어지는 시기에 사람들은 현대기술이 이전의 기술과는 다른 방식으로 인간의 삶과 사회의 구조를 변화시킨다는 것을 감지했다. 그 변화들이 너무 획기적이어서, 철학자들은 기술 자체의 본질을 이해하는 데로 눈을 돌릴 수밖에 없었던 것이다.

이렇듯 최초의 기술철학은 철학 탐구의 기본이라고 해야 할 정의의 문제에서 시작되었지만, 곧 다양한 형태로 증폭되었다. 한편으로는 기술활동을 구성하는 요소들에 대한 연구가 이루어졌고, 다른 한편으로는 기술의 본질에 대한 물음이 제기되었다. 또 기술에 대한 물음이 제기된 맥락, 즉 현대기술의 발전이라는 현실이 너무 두드러진 만큼 과거의 기술과 현대의 기술을 동일한 것으로 보아야 하는지에 대한 토론도 일어났다.

그러나 기술에 대한 물음은 결과적으로 기술이 인간의 삶에서 가지게 된 의미를 해석하는 데 집중되었다. 앞으로 더 자세히 살펴보겠지만, 기술에 대한 정의는 급속하게 발전한 현대기술을 어떻게 이해하고 받아들여야 할 것인지의 문제와 직결되어 있다. 기술을 도구로 볼 것인지, 인간 몸의 연장으로 볼 것인지, 존재가 자신을 드러내는 현상으로 볼 것인지에 따라 기술에 대한 평가와 대책이 서로 달라지기 때문이다. 따라서 기술철학의 여러 논의는 기술을 중심으로 하되, 결국은 그 기술로 인해 생겨난 인간사의 여러 가지 변화들을 분석하고 해명하는 것으로 이어지곤 한다.

## 2. 기술철학 이론들의 분류 방법

### 1) 공학적 기술철학과 인문학적 기술철학

미첨은 기술철학의 역사를 상술하면서 공학적 기술철학(engineering philosophy of technology)과 인문학적 기술철학(humanistic philosophy of technology)을 구분한다. 공학적 기술철학은 기술을 주어로 놓는 철학, 곧 기술의 자기 이해라고 해야 할 것이고, 인문학적 기술철학은 기술을 목적어로 놓는 철학, 즉 기술에 대한 외부적인 반성이라고 보아야 할 것이다(Mitcham 1994: 17). 미첨은 이 두 분야의 상호작용을 통해 기술철학의 흐름을 설명하면서, 공학적 기술철학은 기술에 대해 좀 더 긍정적이고 분석적인 반면, 인문학적 기술철학은 좀 더 비판적이고 해석적(interpretative)이라고 요약한다(Mitcham 1994: 17). 앞서 서술한 바와 같이, 기술에 대한 물음은 현대기술이 이전의 기술과는 다른 막강한 힘을 발휘한 데에서 비롯되었다. 미첨이 이야기하는 두 접근은 모두 이러한 힘에 대한 서로 다른 반향으로 이해할 수 있다. 기술에 깊은 인상을 받은 나머지 그것을 더 잘 이해하고자 한 것이 공학적 기술철학이라면, 기술의 힘이 인간에 미치는 영향에 관심을 가진 것이 인문학적 기술철학이라 할 것이다.

미첨이 기술철학 분야에서 차지하는 독보적인 위치와 그의 성실한 연구 결과 덕분에, 이러한 구분은 기술철학의 개관으로 별 문제제기 없이 받아들여지고 있다. 기실 이러한 방식은 미첨의 평가처럼 너무나 다양한 방식으로 이어져온 기술철학의 논의들을 빠뜨리지 않고 세밀하게 서술하는 데 도움이 된다. 그러나 기술에 대한 물음이 왜 시작되었으며 100여 년 동안 어떤 흐름을 가지고 발전해왔는지를 정리하려 하면, 이 접근이 여러 면에서 작위적임을 알 수 있다.

우선 공학적 기술철학에 해당하는 이론들이 기술철학의 초기에 집중되어 있고, 기술에 대한 일반적인 정의나 개괄적인 연구주제를 제시하는 데 그치고 있다. 또한 이들의 주장이 일정한 틀로 정리되어서 하나의 주요한 흐름이 생긴 것도 아니다. 결과적으로 공학적 기술철학은 20세기 중반에 이르러 좀 더 본격적으로 전개된 기술철학의 이론적 활동에 그다지 큰 영향을 미치지 못했다. 그렇기 때문에 공학적 기술철학을 기술철학의 양대 축 가운데 하나로 보는 것은 후대 기술철학의 핵심 논의들을 공부하는 데 오히려 방해가 될 수 있다. 보기에 따라서는 공학적 기술철학이 과학철학과 유사하게 인식론적 물음을 다루는 것으로 파악할 수도 있다. 그러나 이 경우 과학과 기술의 개념 차이를 묻는 선에서 논의가 그치게 된다. 또 기술의 자기 이해라는 것이 결국 공학자들의 입장을 반영하는 것이어서 이론적 확장성이 크지 않다.[11]

그럼에도 불구하고 미첨이 공학적 기술철학을 하나의 흐름으로 묶어내고 그 구분을 고수하는 이유는 무엇일까? 아마도 그의 목적은 이 구분을 통해 실제로 이루어지고 있는 기술철학의 흐름을 잘 반영하는 것이 아니라 기술철학의 발전 방향을 제시하려는 데 있는 것 같다. 미첨은 공학자들이 기술에 대한 철학적 숙고에 참여하는 것을 매우 중요하게 생각해서 공학자들과 교류하고 철학자들과의 접점을 만들어내는 데 많은 노

력을 기울이고 있다.[12]

## 2) 현장성과 지향성

이상욱(2009)은 기술철학이 전개되어온 과정을 현장성과 지향성의 개념으로 정리한다. 여기서의 현장성은 기술철학이 개별 기술에 대한 면밀한 검토에 바탕해야 한다는 입장을 표현하는 말이고, 지향성은 기술에 대한 좀 더 규범적인 접근을 가리킨다. 이상욱은 초기의 기술철학자들은 기술을 전체로서 하나의 대상으로 삼아 윤리적인 문제를 제기하여 지향성의 측면을 더 강조했지만, 이후에는 현장성이 함께 요구되었다고 분석한다. 그리하여 기술에 대한 인식론적 이해를 추구하는 경우뿐 아니라 윤리적인 접근을 시도할 때에도 실제 기술에 대한 분석에 근거하지 않으면 설득력을 얻기 힘들게 되었다는 것이다(이상욱 2009: 127).

그럼에도 불구하고, 여전히 기술철학 안에 합의할 수 없는 두 흐름이 있다는 것이 이상욱의 평가이다. 이 둘은 각각 "기술철학의 지향성을 거시적 시각의 기술문명 비판에서 찾으려는 노력과 현대기술의 복잡다단한 면모에 대해 경험적으로 적합한, 전문적 철학적 분석을 제공하려는 노력"이다(이상욱 2009: 131). 결국 현장성에 대해서는 전반적인 합의가 있는데 반해서 기술철학이 지향해야 할 바가 무엇인지에 대해서는 이견이 있다는 것이다.

이상욱의 분류는 기술철학의 이론들 전체를 비교적 깔끔하게 둘로 나눌 수 있는 좋은 틀이다. 그러나 방금 인용한 문장에서도 나타나듯이, 기술철학의 발전 과정에서 첨예하게 드러난 지향성의 추구 방식에서의 차이를 드러내는 데는 충분히 효과적이지 못하다.

### 3) 기술과 인간의 본성

서론에서 간략히 언급한 대로, 본서에서는 기술철학을 고전적 기술철학, 경험으로의 전환, 포스트휴머니즘 등 세 갈래로 나누어 살펴본다. 이는 두 가지 기준에 따른 것이다. 하나는 시간적 순서이다. 고전적 기술철학은 대체로 20세기 전반부에 철학자들이 기술의 문제를 주제적으로 다루기 시작하고 그렇게 알려진 시기의 이론들을 말한다. 경험으로의 전환은 1970년대와 80년대에 기술철학이 철학의 한 분과로서 공식적인 자리를 잡은 시기의 이론들과 학자들을 포괄한다. 포스트휴머니즘에 대한 논의는 2000년대에 들어서 본격적으로 시작되었다.

그러나 조금 더 깊이 들어가 보면 시간적 순서만으로는 이 세 흐름을 일관되게 설명하기 어렵다. 여기 더하여 기술과 인간의 본성과 그 상관관계에 대한 그들의 입장 차이를 감안해야 한다. 고전적 기술철학은 현대기술이 인간 본성에 부정적으로 작용한 것에 비판적인 입장을 견지한다. 또 개별 기술보다는 현대기술 일반에 대한 철학적 분석을 수행한다. 반면 경험으로의 전환은 개별 기술을 비롯한 구체적인 기술의 사례들과 그 발전 방식에 대한 분석을 토대로 철학적인 논의를 진행한다. 이들은 기술사회의 문제점에 대한 구체적인 해결책을 적극적으로 추구한다. 포스트휴머니즘은 기술의 발전을 기정사실로 받아들이면서 기술의 발달로 등장하게 될 새로운 인간상을 기대한다.

이러한 접근은 위의 두 분류에 비해 이론들 간의 구분이 상대적으로 덜 명료하다는 약점이 있다. 분류 자체가 이미 많은 해석을 전제로 하기 때문이다. 또한 카프나 엥겔마이어 같은 기술철학의 태동기에 나타난 이론들을 포괄하기 어렵기도 하다. 이들은 시기적으로는 고전적 기술철학에 포함되어야 하겠지만, 그 방법론이나 기본 접근은 상이하기 때문이다. 기술철학이라는 분과를 공식적으로 수립한 경험으로의 전환을 기준으로 할 경우, 이 접근법은 기술철학계에서 이루어져온 여러 연구들을 종합적으로 이해할 수 있는 장점이 있다. 앞으로 본서의 여러 논의를 통해 이 구분의 장점이 드러나고 단점이 최대한 극복되기를 기대한다.

# 3. 유관 분야와의 비교

## 1) 과학철학과 기술철학[13]

방금 살펴본 맥락을 고려한다면, 철학의 분과로서의 기술철학은 인접 분야라 할 수 있는 과학철학과 구분된다는 것을 알 수 있다. 과학철학과 기술철학 공히 근대 이후의 과학과 기술의 발전에 대한 반응으로 일어나 각각 "과학이란 무엇인가?"와 "기술이란 무엇인가?"를 물었다. 그러나 동일한 형식의 질문을 제기했음에도 불구하고 그 물음의 의미는 달랐다.

과학철학의 물음인 "과학이란 무엇인가?"는 자연과학의 방법론이 가지는 특별함이 무엇인지를 묻는다. 인간은 계시나 깨달음, 배움과 연습을 통해 지식을 얻는데, 자연과학에서 새로운 지식을 얻는 방법은 남다르다. 과학철학자들은 17세기 이후 근대의 자연과학이 다른 학문들과는 다른 방식으로 지식을 얻고, 그 방법론을 통해 지식의 확장과 발전이 빠른 속도로 일어나는 데 주목하였다. 그리하여 다른 학문과는 다른 '과학적 방법론'이 있다고 보아 그것을 규명하려고 애썼다. 이를 통해 과학과 과학 아닌 것을 구분하려는 노력을 경주했는데 이를 구획의 문제(demarcation problem)라고 부른다.

구획의 문제를 가장 적극적으로 다룬 철학자는 칼 포퍼(Karl Popper)다. 그는 과학적 이론은 반증 가능한(falsifiable) 것이어야 한다고 했다(Popper 1963/2001: 81-82). 다시 말해서 그 이론이 틀렸다는 것을 증명할 관찰 근거를 확보할 가능성이 있는 것이 과학이고, 그러한 관찰 근거의 확보 가능성이 없으면 과학이 아니라는 것이다. 이에 따라 "내일 아침 해가 뜰 것이다"는 내일 아침 해가 뜨지 않을 경우 반증될 수 있으므로 과학적 언명이 되고, "신은 존재한다"는 신이 존재하지 않는다는 것을 경험적으로 증명할 수 없기 때문에 비과학적인 언명이 된다. 그는 근대 자연과학이 관찰을 바탕에 두고 있음을 인정하면서도, 과학적 이론이 관찰에서 비롯되는 것은 아니라고 주장했다. 과학자는 먼저 가설을 제시하고 관찰을 통해 그 가설을 확증하며, 가설이 관찰을 통해 반증되면 그것을 폐기한다. 따라서 과학의 발전은 지식의 축적을 통해 이루어지는 것이 아니라 기존의 지식을 이루던 가설들이 폐기되고 새로운 가설들이 나오는 것을 통해 일어난다는 것이 그의 주장이다. 결과적으로 과학 이론이란 아직 반증되지 않은 가설들인 것이다. 그래서 포퍼는 "과학이 법칙이나 이론을 받아들이는 것은 오직 잠정적"이며, "모든 법칙과 이론은 추측 혹은 잠정적인 가설이라는 것"이라 주장한다(Popper 1963/2001: 115).

포퍼 이후 과학적 방법론의 문제는 토머스 쿤(Thomas Kuhn)이나 임레 라카토스(Imre Lakatos), 파이어아벤트와 같은 걸출한 학자들에 의해 더욱 정교하게 연구되었다. 특히 쿤은 과학철학의 물음들을 과학사에 대한 면밀한 검토 위에서 다루어 소위 '역사로의 전환(historical turn)'[14]이라는 흐름을 만들어냈다. 그리하여 "표준적 과학철학의 연구는 당연히 경험적으로 적합한, 구체적인 사례연구에 기반해야 한다"는 것이 과학철학의 일반적인 합의가 되었다(이상욱 2009: 126). 여기에서 주목해야 할 것은, 논리경험주의로부터 역사적 전환으로 이어지는 과학철학의 큰 변화에도 불구하고 과학철학이 당위의 문제보다는 사실의 문제에 더 집중하고 있다는 점이다. 물론 "과학이 어떠해야 하는가?"라는 식의 물음도 제기될 수 있다. 그러나 이 물음은 결국 "과학이 과학 아닌 것이 되지 않기 위해 어떠해야 하는가?"라고 묻는 것이기 때문에 여전히 당위보다 사실에 방점을 둔다.

과학의 과학됨에 초점을 맞춘 과학철학에서 방법론의 문제가 중요해지는 것은 당연한다. 과학적 방법론은 이미 과학 활동으로 인정되고 있는 활동 안에 내재되어 있다고 생각하는 연구 방법을 찾아 정식화한 것이다. 이는 명시적이거나 암묵적인 방식으로 다른 학문들에 대한 자연과학의 우월성을 확인하는 과정이기도 하다.

이처럼 인식론적 문제에 더 집중한 과학철학의 경우와 달리, 기술철학에서 처음 제기된 "기술이란 무엇인가?"는 다른 맥락에서 이해되어야 한다. 기술의 본질이 무엇이며 기술활동이 인간의 다른 활동과 어떤 차이가 있는지 묻는 것은 기술의 놀라운 위력에 대한 반응으로 보아야 한다. 현대기술은 이전까지 사람들이 상상도 하지 못하던 많은 가능성들을 열어주었고, 그에 따라 철학에서 문제 삼았던 인간과 자연, 그리고 사회에 대한 우리의 생각에도 큰 변화를 요구한다. 이렇게 이전까지 큰 의미를 부여하지 않았던 기술이 산업혁명 시기에 와서 엄청난 변화를 이끌어내자, "도대체 이런 변화를 일으키는 기술은 무엇인가?"라고 묻기 시작한 것이다.

이 물음은 필연적으로 "기술이 무엇이어야 하는가?"라는 당위의 물음과 연결된다. 이 물음은 기술이 지금과 전혀 다른 모습을 가질 수 있음을 염두에 두기 때문에 과학에 대한 물음과 다르다. 나아가 기술철학의 물음은 현대기술의 성취가 기술의 어떤 특징과 본질에 연결되어 있는지를 묻는다. 이는 기술에 대한 적절한 대응과 연결되어 있다. 기술이 무엇인지에 대한 규정이 곧 기술을 어떻게 다루어야 할 것인지의 문제로 이어지기 때문이다.

예를 들어 현대기술이 모든 존재자를 부품으로 몰아세우는 '닦달[몰아세움]'이라 주장한 하이데거는, 동시에 그 기술의 존재가 우리 시대에 스스로를 드러내는 양상으로 파악하고 그 드러냄 앞에 잠잠할 것을 요구한다. 이때 잠잠하라는 것은 무비판적으로 받아들이라는 것이 아니라, 기술을 한낱 도구로 여기는 단순한 생각을 버리고 우리 시대를 반추하라는 뜻이다. 이처럼 기술에 대한 철학적 탐구는 기술이 무엇인지를 파악하는 것에 멈추지 않고 그에 어떻게 대처할 것인지의 문제로 이어진다. 따라서 기술철학은 기술을 어떻게 개발, 관리, 사용할 것인지의 문제와 뗄 수 없는 관계에 있다.

물론 기술철학도 과학철학에 준하는 인식론적 연구에 집중해야 하고, 문명비판식의 논의를 자제해야 한다는 주장이 없는 것은 아니다. 대표적으로 조셉 핏(Joseph Pitt)과 같은 학자들은 기술활동이 다른 활동과 다른 점이 무엇인지를 밝히는 인식론적 접근을 강하게 주장한다. 핏은 기술을 이해하는 것과 기술을 어떻게 사용할 것인지의 문제는 분리되어야 하고, 후자는 문명 비판일 뿐 기술철학의 연구 주제가 아니라는 입장을 견지한다(Pitt 2000).[15]

## 2) 과학기술학과 공학윤리, 그리고 기술철학

기술철학의 유관 분야 중 과학기술학(STS, Science and Technology Studies)과의 비교도 빼놓을 수 없다. 과학과 기술이 인간과 사회에 어떤 영향을 미치고, 또 역으로 인간과 사회가 과학기술을 어떻게 만들어가는지를 궁구하는 분야로, 사회학과 역사학, 정책학 등을 포괄한다. 폭넓게 정의한다면, 기술철학을 과학기술학의 한 분야로 생각해도 큰 무리가 없을 것이다. 다만 과학기술학의 연구들은 철학적 사변에 기대거나 직관적인 해석을 제시하기보다는 사회학과 역사학의 방법론을 사용하여 엄밀한 검증을 행하는 경우가 많고, 포괄적이고 추상적인 논의보다는 개별 과학기술의 특정 이슈에 대해 집중하는 경향이 있다. 기술철학 역시 경우에 따라서는 비슷한 접근법을 취하지만, 경험 연구를 통해 근본적인 일반적 통찰로 나아가려 노력한다.

앞으로 좀 더 자세히 살펴보겠지만, 최근의 기술철학과 과학기술학 분야의 연구는 점점 더 밀접하게 연결되고 있다. 특히 기술철학에서 경험적 연구의 중요성을 강조하기 시작하면서 STS의 통찰에 더 많이 기대게 되었다. 그러나 기술을 정의하거나 인간됨을 규정하거나 윤리적 당위와 민주적 절차의 적절성을 평가하는 것과 같은 철학 고유의 물음은 일반적인 과학기술학 연구에서 중요하게 다루어지지 않는다.

공학윤리 역시 기술철학의 유관 분야 중 하나이다. 미국에서 시작되었다고 할 수 있는 공학윤리는 기술철학과는 전혀 다른 기원을 가진다. 공학윤리는 공학자들 자신이 스스로의 윤리적 기준을 고수하고 그와 동시에 자신의 직종을 보호하기 위한 방안이었다. 예를 들어 가장 널리 알려진 전미 공학자 협회(NSPE, National Association of Professional Engineers)

의 윤리 강령은 공학자들이 따라야 할 가이드라인을 제시하였는데, 처음에는 그 항목들 중 일부가 공학자의 사회적, 경제적 지위를 수호하는 것을 목적으로 했다. 이런 맥락에서 공학윤리는 기본적으로 공학자 개인이 주어진 개별 상황에서 지켜야 할 윤리적 원칙들을 제시한다.

이상욱은 공학윤리가 기술사회 전반에 대한 고려보다는 개별 상황과 기술에 관련된 미시적 이슈들을 다루는 경향이 있음을 지적한다. 그러나 동시에, 공학윤리가 발전하면서 공학자의 사회적 책임이 더욱 강조되고, 특히 이해충돌의 문제와 관련해서 윤리강령이 많이 보완된 점을 들어 공학윤리를 미시적 접근으로만 파악하는 것은 지나치다고 본다. 또 우리나라의 공학윤리 교육에서는 과학기술과 사회의 관계를 폭넓게 다루는 경향이 있어 좀 더 좁은 의미에서의 공학윤리를 가르치는 미국과는 차이가 있다는 점에도 주목한다(이상욱 2009: 127-129).[16]

기술철학과 공학윤리의 연관성을 굳이 검토해보자면, 기술철학은 공학윤리가 전제하는 기본적인 원칙들에 관심을 기울인다고 해야 할 것이다. 공학윤리가 실제 현실에서 일어나는 구체적인 갈등의 순간에 최선의 윤리적 선택을 하는 것에 초점을 맞춘다면, 기술철학은 그 구체적인 갈등이 일어나는 맥락과 그 해결책이 윤리적임을 정당화하는 데 필요한 원리들에 대한 고찰을 포괄하는 것이다.


## 4. 실천철학으로서의 기술철학과 그 역동성

기술철학의 역사에 대한 분석이나 유관 분야와의 비교는 한편으로 기술철학의 정체성 문제와 관련한 여러 가지 다른 입장들을 보여주기도 하지만, 동시에 일정한 방향성을 제시하고 있다. 그중 가장 중요한 것은 기술철학의 실천적 측면이다. 기술철학이 어떤 식으로든 기술사회에 대한 평가와 대안을 제시해야 한다는 것이다. 기술에 대한 인식론적 이해만을 강조하는 핏의 주장은 기술철학의 전체적인 흐름에서는 예외적이다. 경험으로의 전환을 주도하며 이전의 추상적인 기술철학을 강하게 비판했던 네덜란드의 기술철학자들도 기술윤리의 문제를 자신들의 프로젝트에 전면으로 내세우기 시작하고 있다. 이들은 경험으로의 전환을 잇는 다음 단계로 '가치로의 전환(Axiological Turn)'을 선언하면서 기술에 대한 경험적인 지식이 더 나은 규범적 평가를 하는 데 도움이 된다는 것이 처음부터 자신들의 입장이었다고 주장한다(Kroes and Meijers 2016: 11).

이런 접근과 분석을 이어받아, 이 책에서는 기술철학이 실천철학임을 강조할 것이다. 이는 앞에서 살펴본 여러 논의를 좀 더 포괄적으로 파악하는 방식이다. 기술철학을 '기술에 대한 철학'이라 규정한다면, 이를 실천철학이라 부르는 것은 그 영역을 좀 더 확장시켜 보는 셈이 된다.

소위 순수철학은 사변적이고도 추상적이며 근본적인 물음들을 다룬다. 반면 실천철학은 인간사의 구체적이고 실질적인 측면들을 철학적으로 해석하거나 거기에 의미를 부여한다. 기술철학의 경우, 존재나 옳음, 아름다움의 문제를 직접 다루는 대신 바로 그 물음들을 기술이라는 구체적인 활동과 연결한다. 기술철학이 실천철학이라는 점을 강조하면, "기술이 무엇인가?"라는 물음에 더하여 기술의 제작과 사용을 통해 일어나는 인간과 사회의 변화가 모두 기술철학의 주제로 편입된다. 서론에서 간략하게 살펴본 것처럼 현대의 여러 기술들은 지금까지 인간이 가지고 있던 시간과 공간, 지성의 영역과 범위를 확대시켜 그 개념들의 의미 자체에 변화를 일으켰기 때문이다. 기술의 발전 때문에 인간, 자연, 신, 사회에 대한 오랜 철학적 물음과 그 의미에도 큰 변화가 생겼다.

또한 실천철학은 그 논의를 통해 궁극적으로는 다루는 사안에 대한 실제적인 대안을 제시하는 것을 목표로 한다. 기술철학은 이미 그 역사적 맥락에서 볼 때나 이론이 실제로 전개된 것으로 볼 때나 철학의 다른 분과들에 비해 실천의 영역에 더 가깝다. 이미 살펴본 것처럼 과학철학이 사실의 영역을 강조하는 인식론과 더 가깝게 닿아 있는 데 반해 기술철학은 당위의 문제를 함께 다루는 사회철학이나 정치철학, 응용윤리학과 더 밀접하게 연결되어 있다. 여기에 더하여 기술철학을 실천철학으로 규정하는 것은 향후 기술철학이 지향해야 할 바를 분명히 하는 효과도 있다. 단순히 기술이 어떤 특징과 함의를 가지는가에 그치는 것이 아니라, 미래의 기술이 어떠해야 하는지, 발전이 어느 방향을 향해야 하지는지에 대한 적극적인 모색도 그 연구의 범위로 들어오게 된다. 이것은 미첨이 제안한 것처럼 공학적 기술철학과 인문학적 기술철학을 구분하고 그 소통을 지향하는 정도에 그치지 않고, 이상욱이 말한 현장성과 지향성 중에서 지향성을 더 강조하는 것이 된다. 현장성을 무시하는 것이 아니라, 기술철학이 지향성을 가지기 위해 현장성을 받아들이는 구도가 명확해진다.

기술철학을 실천철학으로 보면, 유관 분야와의 차이도 좀 더 잘 드러난다. 기술철학이 당위성 혹은 지향성을 강조한다는 점에서 과학철학이나 과학기술학과 구별되고, 개별 사안보다 그 사안이 초래된 폭넓은 맥락까지 고려한다는 점에서 공학윤리와 차별화된다.

기술철학을 실천철학으로 파악하는 것으로 기술철학의 정체성 논의가 완전히 정리되는 것은 아니다. 이 제안은 기술철학에 대한 기존 논의의 일부를 축소하거나 더하는 방식으로 제시한 또 하나의 접근이다. 그 강조점은 기술철학이 빠르게 변하는 현대기술과 역동적으로 보조를 맞추어야 한다는 데 있다. 엄청난 속도로 발전하면서 잠시 눈을 돌리면 바뀌는 현대기술과 관련된 철학적 성찰은 근본적인 문제에 오래 천착하면서 상황과 시대의 변화가 지나간 후에 이를 반추하는 순수철학과는 그 역동의 차원에서는 정반대에 있다고 할 것이다. 앞서 살펴본 과학철학과 비교해 보아도, 과학철학의 대표 물음인 구획의 문제는 과학이론이 발달한다고 해서 논의에 획기적인 변화가 지속적으로 일어나지 않는다. 반면, 앞으로 좀 더 자세히 살펴보고 논증해 나가겠지만, 기술철학의 몇몇 문제들은 해결하려는 고민이 끝나기도 전에 다음 단계로 발전해버리곤 한다. 따라서 기술철학은 미래의 기술 발전에 따른 역동적인 변화까지 미리 예측하고 대응하려 애쓸 필요가 있다. 그래야 기술 일반이 인간에게 미치는 장기적이고 근본적인 문제로부터 개별 기술이 초래하는 단기적 충격에 이르기까지 다양한 철학적 문제들에 대처할 수 있는 유연성을 확보할 수 있기 때문이다. 시간이 지남에 따라 기술철학의 논의 범위가 변할 수 있음도 염두에 두어야 한다. 이처럼 기술철학은 그 내용과 형식에서 철학의 다른 분과들에 비해 더 역동적인 성격을 가진다.

　실천철학으로서의 기술철학은 이 연구의 학문적, 사회적, 지역적 배경인 한국의 상황에서 더욱 설득력을 얻는다. 서양보다 몇 배나 빠른 속도로 기술이 발전하면서 삶의 조건을 바꾸는 상황에서 기술에 대한 철학적 물음은 단순히 사변적인 데 그칠 수 없다. 이는 한국의 선구적인 철학자들이 수행해온 기술에 대한 연구들에서도 그대로 드러난다.[17] 이들은

1990년대부터 과학주의와 기술 문명의 문제(송상용 1992; 임홍빈 1995; 박완규 1996), 인공지능의 철학(이초식 1993; 1994; 1996)과 하이데거의 기술 철학(이기상 1992a; 1992b; 1992c)을 본격적으로 소개하기 시작한 바 있다. 이 연구들과 관련 논의들은 언제나 기술과 환경, 기술과 윤리의 상관성 같은 주제들과 밀접하게 연결되어 있었고, 과학기술의 발전 방향에 대한 사회적 합의의 필요성도 함께 제기되었다(송상용 1990; 1991; 임홍빈 1996; 1999; 차인석 1999; 이초식 2001). 이들의 논의가 한국의 상황만을 염두에 두고 이루어진 것은 아니다. 그러나 과학기술의 큰 성과와 발전에 매료되고 기술 진보에 대한 기대감이 고조되어 있던 시기였던 만큼, 철학자들이 적극적인 현실 참여의 일환으로 기술의 문제에 접근했던 것을 느낄 수 있다. 이후로도 역동적인 발전을 지속해온 한국 사회의 맥락은 이 책에서도 여전히 중요한 의미를 가진다.

본 장에서는 기술이 왜 철학의 대상이 되었는지에 대한 논의로부터 시작하여 기술철학의 이론들을 분류하는 방법과 인접 학문 분야들과의 비교를 통해 기술의 정체성을 찾기 위한 노력을 시도하였다. 그러한 논의 과정에서 기술철학이 기술 자체와 기술이 초래하는 결과들에 대해 분석할 뿐 아니라 실천적인 대안까지 제시하는 실천철학이며, 그 역동성에 의미를 부여해야 한다는 제안을 제출하였다. 기술철학의 역동성을 강조하는 것은 이 장의 처음에서 제기한 "기술철학이란 무엇인가?"에 대한 명쾌하고 간단한 대답이 불가능하다는 의미이기도 하다. 기술의 발전에 따라 던져야 할 질문의 성격과 규모가 바뀌고, 그에 따라 기술철학의 외연과 내용도 고정적일 수 없기 때문이다. 결국 기술철학의 정체성 논의는 마침표를 찍는 대신, 새로 등장하는 기술들에 기민하게 대처하고 그 함의를 날카롭게 파악하는 과정을 통해 계속되어야 한다. 이어지는 장들에서 기술철학의 여러 이론을 검토할 때에도 현대기술과 기술철학의 역동적 변화라는 맥락을 항상 고려해야 한다.

# 1부
# 기술철학의 흐름

기술철학의 짧은 역사를 어떻게 효과적으로 나누어 설명할 수 있을 것인가? 1장에서 미첨과 이상욱의 구분을 간략하게 소개하면서, 본서에서는 기술철학이 발전한 시간의 순서에 더해 기술과 인간의 본성, 그리고 그 관계에 대한 입장을 중심으로 기술철학의 여러 이론들을 분류하겠다고 예고했다.

제1부에서는 기술철학의 여러 이론들을 그 내용적 특성에 따라 고전적 기술철학, 경험으로의 전환, 포스트휴머니즘으로 나누어 소개한다. 이러한 분류는 직관적으로 파악되는 차이에 근거한다기보다 각 이론이 취하는 입장에 대한 일정한 해석을 바탕으로 한다. 따라서 1부를 이루는 2, 3, 4장에서의 논의들은 각 흐름에 대한 소개에 더하여 그 구분을 설득력 있게 만드는 작업이 되어야 한다. 이 세 장의 논의가 성공적으로 이루어진다면, 2부에서 제시할 기술사회에 대한 철학적 대안도 설득력을 가지게 될 것이다.

이 세 흐름은 전반적으로는 시간적 순서를 따르지만, 세부적으로는 예외가 있다. 우선 기술철학의 시작이자 미첨이 공학적 기술철학으로 분류한 초기 기술철학자들에 대해서는 간략하게 서술하나 본격적인 논의에서 제외했다. 또 세 흐름을 특징짓는 중요한 특성에 집중하기 위해 이론들을 그 시간적 순서와 다르게 배치하기도 하였다. 시간적으로는 고전적 기술철학이 왕성하던 때에 포스트휴머니즘과 상통하는 사고를 했거나 그 반대인 경우도 있기 때문이다.

고전적 기술철학, 경험으로의 전환, 그리고 포스트휴머니즘으로 이어지는 기술철학의 발전과 이론적 흐름은 경험으로의 전환을 축으로 두고 있다고 보아도 과언이 아니다. 경험으로의 전환을 시도한 기술철학자들이 기술철학의 학문적 발달에 중심적인 역할을 했기 때문이기도 하고, 이들이 고전적 기술철학자들에게 이름을 붙이기도 했기 때문이다. 나아가 경험으로의 전환은 포스트휴머니즘이 극복하려고 했던 기술과 인간에 대한 기존의 이해를 대변한다는 점에서 철학적 논의를 촉발한 일종의 준거가 된다.

# 2장

# 고전적
# 기술철학

———————————————————→

양차 세계대전 이후 마르틴 하이데거, 자크 엘륄, 허버트 마르쿠제, 루이스 멈포드, 한스 요나스와 같은 학자들이 현대기술에 대한 여러 가지 분석을 내놓았는데, 이들의 사상을 '고전적 기술철학'이라고 부른다. 앞서 언급한 것처럼 표현은 후대의 기술철학자들이 붙인 통칭일 뿐, 어떤 학자들이 여기에 속하고 속하지 않는지를 엄밀하게 구분하는 것은 쉽지 않다. '고전적 기술철학'이라는 명칭 자체가 소위 '경험으로의 전환' 이전과 이후의 기술철학적 흐름을 대비하기 위해 붙여진 이름일 뿐, 여기에 언급되는 철학자들은 서로 다른 철학적 전통에 서 있다(손화철 2006a: 139-140). 따라서 고전적 기술철학의 특징은 그에 대한 비판을 기준으로 서술하는 것이 오히려 더 적절할 것이다.

# 1. 고전적 기술철학의 맥락

## 1) 프랑켄슈타인의 염려와 고전적 기술철학

앞 장에서 살펴본 것처럼, '기술철학'이라는 말을 처음 사용한 카프와 엥겔마이어 등은 기술이라는 활동의 특징이 무엇인가를 묻고 나름의 대답을 제시했다. 이들의 시도는 급격하게 발전하고 있는 기술에 대한 물음을 던진 것으로, 아직까지 분석적, 인식론적 차원에 머물러 있었다. 그러나 20세기에 들어와 본격적인 철학의 하위분야로 서게 된 기술철학은 그러한 질문에 머물지 않았다. 철학자들은 기술의 중요성과 영향력이 커지는 것을 보면서 기술과 연결된 당위적인 문제와 미래에 대한 물음을 묻기 시작했다.

이 물음의 뿌리는 사실 카프나 엥겔마이어 이전 시절에서 찾아야 한다. 기술철학이 본격적으로 시작되기 100년도 더 전인 1818년, 영국의 소설가 메리 셸리(Mary Shelley)는 오늘날까지 유명한 소설 『프랑켄슈타인: 근대의 프로메테우스』를 썼다(Shelley 1818/2011). 이 소설은 근대 과학에 대한 당시 사람들의 과감한 기대와 설렘, 그리고 두려움을 정밀하게 묘사하면서 새로운 시대에 대한 근본적인 물음을 던진다.

주인공 프랑켄슈타인은 연금술에 빠져 있다가 새로운 과학, 즉 근대과학의 가능성에 눈뜬다. 그는 과학으로 자연을 지배할 수 있다는 확신을 가지게 되고, 그렇다면 신비의 영역에 속하는 생명도 만들 수 있겠다고 생각한다. 밤낮없는 연구 끝에 그는 인간의 시체에 전기 자극을 통해 생명을 불어넣는 데 성공한다. 그러나 막상 자신이 생명을 부여한 인조인간이 스스로 일어나자 프랑켄슈타인은 자신이 한 일에 대해 엄청난 공포에 빠지고 만다. 그는 자신이 만든 피조물을 버려둔 채 그대로 도망치고, 그 뒤로 엄청난 비극이 일어난다.

130여 년 후, 비슷한 일이 실제 세상에서 일어났다. 미국의 천재 물리학자 로버트 오펜하이머(Julius Robert Oppenheimer)는 2차 세계대전 당시 로스앨러모스 국립 연구소장이 되어 여러 학자들과 함께 비밀리에 핵폭탄을 만들기 위한 맨해튼 계획을 수행하였다. 그는 자신이 만든 핵폭탄이 히로시마와 나가사키에 떨어지는 것을 본 후, 핵폭탄 개발을 위해 연구하던 당시에 가졌던 의욕을 잃고 말았다. 물론 오펜하이머 자신도 핵폭탄을 개발할 당시부터 이 무기가 세계의 공동 자산이 되어야 할 것이라는 생각을 막연하게나마 가지고 있었다. 그러나 그 무기가 실제로 사용된 후에야 그 가공할 만한 힘을 실감하게 된 것이다. 전쟁 이후 그는 핵무기를 세계의 국가들이 공동으로 관리해야 한다는 생각을 공개적으로 개진하고, 수소폭탄의 개발에도 반대했다. 그러나 냉전과 매카시 열풍에 휩쓸렸던 당시의 정치 상황 때문에 그는 모든 공직에서 물러나 공산주의자로 의심받으며 여생을 살아야 했다(Bird and Sherwin 2005/2010).

이 두 이야기가 근대 과학기술이 빠른 속도로 발전하기 시작한 19세기와 20세기 서양의 지성 사회의 분위기를 보여주고 있다고 해도 지나친 말은 아닐 것이다. 프랜시스 베이컨(Francis Bacon)이 말한 "지식이 힘"이 되는 경험을 한 산업혁명 시대의 사람들은 새로운 세상에 대한 희망과 두려움을 동시에 가지게 되었다. 프랑켄슈타인이 가졌던 열망과 오펜하이머의 은근한 자부심은 그들 개인의 것이 아니라 서양 지성인들 전체가 가졌던 느낌이었다. 앞서 언급한 것처럼, 엥겔마이어를 비롯한 초기의 기술철학자들도 기술의 원리를 사회 전반에 적용하는 것을 진보로 보는 경우가 많았다.

그러나 동시에 그들 자신이 통제할 수 없는 무엇인가를 만들고 있다는 것에 대한 두려움을 가지고 있었던 것으로 보인다. 셸리는 소설의 주인공 프랑켄슈타인이 자신의 꿈이 이루어지는 순간 경험한 엄청난 공포를 다음과 같이 적나라하게 그린다.

> 반은 꺼져버린 듯한 희미한 빛 속에서, 그것이 흐리멍덩한 노란 눈을 뜨는 게 보였다. 그것은 거칠게 숨을 쉬면서 발작적으로 사지를 꿈틀거렸다. … 이 참극을 보았을 때의 감정을 어떻게 표현할까. … 나는 2년 가까운 시간을, 생명 없는 육체에 생명을 불어넣으려는 하나의 목적을 위해 열심히 일했다. … 상상도 못 할 만큼 간절히 그것을 갈망했다. 그러나 모든 것을 끝낸 지금, 아름다운 꿈은 사라지고 숨 막히는 공포와 역겨움이 엄습해왔다(Shelley 1818/2011: 81).

두 차례의 세계대전으로 기술이 사람을 죽이는 데에도 매우 효율적이라는 사실이 드러난 마당에, 종전 직전 일본에 떨어진 핵폭탄의 여파는 컸다. 충격을 받은 것은 비단 오펜하이머뿐이 아니었다. 비윤리적인 대량살상무기일 뿐 아니라, 방사능 피폭의 여파가 세대를 넘어 유전된다는 것, 작은 폭탄으로도 엄청난 위력을 발휘한다는 것 등이 많은 이들을 전율하게 했다. 그러나 곧바로 이어진 냉전 상황에서 이런 문제에 대한 비판은 사실상 불가능했고, 그 결과 미국과 소비에트 연방을 각각 주축으로 한두 진영 사이에 엄청난 핵경쟁이 일어났다. 1967년에 미국은 이미 3만 개 이상의 핵탄두를 보유했고, 소련은 1978년에 미국을 앞지르면서

1986년에는 4만 5,000개의 핵탄두를 가지게 되었다.[18] 많은 이들이 우발적 사고로 인해 핵전쟁이 시작될 수도 있다는 사실 때문에 불안에 떨었다. 1983년 미국 ABC방송국에서 만든 영화 〈그날 이후(The Day After)〉가 핵전쟁 이후의 상황을 현실적으로 그려서 큰 반향을 일으키기도 했다.

이런 상황에서 양차 세계대전 이후 서양의 여러 철학자들이 기술의 문제에 주목하고, 그에 따라 기술철학의 본격적인 논의가 시작된 것은 당연하다. 미첨이 지적하는 바와 같이, 양차 대전 이후 10년 동안 핵폭탄 사용(1945), 컴퓨터의 발명(1946), 신장 이식(1950), DNA의 발견(1953) 등이 이루어져서 현대기술 전반의 기초를 이루게 된 것 역시 이런 논의를 가속화시킨 원인이 되었다(Mitcham 1994: 2). 미첨은 "실질적으로 모든 과학기술학 연구는 대중이 아무런 근거도 없이 근대 기술 프로젝트의 정직성과 투명성을 신뢰하는 것에 대한 우려를 그 배경으로 한다"고까지 말한다(Mitcham 1994: 1).

이처럼 고전적 기술철학을 이해하기 위해서는 산업혁명 초기를 거쳐 양차 대전 전후에 이르기까지 기술에 대한 희망과 절망이 교차하던 시대에 대한 고려가 필요하다. 프랑켄슈타인의 열정이나 오펜하이머의 순진함은 베이컨부터 시작된 자연 지배에 대한 근대의 열망을 잘 표현해주고 있지만, 그 열망의 이면에는 산업혁명 시대의 비참한 노동 현실과 핵폭탄으로 절정을 이룬 과학기술의 폐해에 대한 두려움이 없지 않았다. 고전적 기술철학자들의 철학적 배경은 모두 달랐으나, 그들의 철학적 탐구의 배경이 된 것은 모두 그들이 경험한 현대기술에 대한 두려움 혹은 우려였다.

## 2) 고전적 기술철학의 특징[19]

'고전적 기술철학'은 후대의 사람들이 붙인 이름이다. 이 경우에는 그 이름에 존경의 뜻보다는 비판적인 시각이 담겨 있다고 보아야 한다. 고전적 기술철학자들이 활동하던 시기에는 기술철학이 철학의 독립적인 분과로 뚜렷이 구분되지도 않았고, 그들 자신도 그런 인식이 별로 없었다. 고전적 기술철학은 공식적인 기술철학의 뿌리가 되는 동시에 비판의 대상이고, 그 비판에 의해 정의된다고도 할 수 있다.

고전적 기술철학자들 각각의 사상은 학문적 배경과 개인적 성향에 따라 다양하지만, 다음과 같은 몇 가지 공통된 특징을 가진다.

**전통적 기술과 현대기술의 구분**　　　첫째, 대다수의 고전적 기술철학자들은 과거의 기술과 현재의 기술이 근본적으로 다르며, 따라서 불연속적이라고 본다. 과거와 현재를 구분하는 시점은 학자에 따라 산업혁명 전후를 중심으로 조금씩 차이가 있지만, 어떤 경우이든 전통적 기술과 현대기술이 서로 다른 특성 혹은 본성을 가진다는 것은 고전적 기술철학의 중요한 전제다. 다시 말해 이들에게 기술의 문제는 현대기술의 문제이고, 기술철학은 현대기술에 대한 철학인 것이다. 이 같은 주장은 고전적 기술철학과 앞으로 살펴볼 경험으로의 전환을 가르는 중요한 기준이 된다. 물론 그 주장이 어떤 근거에 기반하는지, 역사적으로 어떻게 증명할 것인지에 대해서는 논란의 여지가 있고, 전통적 기술과 현대기술의 차이를 얼마나 크게 보느냐에 대해서도 미묘한 차이들이 있다. 그러나 전체적으로 고전적 기술철학은 현대기술에 초점을 맞춤으로써 문명 비판적인 성격을 강하게 드러낸다.

과거와 현재의 기술에 대해 가장 구체적으로 설명한 사람은 엘륄과 요나스이다. 엘륄은 산업혁명 이전의 전통적인 기술은 현대기술과 비교했을 때 다음의 네 가지 점에서 다르다고 주장한다(Ellul 1954/1964: 64-77). 즉 전통적인 기술은 인간의 다른 활동(예를 들어 종교활동)을 목적으로 하는 도구로 열등한 위치를 차지했고, 장인이 도구보다 더 중시되었으며, 문화에 종속되어 있었고, 기술의 사용 여부를 사람들이 결정할 수 있었다는 것이다. 이러한 특징들 때문에 도구의 발달은 매우 더뎠고 다른 지역으로의 확산도 제한되었다. 그런데 현대에 와서는 기술 발전 자체가 의미 있는 일로 받아들여지고, 기술의 개발과 사용에서 인간의 개입이 배제되는 경우가 많다. 또 기술의 사용은 보편적이 되어 어디서나 동일한 기술이 사용되는 일이 흔하고, 누구든지 기술을 받아들여야만 하는 환경이 되었다.

요나스는 과거의 기술이 도구와 절차가 고정되어 있고, 주어진 목적과 수단이 정적 평형관계를 유지하며, 기술혁명은 우연적으로만 일어났다고 분석한다. 또 미래를 향한 지속적 진보이념의 천명이 없고 이론적 정보나 진보의 방법도 없었다고 주장한다(Jonas 1987/2005: 19-20). 반면 현대의 기술은 미리 주어진 목적에 따라 수단이 적용되는 것이 아니라 목적이 사라진 상태에서 개발되고 급속히 전파되는 특징을 가진다. 또 수단과 목적이 변증법적이고 순환적 관계를 가져서 수단이 새로운 목적을 부여하거나 강요한다고 본다. 따라서 현대기술에서 진보는 기술의 운명이 된다(Jonas 1987/2005: 20-23). 이러한 진보를 추동하는 힘으로는 경쟁의 압력과 기술로 인해 생긴 환경문제나 인구문제를 꼽는다. 기술의 발전으로 생긴 문제를 해결해야 하기 때문에 또 다른 기술이 개발되어야만 하는 2차 필요가 생기는 것이다. 나아가 그는 "욕망은 언제나 가능성에 의해 자극받는 법"(Jonas 1987/2005: 24)이라 주장하면서 기술의 발전이 바람직하지 못한 새로움을 추구하게 만든다고 주장한다.

**기술에 대한 일반적 이해**　　　　고전적 기술철학의 또 다른 특징은 기술 일반을 대상으로 삼는다는 점이다. 자동차, 지열발전, 인쇄술과 같은 개별 기술은 이들의 일차적 관심사가 아니고, 인간과 사회, 역사의 큰 틀에서 현대기술을 어떻게 파악하고 해석할 것인지가 그들의 물음이다. 아래에서 좀 더 자세히 살펴보겠지만, 하이데거는 존재의 역사라는 측면에서, 엘륄은 기술과 사회의 관계라는 측면에서, 마르쿠제는 후기산업사회에 대한 분석의 일환으로 기술에 대해 고찰했고, 요나스는 현대기술이 가져다준 엄청난 힘을 새로운 윤리로 관리해야 한다고 역설했다.

　이러한 논의들은 방금 살펴본 전통기술과 현대기술의 구별에 대한 설명과 함께 현대기술 전반의 특징이나 경향성에 대한 포괄적인 분석과 진단일 뿐이다. 그들이 제시한 현대기술의 이런저런 특징과 경향성을 개별 기술에 따로따로 적용할 수는 없다. 따라서 그들이 현대기술사회의 현재와 미래에 대해 비관적인 입장을 취한다 해도, 개별 기술들을 모두 부정하거나 그것들의 발전 과정에 대한 구체적인 분석을 제시하는 것은 아니다. 고전적 기술철학이 제기하는 현대기술에 대한 평가와 관련 주장은 기술사회 전반에 대한 거시적이고 전체적인 비판이라고 보아야 한다. 고전적 기술철학의 기조는 앞서 언급한 당시의 상황, 즉 기술 발전이 애초의 기대를 저버리고 폭주하는 상황에 대한 우려에서 그 원인을 찾을 수 있다. 그 우려는 핵폭탄과 같은 충격적인 기술에 대한 반발이기도 했고, 그런 기술들이 대표하는 새로운 시대에 대한 두려움이기도 했다. 그러나 이런 접근과 분석은 이후 등장한 기술철학자들로부터 구체적이지 않다는 이유로 많은 비판을 받았다.

**인간과 기술의 관계**　　　고전적 기술철학을 특징짓는 또 다른 중요한 요소는 인간과 기술의 관계 문제이다. 이 문제는 앞으로 살펴볼 기술철학의 여러 흐름을 규정하고 구분하는 중요한 기준이다. 고전적 기술철학자들은 인간과 기술 관계의 현실과 이상을 뚜렷하게 나눈다. 이들은 현대기술이 본래적 인간의 자리를 위협하고 있는 현실에 주목한다. 기술의 발전이 인간의 주체적인 노력을 통해 이루어지거나, 인간의 유익을 추구하는 대신 기술의 발전 동력에 인간이 굴복하는 것과 같은 상황이 문제라는 것이다. 이 문제를 직시하지 않고 아직도 기술이 인간의 목적에 복무하는 도구라고 생각하는 것은 착각이며, 여기서 벗어나야 한다는 것이 이들의 주장이다.

　이러한 생각을 가장 잘 대변하는 것이 엘륄이다. 그는 현대기술이 인간의 통제를 벗어나 자율적이 되었다고 주장한다. 엘륄에 따르면, 기술 사회에서는 효율성의 법칙이 절대화된 나머지 정치적, 경제적, 혹은 윤리적 결정으로 이를 거스를 수 없다. 물론 개별적인 기술의 발전을 견제하는 결정이 내려질 수도 있으나, 기술시스템의 공고화라는 전체적인 틀에서 보면 기술 외적인 판단이 기술에 미치는 영향은 미미하다(Ellul 1954/1964: 133-146). '기술의 자율성'은 이후 고전적 철학자들의 수동적, 비관적 태도를 가장 잘 드러내는 개념으로 수많은 비판자들의 표적이 되고 있는데, 이에 대해서는 그의 사상을 소개하면서 자세히 다룰 것이다.

고전적 기술철학자들은 현대기술의 비인간화를 비판하는 것에 집중했기 때문에 인간과 기술의 이상적이고 적절한 관계가 어떠해야 하는지에 대해서는 그다지 명시적인 입장을 밝히지 않았다. 그러나 그들의 비판은 인간과 기술의 관계에 대한 상식적이고도 일반적인 견해에 기초해 있다는 것을 짐작하기 어렵지 않다. 인간은 기술의 창조자이자 주인이고 기술은 도구로서 인간의 목적을 위해 사용되며, 인간은 전적인 자율성과 주체성을 가지고 기술을 다루어야 한다는 생각이다. 과학과 기술을 통해 인간이 자연을 이해하고 지배할 수 있다고 보았던 서양 근대의 자신감은, 주어진 사실에서 이제 지켜야 할 당위가 되고 만 셈이다.

고전적 기술철학의 특징들을 이야기하면서 주요 사상가들이 이미 언급되었지만, 기술에 대한 이들의 생각은 좀 더 상세한 설명을 필요로 한다. 고전적 기술철학의 중요한 축을 이루는 철학자는 하이데거와 엘륄이다. 이 밖에도 요나스, 마르쿠제, 멈포드 등을 꼽을 수 있는데, 이제 이들의 사상을 차례로 살펴보자.


## 2. 존재와 기술: 마르틴 하이데거


하이데거가 기술철학에서 가지는 중요성은 매우 크다. 우선 20세기에 가장 영향력 있는 철학자 중 한 사람이었던 그가 기술의 문제를 자기 철학의 중요한 주제로 삼았다는 것 자체가 가지는 의미가 있다. 하이데거는 자신의 존재철학의 일부로서 기술의 문제를 다루었지만, 그의 문제제기는 기술철학이 철학의 분과학문으로 자리 잡는 데 큰 역할을 했다. 하이데거로부터 직접 배우거나 영향을 받은 여러 철학자들이 기술의 문제에 천착하며 독창적인 견해들을 제시했을 뿐 아니라, 많은 기술철학자들이 하이데거의 사상에 동조하거나 반대하면서 자신의 견해를 펼쳤다.

### 1) 존재철학의 일부로서의 기술철학

하이데거 전공자들 중에는 그를 기술철학자로 부르는 것을 불편하게 여기는 사람들도 있다. 이들은 기술철학이 개별 기술로 인해 초래된 이런 저런 문제들을 다루면서 하이데거를 끌어들이는 것을 부당하다고 생각한다. 하이데거는 존재의 문제를 다룬 것이지 기술이라는 개별 현상을 다룬 것이 아니기 때문이다. 이러한 비판은 약간 지나친 면이 없지 않지만 나름대로 이유가 있다. 하이데거의 철학에서 기술은 외따로 떨어진 주제가 아니라 존재의 역사라는 큰 맥락에서 바라보아야 할 중요한 현상이기 때문이다.

하이데거의 존재철학은 존재와 존재자의 구분을 한 축으로 한다. 플라톤 이래 서양철학은 존재 물음을 상실하고 그 물음을 존재자에 대한 물음으로 치환해서 이해했다. 동사로서의 존재를 물어야 하는데, 존재하는 것에 대해서만 묻고, 그것을 파악하면 존재를 이해하는 것이라 착각한 것이다. 플라톤의 이데아 이론이 서양철학에서 존재 물음을 생략한 존재자 중심의 철학을 대표한다. 하이데거는 지금까지 존재자에 대한 탐구를 통해 존재 물음에 답하려 노력했던 서양철학의 전통을 극복하고 존재 물음을 회복하는 것을 자신의 철학적 과제로 삼는다.

동사로서의 존재에 대한 물음에 어떻게 답할 것인가? 하이데거는 그 물음을 묻는 자는 이미 그 물음에 대한 답의 실마리를 가지고 있다는 데에서 시작한다. 존재에 대해 아무것도 모른다면 "존재란 무엇인가?"라고 물을 수도 없을 것이기 때문이다. 인간은 바로 이 존재 물음을 던지는 유일한 존재자이고, 하이데거는 이 존재자를 '현존재(Dasein)'이라 부른다. 그를 일약 세계적인 철학자의 반열에 오르게 한 『존재와 시간』은 그래서 현존재를 탐구의 대상으로 한다. 하이데거는 그 탐구의 끝에 현존재의 실존이 죽음을 향해 가는 시간성에 연결되어 있으며, 그래서 존재의 의미와 근거도 시간성이 있음을 밝힌다.

하이데거가 그의 전기철학에서 현존재를 통해 존재 물음에 직접 다가가려 했다면, 후기에는 그가 비판했던 서양철학의 과정을 다른 방식, 즉 '존재가 자기를 드러내는 방식'으로 재해석한다. 소크라테스 이전 자연철학자들은 자연에 대한 경이로운 느낌을 통해 진리에 접근했다. 그리스 자연철학자들은 자연에 대한 경이를 통해 존재를 만났기에 동사로서의 존재에 대해 더 깊은 이해가 있었다. 그러나 플라톤 이래로 철학자들은 존재자의 진리를 존재의 진리와 혼동하고 전자만을 추구하게 되었다. 그들은 세상에 있는 존재자들을 이데아를 통해 이해하려 하였는데, 이를 하이데거는 존재가 그런 방식으로 스스로를 드러냈다고 표현한다. 중세에는 신이 만든 존재자들의 질서를 진리와 동일시하였고, 신 자신조차도 이런 저런 본성을 가진 존재자로 인식되었다.

이렇게 동사로서의 존재에 대한 물음을 망각하고 존재자에 대한 물음에 집중한 서양철학은 근대에 와서 모든 존재자를 속속들이 파악하는 데 이르게 되었다. 고대 자연철학자들이 자연에서 느꼈던 경이의 감정은 플라톤의 시대나 중세에도 어느 정도 이어져 존재 물음의 자리를 남겨 놓았지만, 근대에 와서는 완전히 사라지고 말았다. "근대로 들어와 인간이 주체로 서면서 인간이 청종해야 하는 신비스런 원천인 존재는 전적으로 망각된다. 그리스 철학이 경이(驚異, wonder)라는 기분, 즉 존재 전체가 근원적으로 개현된 세계인 피지스에 대한 경험에 입각해 있다면 근대는 경이라는 근본기분의 상실에서 비롯된 것이다"(박찬국 2013: 163).

동시에 "근대의 사상가들은 존재자들의 존재를 가능케 하는 신비롭고 초월적인 질서나 인간의 영역을 벗어난 진리가 있음을 부인하고, 이성적 인 인간 주체를 절대화했다. 근대 과학은 존재하는 모든 것들이 근본에 깔려 있는 자연법칙을 밝혀내면 진리의 주인이 되는 것이라 생각했다. … 그러나 존재자에 대해 안다고 해서 존재를 아는 것은 아니다"(이상욱 외 2009: 58). 이렇게 과학이 존재자 중심의 사유를 통해 자연을 완전히 파악 한 결과가 바로 현대기술이다. 박찬국의 설명에 따르면, 근대철학이 인간 주체를 진리의 최종 담보자로 보아 이성에 대한 연구를 주로 하다가, 거 기서 다시 니체의 철학으로 이어졌다. 하이데거는 인간의 이성이 '권력에 의 의지'로 소급되어 버리는 니체의 철학을 서양 형이상학의 최종점으로 해석했고, 현대기술은 이 권력에의 의지가 물화(物化, reification)된 것이 라고 보았다(박찬국 2002: 249, 255).

### 2) '닦달[몰아세움]'(으)로서의 현대기술

하이데거는 존재의 역사에서 기술의 자리를 규정하는 것과 동시에 기 술 자체에 대한 분석을 제시한다. 그의 유명한 논문 「기술에 대한 물음」 에서 하이데거는 자신의 문제를 다음과 같이 설정한다.

우리는 기술에 대한 물음을 던지고 그것을 통해 기술과 자유로운 관계를 맺고자 한다. 관계가 자유롭다는 것은 그것이 우리 현존재를 기술의 본질에 개방시켜줄 때 그렇다. 우리가 그 본질 존재에 즉응할 때 우리는 기술적이라고 하는 것의 한계를 경험할 수 있다(Heidegger 1954/2008: 9).

바로 이어서 그는 "기술과 그 기술의 본질은 같은 것이 아니"라면서 우리가 물어야 할 것이 기술의 본질임을 밝힌다(Heidegger 1954/2008: 9). 이 말은 그가 탐구하려 하는 기술의 문제가 기술을 인간이 자신의 목적을 위해 만들어 사용하는 것으로 파악하는 것과 다르다는 뜻이다. 하이데거는 이를 기술에 대한 도구적, 인간학적 규정이라고 말하면서 이것들이 기술의 본질을 보여주는 것은 아님을 분명히 한다(Heidegger 1954/2008: 10-12).

하이데거는 기술을 예술과 함께 숨겨진 진리를 드러내는 일종의 통로로 이해한다. 박찬국은 이를 "현대의 과학과 기술은 인간들의 단순한 도구가 아니라 인간들이 존재자들을 드러내고 그것들과 관계하는 독특한 방식이다. 하이데거의 용어를 빌리면 존재자들을 탈은폐(Entbergen)하는 방식"이라고 설명한다(박찬국 2013: 165). "기술은 인간에게 완전히 종속된 것이 아니라 인간에게 새로운 무엇인가를 제시하고, 인간의 목적을 이루면서도 새로운 계기들을 만들어낸다"(이상욱 외 2009: 57).

그런데 현대기술의 탈은폐 방식은 예술과 다르다. "진정한 예술작품에서는 진리가 작품 가운데서 자신을 드러내 보인다. 그래서 하이데거는 진리는 예술작품의 창조와 함께 역사적인 사건으로 생기한다고 말하였다"(박찬국 2013: 199). 반면, 현대기술의 본질은 인간을 포함한 모든 존재자들을 부품으로 드러나게 하는 '닦달[몰아세움]'이다(Heidegger

1954/2008: 27).[20] 닦달[몰아세움] 역시 존재가 그 자신을 드러내는 탈은폐의 한 방식이기는 하지만, 이는 신과 인간, 하늘과 땅을 한데 모으고 함께 드러나게 만들었던 과거의 기술들과는 거리가 멀다.

과거의 기술은 예술과 다르지 않았다. 과거의 기술은 감추어져 있던 여러 존재자들 간의 관계들을 드러나게 만들었다(poiesis). 예를 들어 제사장의 은잔은 단순한 도구가 아니라 신과 인간을 잇는 역할을 한다(Heidegger 1954/2008: 14, 18; 1951/1977: 330-331). 강을 가로지르는 다리는 강 양편의 강둑을 의미 있는 것으로 드러나게 하고, 강 건너의 마을을 이웃으로 만든다. 그러나 현대의 기술은 숨어있던 관계들을 드러내기는커녕 모든 존재자들을 대체가능한 부품(Bestand)이 되도록 도발적으로 요청한다(Herausfordern). 라인강에 건설한 수력 댐으로 인해 라인의 강물은 전력을 생산하기 위한 재료로만 드러난다. 현대기술사회에서 울창한 숲은 신문지를 만들 종이의 재료밭일 뿐이다(Heidegger 1954/2008: 22-25). 하이데거가 제시하는 농사의 사례는 과거와 현재의 탈은폐가 보이는 극명한 차이를 명확하게 보여준다.

> 지구는 이제 한낱 채탄장으로서, 대지는 한낱 저장고로서 탈은폐될 뿐이다. 농부들이 예전에 경작하던 밭은 그렇지 않았다. 그때의 경작은 키우고 돌보는 것이었다. 농부의 일이란 농토에 무엇을 내놓으라고 강요하는 것이 아니라 씨앗을 뿌려 싹이 돋아나는 것을 그 생장력에 내맡기고 그것이 잘 자라도록 보호하는 것이었다. 그러나 오늘날의 농토경작은 자연을 닦아세우는, 이전과는 다른 종류의 경작 방법 속으로 흡수되어버렸다. 이제는 그것도 자연을 도발적으로 닦아세운다. 경작은 이제

기계화된 식품공업일 뿐이다(Heidegger 1954/2008: 21).

이렇듯 현대 농업은 원하는 결과물에 전적으로 집중되어 여타의 조건과 요소들이 전혀 고려되지 않는 탈은폐의 방식이다. 더 많은 소출을 위해서라면 일조량도 토양의 양분도 수분도 모두 조작 가능하고, 작물의 유전자 조작마저 서슴지 않는다. 동시에 과거에 경작과 관련되어 있던 수많은 문화적, 사회적, 종교적 요소들은 모두 제거된다.

문제는 인간이 현대기술의 이러한 본질과 어떤 관련이 있는지이다. 결국 인간이 만드는 기술이니 모든 존재자를 부품으로 드러나게 하는 닦달[몰아세움]에 대한 책임은 인간에게 있는 것이 아닌가?

누가 도발적으로 닦아세우기에 사람들이 현실적이라고 부르는 것이 부품으로 탈은폐되고 있는가? 물론 인간이다. 그렇다면 인간에게는 어느 정도까지 그런 탈은폐 능력이 있는가? 인간은 분명 이런저런 것을 이렇게 또는 저렇게 생각해서 만들어내고 사용할 수 있다. 그러나 현실적인 것이 나름대로 그때그때마다 그 안에서 자신을 내보이기도 하고 숨기기도 하는 바로 그 비은폐성만은 인간이 자기 마음대로 할 수 없다. 플라톤 이래 현실적인 것은 이데아의 빛 속에서 자신을 내보이고 있는데, 그것은 플라톤이 해놓은 것이 아니다. 사상가란 그저 자신에게 말을 건네온 그 어떤 것에 응답할 뿐이다. … 이렇듯 주문 요청하는 탈은폐로서의 현대의 기술은 단순한 인간의 행위가 아니다(Heidegger 1954/2008: 24-25).

하이데거는 현대기술이 우리 시대의 '역운(歷運, Geschik)', 즉 존재가 스스로를 드러내는 방식이라고 주장한다(Heidegger 1954/2008: 33). 존재는 시대마다 다른 방식으로 자신을 드러내 왔는데, 우리 시대의 역운은 닦달[몰아세움]의 방식으로 전개되고 있는 것이다. 그런데 이 역운은 그것이 드러내는 모든 사물과 함께 인간마저 부품으로 받아들여지게 하고 있다.[21] "그런데 바로 이러한 위협 속에 있는 인간이 지구의 주인이라고 거드름을 피우고 있다. … 그러나 인간은 실제로는 그 반대로 오늘날 어느 곳에서든 더 이상 자기 자신을, 다시 말해서 자신의 본질을 대면하지 못하고 있다"(Heidegger 1954/2008: 37).

### 3) 기술과의 자유로운 관계

이런 상황에서 앞서 언급한 "기술과의 자유로운 관계를 맺는다"는 말의 의미는 무엇인가? 하이데거는 기술이 우리 시대의 역운이며 닦달[몰아세움]로 드러나고 있음을 인정할 때 기술과의 자유로운 관계가 시작된다고 주장한다. "만일 우리가 우리 자신을 기술의 본질에 맞추어 열어 보인다면, 우리는 우리 자신이 예기치 않게도 자유롭게 해주는 요청 안에 받아들여진 것을 발견하게 될 것이다"(Heidegger 1954/2008: 35). 그는 횔덜린의 시를 인용하면서 우리에게 닥친 위험을 직시함으로써 구원의 힘과 희망을 키울 수 있다고 주장한다. "위험이 있는 곳에서는 그러나 / 구원의 힘도 함께 자라네"(Heidegger 1954/2008: 38). 인간은 정확히 그 구원의 주체도 객체도 아니지만, 그 구원을 보고 다듬고, 거기 참여한다.[22] 기술과의 자유로운 관계는 존재 망각을 극복하고 존재자들을 대상화해서 지배할 수 없다는 것을 인정할 때 시작된다. 이는 다소 막연하지만, 예술작품과 예술가의 관계에 비유해서 이해할 수 있다. 예술가가 작품을 만들지만, 그 작품을 통해 예술가를 초월하는 진리의 문이 열린다.

자신의 사망 이후에 발표하기로 한 인터뷰에서 하이데거는 "신만이 우리를 구원할 수 있으며" 우리 시대의 역운인 현대기술 앞에서 우리는 잠잠히 존재의 드러냄을 준비해야 한다고 주장했다(Heidegger 1966/1993: 104-111), 푀겔러는 이를 다음과 같이 해석했다. "하이데거는 '이제 신만이 우리를 구원할 수 있다'고 하면서 [기술사회를 극복하려는] 구체적인 정치적 노력을 거부했다. … 나아가 하이데거는 민주주의에 대한 모든 희망을 포기하는 일관된 입장을 견지했다"(Pöggeler 1988/1993: 232).

### 4) 하이데거 기술철학의 의의

기술의 문제는 하이데거 철학의 매우 중요한 부분이었다. 하지만 이후 기술철학 이론들의 전개에 있어서 하이데거의 이론의 영향을 직접 확인할 수 있는 경우는 많지 않다. 이미 살펴본 것처럼 그의 이론이 존재론의 차원에서 제기된 데 반해 대부분의 기술철학 이론들은 보다 구체적인 문제에 천착했기 때문이다. 다음 장에서 살펴볼 보르그만의 기술철학 정도가 하이데거의 영향을 강하게 느낄 수 있는 경우이다.

그럼에도 불구하고 하이데거가 기술철학에 미친 영향을 과소평가할 수 없다. 먼저 기술의 문제를 존재론의 차원으로 끌어올려 논의하는 것을 통해 그 이전까지 인간의 여러 활동 중 하나, 그중에서도 덜 중요한 활동으로 여겨졌던 기술이 철학의 전면에 등장하는 데 큰 역할을 했다. 같은 맥락에서 기술에 대한 도구적, 인간학적 규정에 대한 비판 역시 이후 기술에 대한 철학적 논의에서 중요한 의미를 가진다. 그의 비판은 기술이 중립적인 도구이기 때문에 사용자에 따라 선용될 수도 있고 악용될 수도 있다는 상식적인 이해에 대한 근본적인 재고를 요청하고 있다. 하이데거 철학은 기술이 도구로서 충족해야 할 것 이상의 영향력을 가지고 있음을 보여주었고, 존재가 스스로를 드러내는 통로가 된 현대기술이 인간의 임의적인 조정하에 있는 것이 아님을 명확히 하였다.

하이데거의 기술철학을 단순히 어려운 말로 포장한 반기술주의로 보거나 실질적인 함의가 없는 형이상학적 말장난으로 취급하는 것은 지나친 오해이기 때문에 따로 논의할 필요가 없다. 그러나 하이데가 기술을 몰역사적으로 이해했다고 비판한 앤드류 핀버그(Andrew Feenberg)의 논의는 살펴볼 필요가 있다. 그는 사회구성주의적 접근을 통해 기술의 문제를 다루면서 하이데거가 실제 기술 발전의 궤적을 반영하지 않고 기술을 몰역사적인 것으로 파악했기 때문에 비관주의적이 되고 구체적인 대안도 제시하지 못했다고 비판했다(Feenberg 1999: 15-17). 그러나 하이데거가 기술의 문제를 존재 물음의 차원에서 다루고, 존재와 시간성의 관계를 강조했다는 점을 고려한다면, 기술을 몰역사적으로 이해했다는 비판은 적절하지 않다. 아마 핀버그는 하이데거가 기술의 특징을 너무 정태적으로 보았다는 의미에서 본질주의자(essentialist)로 평가한 것이겠지만, 그것도 하이데거가 고전적 기술과 현대기술을 구분하고 후자의 본질을 닦달[몰아세움]로 정의한 것을 염두에 둔다면 정당한 비판은 아니다. 하이데거를 본질주의자라 비판하기보다는 차라리 그가 개별 기술의 실제 변화에 대한 경험적인 근거에 관심이 없었음을 지적하는 것이 더 나았을 것이다.

## 3. 자율적이 된 기술: 자크 엘륄[23]

엘륄의 기술철학은 기술에 대한 다소 폭넓은 정의와 전통적 기술과 현대기술의 현저한 구분, 현대기술의 자율성, 그리고 효율성의 법칙 등으로 요약될 수 있다. 엘륄은 각 소주제에 대하여 완결된 설명을 제시하고 있지만, 그의 변증법적 방법론을 중심에 두고 나면 각각을 새로운 시각에서 접근하게 된다.

### 1) 기술의 정의

엘륄의 유명한 기술 정의는 다음과 같다. "내가 사용하는 바 '기술 (technique)'은 기계나 기술담론(technology), 혹은 목적의 달성을 위한 이런저런 절차들이 아니다. 우리가 살고 있는 기술사회에서 기술은 모든 인간 활동 영역에서 합리적으로 도달된, 그리고 (주어진 발전 단계에서) 절대적 효율을 가지게 된 방법들의 총체이다"(Ellul 1954/1964: xxv). 이렇게 폭넓은 정의에 따라 엘륄은 기계를 중심으로 한 기술 이해를 벗어나 미디어와 경제 영역에서의 여러 인간 활동들을 기술로 보고 분석한다. 그는 기술의 본질을 탐구하는 것을 무의미하다고 보고 현대기술의 특징들이 무엇인지를 서술한다. 현대기술은 전통적 기술과는 달리 합리성과 인공성을 기반으로 하여 여섯 가지 특징, 즉 기술 선택의 자동성(automatism of technical choice), 자기 확장성(self-augmentation), 일원주의(monism), 기술 개발의 필연적 결합(necessary linking together of techniques), 보편성 (technical universalism), 자율성(autonomy of technique) 등을 가진다(Ellul 1954/1964: 79-147). 이 중 자율성은 나머지 특징들을 모두 아우르는 것이라 할 수 있다.

엘륄이 합리적인 방법론으로서의 현대기술을 문제 삼는 이유는 현대
기술이 모순을 배제하는 경향성을 가지고 있기 때문이다. 앞으로 설명하
겠지만, 엘륄이 가장 중요하게 생각하는 것은 모순을 인정하는 변증법
적 긴장에서 나오는 선택의 가능성, 즉 자유이다. 그러나 방금 제시한 현
대기술의 여섯 가지 특징들은 모두 인간이 누려왔던 선택의 폭과 자유가
줄어들게 하고 있는 것이다. 정치, 경제, 문화의 모든 측면에 기술이 스며
듦으로써 모순, 긴장, 선택은 사라져간다.

## 2) 기술의 자율성[24]

엘륄은 정치 경제 문화의 모든 분야에서 기술이 기존의 규범들을 모두
능가하게 되었으므로 현대기술이 자율적이 되었다고 주장하여 많은 비
판을 불러일으켰다. 이 개념의 문제는 주체를 가진 존재에게만 붙여지는
'자율성' 개념을 기술에 부여했다는 사실이다. 이 때문에 비판자들은 기
술의 자율성 개념을 기술 공포증에 걸린 사람들의 망발로 여길 뿐 아니
라, 고전적 기술철학자들의 기술사회에 대한 비관적 입장을 싸잡아 반대
하는 근거로 사용한다. 그러나 엘륄이 강조한 것은 기술의 영역에서 여
러 가지 복합적인 이유들 때문에 인간의 자율성이 상실되었다는 점이다.
인간의 삶에서 기술이 차지하는 비중이 커지고, 기술 개발의 구조가 점점
복잡해지고, 거기에 더해 여러 기술이 거미줄처럼 엮여 발전함에 따라,
개인이나 집단이 기술을 제어할 실질적인 방법들은 점차 사라진다. 이렇
게 보면 기술이 자율적이라는 주장은 기술이 인간과 분리되어 주체를 가
진 독립 존재로 바뀌었다는 말과는 다름을 알 수 있다.

물론 기술의 자율성 개념을 정확히 이해한다 하더라도, 이 개념이 기술사회에 대한 비관적 태도로 이어진다는 것을 부인할 수는 없다. 실제로 여러 곳에서 엘륄은 기술사회의 전진을 막을 수 없다는 절망감을 토로하고 있다. 그러나 이러한 태도를 더 이상 회복의 가능성이 없으므로 자포자기할 수밖에 없다는 식의 운명론적 비관주의로 해석하는 것에는 문제가 있다. 엘륄은 작금의 기술사회가 절망적인 상황에 있음을 지적하면서도 그러한 상황을 제대로 인식하는 것이 중요함을 강조한다. 상황을 반전시키지는 못한다 하더라도 기술사회의 논리에 굴복하는 것은 스스로 인간이기를 포기하는 것이기 때문이다. 그가 말하는 '자유롭지 못함을 인정하는 자유'나 기술 발전을 불완전하더라도 민주화하려 노력해야 한다는 주장들은 이러한 맥락에서 이해할 수 있다(Ellul 1988/1990: 411; 1992). 랭던 위너는 현대기술의 자율성이라는 엘륄의 주장이 기술이 자율성의 주체가 된다는 주장이기보다는 인간의 자율성 상실을 다른 말로 표현한 것이라 설명한 바 있다(Winner 1977/2000: 67).

### 3) 효율성의 법칙

효율성의 법칙은 기술 자율성을 추동하는 원칙이다. 효율성은 기술과 관련한 모든 결정을 내리는데 기준으로 작용한다. 엘륄은 현대기술이 유일하게 목적으로 삼는 것이 효율성이고, 기술에 대한 평가의 기준도 효율성이라고 주장한다(Ellul 1954/1964: 21, 110).

그런데 이 효율성의 개념이 모호하다. 투입과 산출로 효율성을 결정할 수 있다고 하지만, 어디까지를 투입으로 보고 얼마만큼을 산출로 보느냐에 따라 같은 활동이 효율적으로도 비효율적으로도 표현될 수 있는 것이다. 예를 들어 원자력 발전소는 단기적으로는 매우 효율적이지만 장기적으로는 그다지 효율적이지 않을 가능성이 크다. 환경오염, 방사능 유출의 가능성과 폐기물 보관 비용, 미래 세대의 부담 등도 효율성 계산에 들어갈 수 있으니 말이다. 이것들을 고려하면 효율성의 법칙을 어떻게 적용할 것인가에 대한 판단이 필요하고, 이 판단은 사람에게 맡겨져 있으니 굳이 기술의 자율성을 주장할 근거가 없어지는 것처럼 보인다.

그러나 엘륄의 효율성 법칙은 단순히 효율성의 추구에서 끝나지 않는다. 『기술담론의 허세(The Technological Bluff)(1988/1990)』[25]에서 엘륄은 기술이 중요한 위치를 차지하게 된 기술사회가 모든 영역에 기술의 원리를 주입하는 기술체계에 의해 점령되는 과정에서 기술담론의 허세가 퍼져가는 과정을 서술한다. 기술담론의 허세는 기술에 대한 근거 없는 믿음과 신뢰로 요약할 수 있는데, 기술담론의 허세가 일반화되고 나면 실제 효율성 자체는 그 중요성을 잃고 '효율성의 이름으로' 판단이 내려지게 된다. 다시 말해서, 어떤 결정을 내리거나 정당화를 하기 위해서는 그것이 효율적이라는 것을 어떤 방식으로든 증명하기만 하면 되고, 그 실제의 내용은 부차적인 것이 된다.[26]

기술담론의 확산은 기술사회를 살아가는 사람들이 더 이상 기술에 대해 어떤 의문이나 심지어 환상까지도 가지지 않은 채 기술의 지배를 당연하게 받아들이는 것으로 귀결된다. 효율성의 법칙은 효율성을 추구하는 것이 아니라 그 말의 신화에 빠져 버리는 것이다. 일원적인 효율성에 일단 빠지게 되면, 비판적 시각과 반대를 통해 변증법적 모순을 일으킬 수 있는 능력은 소멸된다.

## 4) 엘륄은 기술비관론자인가?

엘륄의 현대기술에 대한 서술은 부정적이고 비관적이다. 그는 현대기술은 자율적이 되었고, 기술체계가 기술사회를 점령해 가고 있으며, 기술담론이 기술에 대한 사유의 자유까지 빼앗아갈 정도가 되고 있다고 주장한다. 게다가 엘륄은 이러한 상황에 대처할 방안으로 "우리가 자유롭지 않다는 것을 인정하는 것"으로 자유를 표현하는 것 정도를 제시한다(Ellul 1988/1990: 411). 그러나 문제에 대한 해결책을 제시하지 못할 것이라면, 도대체 그의 분석은 무슨 의미가 있는가? 많은 학자들이 이런 의문을 제기하며 엘륄을 기술혐오주의자나 기술결정론자, 대안을 제시하지 못하는 비관론자로 평가했다.

그러나 이러한 평가는 엘륄 자신의 입장에 부합한다고 할 수 없다. 엘륄 자신은 곳곳에서 자신이 기술 이전의 시대로 돌아가자고 한 것이 아니며, 비관론자도 아님을 밝히고 있다. 이러한 주장은 그에게 기술비관론자의 낙인을 받게 만든 『기술사회』 서문에서도 발견된다.

> 나는 본성적으로나 교리적으로나 비관주의자가 아니며, 비관주의적인 편견도 가지고 있지 않다. 나는 사태가 그러한가 아닌가에 관심이 있을 뿐이다. 나에게 비관주의자의 명찰을 붙이고 싶은 독자는 그 자신의 양심을 점검하고 그런 판단을 내리게 된 원인이 무엇인지 스스로에게 물어야 할 것이다. 나는 그 판단의 이면에 "인간은 자유롭다" "인간은 모든 피조물의 주인이다" "인간은 항상 도전을 극복한다" "인간은 선하다" "진보는 언제나 긍정적이다"와 같은 형이상학적 가치 판단들이 이미 깔려 있음을 발견하게 될 것이라 믿는다(Ellul 1954/1964: xxvii-xxviii).

요컨대, 엘륄은 자신이 사태의 어떠함을 기술(記述)하고 있을 뿐, 가치판단을 내리고 있지 않다고 주장한다. 도리어 자신을 비관주의자라고 하는 이들이 낙관주의의 편견에 빠져 사태를 바로 보지 못한다는 것이다. 물론 현대기술의 문제에 대한 그의 상세한 설명과 달리 자신이 비관주의자가 아니라는 항변은 납득할 만한 설명 없이 스쳐 지나가듯이 언급하는 것이 문제라면 문제다. 그 결과 많은 학자들이 엘륄의 통찰이 탁월함을 인정하면서도 "나는 현실을 있는 그대로 보여주고 있을 따름"이라는 그의 설명에 뭔가 부족함을 느끼게 된다.

그렇다면 엘륄의 대안은 과연 무엇인가? 그가 기술사회의 상황을 심각하게 본 만큼, 완벽한 해결을 위한 대안을 제시하지 않은 것은 사실이다. 그러나 그의 비관론이 기술사회에서의 저항이 무의미하다는 결론에 이르지는 않았다는 사실에 주목해야 한다. 예를 들어 엘륄은 민주주의의 중요성을 강조하며 소규모 공동체로 돌아가야 한다고 역설한다(Ellul 1992: 38).

또 엘륄은 기술사회에 대한 저항 자체가 새로운 동력을 제공할 것이라고 주장한다. 그가 비행청소년들의 자활을 돕는 일이나 환경운동에 헌신한 것(Ellul 1981/1982: 117-138; Vanderburg 1981/2010: 59, 127)은 아마도 이런 신념 때문이었을 것이다.

> 몇몇 도전들, 반대들, 토대에 대한 기본적인 비판들을 추구하는 것을 통해 기술이 그 경향성을 버리고 … 우리가 새로운 역사적 시기라고 부를 수 있는 시대를 시작하게 할 수 있을지도 모른다. 그 시대에 기술은 목적에 종속된 수단이라는 적절한 자리에 있게 될 것이다(Ellul 1981/1982: 208).

그가 기독교인으로서 기술사회의 암울한 상황에 대해 반응하는 방식에도 주의를 기울일 필요가 있다. 그는 기독교인은 기술사회를 궁극적으로 바꿀 수는 없지만 그 지배에 공개적으로 저항하는 '적극적 비관주의(active pessimism)'의 태도를 가져야 한다고 주장했다(Ellul 1970: 181).

### 5) 대안으로서의 변증법

비관적으로 보이는 엘륄의 이론을 해석하는 또 다른 방식은 자신이 자기 학문의 방법론으로 제시한 변증법적 관계를 통한 것이다. 엘륄의 변증법은 여러 가지 차원에서 생각해볼 수 있다. 그는 자신의 학문적 노력의 과정에서 기술과 관계된 사회학적 연구와 기독교 신학의 연구를 철저하게 구분했다. 그 둘 사이에 어떤 연관이 있는지를 밝히려는 시도들도 있지만, 그 관계를 가장 잘 설명하는 것은 변증법적 긴장이다. 곧 서로 모순되는 두 축이 서로에게 합병되지 않고 긴장관계를 유지하면서 발전해나가는 것이다.

> 변증법은 겉으로 드러나는 추론이나 사고를 전개하는 형식적인 체계가 아니다. 그것은 언제나 현실과의 관련성을 주장하며, 현실에 대한 설명의 수단이기를 주장한다. 그런데 현실은 긍정과 부정의 요소들, 서로 모순되지만 서로를 없애버리지 않고 공존하는 요인들을 모두 포괄한다. 따라서 강력한 사유 체계는 '예'와 '아니오' 중 하나를 배제하거나 그 가운데 하나를 택하지 않고 그 둘 모두를 설명해야 한다. 왜냐하면 그 선택은 현실 일부를 배제하는 것이 되기 때문이다(Ellul 1981: 293-294).

변증법과 모순에 대한 강조를 염두에 두면 인간의 자율성 상실은 곧 모순을 상정할 수 있는 능력의 소멸이라고 할 수 있다. 기술은 체계 중에서도 자기규제 혹은 부정적인 피드백 시스템이 없는 체계다(Vanderburg 1981/2010: 108-109). 기술이 계속해서 규제 없이 스스로를 발전시키는 동안 기술에 매몰된 인간들은 기술체계의 일부가 되어 반정립의 가능성 자체를 반납하게 된다. 기술의 자율성과 인간의 자율성 상실은, 누가 어떤 의지의 주체인가의 문제이기보다는 변증법적 운동이 가능한가 그렇지 않은가의 문제인 것이다.

변증법적 방법론은 엘륄의 기술철학이 무엇을 지향하는지를 분명하게 보여준다. 그의 현대기술 비판을 현대기술사회에 대한 반정립으로 보면 변증법적 운동의 가능성을 보게 되기 때문이다. 엘륄에 따르면 변증법은 현실에서 일어나는 모순의 양쪽을 모두 포괄하는데, 이 모순은 사실 및 사태들 사이에서 일어날 뿐 아니라, 사실 및 사태에 대한 서술에 의해서도 일어난다. 따라서 엘륄은 기술사회의 불가능성을 서술함으로써 기술의 무한한 가능성을 기대하는 현실에 모순을 만들어낸 것이다.

모순이 파악되고 나면, 변증법은 역사적인 변화를 일으키는 역동성, 변화를 일으키는 힘을 발휘할 수 있다. 합쳐질 수 없지만 공존하는 모순은 변화와 혁명의 계기가 된다. 그 변화와 혁명의 결과가 긍정적일지 부정적일지는 알 수 없고 알려고 해서도 안 되지만, 그러한 계기가 만들어지는 것 자체는 긍정적이다. 이렇게 본다면 기술사회에 대한 엘륄의 비판적 입장에 대한 평가는 달라진다. 그가 자신의 이론으로 반정립을 시도한 것은 비관적이 아니라 새로운 출발을 위한 조건을 마련하기 위한 매우 적극적인 노력이다. 앞서 소개한 "자유롭지 않음을 인정하는 자유"가 바로 변증법의 가능성이며, 예측이 불가능한 변화를 예고하는 희망의 씨앗이라는 점에 주목해야 한다.

> 엘륄은 진정한 역사적 발전은 급진적으로 새로운 무엇이 등장하는 것을 포함해야 한다고 지적한다. 이는 완전히 예측 불가능한 무엇이 발전할 수 있음을 말하는 것이다. 어떤 면에서 현실은 잠겨져 있거나 닫혀져 있다. 따라서 역사적 발전에는 일종의 비합리성이 있다(Wenneman 1991: 68).

여기서 기술사회에 대안이 설 자리가 확보된다. 변증법적 모순을 인정하고 받아들이게 되면, 기술사회 안에서도 기술에 대한 비판을 통해 반정립의 계기를 만들고 전혀 다른 미래에 대한 희망의 씨앗을 뿌릴 수 있다. 엘륄은 여러 곳에서 이러한 가능성을 뒷받침한다. 그는 마르크스가 그의 추종자들과 달랐던 점이 구체화된 미래의 청사진을 제시하지 않았던 데 있다고 설명하면서 역사에 불명확성, 예측불가능성이 있음을 강조한다 (Ellul 1981/1982: 202). 또 기술사회가 막다른 곳에 왔다고 일관되게 주장하면서도 새로운 해법이 나타날 가능성을 전혀 배제하지 않는다.[27] 변증법적 모순과 갈등의 존재가 바로 자유라면, 그 자유는 어느 영역에서건 구현될 수 있고, 새로운 전진은 언제나 가능한 것이다.

결국 기술철학에서의 엘륄에 대한 비판은 유효하기도 하고 그렇지 않기도 한 셈이다. 엘륄이 기술사회의 비판에서 더 이상 나아가려 노력하지 않은 것이 사실이기 때문에 대안을 제시하지 않았다는 주장은 유효하다. 그러나 그가 대안이 없다고 주장한 것이 대안의 가능성을 부인한 것이 아니며, 그 자체로 대안이었다는 점에서 기술비관론이란 비판은 부당하다.

## 4. 미래 사회에 대한 책임: 한스 요나스

한스 요나스(Hans Jonas)는 독일 태생의 유대인으로 한때 하이데거의 제자였으나 스승이 나치에 협력한 사실에 실망하고 그와 결별했다. 전쟁 후 자신의 어머니가 아우슈비츠 포로수용소에서 사망한 것을 알고 이스라엘, 캐나다를 거쳐 미국에 정착하였다. 뉴욕의 뉴스쿨(New School for Social Research)에서 교수로 지내면서, 요나스는 시기적으로 다소 늦게 기술철학의 문제에 천착했고, 1979년에 그의 기술철학 주저인 『책임의 원칙』(Jonas 1979/1994)을, 1985년에 『기술 · 의료 · 윤리』를 출간하였다 (Jonas 1987/2005). 사실 이 시기는 이미 경험으로의 전환에 속하는 철학자들이 등장하던 시기이지만, 요나스의 전반적인 접근 방식은 고전적 기술철학의 특징에 더 부합한다.

### 1) 목적과 수단의 변증법적 관계에 따른 기술 발전

요나스는 전통적 기술과 현대기술이 질적으로 다르다고 보았고, 그래서 현대기술에 대해서는 이전과는 전혀 다른 방식으로 접근해야 한다고 보았다. 그는 "현대기술은 왜 철학의 대상인가?"라고 묻고는 다음과 같이 말한다.

오늘날, 기술은 인간에 관한 모든 문제에—삶과 죽음, 사고와 감정, 행위와 고통, 환경과 사물, 욕구와 운명, 현재와 미래—침투해 있다. 다시 말해서 기술은 인간이 지구상에서 영위하는 삶의 핵심일 뿐만 아니라 삶을 위협하는 문제가 되었다. 그렇기 때문에 기술은 철학의 문제이며, 이른바 기술철학이라고 하는 것이 성립하게 된다. 그러나 기술철학은 이제 막 걸음마를 시작했을 뿐이다. 우리는 이 영역을 더욱 개척해 나가지 않으면 안 된다(Jonas 1987/2005: 17).

요나스는 기술 발전의 무목적성을 현대기술의 중요한 특징으로 뽑으면서, 이를 '목적과 수단의 변증법적 관계'라는 말로 표현한다(Jonas 1987/2005: 21). 과거에는 상위의 목적에 따라 수단이 개발되었는데, 이제는 수단이 있기 때문에 새로운 목적이 생기기도 한다는 것이다. 이렇게 되면 수단과 목적이 서로 자리를 바꾸면서 상승작용을 일으키게 된다. 그한 예로 자크 엘륄이 언급한 1960년대 프랑스의 에너지 정책이 있다(Ellul 1988/1990: 205). 원자력 발전소 건립을 하고 나서 풍부한 전기 공급이 가능해졌기 때문에 전기 사용을 진작시키려 노력했고, 그에 따라 일상적인 공학적 설계에서도 전기 절약에는 신경을 쓰지 않았다. 그러다가 일정 시간이 지나고 나서 결국 전기 공급에 문제가 생길 것이란 예측이 나오자, 다시 추가적인 원자력 발전소 건축을 계획한 것이다. 컴퓨터의 메모리 용량과 소프트웨어의 크기가 교차되면서 커져가는 것과 비슷한 예이다.

수단이 있기 때문에 목적이 생기는 현상은 같은 기술이 여러 곳에 동시에 적용되는 것과도 연결된다. 예를 들어 자동차 내비게이션에 사용되는 GPS 기술은 미사일이 특정 목표물을 가격할 수 있도록 하는 데도 사용된다. 이렇게 가용한 기술이 목적을 만들기 때문에 과학기술은 처음 개발의 목적이 달성되어도 멈추지 않고 지속적으로 발전하게 된다. 엘륄이 말한 기술의 자율적 발전의 현상이 일어나는 것이다.

기술의 목적과 수단이 변증법적 관계를 이루며 계속 발전해가고, 이러한 발전에 발을 맞추어 시장이 작동하게 되면, 어느 순간 기술의 발전은 더 이상 선택사항이 아닌 필수사항으로 인식되게 된다. 정신적인 영역에서는, 서양 근대를 풍미한 '진보'의 사상은 기술 발전과 동일시되어 기술의 발전이 곧 인간의 발전이라는 생각이 굳어진다. 그보다 더 현실적인 수준에서는, 기술 발전이 멈추는 순간 회사, 시장, 사회는 그대로 무너지게 된다. 새로운 제품은 끊임없이 만들어져야 하고, 새로운 제품은 이전 것보다 나아야(혹은 달라야) 한다. 지속적인 발전과 변화가 없는 세상을 이제 우리는 더 이상 상상할 수가 없다. 기술 발전을 하나의 운명처럼 받아들이게 되었기 때문이다. 그러나 인류의 역사에서 지금과 같이 지속적인 변화를 요구하는 시대는 없었다.

문제는 이런 상황을 반성적으로 바라보고 분석하는 이가 거의 없다는 것이다. 새로운 기술의 등장에 환호하고 그 개별 기술에 대해 여러 가지 지식을 가지고 있는 사람들은 많으나 기술이 우리 시대와 개인의 삶에 가지게 된 의미에 대해 생각하는 사람들은 매우 적다. 우리 삶의 중요한 매개가 된 기술에 여전히 수단적 가치만을 부여하는 단순한 견해가 대세를 이룬다.

요나스가 기술이 철학의 대상이 되었다고 주장하는 것은, 현대를 살아가는 사람이라면 누구나 자신이 사용하거나 개발하고 있는 기술의 진짜 의미를 물어야 한다고 믿기 때문이다. 기술이 매우 중요해진 오늘날 우리에게 필요한 것은 기술 및 기술문명에 대한 면밀한 탐구와 고민이다.

### 2) 인간과 자연의 관계에 생긴 변화

우리 시대에 와서 기술이 인간 삶에서 차지하는 비중이 커진 것과 동시에 인간과 자연의 관계도 바뀌었다.

> 우주적 질서로서의 자연은 본질적으로 변화될 수 없다는 사실은 실제로
> 죽을 수밖에 없는 유한한 인간의 모든 사업에 은밀히 수반되는 전제 조
> 건이었다. 물론 이러한 사업에는 우주 질서에 대한 인간의 침입 행위도
> 포함되었다. 인간의 삶은 영원히 머물고 있는 것과 변화하는 것 사이에
> 서 진행되었다. 영원히 변화하지 않는 것은 자연이었고, 변화하는 것은
> 인간의 고유한 작품들이었다. …
> 이 모든 것은 상당히 변화하였다. 현대의 기술이 산출한 행위들의 규
> 모는 너무나 새롭고, 그 대상과 결과가 너무나 새로운 것이었기 때문
> 에, 전통 윤리의 틀로서는 이 행위들을 더 이상 파악할 수 없다(Jonas
> 1979/1994: 27, 33).

현대기술과 전통적 기술의 차이는 단순히 대상과 결과의 차이가 아니다. 인간과 자연의 관계라는 기술활동의 전제가 달라진 것이고, 따라서 이 구분은 인간의 본질도 달라졌음을 의미한다. 기술 발달로 인하여 전에는 인간 활동의 환경이었던 자연이 완전히 파괴될 수도 있는 대상으로 변해버렸다. 이제 인간이 자연으로부터 스스로를 보호하는 것이 아니라, 자연을 보호하게 되었다. 잔디밭에 들어가는 것을 막기 위해 세워놓은

'자연보호'라는 작은 팻말은 사실 간단한 말이 아니다. 도대체 인간이 무엇이길래 거대한 자연을 보호한단 말인가?

이러한 변화의 정점에는 역시 핵폭탄이 있다. 핵폭탄으로 우리가 아는 자연이 통째로 없어질 수 있게 된 것이다. 핵폭탄은 인간 행위의 근본적인 전제, 즉 자연의 불변성을 바꾸어 버린 일대의 사건이다.

자연에는 인간도 속하니까 인간 역시 현대기술의 대상이 된다. 요나스가 특히 관심을 많이 기울인 유전공학은 핵폭탄만큼이나 중요한 변화를 일으켰다.

> 유전자 구조의 분석과 암호 해독이 완벽하게 이루어지는 날, 우리는 그 안에 담겨 있는 내용을 마음껏 바꿀 수 있게 될 것이다. 우리가 이런 능력에 얼마나 가까이 다가서 있는지에 대한 생물학자들의 견해는 통일되어 있지 않다. 그러나 이런 능력을 발휘해도 좋은[을] 권리가 우리에게 부여되어 있는지를 생각하는 사람들의 수가 그리 많아 보이지는 않는다. 이와 같은 능력을 예언하는 사람들이 가지고 있는 생각은 — 특히 남성 과학자들에게 매혹적인 — '우리 진화 자체를 장악하는 것'이다(Jonas 1987/2005: 39).

요나스가 말한 가능성은 이제 상당 부분 현실화되어가고 있다. 기술을 통해 우리 진화 자체를 장악하고 특정한 방향으로 이끌고 가는 것은 이제 더 이상 상상 속의 이야기가 아니다. 이미 인간의 유전자 지도가 완성되었고, 최근에는 염색체의 일부를 잘라낼 수 있는 크리스퍼 - 캐스 9 (CRISPR/Cas 9) 유전자 가위 기술이 개발되어 연구 중이다. 이 기술이 배아세포에 적용되면 사람의 형질을 영구적으로 바꿀 수 있다. 인간을 대상으로 이러한 기술들을 사용하는 것에 대해서는 여전히 큰 거부감이 있는 것이 사실이지만, 이미 직간접적인 방식으로 유전자 치료가 행해지고 있다. 현실적으로 보아, 이미 다른 생물들에 널리 사용되고 있는 유전자 수준의 조작을 인간에도 적용하려는 시도는 얼마든지 상상 가능하다.

### 3) 새로운 명법: 책임의 원칙

요나스는 현대기술사회를 '윤리적 진공상태'(1979/1994: 60)로 진단한다. 그는 이 개념을 통해 우리가 인간 행동의 본질을 바꿀 만한 큰 힘을 가지게 되었지만, 기존의 윤리적 규범으로는 이 새로운 상황에 대처할 수 없음을 지적한다. 따라서 새로운 윤리가 요구된다.

이 '윤리로의 전환'은 하이데거나 엘륄 같은 사상가들에 비해 다소 독특하다. 그들은 기술사회의 문제된 상황에 주목했지만 윤리적 측면에서 해석하지 않았고, 새로운 윤리적 차원에서 해결책을 모색하지도 않았다. 앞서 살펴본 것처럼 엘륄은 기술사회에 대한 사회학적 분석을 시도하면서도 그런 연구와 경고를 통해 긍정적인 변화가 일어날 가능성을 크게 보지 않았다. 이에 비해 요나스의 접근은 기본적으로 더 낙관적이다. 새로운 윤리의 제안은 기술이 원칙적으로 인간의 통제하에 있는 도구로 보는 입장과 인간의 능력과 자유에 대한 믿음을 전제로 한다(Jonas 1996: 85-86).

그러나 기본적인 낙관에도 불구하고 현 상황에 적합한 윤리의 필요는 시급하다. 기존 윤리의 낡은 틀이 더 이상 유효하지 않은 만큼, 새로운 윤리는 꼭 필요하다. 이는 단순히 더 나은 이론을 찾는 것이 아니라, 모든 존재의 소멸이라는 심각한 결과에 직면하지 않기 위한 절박한 해답의 모색이다. "살인하지 말라"는 계명은 인간에게 남을 죽일 힘이 있고 실제로 죽이기도 하기 때문에 주어진다. 실제로 일어나는 행위의 압박 때문에 윤리적 명령이 주어지는 것이다. 요나스는 우리 시대의 새로운 기술이 과거의 기술 중립성을 더 이상 허용하지 않으며, 인간에게 새로 생긴 힘 때문에 우리는 새로운 윤리를 확립해야 한다는 압박 아래 놓였다고 주장한다 (Jonas 1979/1994: 51, 61). 이것은 시대의 요구다.

요나스에 따르면, 인간이 자연을 보호할 만큼 큰 위력을 가지게 되고 그 위력을 담보한 기술의 발전이 운명처럼 받아들여지는 시대에 요구되는 것이 책임의 윤리이다. 이 책임은 위에서 언급한 현대기술의 가능성과 관련되어 크게 두 가지로 구분해서 볼 수 있다.

하나는 자연 전체에 대한 책임이다. 과거에 유한한 인간은 불변하는 자연으로부터 스스로를 보호하는 데 집중했다. 그러나 인간이 자연을 통째로 사라지게 할 수 있게 된 이상, 윤리적 고려의 대상이 사람만이 아닌 자연에게로 확장되어야 한다. 요나스는 이를 "윤리의 영역에서 인간 중심주의의 파괴"라고 표현한다(Jonas 1985/2005: 45-46). 인간은 이제 개인의 행동에 대한 책임뿐 아니라, 지구 전체의 존립에 대해 책임을 지는 존재가 되었다.

자연의 존립에 대한 책임은 두 번째 책임인 미래 세대에 대한 책임으로 확장된다. 과거에는 "미래에 그런 세계—즉 인간이 거주하기에 적합한 세계—가 존립해야만 하고, 이런 이름의 품위에 걸맞은 인류가 미래에 이 세계에서 살아야 한다는" 명제가 인간 행위에 따르는 책임의 당연한 전제였다. 그러나 이제 "[인간의] 현존 자체가 책무의 대상이 되어버렸다"(Jonas 1979/1994: 39).

그리하여 요나스는 그의 책임의 명법(the imperative of responsibility)을 다음과 같이 정리한다.

> 인간 행위의 새로운 유형에 적합하고 새로운 유형의 행위 주체를 지향하는 명법은 대충 다음과 같을 수 있다. "너의 행위의 효과가 지상에서의 진정한 인간적 삶의 지속과 조화될 수 있도록 행위하라." 부정적 형태로 표현하면 다음과 같다. "너의 행위의 효과가 인간 생명의 미래의 가능성에 대해 파괴적이지 않도록 행위하라." 또는 다음과 같이 간단하게 서술할 수 있다. "지상에서 인류의 무한한 존속을 가능하게 하는 제 조건을 위협하지 말아라." 다시 긍정적인 형태로 전환시키면 다음과 같다. "미래의 인간의 불가침성을[28] 너의 의욕의 동반 대상으로서 현재의 선택에 포함하라"(Jonas 1979/1984: 40-41).

요나스에 따르면 이 명법은 개인의 삶에 대한 것이 아니라 인류 전체를 염두에 둔 것이며, 사적인 행위뿐 아니라 공적인 정책에 더 무게를 두고, 행위 자체보다는 행위의 결과를 더 강조하며, 도덕의 계산에 실제 미래에 대한 고려가 더해진 것이다(Jonas 1979/1994: 41-42).

### 4) 새로운 윤리의 형이상학적 의미

기술사회에서 새로운 윤리가 필요하다고 해서 그 필요가 책임을 정당화하는 것은 아니다. 요나스는 새로운 윤리의 존재적 근거가 있어야 한다고 주장한다. "의무를 따르기 위해서는 그 의무가 인식되어야 한다. 하지만 인식되지 못하더라도 그 의무는 존재하는 것이며, 존재한다면 그 독립적인 기반을 가지고 있어야 한다"(Jonas 1996:10). 다시 말해서 사람이 멸종되지 않도록 해야 한다고 주장하려면, "인간이 꼭 있어야 하는가?"라는 물음에 답해야 한다. "이 물음에 올바로 대답하기 위해서 우리는 우선 다음의 물음에 대답해야 한다. 그 어떤 것에 관해 그것이 존재해야 한다고 말하는 것은 무엇을 의미하는가? 물론 이 물음은 도대체 어떤 무엇인 ― 무(無) 대신에 ― 과연 존재해야만 하는가 하는 물음으로 되돌아간다"(Jonas 1979/1994: 95). 지금까지 세계를 주어진 것으로 보고 "왜 있는 것이 없지 않고 있는가?"를 물었던 형이상학의 문제가 이제 "왜 있는 것들이 계속 있어야 하는가?"라는 윤리적 문제로 바뀐다는 것이다(Jonas 1979/1994: 95-100).

이런 문제의식은 요나스가 '있음'과 '있어야 함'의 근거를 찾으면서 형이상학과 윤리학을 연결시키고 있음을 보여준다. "존재는 그 자신에 대한 증언을 통해 그것이 무엇인지 뿐 아니라 우리가 그것에 무엇을 빚지고 있는지도 알려준다"(Jonas 1996: 101). 요나스에 따르면, 인간은 존재의 역사에서 진화의 정점으로서 그리고 책임질 수 있는 유일한 존재자로서 특별한 위치를 점한다(Jonas 1996: 101). 요나스는 『책임의 원칙』에서 바로 이 연결고리를 증명하려는 긴 논증을 펼친다. 그에게 있어 현대기술은 단순히 삶의 조건을 바꾸는 것이 아니라 존재의 현존을 바꾸는 것이다. 그래서 새로운 윤리에 대한 요구는 실용적일 뿐 아니라 형이상학적이다.

### 5) 책임의 원칙과 정치적 과제

요나스가 새로운 도덕 명법으로 제시한 책임의 원칙은 우리 시대의 윤리적 필요에 대한 대응인 동시에 방금 살펴본 것처럼 인간의 존재의 필연성이라는 형이상학적인 근거를 바탕으로 한다. 그런데 이 명법에 따라 오늘날 기술사회의 현실을 바꾸려면 개개인의 노력뿐 아니라 사회적인 합의, 혹은 정치적인 결단이 필요하다.

> 인간이 가지게 된 능력이 우리의 종 대신 우리의 주인이 되었다. 우리는 이제 그것을 통제해야 한다. 그 능력은 전적으로 우리의 지식과 의지의 결과인데도 불구하고, 지금까지 우리는 그렇게 하지 않았다. 지식과 의지, 힘은 집단적인 것이므로 그에 대한 통제 또한 집단적이어야 한다. 그 통제는 공공 부문의 힘에서만 나올 수 있다. 다시 말해서 그 통제는 틀림없이 정치적이고, 장기적으로는 넓은 풀뿌리 합의를 필요로 한다(Jomas 1996: 109).

그러나 이런 노력은 희생을 요구한다. 선진국은 자신의 풍요로운 생활양식을 포기해야 한다. "적어도 일시적인 경제적 고통"이나 출산과 같은 "가장 사적인 영역에 대한 공공의 개입"에 대해서도 합의할 수 있어야 한다(1996: 109-110). 그러나 문제는 이런 식의 합의가 어떻게 가능할 것인가이다. "이러한 강제의 필요가 있음은 금방 알 수 있지만, 어떻게 그런 동의를 이끌어내고 어려운 시간 동안 유지시킬 수 있을지는 여전히 완벽한 수수께끼로 남아 있다"(Jonas 1996: 110).

마땅한 구속될 필요가 있는 자유가 무엇인지를 파악하는 것은 어렵지 않다. 예를 들어 요나스는 "인간의 유전물질에 대한 실험은 그 자체로 범죄"라고 본다(Jonas 1996: 111). 책임의 명법은 자유의 미래에 영향을 미칠 수 있는 이런 기술을 금지해야 한다고 요구한다. 여기에는 정치적 협상의 여지도 없다. 그런데 그러면 남는 것은 독재뿐이다.

> 우리의 물질적인 생활 수준뿐 아니라 우리의 민주적 자유도 전 세계적인 생태학적 위기의 압력에 희생되어 급기야는 그 상황을 극복하기 위해 일종의 폭군만이 대안으로 남게 될 것이라는 내 불길한 예언은, 내가 우리 문제의 해결책으로 독재를 옹호한다는 비난을 초래했다. 나는 여기서 경고와 권고 사이의 혼동은 무시하겠다. 그러나 내가 그러한 폭정이 완전한 파멸보다 더 나을 것이라고 말한 것은 사실이다. 나는 윤리적으로 그것을 대안으로 받아들인 것이다(Jonas 1996: 112).

요나스는 인간이 자유를 추구할 수 있는 근본적인 능력을 가졌다고 믿으면서도 대중이 집단적으로 자유를 추구할 능력이 있는지에 대해서는 회의적이다. 현재의 민주적 의사 결정 절차로는 장기적 통찰을 가지고 경제와 기술 개발의 단기적 손해를 감수하자는 합의가 일어날 가능성이 없다. 결국 요나스는 민주적 의사결정보다 선의의 환경 친화적인 독재자를 통한 문제 해결이 더 현실적이라는 다소 당황스러운 결론에 이른다.

## 5. 새로운 기술의 가능성: 허버트 마르쿠제

마르쿠제의 기술철학은 프랑크푸르트 학파의 문제의식과 궤를 같이한다. 프랑크푸르트 학파의 학자들은 근대 서양의 계몽주의가 어떻게 나치의 지배로 이어졌는지, "왜 인류는 진정한 인간의 상태에 이르는 대신 새로운 야만에 빠졌는지"(Horkheimer and Adorno 1969/2001: xiv)를 물었다. 나아가 그들은 2차 세계대전 이후 더욱 발전한 산업사회가 억압의 문제를 해결하기는커녕 심화하는 현실을 두고 무엇이 잘못된 것인지를 분석하려 했다.

마르쿠제는 아도르노와 호르크하이머가 『계몽의 변증법』에서 분석한 우리 시대의 변증법적 발전 양상을 보다 구체적으로 분석하되, 기술에 초점을 맞추어 그의 철학적 작업을 진행했다. 그는 현대기술이 초래하는 여러 가지 문제들을 지적하면서도, 새로운 과학과 기술을 통한 해방의 가능성을 제시하였다.[29]

### 1) 마르쿠제의 '기술' 개념

1941년에 쓴 논문에서 마르쿠제는 자신이 현대기술을 어떤 의미로 사용하는지를 설명한다.

> 이 글에서 쓰는 기술 개념에서 일반적인 기술(즉 산업, 교통, 통신에서 사용하는 기술적 장치)은 그 일부를 이루는 부분적 요인에 불과하다. 우리는 기술이 인간 개개인에게 미치는 영향이나 영향을 탐구하지 않는다. 왜냐하면 그 사람들 자신조차 기술의 필수적인 부분이고 요인이기 때문이다. … 기계 시대를 특징짓는 생산 양식이나 도구, 장치, 수단들의 총체로서의 기술은 동시에 사회적 관계를 조직하고 영속시키는(또는 변화시키는) 양식이자 널리 퍼진 사고와 행동의 발현이고 조정과 지배의 도구이다.

기술 그 자체는 권위주의뿐만 아니라 자유를, 결핍뿐 아니라 풍요를, 고생의 확대뿐 아니라 제거를 촉진할 수 있다. 나치의 제3제국은 제국주의적 효율성과 합리성에 대한 기술적 고려가 수익성과 일반 복지라는 전통적인 기준을 능가해버린 '테크노크라시'의 한 형태였다(Marcuse 1941/1998: 41).

기술적 진보는 생필품의 생산에 소비되는 시간과 에너지를 줄이게 할 것이고, 희소한 것을 감소시키고 경쟁적인 추구를 불필요하게 만들어서 자아가 자연적 뿌리에서 발전하게 할 수 있을 것이다. 인간이 자신의 삶과 사회를 유지하기 위해 소비하는 시간과 에너지가 적을수록, 그가 인간 실현의 영역을 '개별화(individualize)'할 수 있는 가능성이 커진다(Marcuse 1941/1998: 64).

여기서 보는 것처럼 마르쿠제의 기술 개념은 우선 한 사회의 조직과 지배체계를 포함하고 있다. 그렇다고 해서 일반적인 의미에서의 기술들을 무시하고 있는 것이 아니다. 두 번째 인용한 부분에서 그는 명백히 일반적인 의미에서의 기술을 지칭하고 있다.

두 번째로, 마르쿠제가 이 기술을 중립적인 도구로 보지 않고 정치사회적 맥락에 기대어 있는 것으로 파악한다는 점에 유의해야 한다. 그는 사회정치적 맥락에서 중립적인 과학이나 기술은 없다고 주장한다. "기계는 중립적이지 않다. 기술은 항상 역사적이고 사회적인 프로젝트다. 기술 안에는 한 사회와 그것을 지배하는 관심이 사람과 사물에 대하여 무엇을 하려고 하는지가 투영된다"(Marcuse 1968: 225, 224). 다른 곳에서 마르쿠제는 다음과 같이 주장한다.

> 순수 과학은 모든 구체적인 응용 이전에 이미 본질적으로 도구적인 성
> 격을 가진다. 순수 과학의 이유(Logos)는 기술이며, 따라서 본질적으로
> 외부 목적에 의존한다. 이것이 과학에 비합리성을 도입하고, 이 사실이
> 과학에 숨겨져 있는 한 과학은 그 비합리성을 극복할 수 없다(Marcuse
> 1965: 286-287).

마르쿠제는 과학과 기술이 근본적으로 다르다고 보지 않고, 과학과 기
술이 중립적이라는 바로 그 생각이 그들의 비이성적인 측면을 증가시킨
다고 본다. 본질적으로 기술은, 기술적이지도 않고 합리적이지만도 않은
목적들을 포함하는 도구인 것이다.

이는 다시 세 번째 기술 이해, 곧 기술이 자유를 위해서도 사용될 수
있고 억압을 위해서 사용될 수도 있다는 주장으로 이어진다. 이는 기술이
중립적 도구이기 때문에 선용될 수도 있고 악용될 수도 있다는 일반적인
생각과 미세하게 구분된다. 마르쿠제의 입장은 기술이 전체적으로 어떤
맥락에 놓이고 어떤 정신에 따라 설계되느냐에 따라 전혀 다른 성격을
가질 수 있다는 것이다. 마르쿠제는 기술을 개별적으로만 파악하지 않고,
특정한 맥락, 조직, 지배체계에 얽혀 있는 요소로 보고 있다.

## 2) 일차원적 인간과 일차원적 사회

마르쿠제는 현대기술이 태동했던 산업혁명 초기를 부정적으로 보지
않는다. 권리와 자유는 "산업사회의 기원과 초기 단계에서 핵심적 구성

요소"였다(Marcuse 1964/2009: 47). 계급 갈등이 여전히 강력하게 존재했지만, 기존 체제를 의심하는 비판적 사고를 할 수 있는 자유와 기회가 개인에게 주어졌고, 이때 기술은 사람들을 고통으로부터 해방시켜주는 자유의 일부였다.

문제는 서구 사회가 경제와 생산의 규모가 커지고 복잡해지는 산업사회의 선진화 단계에 접어들면서 시작되었다. 대기업과 정부는 생산과 시장 사회의 효율성을 전반적으로 유지하고 증가시키기 위해 더 복잡한 경영과 행정 시스템이 필요했다. 이런 것들은 인간의 삶을 풍요롭고 편리하게 해주기도 하지만, 비판적 사고와 창의성의 공간은 축소시킨다. 특정 기술의 효율성을 계산하는데 사용되는 기술의 합리성이 정치, 문화 등 인간 생활의 모든 영역에 영향을 미치게 되기 때문이다. 모든 고려 사항들을 무시한 채 최대 효율의 달성만을 추구하는 시스템이 작동하기 시작하면, 비판적 검토가 설 자리는 없다. 결국 선진 산업사회가 성장함에 따라 개인 생활의 여러 측면들이 제도의 사회적 통제하에 놓이게 되고, 개별 주체는 내면의 자유를 박탈당한다.

> 오늘날 이 개인적인 공간은 기술적인 현실에 의해 침입당하고 깎여나가고 있다. 대량 생산과 대량 분배는 개인을 '통째로' 요구한다. … 그 결과는 적응이 아니고 '모방(mimesis)'이다. 즉 개인이 '그의' 사회 및 그것을 통하여 전체로서의 사회에 직접적으로 동일화하는 것이다. … 이런 형성 과정에서 현상에 대한 반대가 뿌리를 내릴 수 있는 정신의 '내적' 차원은 마멸된다(Marcuse 1964/2009: 57).

바로 이 내적 차원이 "부정적 사유의 힘—이성의 비판적인 힘—의 고향"이기 때문에(Marcuse 1964/2009: 57) 이 차원을 잃는 것이 바로 '일차원적'이 되는 것이다. 켈너는 일차원적 사회와 일차원적 인간을 다음과 같이 설명한다.

> 일차원적 사회에서는 주체가 대상에 동화되어 외부적이고 객관적 규범과 구조의 명령을 따른다. 결과적으로 자유로운 가능성을 발견하고 그것을 실현하기 위한 변혁적 실천에 종사할 수 있는 능력을 상실하게 된다. … 마르쿠제의 분석에서 '일차원적 인간'이 이미 잃어버렸거나 점차 상실하고 있는 것은 개별성, 자유, 그리고 자신의 운명을 반대하거나 통제할 능력이다(Kellner 1991: xxvii).

기술적 합리성이 지배하는 일차원적 사회에서 사람들은 적절한 의미에서 주체의 자리를 상실한다. 이런 상황에서 정치는 확립된 질서만 강화시킬 뿐이다. "기술적 합리성은 정치적 합리화로 바뀌게 된다"(Marcuse 1964/2009: 43). "일차원적 사유는 정치를 만들어내는 사람들과 대량 정보의 조달자들에 의해 조직적으로 조장된다"(Marcuse 1964/2009: 61). 민주적 절차가 진행되더라도 민주주의의 이상은 불가능하다. "주인을 자유롭게 선택하더라도 주인 또는 노예가 없어지는 것은 아니다"(Marcuse 1964/2009: 54). 이렇게 보면 현대기술이 지배하는 사회에서 정치는 무력해지는 셈이다.

### 3) 새로운 과학과 새로운 기술

그런데 다른 한편으로, 마르쿠제는 정치적 변화가 기술적 변화에 선행해야 한다고 주장한다. 새로운 기술의 확립을 위해서는 정치경제 체제의 혁명적 변화가 필요하다는 것이다. "기술적 변혁은 동시에 정치적인 변혁이지만, 정치적인 변화는 오로지 그것이 기술적 진보의 방향을 변경시키는—즉 새로운 기술을 전개하는— 한에서만 질적인 사회적 변화로 이행할 것이다. 왜냐하면 기성의 기술은 파괴적인 정치의 도구가 되었기 때문이다"(Marcuse 1964/2009: 281-282). 하지만 이미 기술에 의해 정치가 왜곡되었는데, 어떻게 기술을 개혁할 새로운 정치적 변화를 일으킬 수 있단 말인가?

이에 대한 마르쿠제의 답은 우선 선진 산업사회에서 일차원적이 되지 않은 사람들에게 의존하는 것이다. 이 사람들만이 혁명적인 변화를 이끌어내 더 나은 미래를 이룰 수 있는 유일한 희망이다. 마르쿠제에 따르면 이 사람들은 일차원적 사상으로부터 이익을 얻지 못하는 사회의 소외된 집단에 속하는 사람들과 비판적 사고 훈련을 받은 지식인들이다(Marcuse 1964/2009: 310; Kellner 1991: xxv-xxvi). 이들 중 소외 계층들은 이들은 기존 질서의 수혜 바깥에 있기 때문에 그 질서에 반대할 수밖에 없다.

> 따라서 그들의 반대는 비록 그들이 의식하지 않는다 하더라도 혁명적이다. 그들의 반대는 외부로부터 체제에 돌려진 것이고 그렇기 때문에 체제에 의해 빗나가지 않는다. 그것은 게임의 규칙을 어기고, 규칙을 어김으로써 이 게임이 부정한 게임이라는 것을 폭로하는 기본적인 힘이다(Marcuse 1964/2009: 310).

포겔은 『일차원적 인간』을 집필할 당시에는 마르쿠제 자신도 이런 가능성의 실현에 대해 별로 적극적이지 않았지만, 1960년대를 지나면서 그 가능성에 대해 점점 더 낙관적이 되었다고 보고한다(Vogel 1991: 160-161). 마르쿠제가 '새로운 과학과 새로운 기술'에 대한 기대를 표현하기 시작한 것이다. 앞서 언급한 것처럼 마르쿠제는 "기술 그 자체는 권위주의뿐만 아니라 자유를, 결핍뿐 아니라 풍요를, 고생의 확대뿐 아니라 제거를 촉진할 수 있다"(Marcuse 1941/1998: 41)고도 말했다. 인간을 지배하고 군림하는 기술이 아닌 자유롭게 하는 기술의 가능성은 처음부터 열려 있었던 것이다.

사실 기술의 발달은 인간의 자유를 위한 조건이기도 하다. 마르쿠제는 이미 1955년에 "노동의 소외가 완전하면 할수록 자유의 가능성은 증대한다. 전체적인 자동화는 자유의 최적조건이 된다"고 썼다(Marcuse 1955/2001: 186). 기술의 발전을 통해 노동의 소외에서 자유롭게 될 수도 있었는데 산업화 과정에서 그만 일차원적 사회, 일차원적 인간이 된 것이다. 이 상태로부터 벗어날 계기를 마르쿠제는 '새로운 감성'과 예술에서 찾는다. 이는 앞서 말한 비판적 지식인과 소외된 자들의 저항에서 비롯된다. 자본주의 사회를 벗어나는 혁명이 일어나면 기존 과학기술의 성과는 "지구상에서 가난과 노역을 제거하는 데 동원될 수 있을 것이다"(Macuse 1969/2004: 43).

해방된 의식은 삶의 보호와 희열 속에서 사물과 인간의 가능성을 자유롭게 발견하고 현실화하는 가운데, 이러한 목적을 달성하기 위한 형식과 질료의 잠재성을 다루면서 과학과 테크놀러지의 발전을 증진하게 될 것이다. 그렇다면 기술은 예술이 되는 경향을 가질 것이며, 다시금 예술은 현실이 되는 경향을 가질 것이다(Macuse 1969/2004: 44).

이를 앤드류 핀버그는 '새로운 도구적 이성'이라 부른다(Feenberg 1996: 46). 앞서 언급한 것처럼 과학과 기술의 합리성과 도구성은 중립적인 것이 아니다. 따라서 현대기술사회에서 널리 용인되는 비인간적이고 기계적이며 자연의 정복에만 초점을 맞춘 합리성은 인간의 미학적 욕구를 반영한 새로운 합리성과 도구성으로 바뀔 수 있다(Feenberg 1996: 48). 이러한 태도의 변화는 인간과 자연의 관계도 바뀌게 한다. 포겔은 자연을 대함에 있어서의 새로운 민감성에 대한 마르쿠제의 설명을 다음과 같이 요약한다.

> 인간뿐만 아니라 자연도 따라서 해방될 자격이 있다. 마르쿠제는 "자연도 혁명을 기다린다"고 말한다. 혁명에 의해 생기는 새로운 접근법은 "자연에 대한 자본주의적인 착취와는 극명하게 대조적으로, 자연에 내재된 자질, 즉 삶의 질을 높이고 감각적, 미적인 자질을 지향하는 비폭력적이고 비파괴적일 접근법"이라고 그는 주장한다. 그 결과는 "'실재의 재건', 즉 파괴와 착취에 동원되었다가 풀려난 과학과 기술"에 의해 세상이 변화되는 것이다. 새로운 과학과 기술은 스스로의 과제를 '환경을 창조하는 집단적 활동'의 일부로 분명히 볼 것이다. 그 활동은 "물질적이고 지적인 생산물을 통해 비공격적이고 관능적(erotic)이며 감수성 있는 인간의 능력이 자유의 의식과 조화를 이루며 인간과 자연의 화해를 위해 매진하는 것"이다(Vogel 1991: 161)[30]

### 4) 마르쿠제 기술철학의 의의와 한계

핀버그가 주장하듯이, 마르쿠제의 기술철학은 하이데거의 기술철학처럼 현대기술에 대해 전적으로 부정적이거나 비관적이지 않다. 그는 기술이 해방의 도구가 될 수 있음을 명확히 인식하고, 자본주의가 극복되고 미학적 욕구를 실현하는 것을 통해 새로운 과학과 새로운 기술을 기대할 수 있다고 보았다. 기술의 발달이 정점에 다다라서 노동의 소외가 극대화되었을 때 창의성과 자유의 자리가 마련되고, 거기서 정치적 혁명과 그에 따른 도구적 이성의 변화가 일어나리라는 것이다.

그러나 이는 혁명의 가능성을 가늠하고 긍정적 변화의 방향을 제시하는 것일 뿐이다. 결과적으로 마르쿠제는 기술의 문제를 정치를 통해 어떻게 해결할 수 있을지에 대한 대안에까지 이르지 못했다. 그의 기술사회에 대한 비판은 날카롭지만, 일차원적 인간들의 일차원적 사회를 어떻게 극복할 것인지에 대한 제안은 별로 구체적이지 않다. 효율성만을 추구하는 기술적 합리성이 지배하는 세상에 대한 '절대 거부'가 필요하지만, 그것이 무엇을 의미하는지 불분명하다. 새로운 과학과 새로운 기술에 대한 서술들도 너무 모호해서 어떤 종류의 과학과 기술이 될 것인지 상상할 수 없다. 새로운 기술이 완전히 다른 특징과 내용을 가질 것인가, 아니면 현재의 과학기술에 적용되는 그들의 용법의 일부 조정과 올바른 조직만을 가질 것인가? 이러한 물음들에 답하지 않았기 때문에 그의 이론은 기술철학에서 큰 주목을 받지 못했다. 이후 핀버그가 마르쿠제의 기술철학을 발전시켜 자신의 제안을 제출하였는데, 이에 대해서는 다음 장에서 살펴볼 것이다.

# 6. 민주적 기술을 향하여: 루이스 멈포드

루이스 멈포드(Lewis Mumford)는 미국의 저술가이자 역사가로 건축, 기술, 문학, 역사 등 다방면에서 수많은 글을 썼다. 결핵으로 대학을 중퇴한 후 학위를 하지 않은 채 평생을 지낸 그는, 날카로운 시선으로 현대의 삶을 규정하는 여러 조건들을 분석하였다. 특히 미국 건축과 현대기술에 대한 그의 분석들은 두고두고 읽히는 고전으로 남아 있다. 그는 인간의 삶을 점점 피폐하게 하는 현대기술의 문제점들을 날카롭게 지적하면서도, 비관주의에 빠지기보다는 보다 균형 잡힌 인간의 모습을 찾을 방도를 열심히 모색하였다. 멈포드는 자유로운 사상가였으며, 그의 글은 학문적 틀에 매이지 않았다. 그래서 기술의 역사에 대한 그의 글들은 정확한 사실에 대한 서술보다는 그것을 해석하는 뛰어난 통찰력으로 인정받는다.

## 1) 시계와 시간

멈포드는 1934년에 『기술과 문명(*Technics and Civilization*)』(Mumford 1934/2013)을 출간했는데, 이 책은 기술의 사회적, 문화적, 경제적, 정치적 의미를 총체적으로 다룬 최초의 저작이다. 이 책에서 멈포드는 기술의 발전 단계를 전구기술시대(前舊技術時代, eotechnic age), 후구기술시대(後舊技術時代, paleotechnic age), 신기술시대(新技術時代, neotechnic age) 등으로 나눈다. 전구기술시대(AD.1000년경~AD.1800년경)는 추상적이고 기계적인 시간의 개념이 도입되는 등 자연과 삶에서 측정될 수 있는 것들을 추상화시킨 단계를 말한다. 후구기술시대(AD.1700년경~AD.1900년경)는 산업혁명이 그 전형을 이룬 시대로 극단적인 물질주의와 대량생산, 인간소외가 일어난 시기이다. 1900년대 이후 이 책이 쓰인 1930년대까지가 신기술시대로 이때는 전기와 통신이 발전하고 공장에서의 생산활동보다 지식정보사회로의 발전 가능성이 있는 시대이다.

이 책에 실린 「수도원과 시계」라는 짧은 글은 기술이 인간에게 드리운 엄청난 영향력을 통찰력 있게 보여준다. 그는 10세기 말에 베네딕트 수도원에서 처음 만들어져 수도사들의 기도 시간을 알리는 데 사용된 기계식 시계가 어떻게 사람들의 삶을 바꾸었는지 설명한다(Mumford 1934/2013: 37-39).[31] 먼저 그는 유럽의 산업혁명이 널리 알려진 것처럼 증기기관을 이용한 방적기로 인해 촉발된 것이 아니라 시계 때문에 일어났다고 주장한다. 멈포드의 새로운 해석이 설득력을 갖는 것은 근대 산업의 발전이 13세기에 수도원에서 도시로 퍼져나가 생긴 새로운 시간 개념과 밀접하게 연결되어 있다는 사실 때문이다. 공장에서 분업이 제대로 이루어지기 위해서는 일정한 시간에 일정한 공정이 끝나야 한다. 각 공정의 완료 시간이 서로 다르다면 분업의 의미가 없어질 것이다. 또 유통이 정상적으로 이루어지기 위해서는 시간 약속이 가능해야 한다. 정확한 시간 약속은 예측이 가능한 기계적으로 시간을 측정할 수 있을 때만 가능하다. 새로운 시간의 개념이 근대 이후의 산업 활동에 얼마나 중요한 역할을 하는지 생각해보면, 멈포드의 주장을 거부하기 힘들다.

나아가 멈포드는 생체시간과 기계시간의 구분이 '존재의 새로운 매개'가 되었다고 주장한다.

추상적 시간이 새로운 생활양식을 구축하면서[32] 인간의 유기적 기능은 통제됐다. 사람들은 시계의 명령에 따라 배고프지 않아도 밥을 먹었고

졸리지 않아도 잠자리에 들었다. 시계 사용이 더 늘어날수록 보편적 시간 의식도 그만큼 확산되었다(Mumford 1934/2013: 42).

기계식 시계의 시대에도 여전히 지겹거나 피곤하면 시간이 천천히 가고, 즐겁거나 바쁠 때는 시간이 빨리 흐른다. 그러나 현대사회에서 생체적 시간은 더 이상 의미가 없다. 기계식 시계는 이미 있던 시간을 드러내어 보기 쉽게, 혹은 측정하기 쉽게 만들어주는 것이 아니라 새로운 시간 개념을 부여한다. 이제는 우리의 생체리듬조차 필연적으로 기계가 매개하고 있다. 과거에는 배가 고파서 밥을 먹었다면, 이제는 밥 먹을 시간이 되었기 때문에 밥을 먹는다. 종국에는 우리의 생체리듬이 기계 시계에 적응해서 점심시간에 맞추어 배가 고프게 된다. 비슷한 경우를 온도계나 습도계에 적용할 수도 있을 것이다. 측정할 수도, 보이지도 않던 성질들을 측정할 수 있고 확인 가능한 방식으로 드러내는 이들 기계가, 종국에는 우리가 덥게 느끼거나 습하게 느끼는 것 자체를 결정하게 한다. 이러한 사실은 기술이 우리의 존재에 얼마나 큰 영향을 미치는가를 잘 보여준다.

### 2) 권위적 기술과 민주적 기술

멈포드는 전통적인 기술과 현대기술이 전혀 다른 본질을 가진다는 식의 해석을 거부한다. 그 대신 그는 신석기 이래로 두 가지 기술이 공존해왔다고 본다. "하나는 권위적 기술이고, 하나는 민주적 기술이다. 전자는 시스템 중심적이고 엄청나게 강력하지만 본질적으로(inherently) 불안정하다. 후자는 인간 중심적이고 상대적으로 약하지만, 풍성하고 (resourceful) 오래 간다"(Mumford 1964: 2). 권위적 기술은 대규모의 기술이고, 민주적 기술은 소규모 기술일 수밖에 없다. 민주주의에서는 스스로 생각할 수 있는 인간의 자율성이 매우 중요한데, 멈포드는 이러한 자율성이 소규모의 사회에서만 제대로 발현될 수 있다고 주장했다. 여러 사람들을 관리하기 위한 장치들이 완벽하게 갖추어져 있는 경우에는 민주적 절차를 가미하는 것이 매우 어렵다고 본 것이다. 예를 들어 수천 명이 조직적으로 일하고 있는 공장에 민주적 절차를 도입한다는 것은 현실적으로 불가능할 것이다.

권위적 기술로는 과거의 피라미드나 왕궁, 교회의 건축, 그리고 현대의 원자력 발전소나 대량생산 시스템 등을 들 수 있을 것이다. 고대 이집트에서 피라미드를 건설하기 위해서는 대규모의 노동력을 효과적으로 제어할 수 있는 시스템이 필요했다. 시스템으로 움직이는 권위적 기술이 작동할 때 개인의 선호나 상황은 전혀 무시된다. 모든 사람은 시스템의 부속으로 변하고, 자신이 맡은 특정한 일을 반드시 수행해야만 하다. 이 시스템은 위계적인 질서를 필요로 하고, 전문가 집단이 생겨나게 된다. 그러나 치밀하게 만들어진 위계적 질서가 무너져 내릴 위험이 항상 존재한다는 것이 문제다. 또, 그 위계적 질서의 끝에 있는 사람들이 왕이나 시스템 자체를 신격화하고 싶은 유혹에 빠질 수도 있다.

민주적 기술의 예로는 과거로부터 내려오는 농사나 목수의 기술, 현대의 바이오 가스나 태양열 발전 시스템과 같은 것을 들 수 있다. 집 앞의 논에 농사를 짓는 자작농의 경우와 같이, 민주적 기술은 매우 인간 중심적이고 그때그때 상황에 맞추어 융통성을 발휘하며, 충분한 자율성을 보장받는다. 권위적 기술은 시스템의 결함으로 인해 언제나 없어지거나 망해버릴 위험이 크지만, 민주적 기술은 얇고 길게 그 수명을 유지한다.

### 3) 현대의 권위적 기술

멈포드가 과거와 현대의 기술을 본질적으로 구분하는 것에 찬성하지 않았지만, 우리 시대의 특수성, 즉 권위적인 기술이 민주적 기술을 압도한 상황의 특수성까지 부인하지는 않았다. 현대기술의 문제는 권위적 기술이 점점 팽창하고 민주적 기술이 줄어든다는 데 있다. 기계화를 통해 전통적인 권위적 기술이 과거에는 미치지 못했던 영역으로 확장된 것이다. 과거에는 권위적 기술이 미칠 수 있는 영향력의 한계가 뚜렷했다. 왕은 피라미드를 건축하는 데 사람들을 동원할 수는 있었으나 각자 밭을 일구거나 옷을 만드는 일까지 참견할 수는 없었다. 그러나 현대의 기술은 크고 작은 모든 단계의 기술에 그 영향력을 미친다. 이제는 권위적 기술이 일상의 맨 밑바닥까지 침투해온 것이다.

더 큰 문제는 현대의 권위적 기술이 더 이상 인격의 모습을 띠지 않는다는 것이다. 현대의 권위적 기술은 시스템 그 자체이다. 시스템은 눈에 보이지 않지만, 우리를 지배한다. 시스템이 비인격적이기 때문에 인간도 그 인격성을 박탈당하게 된다. 결국 과거와 현재의 권위적 기술은 그 본질에 있어서는 같을지 모르나 후자가 전자와는 비교할 수 없을 만큼 강력해졌다(Mumford 1966/1986; 1964).

현대의 권위적 기술이 가지는 특징은 풍부한 생산물이다. 현대의 권위적 기술은 착취하는 대신 더 풍요롭게 공급한다. 문제는 우리가 원하는 것을 공급하는 것이 아니라, 시스템이 생산한 것을 풍족하게 나누어준다는 데 있다. 이제 인간에게는 더 이상 선택의 자유가 없는 것이다. 풍요 속에 자유의 상실, 바로 이것이 현대 권위적 기술이 초래하는 결과이다.

## 4) 역사의 순환

현대에 와서 권위적 기술이 전례 없이 강고한 위치를 차지하게 된 것은 사실이다. 그러나 민주적 기술도 여전히 남아 있다. 멈포드는 민주적 기술이 다시 세력을 회복할 수 있다고 믿었다(Mumford 1964). 신석기 시대부터 권위적 기술과 민주적 기술이 공존했다는 그의 주장을 생각해보면, 지금 권위주의적 기술이 우위를 차지한 상황을 영속적이라고 볼 이유는 없다(손화철 2006a: 145). 권위적 기술과 민주적 기술이 서로 엎치락뒤치락 경쟁해왔던 것을 감안하면 현재의 상황이 그대로 고정될 이유는 없기 때문이다.

권위적 기술의 극복은 인간의 극복이다. 인간은 자유로워야 하기 때문이다. 민주적 기술은 자율적인 인간을 전제로 한다. 인간이 기술 시스템의 요구와 선택을 따르는 것이 아니라, 기술을 선택하고 판단할 수 있어야 한다. 이를 위해서 좀 더 인간적인 삶의 환경을 조성할 필요가 있다. 자동차 도로를 중심으로 설계된 도시에는 변화가 있어야 한다. 자동차는 길을 따라 몰아야 하지만, 걸을 때는 갈지자로 걸을 수 있다는 점에 의미를 부여해야 한다. 기술문명에 의해 받게 되는 속박을 조금이라도 줄여보는 것이 바로 자유를 회복하는 첫걸음이 되고, 인간의 자율성과 창의성을 좀 더 발휘할 수 있도록 하는 기술이 민주적 기술이다. 그러나 멈포드의 이런 희망은 후기로 가면서 점점 약해져 그의 말년에는 더 비관적이 되었다고 한다.

# 7. 고전적 기술철학에 대한 비판적 고찰

  지금까지 우리는 기술의 문제를 자신의 철학적 사유를 관통하는 핵심 주제로 삼았던 학자들의 사상을 검토해보았다. 고전적 기술철학자들은 산업혁명 이전, 혹은 양차 세계대전 이전의 세상을 직접 경험했거나 그 시절에 대한 이해를 했던 동시에, 현대기술의 가공할 만한 힘을 직접 경험한 사람들이다. 그 새로운 경험의 충격으로부터 일정한 시간적 간격을 두고 이론적·철학적 해석을 시도한 것이 20세기 중반부터이다. 이들은 기술철학자라는 자기 정체성을 가지고 있지는 않았지만, 각각 다른 맥락에서 제시한 기술과 인간에 대한 입장이나 그 접근 방식은 기술철학이라는 하위 분과의 중요한 토대가 되었다. 이제 이 장을 마무리하면서 고전적 기술철학의 의의와 한계를 정리해본다.

## 1) 기술을 통해 인간을 묻다

  고전적 기술철학의 가장 큰 공헌은 기술의 문제를 철학의 탐구 대상으로 받아들인 것 그 자체이다. 산업혁명 전후로 일어난 현대기술의 발전이 서구사회에 끼친 엄청난 충격을 감안하면 그러한 현실에 철학자들의 반응과 대처가 당연했다고 볼 수도 있다. 그러나 오늘날까지도 기술의 문제를 도외시한 채 철학의 주요 주제들을 다룰 수 있다고 생각하는 이들이 많다는 사실을 생각하면 20세기 전반부에 자기 사상의 중심에 기술을 놓은 이들의 기민한 통찰력이 놀랍기만 하다. 이들은 기술이 인간 삶의 물리적 조건뿐 아니라 사유와 판단의 방식, 나아가 인간의 본성 혹은 존재 자체에 큰 영향을 미친다는 사실에 주목하였다.

고전적 기술철학의 문제의식은 기본적으로 서양철학의 흐름과 맞닿아 있다. 사실 인간 이성 중심의 근대 사상이 가지는 한계와 문제점에 대한 지적은 서구사회에서 이미 시작된 상태였다. 니체는 모든 것을 이해하고 통제하려던 근대의 야심이 결국 신의 죽음으로 표현되는 의미 상실 혹은 허무주의로 이어졌음을 간파하고 이제 전혀 새로운 시대가 열렸음을 선언하였다. 막스 베버(Max Weber)는 근대의 합리성 강조가 결과적으로는 인간이 스스로를 효율성과 합리적인 계산의 틀인 쇠우리(iron cage)에 가두게 된다고 갈파하였다. 고전적 기술철학은 이들이 제기한 문제들이 현실화되는 과정과 결과를 기술이라는 매개를 통해 분석한 것이다. 따라서 이들의 기술 분석은 언제나 인간의 인간됨에 대한 문제와 가깝게 연결되어 있다. 기술을 통해 인간을 묻고 있는 것이다.

동시에 고전적 기술철학은 근대성에 대한 비판을 현실에 대한 분석과 대안의 모색으로 구체화시킬 수 있는 계기를 만들었다. 기술이 구체적인 삶의 현장에서 만들어지고 사용되기 때문에 기술에 대해 제기한 문제에 대해서는 같은 차원에서 대안을 제출해야 했다. 물론 고전적 기술철학자들의 대안은 현대기술이 문제를 해결하는 방식과는 달리 추상적이고 막연해 보인다. 그럼에도 불구하고, 그들의 제시하는 문제제기와 제안을 통해 드러나는 통찰은 기술사회의 현실을 총체적으로 바라보는 틀을 제공한다.

하이데거의 '닦달[몰아세움]' 개념과 엘륄의 '자율적 기술'에 대한 주장은, 인간과 기술의 관계를 좀 더 근본적인 차원에서 조망할 수 있는 계기를 마련한다. 그들의 논의가 추상적으로 들릴 수 있지만, 기실 오늘날 우리가 실제적으로 경험하는 현상과 맞닿아 있다. 최근 첨단기술의 발달이 더 이상 인간의 통제하에 있지 않다는 느낌을 받는 경우가 많다. 또 인간의 편리와 유익을 위해 기술을 사용하는 것이라는 상식과 달리 기술의 사용을 강제받고 있는 듯한 상황도 자주 발생한다. 하이데거와 엘륄이 기술사회에서 인간의 자리가 없어졌으며 그 자리의 회복도 불가능하다는 식으로 논의를 전개하는 것은 그 상황의 엄중함과 변화의 절실함을 표현하는 것으로 받아야 한다.

요나스와 마르쿠제는 현대기술이 자연과 자연의 일부인 인간을 침범해 들어가는 상황에 경종을 울린다. 이는 결국 서양 근대사상이 자연을 대상화한 것에 대한 근본적인 반성과 연결되어 있다. 요나스는 책임의 윤리에 대한 호소로, 마르쿠제는 새로운 과학과 기술에 대한 제안으로 이를 타개할 것을 제안한다. 이 역시 구체성이 떨어진다는 비판에 직면하지만, 기술로 얻는 당장의 유익에 눈멀어 있는 현대기술사회에 대한 엄중한 경고이다.

마르쿠제와 멈포드의 이론은 기술의 문제가 정치와 직결되어 있음을 통찰한다. 중립적이라고 생각했던 기술이 자본주의 사회의 착취 도구로 사용되거나 특정한 정치적 이익을 더 지지하고 있음을 밝혀낸 것은 중요한 의미를 가진다.

보기에 따라서는 기술사회에 대한 이들의 진단과 분석이 비관적이라 평가할 수 있다. 그러나 고전적 기술철학자들이 공통적으로 경계하는 기술사회의 가장 큰 위험은 기술에 대한 사유를 멈추는 것이다. 이들이 기술사회에 대해 내리는 전반적으로 부정적인 평가는 역설적으로 치열한 고민과 비판, 대안의 모색을 촉구한다. 존재의 드러냄을 기다리는 태도, 기술사회에 자유가 없다고 말함으로써 자유를 획득하는 것, 책임의 원칙과 새로운 기술을 추구하고 권위적 기술을 극복하려는 노력 등이 바로 그것이다. 이런 제안이 비록 추상적이라 할지라도, 현대인을 막연한 불안에 밀어넣고 있는 현대기술의 도발에 대응하는 숙고의 출발점이 될 수 있다.

### 2) 고전적 기술철학의 한계

고전적 기술철학의 통찰이 가지는 가치에도 불구하고, 그 현실적인 유용성은 기술사회의 여러 문제들을 지적하고 해결의 방향성 정도를 제시하는 데 국한될 수밖에 없다. 비록 기술의 문제를 가지고 근대성 비판에 임하여 구체성을 더했다고 할 수 있지만, 여전히 고전적 기술철학의 논의는 '현대기술'이라는 매우 모호한 개념을 중심으로 수행되고 있기 때문이다. 그래서 그 전체적인 통찰의 타당성에도 불구하고 여러 가지 의문과 비판의 대상이 된다. 사실 이 비판은 위에서 고전적 기술철학의 특징으로 제시된 여러 항목들과 많이 겹친다. 이미 언급한 대로 고전적 기술철학이라는 명칭 자체가 일정한 비판을 염두에 두고 지어진 것이기 때문이다.

첫 번째 한계는 포괄적인 '기술' 개념이다. 고전적 기술철학은 기술 개발들을 다루기보다 기술 일반에 대한 분석을 시도한다. 그런데 중요한 요소가 되는 전통적 기술과 현대기술을 가르는 기준을 제대로 지시하지 않고, 기술 개념의 범위도 광범위하다. 예를 들어 엘륄은 정부의 체계나 사회조직, 대중 설득의 방법까지 모두 기술의 범주에 포함시켜 이론을 펼친다. 고전적 기술철학자들이 이렇게 폭넓은 정의를 사용하는 이유는 좁은 의미에서의 기술 영역에서 통용되는 사유와 판단의 방식이 인간 삶의 나머지 부분에 침투하고 있음을 강조하기 위해서일 것이다. 그러나 이렇게 넓은 의미의 기술 개념을 사용하면 이후의 논의를 이끌어가는 것이 쉽지 않다. 사회의 모든 현상을 기술로 표현하고 나면 사실상 그 개념이 무의미해지기 때문이다.

나아가, 철학자가 특정 논의를 전개할 때 어떤 기술을 머리에 떠올릴 가능성이 많다는 점을 고려할 필요가 있다. 다시 말해서 엘륄이나 요나스가 '현대기술'을 지칭할 때 핵폭탄이나 화학비료 같은 구체적인 기술을 염두에 두고 논의를 진행할 가능성이 많다는 것이다. 문제는 이 기술들을 직접 거론하지 않기 때문에 경우에 따라서 서로 다른 기술을 염두에 두고 논의를 펼쳐갈 수 있고, 그렇게 되면 일관적이고 깊이 있는 사유에 이르지 못할 위험에 처하게 된다. 공학자들과 철학자들의 대화가 쉽지 않은 이유 중 하나는 논의되고 있는 사안을 특정하기 어려워서이다.

자주 제기되는 또 다른 비판은 고전적 기술철학이 현대기술 혹은 기술사회의 현실에 대한 비관적인 입장을 가진다는 것이다. 그러나 앞서 살펴본 것처럼, 이러한 비판은 적절하지 않다. 이 책에서 살펴본 철학자들은 기술혐오주의자가 아니며 그들의 이론에는 구체적이지는 않을지언정 현 상황을 타개할 대안들이 제출되어 있다. 만약 그들이 정말 비관적이라면, 기술의 문제에 대한 상세한 분석과 비판에 시간을 쏟지 않았을 것이다. 고전적 기술철학의 비관론은 사태의 심각성을 강조하는 한 방법이라 보는 것이 더 맞다.

그러나 고전적 기술철학의 비관론에 대한 비판은 대안의 부재라는 한계로 이어질 때 좀 더 힘을 얻는 것이 사실이다. 고전적 기술철학의 기술과 기술사회에 대한 분석은 면밀하고 날카로우며, 그래서 큰 설득력이 있다. 그런데 그 설득력은 기술사회 전반에 대한 분석에서 그러하다는 것이

지, 막상 기술 개발들이 야기하는 구체적인 문제에 대한 해결책을 구하고
자 할 때는 별로 도움이 되지 않는다. 기술사회의 문제를 단순히 이러저
러한 부작용의 문제로 보는 것이 아니라 존재의 드러남이나 인간의 본질
의 문제와 연결시키면 현대기술이 발전하고 작동하는 방식을 전면적으
로 부정해야 그로부터 벗어날 수 있다는 결론을 피하기 힘들기 때문이다.
물론 자신들이 제기한 문제의 심각성이 매우 크기 때문에 적절한 대안을
제시하는 것이 어려웠을 수도 있다. 기술사회에 대한 비판이 강력할수록,
그에 대한 대안을 제시하기는 어려워지게 마련이다. 그러나 그 결과 고전
적 기술철학이 제시하는 대안들이 매우 수동적인 형태를 띠거나 막연한
희망의 수준을 넘지 못하는 인상을 준다는 점이 문제다.

　이러한 비판은 일정하게 타당하지만, 해결책을 제시하라는 압박 자체
가 근대와 기술사회의 특징을 반영하고 있다는 점도 고려할 필요가 있다.
모든 것에는 답이 있으며, 그 답을 찾을 수 있고, 답이 없으면 애당초 생
각할 필요가 없다는 기술사회의 패러다임 자체도 심각한 문제이기 때문
이다. 뿐만 아니라 미래 사회에 대한 책임(요나스), 새로운 기술(마르쿠제),
민주적 기술(멈포드) 같은 개념들을 통해 구체적이지는 않지만, 기술사회
의 문제들을 극복할 단초를 제공했다는 점도 지적해야겠다.

　고전적 기술철학의 또 다른 한계는 인간과 기술의 관계를 여전히 이원
적으로 이해했다는 점이다. 서양 근대사상은 인간 이성을 중시하고 과학
과 기술을 이용해 자연을 대상화하는 데 성공했으나 대상화된 자연에 인
간이 포함되기 때문에 고전적 기술철학자들이 지적한 문제 상황에 부딪
혔다. 그런데 이 문제를 지적함에 있어서 고전적 기술철학자들은 인간과
기술을 여전히 서로를 마주보고 있는 요소들로 파악하고 있다. 기술이 인

간의 인간됨에 영향을 미치고 있다는 사실을 전혀 부인하지 않지만, 그 영향을 알아차리고 분석하며, 그 질과 양을 제어할 수 있는 것으로 본다. 그러나 이들은 현대기술의 급격한 발전으로 기술이 인간의 인간됨에 미치는 영향이 더 눈에 띄게 되었을 뿐, 인간이 도구를 사용한 이래 기술이 그 인간됨의 중요한 일부였다는 사실을 충분히 고려하지는 않고 있다. 이는 고전적 기술철학이 주로 현대기술을 철학적 작업의 대상으로 삼았던 것에서 그 이유를 찾을 수 있을 것이다.

# 3장

# 경험으로의
# 전환

지금까지 살펴본 것처럼, 고전적 기술철학은 현대기술을 우리 시대를 결정짓는 중요한 요소로 보고 기술과 기술사회에 대한 비판적 고찰을 수행했다. 이들은 현대기술의 본질이나 특징을 물었는데, 많은 경우 현대기술에 대한 경계심에서 비롯된 물음이었다.

1970년대와 1980년대 기술철학이 본격적인 철학의 분과로 서는 데 핵심적인 역할을 했던 학자들은 고전적 기술철학의 영향을 직, 간접적으로 받은 사람들이었다. 그러나 이전의 흐름을 그대로 답습하는 대신, 이들은 기술에 대한 새로운 분석과 연구를 시도했다. 특히 이들은 개별 기술들의 내용과 형식, 발전 과정들을 구체적으로 분석하고 그 토대 위에서 철학적인 사유가 진행되어야 한다고 믿었다. 기술의 문제를 추상적으로 고민할 것이 아니라 실제 기술에 대한 경험적 연구를 통해 수행해야 한다고 믿은 이들은 자신들의 시도를 '경험으로의 전환(empirical turn)'이라 불렀다.

# 1. 경험으로의 전환이 일어난 맥락

### 1) 암흑상자를 열어라![33]

'경험으로의 전환'은 뚜렷한 외연을 가지거나 자기 정체성이 분명한 이론적 체계를 가리키는 용어가 아니다. 오히려 기술철학에서 산발적으로 제기된 다양한 성격과 전통의 이론들을 고전적 기술철학과 차별되는 방법론을 공유한다는 이유로 묶은 것이다. 경험'으로' 전환한다는 것은 단지 경험을 중요하게 생각한다는 의미뿐 아니라 그 이전의 기술철학이 기술에 대한 실제 경험을 무시했다는 비판을 그 속에 담고 있다.

경험으로의 전환을 주장하는 철학자들은, 고전적 기술철학자들이 기술이 초래한 문제들에만 집착한 채 정작 기술 자체에는 관심을 기울이지 않았다고 비판한다. 그 결과 기술을 외부에서만 관찰이 가능한 커다란 '암흑상자(black box)'로 취급하여 그것의 사회적 영향력과 인간 생활에서 가지는 의미들에 대해서만 논해왔다는 것이다. 기술로 인해 생기는 현상들에만 집착하다 보니 정작 '기술'이라는 통칭 이면에 놓여 있는 구체적인 개별 기술 자체에 대해서는 무지했다는 것이 경험으로의 전환을 추구한 이들의 주장이다.[34] 결국 고전적 기술철학자들은 실제 기술에 관해서는 별로 아는 바가 없으면서 기술이라는 막연한 실체를 가정하고 기술로 인해 일어난 일들을 근거로 기술에 대한 분석과 비판을 가한 셈이다.

그러나 기술은 워낙 다양한 방식과 형태의 활동, 사물, 방법론을 포괄하는 현상이기 때문에 그런 논의는 우리가 실제로 경험하는 기술들과는 유리되어, 과장되고 단순화된다. 또 개별 기술들이 끊임없이 변하고 다방면으로 발전하기 때문에 기술의 정의와 기술의 본질에 대한 추상적인 규정만으로 기술에 관한 철학적 연구를 이어갈 수는 없다. 경험으로의 전환을 주장하는 철학자들은 고전적 기술철학자들이 개별 기술에 대한 충분한 지식이나 고찰이 없이 막연한 비관론을 퍼뜨리고 있다고 비난하면서, 이들의 사상을 기술혐오주의, 반기술주의, 기술 공포증 등으로 표현하기도 한다.

이들의 대안은 경험으로 돌아가는 것이다. 이들은 개별 기술이 어떻게 개발되고 발전하는지에 대한 경험과학적 연구들을 토대로 기술철학을 해야 한다고 주장한다(Kroes and Meijers 2000: xvii-xxvii). 그래서 이들은 개별 기술에 관한 사회학적 연구나 역사적 연구의 성과를 높이 평가하고 적극적으로 그 성과를 공유한다.

여기서 '경험'은 서로 연결된 여러 가지 의미를 가진다. 하나는 개별 기술에 대한 논의이다. 고전적 철학자들은 현대기술 일반에 대한 분석을 시도했다. 그러나 경험으로의 전환을 주장하는 학자들은 "기술의 본질이 무엇인가?"나 "전통적 기술과 현대기술의 차이가 무엇인가?"라는 식의 물음들을 그리 중요하게 생각하지 않는다. "현대기술은 닦달[몰아세움]"이라든지 "현대기술은 자율적"이라는 주장은 그것이 어떤 식으로 자동차, 전기, 텔레비전과 같은 구체적인 기술에 적용될 수 있는지를 제시할 때에만 의미 있는 것이 된다. 그런 노력을 하지 않으면 자칫 기술철학의 이론들이 현실을 담지 않는 추상적이고 자의적인 해석에 그치게 될 것이다. 고전적 기술철학자들의 기술 정의는 빠르게 변화 발전하는 개별 기술들을 적절하게 포괄하는 것이 불가능하다는 것이 이들의 주장이다.

이와 직접 연결되어 있는 또 다른 '경험'의 의미는 기술 발전의 실제 궤적이다. 개별 기술들은 모두 각자의 원리와 주변 상황에 따라 이런저런 방식으로 개발되고 변화하고 발전한다. 경우에 따라서는 급속하게 퍼지기도 하고 사라지기도 한다. 이런 과정에 대한 실증적인 검토가 철학적 사유의 전제가 되어야 한다는 것이 경험으로의 전환이 주장하는 바이다. 고전적 기술철학자들은 현대기술이 초래한 여러 문제들을 지적했지만, 어떤 기술이 어떤 과정을 거쳐 그런 결과를 초래했는지를 구체적으로 설명하지 않았다.

이러한 주장은 1장 3절에서 언급한 과학철학에서 있었던 역사로의 전환(historical turn)과 일맥상통한다. "과학이란 무엇인가"를 묻는 과학철학의 방법론 탐구의 근거가 처음에는 객관적 관찰의 축적과 같이 사람들이 이상적인 과학이라고 생각한 내용이었다. 그러나 칼 포퍼(Karl Popper) 이후 제시된 과학의 구획의 문제와 과학적 방법론에 대한 이론들은 실제 과학사의 증거들을 기초로 정당화를 꾀했다. 경험으로의 전환은 기술철학에서도 개별 기술 자체에 대한 구체적인 실증적이고 미시적인 연구를 중요시해야 함을 강조하였다.

그리하여 "기술이라는 암흑상자(Black Box)를 열어라!"라는 말이 경험으로의 전환을 요약하는 일종의 모토로 사용되기도 한다. 경험으로의 전환은 고전적 기술철학의 연구 대상이었던 '기술'이라는 암흑상자를 열어 개별 기술 자체를 분석하는 기술철학 방법론인 셈이다.

## 2) 규범적 접근과 서술적 접근

경험으로의 전환은 고전적 기술철학을 극복하는 새로운 흐름의 통칭이기 때문에 특정한 철학적 입장을 지칭하는 말이 아니다. 그래서 이들을 유형별로 묶거나 구분하는 일이 쉽지 않다. 그러나 크게 보아 기술에 대한 철학적 사유를 서술적인 방식과 규범적인 방식으로 수행하는 두 축으로 나누어 볼 수 있다. 대부분의 이론들이 두 측면을 모두 가지고 있지만, 어느 쪽에 더 비중을 두느냐에 따라서 미세한 차이가 있다. 고전적 기술철학의 기술 개념을 암흑상자라 비판한 만큼, 경험으로의 전환을 시도한 학자들은 어떤 식으로든 기술의 문제에 대해 서술적인 접근을 시도한다. 그렇다면 각 이론들의 특징을 살펴볼 때의 관건은 규범적인 문제들에 얼마나 큰 비중을 두느냐가 될 것이다. 물론 이때 경험으로의 전환에서 시도되는 '규범적 접근'은 고전적 기술철학의 경우보다 미시적이고 구체적이다. 큰 틀에서의 기술 문명에 대한 비판보다는 기술사회의 실질적인 문제에 대한 해법과 대안을 고민하기 때문이다.

경험으로의 전환을 다시 서술적 접근과 규범적 접근으로 나누면 미첨이 말한 공학적 기술철학과 인문학적 기술철학의 구분과 유사해 보인다. 그러나 이어지는 논의에서 드러나겠지만, 경험으로의 전환에서 서술적 접근은 '기술의 자기 이해'라고 정의한 공학적 기술철학과 달리 철학자가 기술의 특징을 관찰하는 형식을 취한다. 예를 들어 돈 아이디(Don Ihde)를 중심으로 한 기술의 현상학은 기술의 어떠해야 한다는 주장보다는 현재 일어나고 있는 기술 현상을 세밀하게 관찰하고 분석하는 것에 치중해서 논의를 전개한다는 점에서는 서술적 접근에 더 치우쳐 있다. 그러나 이 접근은 기술에 대한 외부적인 관찰의 결과라는 점에서 카프나 엥겔마이어의 공학적 기술철학과는 구별된다. 경험으로의 전환에서 서술적 접근은 과학철학에서 "과학이란 무엇인가?"를 묻는 방식으로 "기술이란 무엇인가?"를 묻는 것이라고 설명하는 것이 더 적절하다. 이는 일면 고전적 기술철학의 물음과도 비슷해 보인다. 그러나 이 접근은 마치 과학연구에서 대상을 관찰하듯 하는 방식으로 기술에 접근하여 기술과 인간의 다른 행위들을 비교한다. 이는 하이데거가 물었던 '기술의 본질'을 묻는 방식과는 구별된다.

서술적 접근과 규범적 접근의 구분은 1장에서 살펴본 이상욱의 현장성과 지향성 개념에 더 가깝다고 볼 수 있겠다(이상욱 2009). 굳이 차이를 말하자면, 이상욱의 구분에서의 지향성은 고전적 기술철학의 이론들에도 적용되는 데 반해, 여기에서 구분은 경험으로의 전환 내에서의 구분이라는 점이다.

서술적 접근은 경험적 근거를 바탕으로 "기술이 무엇인가?"라는 전통적인 물음에 답하는 것이 기술철학의 일차적인 사명이라고 보는 입장이다. 이러한 접근에 기울어 있는 학자들은 기술이 가지는 특징들을 상세하게 기술하고 분석하여 기술과 기술이 아닌 것을 가려내고 기술활동을 다른 활동과 구별해 내는 것에 초점을 맞춘다.

서술적 접근에 비중을 두는 이론들은 규범적 판단을 최대한 자제하기 때문에 기술에 대해 비판적인 입장을 취하지 않고, 결과적으로는 기술 발전의 현 상황을 인정하거나 그것을 긍정적으로 바라보는 경향을 보인다. 이러한 입장은 기술사회학이나 기술사의 연구들과도 연결되는 지점이 많아서 현대기술철학에서 점점 그 비중이 커지고 있다. 그러나 경험으로의 전환 중 인식론적 – 서술적 접근을 취하는 모든 철학자들이 기술에 대한 가치평가를 전적으로 배제하는 것은 아니다. 오히려 아래에서 살펴볼 조셉 핏과 같이 명백하게 가치평가를 거부하는 경우가 예외적이라 할 수 있다. 기술에 대한 물음이 결국 인간과 사회에 대한 물음으로 이어지기 때문에, 서술적 접근을 통한 통찰도 결국 규범적 논의로 연결된다. 기술은 인간과 사회에서 일어나는 변화와 관련되어 있고, 변화는 언제나 당위의 문제, 바람직함에 대한 물음을 야기할 수밖에 없기 때문이다. 그래서 이들은 '경험적 우회(empirical detour)'라는 표현을 통해(Kroes and Meijers 2000: xxiv; cf. Bijker 1995: 4-6) 먼저 기술에 대한 경험적-인식론적-서술적 분석이 이루어져야만 현대기술에 대한 가치평가를 겸한 규범적인 접근이 가능하다는 입장을 밝히기도 한다. 즉, 자신들은 당장 기술에 대한 규범적 접근을 시도하지 않지만, 자신들이 수행하는 인식론적-서술적 연구가 규범적 접근의 토대가 된다는 것이다.

규범적인 접근에서는 고전적 기술철학자들이 제기한 현대기술에 대한 문제의식들을 어느 정도 공유하면서 그 문제들을 보다 경험적인 언어로 표현하고 나아가 어떻게 해결할 것인지를 모색한다. 고전적 기술철학의 이론들이 가장 많이 직면하는 물음은 "그러면 어떻게 할 것인가?"이다. 기술사회의 문제점과 현 상황의 심각성을 지적하면서도 구체적인 대안을 제시하지 않기 때문이다. 경험으로의 전환을 시도하는 철학자들 중 정치-규범적 접근을 강조하는 이들은 고전적 기술철학의 기술사회 비판을 극복할 구체적인 대안을 모색한다(손화철 2006a: 149). 이 경우, '경험으로의 전환'에서 '경험'은 기술사회의 현실뿐 아니라 해결 방안을 포함하는 것이 된다. 그리하여 "기술이 비인간화를 초래했다"는 식의 비판보다는 기술 발전의 방향을 민주적으로 제어해야 한다는 기술의 민주화 이론이나, 자동화로 인해 생겨나는 탈숙련화(deskilling) 문제를 해결하기 위한 공학설계의 원칙들을 제시하는 식의 논의가 이어지게 된다.

고전적 기술철학자들의 대안부재에 대해 경험으로의 전환이 제시하는 또 다른 대안은 공학윤리 혹은 기술윤리이다. 사실 공학윤리는 기술철학의 흐름과는 별개로 이미 1900년대 초 공학자들의 윤리강령으로 그 토대가 마련되었고 1970년대 이후에는 직업윤리의 중요한 축으로 발전되었다(송성수·김병윤 2001). 그런 만큼 전통적인 공학윤리는 고전적 기술철학에서 제기한 기술사회의 문제보다는 전문가인 공학자가 자신이 속한 회사나 동료사회에서 어떻게 행동해야 하는가에 중점을 둔다. 최근 공학자의 사회적 의무에 대한 관심과 연구가 늘어나고 있으나, 아직까지는 충분히 발전되지 못한 상황이다. 따라서 기술사회의 문제를 윤리의 영역에 포함시키려는 시도는 공학윤리를 포함하는 더 넓은 개념인 '기술윤리'로 이름 붙이는 것이 더 타당할 듯하다.

기술윤리를 주장한 기술철학자로는 앞서 소개한 바 있는 요나스, 미첨과 함께 크리스틴 슈레더-프레쳇(Kristin Schrader-Frechette) 등을 들 수 있다. 요나스는 그의 저서 『책임의 원칙』에서 인간이 현대기술을 통해 더 큰 힘을 가지게 되었으므로 이에 걸맞은 새로운 윤리체계를 세워야 한다고 주장했다(Jonas 1979/1994). 미첨은 공학윤리가 역할책임(role responsibility)의 개념을 강조한다는 점에 주목한다(Mitcham 2003). 윤리학이 원칙 중심으로 발전해온 것에 비추어 볼 때, 공학윤리는 윤리학의 경험으로의 전환이라고 볼 수 있다는 것이다. 그러나 점점 복잡해져 가는 공학자 사회의 구조를 고려했을 때, 역할 책임론만을 강조하는 것은 현실적이지 않다. 공학윤리가 제대로 실현되기 위해서는 시민이 기술 발전의 과정에 참여할 수 있는 제도적 장치와 기술영향평가(technology assessment) 시스템이 갖추어져야 한다는 것이 미첨의 입장이다. 슈레더-프레쳇은 원자력 발전과 방사성폐기물 처리의 공학적, 윤리적 함의에 대해 오랫동안 분석해 왔는데, 그녀는 공학자나 과학자는 자신이 속한 기관에서 행하는 연구가 대중의 복리를 저해한다고 판단되면 개인적 이익이 침해될 가능성이 있는 경우에도 내부자 고발을 감행해야 한다는 강력한 입장을 표명한다(Weil 2002: 224; cf. Shrader Frechette 1994).[35]

다음 절부터는 경험으로의 전환에 속하는 이론들을 차례로 살펴본다. 이 흐름에 속하는 철학자들은 다양한 철학적 전통에 속해 있기 때문에 이들을 효과적으로 소개하기 위해서는 설명의 순서도 중요하다. 여기서는 기술의 문제에 대해서 서술적 접근을 강조한 이론들을 먼저 다루고, 이어서 규범적 접근에 치우친 이론들에 대한 소개로 나아가려 한다. 내용적으로는 규범적 접근이 고전적 기술철학에 더 가깝지만, 고전적 기술철학에 대한 반발을 더 명확하게 한 것은 서술적 접근이기 때문이다. 이런 구성에서 하나 예외로 둘 것은 마지막에 다룰 개혁주의 기술철학에 대한 논의이다. 개혁주의 기술철학은 고전적 기술철학자들이 활동하던 때와 같은 시기에 네덜란드에서 나온 이론이다. 이 이론은 그 내용상 경험으로의 전환에 더 가깝다고 보아 본 장에서 설명하지만, 기존의 연구들에서 많이 다루어지지 않고 시간적으로도 맞지 않아 맨 뒤에 배치한다. 이 이론과 경험으로의 전환은 서로 비슷한 성격을 가졌으며, 모종의 연관성을 추측할 만한 여지가 많다.

## 2. 인식론적 기술철학: 조셉 핏[36]

버지니아 공대의 기술철학자 조셉 핏(Joseph Pitt)은 기술철학이 다른 철학의 여러 분야들에 비해 학문적으로 성장하지 못하고 부진한 이유를 기술 자체에 대한 무지에서 찾는다. 탐구의 대상을 정확히 규정하지 않으니 발전이 없는 것이다. 그에 따르면 하이데거와 엘륄의 기술에 대한 성찰은 기술철학이라기보다는 모호한 사회비평일 뿐이다. 그는 기술철학이 "기술이란 무엇인가?"라는 물음에 답하기 위해 기술을 인식론적으로 분석하는 데에서부터 시작해야 한다고 강조한다. '앎의 순서(order of knowing)'에 비추어보았을 때 기술에 대한 인식론적 접근이 사회비평에 논리적으로 선행한다는 것이다. 따라서 그는 기술철학이 침체에서 벗어나기 위해서는 과학철학의 인식론적 접근을 배우고 그 연구방법을 차용해야 한다고 주장한다. 핏은 기술철학에서 다루어야 할 주요 주제로 다음의 물음들을 꼽는다: (i) 기술적 지식이란 무엇인가? (ii) 어떤 설명을 기술적 설명이라 할 수 있는가? (iii) 기술이론의 구조는 무엇인가? (iv) 기술변화의 본질은 무엇인가? (v) 기술법칙의 구조와 역할은 무엇인가? (vi) 기술결정론에 대한 논쟁은 어떤 것인가?(Pitt 2000: 27).

그런데 기술에 대한 인식론적 비판이 앎의 질서에서 우선한다고 주장하면서도, 정작 핏 자신은 가치에 대해서 상대주의적 견해를 표명하면서 가치판단 자체를 거부하고, 나아가 개인적으로는 기술에 대해 매우 긍정적인 태도를 유지한다. 그는 기술이 야기하는 여러 가지 문제들을 인정하지만, 현대기술이 가져다준 이익에 비하면 그 해악은 사소하다고 본다(cf. Pitt 2000: 81).

핏이 주창한 기술철학에서의 인식론적 접근은 네덜란드에서 델프트 공대를 중심으로 이루어지고 있는 일련의 기술철학 프로젝트에서도 그 대로 차용되었다. 델프트공대 철학과에서는 1999년부터 2005년까지 '현대기술의 철학적 기초'라는 주제로 연구 프로젝트를 진행하였다. 이 프로젝트의 제안문에서는 기술철학을 '주요 주제를 다루는 데 필요한 근본적인 개념과 카테고리를 결여한 학문분야'로 평가하면서, '기술적 작동(technical function)'과 '공학설계(engineering design)'와 같은 기본개념에 대한 분석을 통해 기술철학의 개념적 틀을 구성하겠다고 한다(cf. Kroes and Meijers 2002). 이 연구의 방법은 전적으로 개념적, 인식론적이며, 규범적인 주제는 배제되어 있다.


## 3. 기술의 현상학: 돈 아이디


돈 아이디는 미국에 현상학을 소개하고 후기에는 기술철학의 발전에 큰 역할을 한 철학자이다. 그는 현상학적 방법을 사용하여 기술과 인간이 관계 맺는 방식으로 네 가지로 나누어 설명하였다. 하나는 안경이나 지팡이의 경우와 같이 기술이 인간 몸의 일부가 되어 세상과 관계하는 체현관계(embodiment relations)이다. 안경이나 지팡이 같은 인공물들은 착용하거나 사용하면 처음에는 어색하지만 곧 적응하여 내 몸의 일부처럼 사용하게 된다. 아이디는 자동차 운전의 예를 들기도 하는데, 익숙한 운전자는 주차할 때 차의 위치를 보는 것이 아니라 '느낀'다(Ihde 1990: 74).

해석학적 관계(hermeneutic relations)는 온도계처럼 세계의 보이지 않는 상태를 사람이 해석할 수 있게 해주는 경우를 말한다.[37] 지도를 보는 것도 좋은 예이다. 우리는 지도를 보는 방식으로 우리 주변을 볼 수 없다. 지도는 우리에게 세계를 다른 방식으로 해석하는 것을 가능하게 해준다.

아이디의 기술현상학에 대한 여러 문헌들이 생략하고 넘어가는 경우가 많은 타자 관계(alterity relations)도 매우 흥미롭다.[38] 자동차를 운전하면 기술과 체현 관계로 연결되지만, 자동차는 때로 주인의 애정의 대상이 된다. 컴퓨터 게임을 하다 보면 사람이 아닌 기계를 대상으로 경쟁심을 품고 꼭 이기려는 마음을 가진다. 이렇게 기술을 '유사–타자(quasi-other)'로 인식하는 것은 일종의 착각이라고 생각할 수도 있지만, 인간이 기술과 관계하는 여러 현상 중 하나인 것은 부인할 수 없다. 나아가, 인공지능 로봇이 널리 사용되게 되면, 그 인공물과 타자로서 관계를 맺는 것이 어색하지 않게 될 개연성이 크다.

마지막으로 기술은 인간이 삶을 영위하는 환경을 구성하여 인간과 배경 관계에(background relations) 놓이게 된다. 이미 우리 삶에 너무 깊고 당연하게 들어와 있어서 그 존재를 인지하지도 기억하지도 못하는 기술들이 많다. 특히 한국과 같이 기술적으로 충분히 발전된 사회에서는 전기나 수도, 난방과 냉방 시스템이 마치 환경의 일부인 것처럼 여겨지는 경우가 많다. 이들의 작동이 멈추거나 망가지지 않는 한, 이들 배경적 관계에 있는 기술들은 특별한 관심의 대상이 되지 않고 배경의 자리에 머무른다.

아이디가 제안한 인간과 기술이 관계를 맺는 네 가지 방식은 〈그림 1〉과 같이 도식화할 수 있다.[39]

**〈그림 1〉인간과 기술이 관계 맺는 방식**

| | | | |
|---|---|---|---|
| ✓ | 체현 관계 | (나 – 기술) → 세계 | (예) 안경, 지팡이 |
| ✓ | 해석 관계 | 나 → (기술 – 세계) | (예) 온도계, 전자현미경 |
| ✓ | 타자 관계 | 나 → 기술(– 세계) | (예) 아끼는 자동차, AI로봇 |
| ✓ | 배경 관계 | 나 (– 기술/세계) | (예) 난방시스템, WiFi |

이러한 현상학적 분석을 통해 기술과 기술의 사용, 기술과 인간을 떼어서 생각할 수 없다는 것을 알게 된다. 따라서 아이디는 기술의 독립된 '본질'을 논하는 것보다는 기술을 사용하는 상황에서 드러나는 기술의 다양한 특징들을 이해하는 것이 중요하다고 주장한다. 또한 현대기술이 인간의 삶에 미치는 영향을 인정하면서도 그 영향이 일원적이 아니라 다원적이라는 입장을 취한다. 그는 고전적 기술철학자들이 무리하게 하나의 본질을 밝혀내려 하다 보니 기술에 대한 일원적 접근을 하게 되었고, 당연히 기술사회에 대한 비판과 미래에 대한 비관적 입장으로 일관하게 되었다고 본다.[40]

김성동은 아이디의 철학을 여섯 개의 명제로 요약한다.

(1) 기술은 비중립적이다. (2) 인간과 기술의 관계는 크게 세 가지로 구분될 수 있다. (3) 이러한 관계의 불변적인 구조적인 특징은 확대와 축소이다. (4) 이러한 관계 중에 인간만이 기술에 영향을 끼치는 것이 아니라 기술 또한 인간에 영향을 끼친다. (5) 기술과 인간의 공생적인 관계는 인

간적 가능성을 확장시킨다. (6) 기술은 환경에 대하여 반드시 적대적이지만은 않다(김성동 1998: 199-200).

이 중에서 두 번째 인간과 기술의 관계는 페어베이크가 분류한 것 중 대체 관계를 제외한 세 가지를 말한다.[41] 특별히 주목해야 할 명제가 세 번째인데, 이는 기술을 통해서 인간의 기능이 확대되기도 하지만, 기술로 가능해진 특정 기능을 인간의 기능으로 생각하여 결과적으로 인간의 자기 이해를 축소하게 된다는 것이다. 예를 들어 컴퓨터를 '생각하는 기계'로 인식하고, 이것에 의해 다시 생각을 정의하게 될 경우, 인간의 생각이 컴퓨터로 구현할 수 있는 기능으로 축소되어 버린다. 여섯 번째 명제는 기술로 인해 생겨난 환경문제를 기술로 해결할 수 있다는 주장인데, 이는 이미 환경 친화적인 기술들의 개발로 증명되었다. 이에 근거해서 아이디는 기술 개발의 초기에 철학자들이 합류할 수 있다면, 기술 발전의 방향을 좀 더 긍정적으로 이끌고 갈 수 있을 것이라 주장한다(김성동 1998: 213).

네 번째 명제와 관련해서는 좀 더 논의를 진전시킬 필요가 있다. 아이디는 기술이 인간과 세계를 매개한다는 본인의 주장을 더 발전시켜, 현상학에서 말하는 지향성 개념에 기술의 매개를 포함시켜야 한다고 주장한다. 후설은 인간의 의식이 언제나 "~에 대한" 것이기 때문에 데카르트의 코기토 개념에서처럼 인간 의식을 세계와 분리하여 생각할 수 없고 인식이 본질적으로 지향적이라 주장했다. 나아가 이 의식의 지향성이 세계와 세계 내 대상을 구성하는 기능을 지녔다고 보았다. 그런데 아이디는 후설이 판단중지를 통해 파악한 지향성이 현실적으로는 기술의 매개를 통하지 않을 수 없다고 본다. 그래서 아이디는 지향성 개념으로 인식론과 존재론을 연결하는 후설의 현상학에 기술의 매개를 추가하고 자신의 현상학을 '포스트현상학(postphenomenology)'이라 이름 붙인다(Ihde 2008/2009: 23).

## 4. 기술의 사회적 구성주의[42]

사회구성주의적 접근은 '경험으로의 전환'에서 중요한 한 축을 형성한다. 사회구성주의가 개별 기술에 대한 경험적 연구에 바탕하고 있는 만큼, 개별 기술에 대한 연구 성과를 중요하게 생각하는 새 흐름을 주도하고 있다고 해도 과언은 아닐 것이다.

"기술은 사회적으로 구성된다"는 말의 의미는, 기술의 변화가 기술 내적인 요인들뿐 아니라 그 기술이 속해 있는 사회의 형편이나 그 기술과 관련된 사회집단의 영향을 받아 일어난다는 주장이다. 기술의 발전이 효율성의 법칙과 같은 일정한 법칙에 의해 발전하는 것이 아니라, 여러 가지 가능한 방향 중 사회 구성원들이 선택하는 쪽으로 발전하기 때문에 '우연적'이라고 표현하기도 한다. 이러한 견해는 일견 단순해 보이지만 일상적으로 받아들여지는 상식은 아니다. 기술 변화와 발전은 독자적으로 일어나고 개발된 기술이 사회에 영향을 미치게 된다는 생각이나 기술 발달이 일정한 과정을 통해 이루어진다는 생각, 기술은 가치 중립적이며 기술적 합리성에 전적으로 의존한다는 생각, 후진국은 선진국이 거친 기술 개발의 전철을 밟아 발전한다는 생각 등등은, 사회구성주의와는 배치되지만 매우 일반적인 견해들이다. 사회구성주의는 이러한 상식을 '기술

결정론'으로 규정짓고 반론을 제기한다.

기술의 사회적 구성주의는 개별 기술에 대한 보다 심층적인 사회학적 연구들을 통해 제시되었다. 유명한 자전거의 진화에 대한 핀치와 베이커의 논문이 그 한 예다(Pinch and Bijker 1987). 핀치와 베이커는, 자전거가 처음 발명된 1800년대 후반에는 앞바퀴가 크고 뒷바퀴는 작은 자전거도 판매되었는데, 왜 요즘 우리가 흔히 보는 자전거에 밀려 사라졌는지를 역사적, 사회학적으로 고찰하였다. 이 연구에 따르면 19세기 말 자전거가 처음 개발되었을 때에는, 사용자와 기술자 등 '관련사회집단들(relevant social groups)'이 자전거의 용도를 여러 가지 다른 방식으로 파악했고 이에 따라 다양한 모델들이 만들어졌다. 앞바퀴가 큰 자전거는 안전성은 떨어지지만 훨씬 빨리 달릴 수 있어 자전거를 스포츠 용품으로 파악한 사람들이 선호했다. 자전거를 장보기용이나 소형 교통수단으로 본 사람들은 빨리 달리지는 못하지만 좀더 안전한 오늘날의 모델, 즉 동일한 크기의 두 바퀴가 있는 자전거를 원했다. 시간이 지나면서 후자의 인식이 전자를 압도하여 결국 자전거의 디자인은 앞 뒤 바퀴가 같은 크기로 고정되어 버렸다. 이렇듯 자전거의 앞뒤 바퀴 크기가 동일해진 것은, 효율성의 법칙에 따른 것이 아니라, 사회적 조정의 결과라는 것이다. 사회구성주의자들은 기술이나 기술적 인공물이 특히 그 개발 초기에는 다양한 해석에 노출된다고 보았다. 이를 '해석적 유연성(interpretative flexibility)'으로 규정하고, 기술 발전은 이러한 해석들 중 한 가지가 사회적으로 선택되는 것이라 주장했다. 이러한 과정을 거쳐 자전거의 모습이 확정된 것을 사회구성주의자들은 갈등의 시기를 지나 '안정화(stabilization)'의 단계에 접어든 것으로 파악한다(Pinch and Bijker 1987: 44).

이 사례를 통해 알 수 있는 것은, 우리가 당연하게 받아들이는 인공물들이나 기술활동이 반드시 현재의 형태나 구조를 가져야 할 필요는 없으며, 지금까지 개발된 것들 중 최적의 것도 아니라는 점이다. 개별 기술에 있어서 어떤 측면이 중요하며 어떤 기준에 의해 그 효율성을 측정해야 할지는 불변의 객관적 잣대가 아닌 관련사회집단의 상호작용에 의해 결정된다. 따라서 기술의 발전은 '우연적'이라고 보아야 한다는 것이 사회구성주의자들의 주장이다. 기술은 지금과 전혀 다른 모습을 가질 수도 있었던 것이다(Technology could be otherwise!).

기술철학이 기술이 초래하는 문제들과 연관되어 있다면, 사회구성주의가 기술철학에서 가지는 함의는 무엇인가? 기술의 사회적 구성 이론들이 처음부터 뚜렷하게 기술이 야기하는 문제들에 초점을 맞추었던 것은 아니다. 사회구성주의의 기술에 대한 연구는 주로 개별 기술의 발전 과정을 기술(記述)적, 사회학적으로 분석하는 것에 치중하였다. 그러나 앞으로 살펴보게 될 랭던 위너(Langdon Winner)의 비판을 비롯한 여러 가지 논의의 과정을 거치면서, 사회구성주의의 시사점이 단순한 현상 분석이 그치지 않는다는 것이 점점 분명해지고 있다. 최근의 논의들에서 사회구성주의자들은 자신들이 기술 현상에 대한 객관적, 사실적 분석을 넘어 기술 발전의 바람직한 방향을 제시할 수 있음을 명백하게 밝히고 있다. 특별히 기술에 대한 본질주의와 결정주의를 비판하면서 고전적 기술철학의 전반적인 비관주의가 정치적 패배주의와 무관심으로 이어진다는 점에 주목하고, 사회구성주의 입장이 이에 대한 대안을 제시할 수 있다고 주장한다. 일례로 도널드 맥켄지(Donald Mackenzie)와 주디 웨이크먼(Judy Wajcman)은 그들의 책(*The Social Shaping of Technology*)의 편집자

서문에서 "기술의 상관관계에 대한 기존의 논의들이 피상적인 기술 결정론에 의해 주도되고 있다"고 비판하면서, 인간이 기술 발전의 주체이자 그 개혁의 주체일 수 있음을 강조한다(Mackenzie & Wajcman 1999: xiv).

## 5. 기술코드의 민주적 변환: 앤드류 핀버그[43]

앤드류 핀버그의 '기술의 민주화(democratizing technology)' 이론은 방금 언급한 사회구성주의의 실천적, 정치적 함의를 이론적으로 잘 정리한 경우이다(Feenberg 1999). 기술이 사회적으로 구성된다면 앞으로의 발전 방향도 사회가 규정할 수 있고, 그러한 영향력의 행사가 민주주의를 통해 가능하다는 것이 핀버그의 주장이다.

핀버그는 먼저 하이데거, 엘륄, 알버트 보르그만(Albert Borgmann), 위르겐 하버마스(Jürgen Habermas) 등을 본질주의자로 규정하면서 그들이 기술을 몇 개의 추상적인 개념들로 규정하려 한다고 비판한다. 그에 따르면 기술의 본질에 대한 강조는 기술을 인간과 무관하게 존재하고 발전하는 독립된 개체로 보는 기술결정론으로 이어지고, 따라서 기술의 발전 과정에서 인간이 개입할 수 있는 여지를 이론적으로 차단하는 결과를 낳는다(Feenberg 1999: x, 1-3, 14-17, 77-78, 183-189, 201-202).

이에 반박하는 핀버그의 논변은 크게 둘로 요약할 수 있는데 그 하나는 기술을 생활세계의 한 측면으로 보아야 한다는 것이다. 이는 기술 자체와 기술 경험, 혹은 기술의 사용을 분리해서 생각할 수 없으며, 따라서 기술의 본질은 역사적, 사회적으로 이해되어야 한다는 주장이다

(Feenberg 1999: x, xii). 다른 하나는 기술의 역사를 돌이켜볼 때, 사회구성주의의 경험적 연구는 기술에 대한 본질주의적 정의가 그릇되었음을 명백하게 보여준다는 점이다. 예를 들어, 엘륄은 효율성의 법칙이 기술 발전을 지배해왔다고 주장하지만, 사회구성주의는 효율성 외에도 문화적·사회적·정치적 요소들이 기술 발전에 미친 영향을 구체적으로 밝히고 있다.

　이러한 논변에 근거하여 핀버그는 기술에 대한 비관적인 태도를 버리고 기술 발전의 민주화를 위해 노력해야 한다고 주장한다. 기술사회의 문제들은 기술이 사회적으로 구성되었다는 사실을 간과했기 때문에 생긴 것으로, 이를 극복하면 해결할 수 있다. 앞서 살펴본 것처럼 이제까지 기술이 사회적·문화적·정치적 환경에 따라 발전해왔다면 앞으로의 발전이 어떤 필연적인 행로를 따라 이루어질 것이라고 믿을 이유는 전혀 없다. 이러한 우연성은 인간개입의 여지가 충분히 남아 있음을 보여주기 때문에, 민주적인 참여를 통해 점점 전체주의화해 가는 기술의 발전방향을 바꿀 수 있다고 역설한다. 기존에 소수의 전문가들에게 집중되어 있는 기술의 디자인과 개발 선택권을 보다 광범위한 집단이 나누어 가져야 한다는 것이다. 기술의 사회적 구성을 설명할 때 언급했던 자전거가 좋은 사례가 될 수 있다. 자전거의 디자인은 당시 관련사회집단에 의해 결정된 것인데, 사실 이들은 자신들의 선택이 자전거에 어떤 영향을 미쳤는지를 구체적으로 알지 못했다. 핀버그는 이 사회적 선택을 암묵적이거나 무의식적인 것으로 남겨두지 말고, 공론의 장으로 이끌어내면 기술 발전의 틀 자체를 민주적으로 바꿀 수 있다고 본다.

　그는 소위 기술의 '깊은 민주화(deep democratization)'를 주장하는

데, 이는 사용자의 이익을 대변하는 아래로부터의 참여와 민주적 합리성에 기반하여 '기술코드(technical code)'를 민주적으로 바꾸는 것이다(Feenberg 1999: 142-147). 이때 기술코드란 어떤 인공물이나 기술이 정의되는 방식을 말한다. "기술코드란 어떤 기술활동이나 인공물을 특정한 방식으로 정의하는 방식으로, 활동의 원칙이나 판단의 기준 같은 것이 된다"(손화철 2011a: 121). 일반적인 기술코드에는 안전계수(sfety factor)처럼 법령으로 정해진 것도 있고, 효율성을 극대화하기 위한 목적으로 제시된 것도 있다. 그 밖에도 문화나 관습에 의해 정해진 기술코드도 있을 수 있다. 인공물의 디자인이나 그것이 수행하는 역할, 그리고 그것이 가지는 사회적 의미가 모두 기술코드에 들어간다고 할 수 있다. 앞에서 예로 든 자전거의 경우, 자전거의 모양, 자전거의 쓰임새 등이 모두 그 기술코드이다. 19세기 초 자전거의 바퀴 크기에 대한 기술코드가 그리 명확하지 않았다가 시간이 지나면서 여러 계기를 거쳐 오늘날과 같이 앞뒤 바퀴의 크기가 같은 자전거 디자인이 기술코드가 된 것이다. 이처럼 기술코드는 널리 받아들여지지만 유연성이 있어 고정적이지 않다.

핀버그는 이 기술코드가 사회적인 의미를 담고 있다고 주장한다(Feenberg 1999: 87-88). 산업혁명 당시 어린이들의 키에 맞추어 낮게 제작된 방직 기계들을 예로 든다. 당시로서는 기계의 키가 작은 것이 별달리 눈에 띄지 않았겠지만, 영국 의회에서 어린이들의 노동을 금지한 이후에는 낮게 설계한 방직 기계의 기술코드에 사회적 의미가 담겨 있음이 드러났다. 엘리베이터, 휠체어 리프트, 경사로, 시각장애인용 도로 표지 등 장애인을 위한 각종 도로시설이나 건물 관련 설치물들 역시 기술코드이다. 과거에 도로를 만들거나 건물을 지을 때 선택 사항이었던 것들이 장애인의 인권에 대한 감수성이 높아지면서 필수 사항이 된다. 이때 바뀌는 것이 바로 기술코드이다. 일단 기술코드가 바뀌고 나면 그 코드가 왜 바뀌었는지는 별로 중요하지 않게 된다. 누구든지 도로를 만들고 건물을 지을 때 법과 규정을 지키면 되는 것이기 때문이다.

핀버그는 자전거처럼 부지중에 민주화 과정을 거치는 것이 아니라, 관련된 사람들의 적극적인 참여를 통해 명시적으로 변화를 일으키는 것이 깊은 민주주의라고 본다.[44] 에이즈 환자들이 아직 임상실험 단계에 있는 치료제를 좀 더 많은 환자들에게 투여할 수 있도록 약물심사규정 수정을 요구해 얻어낸 것이나, 1980년대에 국영 통신회사가 정보제공용으로 처음 개발해서 보급한 기기를 사용자들이 변형하여 통신용 기기로 사용한 프랑스 미니텔(Minitel) 등이 핀버그가 제시하는 사례들이다(Feenberg 1999: 126, 141-142). 핀버그의 제안은 인식론-서술적 접근에 가까웠던 기술에 대한 사회구성주의적 접근을 정치-윤리적 접근으로 발전시켰다는 점에서 의의가 있다. 최근에 힘을 더해가고 있는 환경운동이나 유전자 기술에 대한 다양한 논의들은 핀버그의 이론이 상당한 설득력을 가지고 있음을 보여준다. 특정 기술이 사회구성원의 삶에 어떤 악영향을 미칠 가능성이 있을 때, 직접적인 이해 당사자들이 그 개발 자체를 거부하거나 개발 과정에 개입하는 것은 당연한 일이다. 그러나 이런 기술 민주화의 과정이 과연 언제 어떤 정도의 당위성을 주장할 수 있을지가 문제다. 특정 관련사회집단이 문제의식을 느끼는 것만이 기술 민주화의 시작점이라면, 여러 관련사회집단의 권력관계나 그들에게 영향을 미치는 의도적인 선전에 의해 기술민주화의 필요가 아예 제기되지 않을 수도 있다. 위너도 기술의 사회적 구성주의를 비판하면서 이런 한계를 지적한다.

# 6. 기술의 정치학: 랭던 위너

랭던 위너는 경험으로의 전환을 주장한 철학자 중에서 고전적 기술철학의 통찰을 비판적으로 수용한 대표적인 학자다. 그가 저술한 「인공물은 정치적인가?」(Winner 1986/2010: 27-57)라는 논문은 과학기술학과 기술철학 분야에서 가장 많이 인용된 글로 알려져 있기도 하다. 위너의 기술철학에는 흥미로운 지점들이 많지만,[45] 여기에서는 전체의 논의와 연결해서 크게 세 부분만을 다루도록 한다. 우선 앞서 설명한 사회구성주의에 대한 위너의 비판을 살펴보고, 이어서 기술사회에 대한 그의 진단을 알아본다. 마지막으로 위너의 기술철학에서 가장 중요한 내용이라 할 수 있는 기술의 정치적 특성에 대해 설명한다.

## 1) 사회구성주의 비판[46]

위너는 사회구성주의가 기술개발에 대한 엄밀한 분석을 통해 '경험으로의 전환'에 큰 기여를 한 것을 높게 평가하면서도, 경험적 분석에 매몰되어 기술사회에서의 인간 경험을 총체적으로 이해하거나 인간사(人間事)에서 기술의 위치가 어디인지를 알아보려는 노력을 하지 않는다고 비판한다(Winner 1993: 428-431, 439).[47] 암흑상자를 열어본 것까지는 좋았는데 열어보니 텅 비어 있더라는 지적은, 경험적 탐구의 궁극적 의미를 묻는 심각한 도전이다. 위너의 비판 중에서도 관련사회집단과 자율성 개념에 대한 논의는 시사하는 바가 크다.

### 관련사회집단의 문제: 기술의 전 지구화와 민주주의　　　　관련사회집단

이란 특정 기술을 개발하는 데 직·간접적으로 연관이 있거나 그 기술을 사용하는 자, 그리고 어떤 방식으로든 그 기술에 관련된 이해관계를 가진 사람들의 집단을 말한다. 앞서 언급한 자전거 사례의 경우 관련사회집단은 자전거를 디자인하고 만든 제작자들과 자전거 사용자들이라 할 수 있다. 사회구성주의자들은 이들의 이해관계와 그에 따른 상호작용의 결과가 늘 일정한 것일 수 없기 때문에 기술 선택과 발전의 과정이 바뀔 수 있다고 주장한다.

문제는 어떤 집단을 관련사회집단으로 보아야 할지가 불분명하다는 점이다. 모든 기술선택의 과정에는 좀 더 첨예한 이해관계를 가진 집단과 직접적인 이해관계가 없어 무관심한 집단들이 있게 마련이다. 또 어떤 사회집단들은 기술선택의 과정에 무관심해지도록 유도가 되는 경우도 있다(Winner 1993: 440-443). 따라서 어떤 특정 기술의 형성에 대해 분석을 하는 경우에, 아예 무관심해서 고려 대상이 되지 않았지만 이익이나 손해를 본 집단, 혹은 자신들의 이해를 관철시키지 못한 채 무시된 집단들은 관련사회집단으로 고려해야 하는지의 문제가 생길 수 있다.

기술이 사회적으로 어떻게 구성되는가를 규명하는 경험적 연구만 생각한다면, 이러한 불확실성은 이미 받아들여진 기술들을 토대로 한 기존의 질서를 그대로 받아들이는 암묵적인 보수주의로 이어진다는 비판에만 직면할 것이다. 그러나 이 문제를 기술, 혹은 과학기술의 민주화와 연결시켜 생각해보면 훨씬 너 심각한 약점이 드러난다. 참여민주주의를 실현하기 위해서는 누가 참여해야 하는가를 먼저 결정해야 하는데, 관련사회집단을 규정하기 어렵다면 대단히 곤란한 지경에 빠지기 때문이다.

핀버그는 이러한 문제를 거의 도외시하고 논의를 전개해 가고 있다.

"기술을 민주화할 수 있다"는 주장을 뒷받침하기 위해 여러 가지 예들을 제시하는 것은, 언뜻 보아서는 별다른 문제가 없어 보인다. 그러나 누가 기술 개발의 과정에 영향을 미쳤는지를 밝히는 것으로는 "누가 참여해야 하는가"라는 물음에 답할 수 없는 것이고, 결국 기술의 민주화는 이론적 가능성으로만 남게 된다. 따라서 앞서 지적한 것처럼, 기술 민주화의 당위성 문제, 즉 기술 민주화를 누가, 언제, 어떤 규모로 시도해야 하는가가 불분명해진다.

기술마다 관련사회집단을 파악하는 일이 쉽지 않다는 위너의 비판을 좀 더 확장하면, 사회구성주의에 바탕한 기술의 민주화 주장이 오늘날 기술이 전 지구적으로(globally) 편재하는 현실을 제대로 반영하지 못한다는 지적도 가능하다. 기술의 편재는 특정 기술의 직접적인 영향에 그치는 것이 아니다. 현대기술의 발전은 자본주의 경제체제나 힘에 의지한 국제질서와 밀접한 연관을 가지고 있기 때문에, 어떤 기술의 혜택이나 피해를 직접 받지 않는 사회에도 여전히 그 기술의 영향권 안에 있을 수 있다. 간단한 예로, 한 나라의 원자력기술이나 무기 관련 정책은 주변 여러 나라의 정치, 경제, 환경에 막대한 영향을 미칠 수 있다. 이러한 경우에 고려되어야 할 관련사회집단은 한 나라의 국경 안에 한정될 수 없고, 어느 집단이 얼마만큼 관련이 되어 있는지도 규정하기 어렵다. 경우에 따라서는 전 세계의 모든 사람이 관련사회집단에 속한다고 주장할 수도 있을 것이다.

문제는, 민주주의는 보통 닫혀 있는 정체(政體)를 전제로 해서 국지적(local)으로 이해된다는 점이다. 핀버그나 기술민주주의를 주장하는 다른 학자들의 민주주의에 대한 이해도 이러한 일반적인 견해에서 그리 멀지 않다. 그 결과, 이들이 제시하는 시민참여의 예들은 국경의 구애를 받지 않는 현대기술의 전 지구적 특징을 충분히 반영하고 있지 못하다. 19세기 자전거 디자인의 예, 덴마크의 이른바 '합의회의'에서 논의된 내용의 대부분이(김환석 1999: 33) 관련사회집단이 명백하거나, 적어도 한 나라의 국민으로 한정될 수 있는 경우여서 기술의 전 지구적 특징을 굳이 고려할 필요가 없다.

사회구성주의의 이러한 한계는 과학기술의 민주화 논의에서 제3세계에 대한 문제제기가 거의 전무하다는 사실에서도 잘 드러난다. 위너는 기술의 발전 과정에서 특정 관련사회집단이 완전히 배제되거나 무시될 수 있다는 점을 지적한다(Winner 1993: 431). 환경문제의 제기나 과학기술의 민주화 논의가 선진국을 중심으로 이루어지고 있는 이유가 무엇이며, 그러한 논의들이 당장 삶의 기본적인 요건들을 충족하지 못하고 있는 제3국의 국민들에게 무엇을 의미하는지를 생각할 필요가 있다.

물론 이러한 한계들 때문에 기존의 기술 민주화 노력이 무의미하다는 것은 아니다. 관련사회집단을 정하기가 어렵지 않은 사례들이 많이 있고, 이런 부분부터 민주화를 시켜 나간다면 포기하고 가만히 있는 것보다는 나을 것이다. 그러나 기술 발전의 불균형이 극에 달한 현재 상황에서 이런 이론적 한계들을 극복할 대안이 마련되지 않으면 부익부 빈익빈의 현상을 막을 길이 없을 것이다. 기술민주주의가 님비(NIMBY: Not In My Back Yard)증후군과 연결될 수 있다는 사실은 생각하기 어렵지 않다(Fielder 1992).

**기술의 자율성 개념 오해**          위너가 비판한 사회구성주의자들의 또 다른 한계는 기술결정론과 기술의 자율성에 대한 편협한 이해이다. 위너는 사회구성주의가 탐구하는 기술 발전의 사회적 측면을 규정하는 보다 근본적인 기술변화의 흐름이 있다고 지적하면서 다음과 같이 말한다.

> 사회구성주의는 특정한 집단이나 사회적 행위자의 즉각적인 필요, 이해 관계, 문제에 대한 탐구에서 드러나지 않는 기술변화의 역동성을 무시하고 있다. 철학 문헌에서 나타나는 핵심적 주장들 중 하나는 기술의 형성과 관련된 사회적 활동을 지배하는 기본적 조건이 있다는 것이다. … 사회구성주의자들은, 사회집단 사이의 활동이 사회의 심층적인 다른 과정에 의해 변동될 가능성에 대해 탐구하려 하지 않는다(Winner 1993: 442).[48]

사회구성주의자들에 의해 자주 거론되는 기술결정론은 "기술이 그 자체의 고유한 발전 논리, 즉 공학적 논리를 가지고 있기 때문에, 기술의 발전은 구체적인 시간과 공간에 관계없이 동일한 경로를 밟는다"는 견해다(송성수 편 1995: 15). 이는 과학의 보편적 합리성의 이론과 잘 맞아 들어간다고 볼 수 있으며, 따라서 과학철학의 논의와 기술철학의 논의에 있어서 사회구성주의적 접근의 유사성을 담보하는 데 편리한 개념이다. 등자(鐙子)가 중세를 가능하게 했다거나 인쇄술이 르네상스를 만들었다는 주장이 기술결정론의 예로 사용되고, 따라서 "기술결정론은 너무나 허술한 견해이기 때문에 우리가 기술과 사회의 관계를 조금만 생각해본다면 기술결정론의 약점과 오류는 어렵지 않게 찾아낼 수 있다"(송성수 편 1995: 20)는 결론으로 이어지는 것은 이상할 바가 없다.

문제는 사회구성주의자들이 이런 좁은 의미의 기술결정론을 자크 엘륄과 같은 고전적 기술철학자들이 주장한 기술의 자율성(autonomy of technology) 개념과 동일시한다는 것이다. 다시 말해, 인간이 기술 발전에 미치는 영향력의 여지가 좁아지고 있다는 주장을 모두 기술결정론으로 밀어붙이는 것이다. 핀버그는 고전적 기술철학를 비판하면서 기술본질론, 기술결정론, 기술의 자율성 개념을 거의 동일시하는 오류를 범하고 있다.

그러나 엘륄이 제기하고 위너에 의해 다듬어진 기술의 자율성 개념은 방금 설명한 기술결정론보다 훨씬 더 포괄적이고 미묘한 개념이다(Ellul 1954/1964: 133-147; Winner 1977/2000; Winner 1995). 이 개념은 사회구성주의에서 말하는 관련사회집단의 상호관계 자체를 규정짓는 보다 근본적인 조건이 있다는 것을 전제한다. 위에서 소개한 고전적 기술철학자들의 대부분이 이러한 입장을 취하고 있다고 볼 수 있다. 이들은 개별 기술이 어떻게 선택되고 발전하는가의 문제보다 기술 발달의 총체적인 방향성의 문제를 다루고 있으며, 그 나름의 근본 원리들을 제시하고 있는 것이다. 따라서 사회구성주의가 말하는 기술 선택에 있어서 인간의 자유를 선원이 장갑을 끼고 일할지 벗고 일할지의 자유에 비유한다면 엘륄과 위너가 말하는 기술의 자율성은 배가 가는 방향에 비유할 수 있다고 하겠다(Ellul 1988/1990: 155). 선원의 자유는 배의 가는 방향을 결정하는 선장의 자유와는 종류가 다른 것이다. 세분화되고 전문화된 기술사회에서 한 개인이 기술의 전체적인 발전 방향을 파악하거나 제시하는 것은 거의 불가능하다. 미첨은 엘륄과 위너의 기술 자율성 개념이 매우 포괄적인 기술 현상을 설명하기 위한 개념으로 사회구성주의로는 전혀 반박할 수 없는 견해라고 주장한다(Mitcham 1994: 60). 사회구성주의에서 제시하는 개별사례들을 모두 옳은 것으로 받아들인 후에도 현대기술이 비인간화, 전체주의를 향해 자율적으로 발전하고 있다는 고전적 기술철학의 견해를 그대로 견지할 수 있는 것이다. 따라서 단순한 기술결정론 개념을 비판하는 것으로 고전적 기술철학이 제기해온 자율적으로 발전하는 기술의 문제를 해결하고 넘어갈 수 있다는 생각에는 문제가 있다. 자전거의 디자인이 사회적 합의에 의해 '우연히' 결정되고 군사용으로 만들어진 정보통신 기술을 그 개발자의 '본의와 다르게' 상업적으로 사용하게 되었다는 사실은 기술이 고정된 궤도를 따라간다고 하는 단순한 기술결정론에 대한 반박일 수는 있지만 폭넓은 차원에서 기술이 자율적으로 발전한다는 주장에 대한 반론으로서는 부족하다.

## 2) 기술사회에 대한 진단: 기술의 표류[49]

현대기술의 문제에 대해서, 위너는 고전적 기술철학자들과 비슷할 정도로 큰 위기의식을 가지고 있지만, 정확한 진단의 내용은 다르다. 위에서도 말한 바와 같이 위너는 엘륄의 '자율적 기술' 개념을 일정 정도 수긍하면서도, 그것을 더 이상 해결할 수 없는 문제로 취급하는 것에는 반대하였다. 기술이 자율적이 되었다는 표현 대신 위너가 채택한 말은 '기술의 표류(technological drift)'다(Winner 1977/2000: 129-145). 기술 발전의 결과가 무엇인지가 불확실한 상태로 남아 있고, 개발 당시의 의도와는 무관한 결과를 나타내기도 하기 때문에 기술 발전은 갈 바를 알지 못하고 표류하는 배에 비견할 수 있다. 문제는 현대인들이 진보에 대한 열망 때문에 그 발전의 결과가 다소 불확실한 상태로 남아 있는 것을 오히려 원한다는 것이다. 위너는 기술사회의 진보사상을 다음과 같이 표현한다.

> 기술은 그 결과들의 궁극적인 범위가 예견되거나 통제되지 않을 때 가
> 장 생산적이다. 달리 말하면, 기술은 항상 우리가 의도한 것 이상을 해낸
> 다. … 기술의 발전이 합리성에 대한 소망이나 최종적인 통제에 의해 제
> 약되어야 한다고 주장하는 것은 퇴행적 태도다. 그러한 유토피아가 존
> 재한다면 그것은 단지 진보의 죽음에 불과할 것이다. … 기술 발전은 그
> 최종적 모습이 미지의 상태로 남아 있는 새로운 세계로 향하는 문을 열
> 어준다(Winner 1977/2000: 142-143).

다시 말해서 기술의 표류는 현대기술사회가 기술의 통제를 스스로 포
기한 상태를 말한다. 기술 표류의 구체적인 현상은 기본적으로는 엘륄이
말한 바 현대기술의 자율성이 드러나는 것과 같은 양상이라고 설명할 수
있다. 단, 위너는 엘륄처럼 기술이 인간 통제를 벗어났다는 점에 강조를
두지 않고, 인간이 어떻게 자신의 통제권을 포기하게 되었는가를 중심으
로 현대기술사회의 모습을 진단한다.

위너가 『자율적 기술』의 뒷부분에서 길게 서술하는 『프랑켄슈타인』의
이야기는 자율적 기술이 아닌 기술의 표류를 주장하는 위너의 입장을 잘
설명해준다. 위너는 사람들이 흔히 생각하는 것처럼 프랑켄슈타인이 시
체의 부분들을 이어 만든 괴물이 스스로 도망친 것이 아니라는 점을 지
적한다. 프랑켄슈타인 자신이 괴물에 생명을 불어넣은 직후 자신이 한 일
에 전율과 공포를 느끼면서 괴물을 버리고 도망친 것이다. 그 결과 괴물
은 아무런 대책 없이 홀로 남겨지게 되어 인간사회에 적응하지 못하고

도망하다가 살인까지 저지르게 된다. 그러다가 자신을 만든 사람이 프랑켄슈타인이라는 것을 알게 되자 괴물은 프랑켄슈타인을 찾아와 자신을 버린 이유를 물으며 그를 비난하고 책임질 것을 요구한다.

"그리고 당신, 나를 만든 이여, 당신은 자신의 피조물인 나를 미워하고 멸시하지만, 나와 당신은 둘 중 하나가 죽어야만 풀릴 끈으로 묶여 있소. … 나에 대한 의무를 다하시오. 그러면 나도 당신은 물론 다른 인간들에 대해 내 의무를 다할 테니. … 하지만 당신과 맞설 생각은 없소. 나는 당신의 피조물이니, 책임만 다해준다면 내 주인이자 왕인 당신에게 고분고분 부드럽게 대하겠소. … 나는 당신의 정의를, 당신의 너그러움과 애정을 받아야 마땅하오. 당신의 피조물이잖소. 나는 당신의 아담이어야 했건만 타락한 천사가 되었고, 당신은 아무 죄도 없는 나를 기쁨에서 몰아내었소. … 날 행복하게 해주시오. 그러면 다시 선해지리다(Shelley 1818/2011: 136-137).

기술 표류의 원인은 기술을 만들어놓고 제대로 돌보지 않은 인간에게 있다. 지금까지의 기술 발전 과정에서는 어떻게 하면 우리가 개발하는 기술이 인간사회에 도움이 되는 방식으로 제대로 기능할 수 있을지를 묻지 않았다. 무조건적인 기술 발전에의 열망과 기존의 기술들에 의해 조작된 필요에 의해 기술 개발이 이루어졌기 때문에 기술이 그 발전의 방향성을 상실한 채 표류하고 있는 것이다. 위너가 제시하는 현대기술의 문제에 대한 대안은 이러한 진단에 기초한다.

## 3) 기술의 정치적 특성[50]

기술을 제대로 돌보아서 더 이상 표류하지 않게 하려면 어떻게 해야 하는가? 위너는 기술이 정치적이라는 사실을 이해하는 것이 기술사회의 문제를 해결하는 관건이라고 주장한다. 위너의 논문을 통해 많이 알려진 예로 1930년대 뉴욕시 도시 설계의 대가 로버트 모제스(Robert Moses)가 건축한 미국 롱아일랜드의 낮은 고가도로가 있다(Winner 1986/2010: 32-34). 그는 롱아일랜드의 해수욕장에 흑인들과 저소득층의 접근을 막기 위해 고가도로를 낮게 설치하여 버스는 그 밑을 통과하지 못하고 자가용만 통과하도록 하였다. 위너는 이 고가도로가 모제스의 정치적 입장을 반영해서 만들어졌고, 그 결과 실제로 정치적인 효과를 거둘 수 있었다고 본다.[51]

모제스의 고가도로는 인공물이 제작자의 의도에 따라 정치적 함의를 갖는 경우지만, 반드시 그래야만 하는 것은 아니다. 예를 들어 80년대까지 지체 장애인을 염두에 두지 않고 지은 대부분의 우리나라 대학 건물들은 제작자가 의식하지 않았는데도 장애인차별이라는 정치적 함의를 갖는다. 새로운 인공물, 혹은 기술의 등장과 사용은 그 개발의 의도와 무관하게 특정 사회 집단들에게 정치적인 이득이나 불이익을 초래한다. 이처럼 기술이 정치적이라는 말은 특정 기술의 발전이 사회 구성원들의 삶을 특정한 방향으로 이끌어가는 경향이 있음을 뜻한다(Winner 1986/2010: 37). 기술에 따라서는 특정한 정치적 구조와 더 잘 양립하는 경우도 있는데, 예를 들어 원자력 관련 기술은 권위주의적인 정치체제와 더 잘 양립한다. 위험한 물질을 다루고 안전의 문제가 매우 중요한 만큼 원자력 기술을 운용하기 위해서는 권위주의적인 관리와 의사결정 체계가 꼭 필요하기 때문이다(Winner 1986/2010: 46-47).

이것을 강조하기 위해 위너는 기술을 입법에 비유한다. 법을 인간이 만들지만 일단 만들어지면 인간의 삶에 큰 영향을 미치는 것처럼 기술 역시 만들어지고 나면 인간의 삶에 많은 변화를 초래한다(Winner 1977/2000: 441-453). 어떤 기술은 악법처럼 권위주의적이고 폭력적인 모습으로 드러나는 반면, 어떤 기술은 좋은 법처럼 민주주의 사회를 이루는 데 도움이 되는 것이다. 따라서 좋은 법을 만드는 것이 중요하듯이 좋은 기술을 개발하는 것이 중요하고, 기술의 개발 자체도 민주적 숙고를 거쳐 수행해야 한다.

기술과 입법의 비유를 통해 위너는 고전적 기술철학자들이 강조한 바 기술이 미치는 큰 영향력을 부인하지 않으면서도 인간이 속수무책 상태가 아님을 강조한다. 기술의 영향을 받는 사람들은 기술의 발전 과정에 참여하여 그 방향성을 제시할 수 있다. 기술이 정치적인 한, 기술의 발전은 정치적으로 제어될 수도 있기 때문이다. 따라서 위너는 기술 발전의 과정 자체를 시민들의 정치적인 참여로 규제할 필요가 있음을 역설한다.

위너의 제자 리처드 스클로브(Richard E. Sclove)가 이 주장을 보다 구체적인 방법론으로 발전시켰다(Sclove 1995). 그는 직접 민주주의적 시민 참여라는 원칙에 입각하여 민주적 기술과 비민주적 기술을 가려서 발전시켜야 한다고 주장한다. 예를 들어, 중앙집권적일 수밖에 없는 원자력 발전보다는 분권적, 지역적 관리가 가능한 태양열 발전이 더 민주적인 기술인 것이다. 나아가 그는 '민주적 기술들의 잠정적인 설계 기준'(〈참고자료 1〉)을 기술들을 설계할 때 그 기술이 민주적인 기술이 되도록 하기 위해 참고해야 할 잠정적인 지침으로 제시했다.

이 지침들은 기술의 사용에 대한 것이 아니라 특정 기술이나 인공물을 설계하는 과정에서 염두에 두어야 할 사항들을 특정하고 있다는 점에 주목해야 한다. 만약 기술이 인간의 삶에 미치는 영향력이 크다면, 그중 부정적인 영향력으로부터 인간 자신을 보호하기 위해서는 일정한 기준이 필요하다. 이 지침 자체도 민주적인 과정을 거치며 수정, 보완되어야 할 것이기 때문에 절대적인 것은 아니고, '잠정적 기준'에 불과하다. 이러한 기준, 혹은 지침이 중요한 이유는 목표로 삼아야 할 지향점을 제시하고, 공학자가 기술 개발을 하면서 자신의 프로젝트를 정당화하는 데에도 쓸 수 있기 때문이다.

위너가 직접 제시한 것은 아니지만, 기술의 민주화를 위한 몇 가지 제도적인 방안들이 제안되고 실현되기도 하였다. 그중 대표적인 제도가 합의회의(Consensus Conference)인데, 〈참고자료 2〉에 소개한다.

〈참고자료 1〉 스클로브의 "민주적 기술들의 잠정적인 설계 기준" (Sclove 1995: 157)

**민주적 공동체를 지향하며**

　A. 공동체주의적/협동적 기술, 개인적 기술, 공동체를 초월하는 기술들 사이에서 균형을 추구하라. 권위주의적 사회관계를 세우게 하는 기술들을 피하라.

### 민주적 작업을 지향하며

B. 시간적 계획을 유연하게 짤 수 있고, 스스로 일하게 하는 다양한 기술활동을 추구하라. 의미 없고, 전문성을 떨어뜨리고, 자율성을 손상시키는 기술활동을 피하라.

### 민주 정치를 지향하며

C. 이데올로기적으로 왜곡되거나 빈약한 신념을 촉진하는 기술을 피하라.

D. 소외된 개인이나 집단이 사회적, 경제적, 정치적 삶에 완전히 참여할 수 있도록 하는 기술들을 추구하라. 집단, 조직, 정체들 간에 부당한 위계적 권력 관계를 만들게 하는 기술들을 피하라.

### 안전한 민주적 자치를 돕기 위하여

E. 잠재적으로 바람직하지 않은 결과들(예를 들어 환경적이거나 사회적인 피해들)이 지역의 정치적 통제하에 있도록 하라.

F. 지역의 경제적인 자립이 상대적으로 보장되도록 하라. 지역의 자율성을 해치거나 의존성을 높이는 기술을 피하라.

G. 전 지구적으로 평등한 정치적 분권화 및 연방화와 양립가능한 기술들(공적 영역의 수립을 비롯한)을 추구하라.

### 민주적 사회구조의 영속화를 돕기 위하여

H. 생태적 지속가능성을 추구하라.

I. '지역적인' 기술의 유연성과 '전 지구적인' 기술의 다원성을 추구하라.

## 〈참고자료 2〉 합의회의

합의회의(consensus conference)는 특정 기술과 관련한 결정을 내려야 할 때 일반 시민들이 토론을 통해 일정한 결론을 도출하는 방법이다(이영희 2000: 195-222). 합의회의는 기술의 민주화를 실현하기 위한 방법론 중 하나로, 기술 민주화에 있어서 해소해야 할 다음의 문제를 해결하기 위한 방안이다. 일반 시민들은 기술에 대한 전문적 지식이 없기 때문에 관련한 결정을 내리기가 어렵다.

정치적 민주주의는 결정권, 혹은 투표권을 가진 구성원의 영역이 분명하지만 기술의 경우 누가 결정의 주체가 될 수 있는지가 불분명하다. 수많은 기술들이 있는데 그 하나하나에 대해 모두 민주적인 합의를 이끌어내기가 현실적으로 어렵다. 합의회의에서의 결론은 모인 사람들의 합의라기보다는 일반 시민들에게 적당한 정보가 주어졌을 때 나옴직한 합의로 받아들여진다.

합의회의의 진행 방식은 다음과 같다. 먼저 특정한 주제를 정하고 논의에 참여하고자 하는 시민들을 모집한다. 이 시민 집단은 일반적인 시민들의 표본이라 할 수 있기 때문에 신청자들 중에서 추첨을 통해 결정하되, 가능하면 전체 인구의 수의 비례하도록 성별, 연령 등을 고려한다. 이들은 해당 기술에 대해 관심이 있는 이들이지만, 특별한 입장을 가지고 있을 필요는 없다.

선정된 시민들은 정해진 시간 동안 전문가들의 설명을 통해 해당 사안을 이해하고 토의에 들어간다. 다양한 형식으로 진행할 수 있지만, 서로 다른 의견을 가진 전문가들이 자신들의 입장을 쉬운 언어로 설명하고 질문에 답하는 것이 매우 중요하다. 일정한 간격을 두고 만나 해당 사안에 대해 토의하고 합의에 이르려고 노력한다. 합의에 이르지 못할 경우 다수결로 결정을 내릴 수도 있다. 이렇게 숙고를 통해 결론을 내리면 시민들은 이 결과를 정부에 전달하여 정책 결정에 참고하도록 한다.

유럽을 중심으로 합의회의가 활발하게 일어난 경우가 있었고, 우리나라에서도 시민과학센터와 몇몇 지자체가 합의회의를 진행한 적이 있다. 2017년 신고리 원자력 발전소 5, 6호기의 건설 중단에 대한 공론화 논의는 합의회의를 비롯한 다양한 공론화 방법론을 검토하여 대표성과 숙의성을 담보할 수 있는 '시민참여형조사' 방식으로 진행되었다.[52]

합의회의에는 뚜렷한 한계도 있다. 유럽에서는 합의회의가 국가 수준에서 일어나는 경우가 있었으나, 이 회의에 법적 구속력을 부여하기는 힘들다. 합의회의를 누가 주최하느냐에 따라 그 결과의 중립성 혹은 타당성에 대한 이의가 제기될 수 있다.

일정한 한계에도 불구하고, 합의회의는 제대로 운영된다면 기술 정책 결정의 과정에서 시민들의 의견을 받을 수 있는 좋은 통로가 될 수 있다. 무엇보다도 시민들이 기분에 따라 결정을 하는 것이 아니라 전문가가 제공한 충실한 정보를 바탕으로 결론을 내리도록 한다는데 큰 의의를 부여할 수 있다. 나아가 전문가가 자신이 하는 일의 타당성을 일반 시민들에게 알기 쉽게 설명하고 자신의 입장을 정당화해야 한다는 점이 중요하다.

## 7. 기술과 좋은 삶: 알버트 보르그만[53]

알버트 보르그만은 미국에 건너가 활동하는 독일 출신의 철학자로, 하이데거의 사상을 미국에 적극적으로 소개하였다. 그의 기술철학은 고전적 기술철학과 경험으로의 전환을 연결하는 교차점에 서 있다. 그는 하이데거처럼 현대사회의 구조를 근본적인 차원에서 재검토하려 노력했지만, 동시에 경험으로의 전환에 속한 학자들과 함께 해결책을 적극적으로 모색했다. 여러 저작 중에서도 그의 사상의 핵심이 잘 서술된 저서가 『기술과 우리 시대 삶의 특징(*Technology and the Character of Contemporary Life*)』(Borgmann 1984a)이다.

### 1) 현대기술의 약속

보르그만은 근대에 와서야 육체적인 고통과 한계를 벗어날 기대 때문에 기술이 행복의 문제와 연결되었다는 데 주목한다. 기술로 행복한 삶을 살 수 있을 거란 기대를 보르그만은 '기술의 약속'이라 부른다(Borgmann 1984a: 35-40). 이 약속은 민주주의의 이상과 함께 주어졌고, 민주주의의 약속은 기술 발전을 지속시키는 동인이었다. 인터넷을 통해 민주주의가 발전된다거나, 생명과학기술이 해방과 자유를 가져다준다는 식의 수사는 지금도 낯설지 않다.

그 약속은 과연 성취되었는가? 현대기술이 많은 문제를 해결한 것은 분명한 사실이지만, 보르그만의 대답은 부정적이다. 처음에 기술을 통해 추구했던 것은 인간의 탁월함인데, 그 인간들이 지금은 텔레비전 앞에 모여 앉아 있다. 뭔가 잘못되었다(Borgmann 1984a: 127-129).[54] 이런 문제의식을 가지고 그는 기술이 제시했던 약속의 내용을 검토하여 행복이 무엇인지를 다시 정의하고, 새롭게 정의된 행복을 기술을 통해 성취할 방법을 찾아내는 것이 기술철학의 역할이라 본다. 이렇게 생각하면 기술의 본질이나 특성보다는 그 결과에 초점을 맞추게 되고, 기술의 관리 문제보다는 행복의 문제에 천착하게 된다. 요컨대, 보르그만은 기술의 문제를 독립적인 것으로 다루지 않고 인간됨의 조건과 연결시킨다.

### 2) 장치의 패러다임

보르그만은 전통적인 기술의 시대와 현대기술의 시대를 비교하면서,[55] 현대기술 특징을 '장치(devise)의 패러다임'으로 규정한다. 장치는 기계류(machinery)와 그 기술의 산물 혹은 상품(commodity)으로 구성된다(Borgmann 1984a: 4). 예를 들어 중앙난방시스템은 방의 온기를 산물로 제공하는 기계류다. 여기서 주목할 것은, 방의 온기를 제공하는 기계류가 우리의 주의를 끌지 않는다는 점이다. 기술의 산물 혹은 상품은 기계류의 작동원리를 이해하지 못해도 아무런 맥락 없이 공급되고, 사람들은 그 공급을 당연하게 생각한다.

장치는 기술 이전의 시대를 특징짓는 초점사물 및 초점행위(focal things and practices)와 대조된다. 보르그만은 초점사물과 초점행위를 다음과 같이 설명한다.

> 여기서 내가 말하고자 하는 의미의 초점사물은 그 맥락, 즉 세계로부터, 또 사물 및 세상과의 상호작용으로부터 분리할 수 없다. 사물을 경험하는 것은 언제나 그 사물이 속한 세상과의 육체적이고 사회적인 관계 맺

음이다. 사물은 다양한 관계를 불러일으키기 때문에 반드시 여러 가지 산물을 만들어내게 마련이다(Borgmann 1984a: 41).

보르그만이 가장 좋아하는 초점사물의 사례는 벽난로 혹은 화로이다. 현대식 난방시스템을 갖춘 집과는 달리, 전통적인 가옥에서는 모든 집안 사람들이 화로의 온기를 유지하기 위해 무엇인가 해야 한다. 그래서 벽난로나 화로는 온기를 제공할 뿐 아니라 그 집의 중심이 되고, 그래서 '초점사물'이라는 이름을 얻는다(Borgmann 1984a: 41-42, 196-197).

초점행위의 예는 요리이다. 미리 가공되어 데워 먹는 즉석 식품들은 산물인 음식과 음식을 만드는 과정이 완전히 분리되어 있다. 그러나 전통적인 가정에서의 요리는 그 활동과 활동의 결과가 전혀 분리되지 않을 뿐 아니라 훨씬 더 풍성한 맥락 속에 엮여 있다. 음식의 맛과 무관하게 즉석식품과 직접 요리한 음식 사이에는 질적인 차이가 있다.

초점사물과 초점행위들은 삶의 여러 요소들을 한데로 모으는 효과(gathering effect)를 가진다. 하지만 특정한 산물과 그것을 만들어내는 활동이나 기자재가 분리되는 현상을 보르그만은 '장치의 패러다임'이라 부른다. 장치의 패러다임 하에서는 모든 사물과 활동이 아무 연관성 없이 독립하여 존재하고, 인간 삶의 모든 맥락에서 수단과 목적이 분리된다. 모든 사물은 소비재가 되고, 과거에는 의미가 있었던 작업(work)들이 이제는 그저 소비되기 위해 행해지는 노동(labor)이 되고 만다(Borgmann 1984a: 114). 과거에는 제작과 그 결과물을 따로 떼어 생각할 수 없었지만, 기계류와 산물 혹은 상품의 분리되는 현상이 곳곳에서 일어나게 된다.

현대사회에서 노동자는 노동의 산물과 스스로를 연결시키지 못하는 것을 지나 아예 투명인간이 되어 버리고 있다(안수찬 2011). 그들이 제공하는 수많은 유익(기술의 산물 혹은 상품)들은 마치 자동으로 주어지는 것처럼 여겨진다. 난방시스템이 보이지 않는 곳에 숨어 있듯이, 노동자도 어딘가에 숨어 있다.

이와 같은 상황이 과연 인간이 바라던 행복인가? 보르그만은 기술이 인간을 부요하게(wealthy) 하는지 풍요롭게(affluent) 하는지 묻는다(Borgmann 1984a: 223). 부요함이란 기술의 발달로 인해 초점사물과 초점행위에 쏟을 시간적, 정서적 여유와 건강을 얻게 된 상태를 말한다. 이것이 바로 근대 초 기술의 약속이 그렸던 기술사회의 모습일 터이다. 하지만 오늘날 삶이 물질적으로 전보다 더 풍요로운데도 불구하고 부요함은 없다. 삶의 충일을 느끼는 상태를 가져다줄 것이라 기대했던 기술은 인간적 삶의 맥락과는 유리된 채 편리나 안락함 같은 물질적 조건만 제공하고 있다. 기술이 행복을 가져다줄 것이라는 근대의 약속은 풍요로움을 얻는 것으로 환원되고 말았다.

기술의 약속이 왜곡되는 동안, 함께 제시되었던 민주주의의 약속도 모호해지고 말았다(Borgmann 1984a: 92). 보르그만은 민주적 사회의 세 가지 유형으로 형식적 · 합법적으로 정의로운 사회, 실질적으로 정의로운 사회, 그리고 좋은 사회를 구분한다(Borgmann 1984a: 91). 자유주의자들은 실질적으로 정의로운 사회 정도면 만족하고 좋은 사회는 유토피아의 이상으로 치부하고 만다. 그러나 보르그만은 이러한 태도가 실질적으로 정의로운 사회마저 위험에 몰아넣는다고 주장한다.

실질적인 정의에 대한 명확한 입장이 없으면 사회에 대한 합법적인 정의가 불완전하고 위험하듯이, 좋은 삶에 대한 상당히 명시적이고 확실한 비전이 없이는 정의로운 사회도 불완전하고 쉽게 기력을 잃게 된다(Borgmann 1984a: 91).

민주주의에 대한 J. S. 밀의 꿈은 아직 이루어지지 않았다. 오늘날 우리는 인간의 발전이 가장 풍성한 다양성으로 빛나는 것[56]을 경험하지 못한다(Borgmann 1984a: 212). 선거참여율은 떨어지고 있으며, 선거에서는 좋은 삶 자체에 대한 토론이 아니라 좋은 삶을 어떻게 이룰 것인가에 대한 토론이 이루어진다. 아이러니하게도 수단인 기술은 있는데 목적이 없어졌다.

### 3) 기술의 개혁과 약속의 회복

보르그만은 기술 내부의 개혁(reform within technology)이 아닌 기술의 개혁(reform of technology)을 주장한다(Borgmann 1984a: 162-163, 219). 기술의 개혁은 장치의 패러다임 자체를 문제 삼고, 초점 사물과 초점 행위의 회복하는 대안적인 틀을 마련하려는 것이다. 보르그만은 이것만이 인간의 탁월함을 약속했던 근대 초기의 약속을 성취하는 일이라고 믿는다. 기술의 특징을 인간 삶의 영역에 적용할 것이 아니라, 인간을 인간답게 하는 일에 기술을 사용해야 한다(Borgmann 1984a: 220). 보르그만은 자신의 주장이 이전 시설로 돌아가자는(pretechnological) 것이나 기술에 반대하는(antitechnological) 입장이 아니라 일정한 한계가 필요하다는 것으로, 메타기술적(metatechnological) 입장이라고 밝힌다(Borgmann 1984a: 200, 247-248).

이 개혁은 먼저 벽난로 같은 초점사물과 요리나 달리기 같은 초점행위를 직접 경험하여 그 중요성을 깨닫는 것에서 시작된다(Borgmann 1984a: 193-195). 기술의 약속이 실현되는 것은, 그 약속을 왜곡하여 풍족함에만 집중하고 가속화된 기술 발전이 본래의 자리를 찾는 것이다. 기술의 약속을 실현하려면 초점사물과 초점행위를 무력화하는 장치의 패러다임은 포기되어야 한다.

이 개혁은 제도적 민주주의와도 연결되어 있다. 아직 선거와 담론의 장과 같은 민주주의 제도가 완전히 무력화된 것은 아니다(Borgmann 1984a: 108-109). 따라서 기술의 개혁은 정치의 영역으로 확장되어 "좋은 삶을 어떻게 얻을 것인가?"가 아닌 "좋은 삶을 어떻게 정의할 것인가?"에 대한 민주적인 대화와 토론을 통해 시작될 수 있다(Borgmann 1984a: 109, 178; 1984b: 214). 이런 토론을 통한 정치적인 결정이 기술의 개혁을 위한 든든한 기반이 된다.

현재의 기술사회를 지배하고 있는 자유주의와 자본주의의 결합은 장치의 패러다임을 발전하게 한 가장 중요한 동력이므로, 적절하게 조정되지 않는 한 삶의 질과 양립할 수 없다. 이에 보르그만은 경제 시스템을 이원화하여 '이원적 경제체제(two level economy)'를 수립할 것을 제안한다. 즉 반복적이거나 육체적으로 고된 노동을 요구하는 생산과정은 자동화하고 중앙집중식으로 만들고, 기능과 지식, 그리고 미적 감각이 필요한 분야에서는 노동집약적인 소규모 공장과 사업이 유지되도록 하는 제도적인 장치가 필요하다는 것이다(Borgmann 1984a: 237-241).

### 4) 기술과 '좋은 삶'의 문제

보르그만의 사상이 가지는 큰 미덕은 그가 기술의 문제를 '좋은 삶'의 문제와 직결시켰다는 점이다. 기술의 성취로 인한 혜택을 부정하지 않지만, 그의 물음의 핵심은 "기술이 우리로 하여금 '좋은 삶'을 살게 하는가?"이다. 놀랍도록 단순한 이 물음이 기술에 대한 모든 판단의 근거가된다. 자연스럽게 우리의 물음은 "과연 '좋은 삶'이 어떤 것인가?"로 이어지게 되고, 여기서 기술철학의 맥락이 확장되기 시작한다.

보르그만 자신의 대답은 다소 복고적이다. 그는 공동체가 살아있어 대면접촉을 통한 활발한 의사소통이 일어나고, 음식을 직접 만들어 나누어 먹으며, 장인과 예술인의 작품이 충분한 인정을 받는 사회를 꿈꾼다(Borgmann 1984a: 200-206). 기술의 발전을 통해 얻게 된 편리와 유익은 특정 영역에만 적용해야 한다고 보고 앞서 언급한 이원화된 경제체제를 제안한다. 요컨대 장치의 패러다임은 제한되고, 초점사물과 초점활동의 의미가 충분히 드러나는 세상이 되어야 한다는 것이다.

기술과 민주주의의 관계에 있어서도 그의 초점은 기술의 통제나 관련 의사결정 과정의 민주화보다 민주주의의 본래 역할, 즉 좋은 삶에 대한 토론에 맞춰진다. 기술 개발의 적절성이나 발전 방향보다는 좋은 삶에 대한 정치적인 토론이 중요한 것이다. '좋은 삶'에 대한 정의는 시민의 합의로 이루어져야 하고, 그 합의를 가능하게 하는 공동체적인 삶과 문화가 있어야 한다. 공동체적 삶과 문화를 장려하는 기술은 좋은 기술이고, 방해하면 나쁜 기술이다. 모든 사물과 활동, 나아가 인간을 그 기능으로만 드러나게 하는 장치의 패러다임은 마땅히 극복되어야 하고, 최첨단 기술이라도 '좋은 삶'에 기여하지 못한다면 포기해야 한다.

### 5) 보르그만의 기술철학의 의의와 한계

보르그만의 철학적 성취 중 하나는 하이데거의 현대기술에 대한 문제의식을 구체화한 것이다. 이는 기술철학의 흐름에서 볼 때 큰 의미가 있다. 보르그만의 철학은 고전적 기술철학과 경험으로의 전환 등 두 흐름을 독창적이면서도 생산적으로 연결시켰다. 보르그만은 현대기술사회에 대해 하이데거와 비슷한 문제의식을 가졌지만, 장치의 패러다임 개념은 곧바로 "그러면 어떻게 할 것인가?"에 대한 논의를 촉발하는 계기가 된다. 이런 면에서 기술사회의 문제에 대한 하이데거의 답변이 다소 수동적이라면, 보르그만의 접근은 훨씬 더 능동적이다.

이러한 차이는 기술철학에 대한 두 사람의 이해가 다른 것과도 연결된다. 하이데거는 기술의 본질을 파악하는 것을 철학의 기본 물음으로 보았지만, 보르그만은 기술의 약속에 초점을 맞추면서 "기술철학은 그 열매로 판단해야 한다"고 주장한다(Higgs, Light and Strong 2000: 360).[57] 기술사회에 대한 철학적 고찰은 실천적 결과로 이어져야 한다는 것이다.

그러나 보르그만의 기술이해는 도구주의적이고 해법은 공학적이라는 한계가 있다. 그에 따르면 인간은 기술의 약속에 몰입한 나머지 장치의 패러다임을 비판 없이 받아들여 문제를 자초했지만, 그 패러다임을 극복하는 것을 통해 문제를 해결할 수 있다고 본다. 그러나 그는 장치의 패러다임이 초점사물과 초점행위의 내용이나 맥락 자체를 바꿀 가능성은 고려하지 않는다. 좋은 삶에 대한 고민이 필요하다고 하지만, 정작 그 좋은 삶의 내용은 거의 자명한 것으로 받고 있는 것이다. 고전적 기술철학자들의 한계인 구체적 대안의 제시에 성공한 대신, 기술의 영향에 대한 그들의 우려에는 답하지 못한 셈이다. 그러나 인간에게 좋은 것이 변함없고 자명하다는 가정은 기술의 영향력을 심각하게 보는 사람들에게는 받아들이기 힘든 생각이다.

보르그만의 대안이 현실적인지의 문제도 있다. 예를 들어 보르그만은 현대기술을 통해 기본적인 의식주가 해결되었던 시점에 민주주의의 약속이 명확하지 못해 장치의 패러다임이 기술을 약속으로 받아들여졌다고 진단한다. 그래서 의식주와 힘든 노동의 문제를 모두 해결하는 현대기술의 혜택과 초점사물과 초점행위의 풍성함을 동시에 누리는 상태로의 회복을 제안한다. 그런데 이 논의를 따라가다 보면 의식주를 제대로 해결할 수 없었으나 식탁의 공동체가 있었던 18세기의 어떤 시점과 장치의 패러다임이 지배하기 시작한 20세기의 어느 시점 사이에 이런 이상적인 시절이 있었음을 상정하고 있는 것 같다. 그러나 이것은 너무 낭만적인 생각이다. 과연 기술 발전과 민주화를 모두 간절히 바라고 있는 저개발국의 시민들에게 이러한 상태가 되면 거기 머무르라 말할 수 있을까. 혹시 보르그만의 해법은 이미 일정한 생활 수준을 가진 중산층의 향수를 표현한 것에 불과한 것이 아닐까. 그가 정책적 대안으로 제시한 이원적 경제 구조 역시 추상적이고 비현실적이라는 비판에 노출된다.

이렇게 보면, 보르그만의 기여는 구체적인 대안보다는 '좋은 삶'의 개념을 기술철학의 영역으로 끌어들인 데에서 찾아야 할 것이다. 기술 발전에 대한 사람들의 열망은 좋은 삶이 어떤 것인지에 대한 토론으로 이어져야 한다. 그 토론은 보르그만이 염두에 둔 답을 포함하여 기술사회의 다양한 구성원들이 각자 가지고 있는 좋은 세상에 대한 생각들이 제출되어 일어날 수 있을 것이다. 기술 발전 자체뿐 아니라 새로운 세상의 비전에 대한 경쟁이 함께 일어나야 한다.

## 8. 경험으로의 전환의 선구: 개혁주의 기술철학[58]

기술철학에서 네덜란드 철학계가 차지하는 비중은 매우 크다.[59] 네덜란드의 기술철학자들은 기술철학회(Society for Philosophy and Technology)가 생긴 이래 미국 철학자들과 함께 양대 축을 이루며 활발하게 활동하고 있다. 전체적으로 보아 이들은 하이데거나 엘륄과 같은 고전적 기술철학자들의 이론에 부정적이며 상대적으로 실용적인 접근을 선호한다. 그래서 경험으로의 전환이 중심이 된 기술철학회에 큰 기여를 했다.

많은 사람이 주목하지는 않지만, 이러한 흐름을 개혁주의 기술철학과 연결시켜 생각하면 흥미로운 사실이 드러난다. 개혁주의 기술철학은 종교개혁자 장 칼뱅(Jean Calvin)의 신학적 전통에 서 있는 개신교 전통인 개혁주의 철학과 신학을 바탕으로 한다. 개혁주의 기술철학을 정식화한 네덜란드의 헨드릭 판 리센(Hendrik van Riessen)은 고전적 기술철학의 이론들이 등장하던 시기에 주로 활동했지만, 그 사상은 경험으로의 전환에 더 가깝고, 나아가 네덜란드의 기술철학에도 큰 영향을 미친 것으로 보인다. 개혁주의 기술철학을 경험으로의 전환과 함께 소개하는 이유도 그 때문이다.

### 1) 기독교와 기술, 그리고 개혁주의

개혁주의 기술철학을 개관하기 위해서는 먼저 네덜란드 개혁주의 철학의 전통을 살펴보아야 한다. 개혁주의는 종교개혁 이후 루터파와 구별되는 칼뱅의 신학적 전통을 지칭한다. 20세기에 들어와서 네덜란드에서는 아브라함 카이퍼(Abraham Kuyper), 헤르만 도여베르트(Herman

Dooyeweerd), 디르크 폴렌호벤(Dirk H. Th. Vollenhoven)과 같은 학자들이 개혁교회의 전통을 다시 강조하고 철학적으로 구조화하는 작업이 진행되었는데, 이를 신칼뱅주의(Neo-Calvinism)라고 부른다. 이들은 하나님의 창조와 인간의 타락, 예수의 구속이라는 기독교의 기본 교리를 개인의 구원 문제뿐 아니라 세계와 인간 삶 전체를 이해하고 해석하는 중요한 틀로 본다.[60] 개혁주의 기술철학은 이와 같은 기독교 세계관에 기초하여 현대기술을 바라본다. 이 관점에 따르면 기술은 하나님의 명령을 따라 자연을 다스리는 도구인 동시에 하나님의 주인됨을 인정하지 않는 교만의 표시도 될 수 있다. 따라서 개혁주의 기술철학은 기술이 가진 본래적 창조의 선함을 회복하려는 '구속적' 노력을 강조한다.

### 2) 현대기술의 특징과 그에 따른 문제들

같은 시기에 전개되었던 고전적 기술철학의 다른 이론들처럼, 개혁주의 기술철학도 "기술이 우리 시대를 지배하고 있다"는 자각에서 시작된다(Van Riessen 1961/1979: 296) 판 리센은 과학적 방법과 특징들이 기술로 전이된 것을 중심으로 전통 기술과 현대기술을 구분하는 특징을 설명한다(Van Riessen 1961/1979: 303).

현대기술의 첫 번째 특징은 우선 하나로 묶여 있는 상태(encapsulation)에서 부분 – 전체 관계로의 전환이다(De Vries 2010: 5). 즉 전통 기술에서는 각 기술이 하나의 완결된 구조를 가지지만, 현대기술에서는 독립된 기능을 가진 부품이나 활동이 결합하여 기술이 등장한다. 이는 문제를 가장 기본적인 단위로 분석하고 다시 종합해가는 과학적 방법론을 기술에 적용한 것이다(Van Riessen 1961/1979: 304).

두 번째 특징은 기술을 보편적으로 적용 가능하게 하려 할 때나 원격 조정을 하려 할 때 과학적 추상이 기술에 적용된다(Van Riessen 1961/1979: 304-305). 그러나 기술적 인공물은 물리적 존재이기 때문에 서로 동일할 수 없고, 연결되어 있으며, 시간이 지나면 바뀐다. 따라서 대량으로 똑같은 물건을 만들거나, 기술적 조작을 주변 환경으로부터 완벽하게 분리하거나, 인공물을 완벽하게 계속 유지하는 것은 현실적으로 불가능하다. 그래서 기술의 설계자는 이러한 자연의 저항에 대응하기 위해 적절한 조치를 취해야만 한다(Van Riessen 1961/1979: 305-306).

세 번째로 과거에는 기술의 설계자와 제작자가 동일인이어서 기술활동이 하나의 활동이었지만, 현대기술에서는 준비와 실행의 단계를 구분하기 때문에 설계에 별도의 의미가 부여된다(De Vries2010: 4-6). "과학적 지식과 인간의 지향을 연결하는 다리가 바로 공학설계"인 것이다(Mitcham 2010: 14). 이러한 분석은 역사적 사실의 서술이면서 동시에 개혁주의 기술철학의 핵심 사상을 예견하는 것이기도 하다.

과학의 영향을 받은 현대기술이 발전하면서 기술이 독립적 지위를 갖게 되며, 기술적인 것 자체에 대한 반성이 일어나고 기술적 작업이 지식화된다(Mitcham 2010: 13; Van Riessen 1961/1979: 300). 미첨은 인간의 모든 활동과 모든 사물을 거대한 시스템에 의해 계획, 조직하고 통제하려는 이런 경향이 근대 도구성의 특징이라고 한다. 이는 분업과 전문화를 통해 인간의 소외와 강등으로 이어진다(Van Riessen 1952: 165-176; 1961/1979: 306-307).[61] 개혁주의 기술철학은 이와 같은 문제에 대한 답을 개혁주의 존재론에서 찾는다.

### 3) 기술의 존재론적 분석

개혁주의 기술철학은 개혁주의 존재론이라 할 수 있는 도여베르트와 폴렌호벤의 양상이론에 상당 부분 의존한다(cf. 박병훈 2010; 양성만 2011). 도여베르트의 양상이론은 매우 복잡한 구조를 가지고 있어 이 지면에서 충분히 설명하기 힘들지만, 그 대강은 다음과 같다.

도여베르트와 폴렌호벤은 창조계를 개체와 양상으로 나누어서 볼 수 있다고 본다. 모든 사물과 인간 활동은 개별적이라는 점에서 개체다. 그런데 이들은 15개의 서로 환원될 수 없는 근본양상[62]을 가진다. 즉 나무는 이 나무, 저 나무 등 개체로 존재하지만, 모든 나무는 15개의 근본양상에 따라 파악할 수 있다. 수적(arithmetic/numeric), 공간적(spatial), 운동적(kinematic), 물리적 혹은 화학적(physical or chemical), 생물학적(biotic), 감각적 혹은 감정적(sensitive), 분석적(analytical), 역사적 혹은 구성적 혹은 문화적(historical/formative/cultural), 언어적(lingual), 사회적(social), 경제적(economic), 미적(aesthetic), 법적(juridical), 윤리적(ethical), 그리고 신앙적(pistic/credal) 양상이 근본양상들이다(최용준 2005: 43-44; Verkerk el al. 2007/2016: 69).

이 근본양상은 순서대로 이해되어야 한다. 먼저 제시된 양상은 뒤에 오는 양상의 기반을 제공하며, 뒤에 오는 양상에서 앞선 양상이 구체적으로 펼쳐지고 더 깊어진다. 운동적 양상은 나무가 중력의 법칙을 따를 때 드러나고, 시장에서 거래될 수 있다는 점에서 경제적 양상을 가진다. 그래서 한 나무를 물리적 · 생물학적으로만 이해하는 것은 그 나무를 온전히 이해한 것이라 할 수 없다. 경제적이고 미적인 양상은 나무의 물리적 양상 없이는 생각할 수 없으니 물리적 양상은 그 양상들의 기반이 된다.

즉, 물리적 양상은 경제적 양상의 기반이 되고, 경제적 양상은 물리적 양상을 새로운 방식으로 드러나게 한다. 여기서 주목해야 할 것은, 우리가 양상들을 통해 한 나무를 이해하지만, 그 나무의 양상들이 나무를 구성하거나 양상들의 합이 나무가 되는 것은 아니라는 점이다. 따라서 어떤 나무에 대한 이론은 결국 그 나무가 가진 다양한 양상들에 대한 이론일 뿐 우리가 그 특정한 나무에 대해 가진 일상적 경험과 구분된다.[63]

페어께르크는 제조용 로봇의 15가지 양상을 기술하는 것을 통해 도여베르트의 양상이론을 설명한다(Verkert et. al. 2016: 66-76). 제조용 로봇은 셀 수 있고(수적), 일정한 반경 내에서 움직이며(공간적), 그 움직임을 통해 임무를 수행한다(운동적). 로봇은 일정한 강도를 가진 합금으로 만들어지고, 작동할 때에는 전기가 필요하다(물리·화학적). 다섯 번째 양상부터는 인간 주체가 객체인 기술을 사용하는 과정에서 드러난다. 생명을 가진 인간이 로봇을 작동하고(생물학적), 그 작동의 과정에서 분노와 짜증 같은 감정을 느낀다(감각적). 사람은 로봇을 작동하면서 논리적 혹은 비논리적으로 행동하고(논리적), 기술을 통해 자신의 환경을 조성한다(구성적/역사적/문화적). 로봇의 기능은 여러 가지로 표현되고(언어적), 그 기능은 사회적인 함의를 가진다(사회적). 로봇은 매매되고(경제적), 아름답거나 추하며(미적), 이런저런 규제의 대상이 된다(법적). 로봇의 설계는 안전이나 환경을 고려하여 이루어지고(윤리적), 그렇게 만들어진 로봇은 신뢰할 만한 것으로 여겨진다(신앙적). 드 프리스는 나노기술의 여러 측면을 15개의 근본양상으로 분석하기도 했다(De Vries 2005).

양상이론 자체의 타당성과 설득력은 별개로 하더라도 이 이론을 기술철학에 적용하는 것은 뚜렷한 의의가 있다. 첫째, 양상이론의 접근은 인공물이나 기술활동이 가지는 여러 측면을 구분하여 다양한 현실적 맥락에서 종합적으로 파악할 수 있게 한다. 그 결과 기술의 특정 목적이나 기능뿐 아니라 그 인공물과 기술활동을 중심으로 생기는 모든 역학관계를 관찰하게 된다. 15개의 독립적 양상을 순서대로 파악하면 정교하고 세부적인 기술 분석이 가능해진다.

둘째, 인공물이나 기술활동에 대한 분석과 그 윤리적 함의에 대한 논의가 연장선상에 있어 함께 논의될 수 있다. 모든 인공물이나 기술활동이 궁극적으로 윤리적 양상을 가지기 때문에 기술과 관련된 모든 활동의 모든 단계에서 윤리적인 함의를 파악하려는 노력이 요구된다.

셋째, 개혁주의 기술철학에서는 인공물과 기술활동을 파악함에 있어 다른 사물이나 활동과의 차이에 집중하지 않고, 오히려 그 일부로 본다. 양상이론은 다양한 존재자와 활동을 포괄할 수 있는 구조로 되어 있는데, 인공물과 기술활동의 경우 구성적 · 역사적 · 문화적인 양상이 두드러지게 드러나는 것으로 파악한다. 이러한 이해는 다음에서 살펴볼 인간의 주체성을 한껏 강조하는 바탕이 된다.

### 4) 창조자 인간

기술과 인간 행위자의 문제는 문화명령에 기반한 개혁주의 기술철학에서 반복적으로 강조되는 핵심 주제다. 인간이 기술을 만들고 기술은 인간의 도구라는 것은 가장 기본적인 기술 이해이지만, 기술철학에서는 미묘한 주제이기도 하다. 그의 논문 「기술의 구조」에서 판 리센은 기술에 대한 기독교적 이해를 다음과 같이 정식화한다.

기술은 도구를 갖추고 구성해 내는 인간의 잠재적이고 실재적인 힘이다.[64] 이 힘은 창조의 자연적 측면을 펼쳐내고 문화를 구성하는 측면을 드러내기 위해 사용된다. 이는 피조세계를 다스리라는 하나님의 명령과 그의 섭리를 따르는 것이며 인간 생명의 해방과 고양을 추구하는 것이다(Van Riessen 1961/1979: 313).

미첨은 판 리센의 도구로서의 기술 개념을 돈 아이디의 현상학적 기술 이해, 즉 기술을 인간과 세계의 매개체로 보는 견해와 대조시킨다. "[판 리센에게] 현대기술은 인간과 세계 사이의 매개로서 등장하는 것이 아니라 도구, 즉 인간이 세계를 대상으로 일하는 도구의 확장으로 이해된다."(Mitcham 2010:12; cf. Ihde 1979/1998) 판 리센에게 기술은 그 창조자와 분리시켜 이해하는 것은 잘못이다. 인간은 기술에 대해서 책임을 진다. 나아가 행위 주체로서의 인간을 약화시키는 기술은 부정적으로 평가된다. 예를 들어 판 리센은 포드식 생산 시스템의 반복적인 노동과 비숙련화(deskilling)를 강하게 비판한다(Van Riessen 1961/1979: 307).

똑같은 원칙이 기술철학에도 적용된다. 기술과의 관계에서 행위주체로서의 인간을 인정하는지 여부가 기술에 대한 좋은 이론인지 나쁜 이론인지의 기준이 된다. 예를 들어 판 리센은 하이데거가 기술을 존재의 '드러남'이라고 한 주장이 "창조주와 피조물의 경계를 파악하지 못했다"고 비판한다. 올바른 이해는 "하나님이 사람을 그가 만든 피조물 가운데 섬기게 하여 하나님 자신이 피조물을 통해 영광을 받고 역사가 그 안에서 우리에게 밝혀지게 하시는 것"이다(Van Riessen 1961/1979: 302). 이 관점에서는 "기술이 자율적이 되었다" 같은 주장도 허용될 수 없다(Van

Riessen 1961/1979: 305-306).

그렇다면 기술철학에 주어진 과제는 여러 위협을 제기하는 현대기술의 특징 한가운데에서 인간의 역할을 찾는 것이다. 개혁주의 기술철학에서는 설계가 매우 중요한데, 이는 단순히 기술을 구속하기 위한 해결책이 아니라 행위 주체인 인간이 준거하는 지점이기 때문이다. 이는 또다시 도여베르트의 사상에 기반한다. "인간은 하나님에게 대답할 수 있는 유일한 존재이고 그 때문에 자신의 행위에 책임을 져야 하는 존재이기 때문에 하나님의 피조물 중에 특별한 위치를 차지한다"(De Vries2010: 7).

### 5) 경험으로의 전환과 개혁주의 기술철학

미첨은 개혁주의 기술철학이 기술철학에 미친 영향과 기여가 과소평가되었다고 지적하면서 그 흐름이 '경험으로의 전환'과 유사하다고 말한다(Mitcham 2010: 10). 개혁주의 기술철학은 고전적 기술철학이 전개되던 시기에 이미 "기술의 암흑상자(Black Box)를 여는"것과 같은 선구적인 시도를 하고 있었던 것이다(Mitcham 2010: 12). 이를 감안하면, 1장에서 언급한 것 같이 고전적 기술철학과 경험으로의 전환을 단순히 시간적으로 이해해서는 안 된다는 것이 드러난다.[65]

경험으로의 전환과 개혁주의 기술철학 사이에는 여러 가지 유사성이 발견된다. 우선 판 리센은 현대기술사회의 문제들에 대한 대응에 있어서 고전적 기술철학보다 경험으로의 전환에 더 가까운 입장을 피력한다. 그는 기술을 존재의 드러냄으로 해석한 하이데거에 대해 다음과 같이 비판한다.

이 존재에 대한 신비론은 그 사변적인 성격 때문에 애당초 우리가 받아들일 수가 없다. 작금의 시급한 상황을 고려한다면, 이 이론이 우리의 명상적인 삶에 주는 위로조차도 상상할 수 있는 가장 모호한 정도일 뿐이다. 그것은 기술과 그 실행에 대한 어떤 통찰도 제공하지 않는다(Van Riessen 1961/1979: 302).

판 리센은 또한 기술의 다양한 양상들에 대해 독립적이고 실증적인 연구를 강조한다. 기술이 물리적으로 어떻게 구성되어 작동하며 사회적으로 어떤 맥락에서 사용되는지에 대한 경험적인 이해가 기술을 총체적으로 이해하는 데 필수적이라 본다. 그래서 미첨은 판 리센의 기술철학을 '공학 실재론(engineering realism)'으로 규정한다(Mitcham 2010: 12).

경험으로의 전환 중 규범적 접근과 유사한 흐름도 개혁주의 기술철학에서 찾아볼 수 있다. 판 리센은 현대기술 시대에 대한 현실적인 진단과 처방을 내리기 위해서는 먼저 기술의 구조에 대한 파악이 필요하다고 주장한다. 이 주장은 본 장의 1절에서 언급한 '경험적 우회(empirical detour)', 즉 기술에 대한 논의를 서술적 접근에서 규범적인 접근으로 나아가야 한다는 개념과 상통한다. 최근에 새롭게 제기되는 가치로의 전환(axiological turn) 역시 네덜란드 학자들을 중심으로 제기되고 있으며, 개혁주의 기술철학의 전통에서 서 있는 사람들도 이를 크게 환영하고 있다(Schuurman 2014/2019: 222).

기술사회의 개혁에 대해서도 유사한 논의들이 전개된다. 예를 들어 개혁주의 기술철학은 문화명령을 기반으로 기술을 다스려야 한다고 보고, 경험으로의 전환도 기술의 통제 가능성을 의심하지 않는다. 모두 기술이 인간의 산물이므로 통제 가능하다는 것을 주어진 사실로 받는다. 기술의 중립성에 대해서도 미묘하게 다르지만 비슷한 논의가 이어진다. 개혁주의 기술철학은 과학이나 기술이 인간의 산물인 이상 늘 특정한 전제 위에서 작동하며 절대 중립적이 될 수 없다고 강조한다(Van Riessen 1960: 4-5, 40-42). 경험으로의 전환에서는 (핏처럼 기술을 중립적이라 보는 경우도 있지만,) 대부분의 철학자들은 특정 기술의 존재 자체가 인간 삶의 맥락을 바꾼다는 점을 들어 기술의 중립성을 부정한다. 이는 기술이 초래하는 결과에 초점을 맞춘다는 점에서 개혁주의 기술철학의 주장보다 약간 제한적이다. 그러나 둘 다 규범적 접근으로 나아가는 발판이 된다.

## 9. 경험으로의 전환에 대한 비판적 고찰

### 1) 경험에 입각한 사유

경험으로의 전환을 시도한 철학자들은 고전적 기술철학자들과 달리 기술의 외피가 아닌 기술 자체에 집중함으로써 기술철학이 철학의 분과로 설 수 있는 기반을 마련했다. 고전적 기술철학에 대한 이들의 비판이 전적으로 타당하거나, 이들이 기술철학의 정체성 논란을 마무리한 것은 물론 아니다. 그러나 이들의 학문적 노력을 통해 이제 '기술'이나 '현대기술' 같은 막연한 개념만으로 첨단화해가는 기술과 복잡다단한 기술사회에 대한 철학적 분석을 시도하는 단계는 확실하게 넘어섰다. 개별 기술들의 개발과 사용에 대한 자세한 관찰과 평가를 바탕으로 거기서 제기되는 문제들을 다룰 수 있게 되어 기술철학의 논의가 더 다양하고 자세하게 전개될 수 있고, 그에 따라 다른 학문 분야와의 교류도 활발해지게 되었다. 이런 과정을 통해 실천철학으로서의 기술철학이 기술사회의 바람직한 발전에 기여할 수 있는 계기와 기회도 더 많이 생겨났다. 이렇게 생각하면 고전적 기술철학의 사회비평적 요소를 강하게 비판했던 핏이나 개별 기술들의 역사적, 사회적 발전 단계들을 면밀히 짚어본 기술의 사회적 구성주의자들이 기여한 바가 적지 않다.

기술의 '경험'으로 돌아가는 시도 덕분에 기술에 대한 이해가 미세한 영역까지 더 깊어졌고, 기술사회의 문제들 자체도 좀 더 경험적으로 파악할 수 있게 되었다. 핀버그나 위너, 보르그만은 구체적인 사례들을 통하여 자신들의 기술 이해를 논증하고, 기술사회의 문제에 대해서도 사례 중심으로 접근하고 있다. 이는 '기술'이라는 개념을 사용할 때 떠올릴 수밖에 없는 개별 기술들을 직접 관찰하고 분석함으로써 더 실감 나는 논의를 할 수 있게 해준다. 고전적 기술철학자들 역시 그들이 경험한 현대기술을 바탕으로 자신들의 사상을 전개했기 때문에 그들의 통찰력이 현재에도 유효한지를 알아보기 위해서라도 경험적 연구는 필요했다. 최근의 기술들에 대해 구체적으로 알아보고 그 작동의 원리와 그 기술들이 인간에 미치는 영향들을 고찰해야 했기 때문이다.

나아가, 계속해서 등장하는 최첨단기술들이 제기하는 새로운 물음들을 면밀하게 검토할 수 있게 되었다. 컴퓨터 공학이나 첨단 통신 기술, 생명 공학 등 최근에 각광을 받고 있는 기술 분야들은, 대부분의 고전적 기술철학자들이 직접 경험하지 못했던 것으로 그들이 염두에 두었던 대량 생산 시스템이나 대량 살상 무기들에 비해서 훨씬 더 복잡한 해석이 필요하다. 예를 들어 일반인들에게 컴퓨터가 보급되면서 널리 사용되는 인터넷은 한편으로는 풀뿌리 민주화를 고양할 가능성이 있지만 동시에 대단히 중앙집권적인 구조를 가지고 있다. 이렇게 다양한 요소와 복잡한 구조, 그리고 수많은 가능성을 가진 새로운 기술들을 고전적 철학자들이 추상적으로 사용한 '기술'이라는 용어로 담아낸다는 것은 무리가 있다(손화철 2006a: 153). 인공지능이나 합성생물학과 같이 기존의 심리적 경계를 넘는 기술들이 계속 등장하는 상황을 고려하면, 기술철학의 흐름이 고전적 기술철학에서 경험으로의 전환으로 넘어간 것은 당연한 일이다.

고전적 기술철학자들이 제기한 기술사회의 문제들에 대해 일정한 대안을 제시한 것도 경험으로의 전환이 이루어낸 중요한 성취다. 물론 요나스나 마르쿠제, 멈포드 같은 고전적 기술철학자들도 자신들의 현대기술 비판에 더하여 어떤 방향으로 해결책을 모색해야 하는지에 대한 큰 그림을 그려주었다. 이 큰 그림은 경험으로의 전환에서 개선을 위한 실천방안이나 원칙을 제기하는 수준까지 더욱 구체적으로 발전하였다.

오늘날 세계 여러 나라의 기술철학자들이 그들의 철학적 고찰을 윤리, 교육, 기술정책 등 여러 가지 방면에서 응용하려는 노력을 하고 있다. 현재 미국을 비롯한 여러 나라에서 점점 높은 관심을 받고 있는 과학기술학(STS: Science, Technology and Society) 프로그램들과 기술철학이 밀접한 연관을 가지게 된 것도 경험으로의 전환을 통해 이루어낸 성과이다(손화철 2006a: 154).

경험으로의 전환을 주도한 학자들을 통해 기술철학이 철학의 분과로 일정한 위상을 차지하게 된 것도 언급해야 하겠다. 기술철학회(Society for Philosophy and Technology)는 지난 30~40년 동안 그 규모나 학문적 성취에서 큰 성장을 이루었다. 이 책에서 언급한 이들이 사실상 기술철학회를 만들어 이끌어왔고 이제는 학계의 1세대 원로들로 존경을 받고 있다.

## 2) 경험으로의 전환이 가지는 한계[66]

이러한 의의에도 불구하고, 경험으로의 전환은 몇 가지 한계들을 노정한다. 먼저 기술철학의 맥락에서 볼 때, 고전적 기술철학의 이론들의 기여에 대한 평가가 매우 박하다. 물론 미첨이나 위너처럼 고전적 기술철학에 대해 비교적 우호적인 학자들도 있고, 핀버그의 마르쿠제나 보르그만의 하이데거처럼 고전적 기술철학자를 자기 철학의 출발점으로 삼은 경우도 있다. 그러나 기술의 문제에 대한 자신들의 입장을 수립하는 데 힘을 쏟은 나머지 고전적 기술철학자들의 논의가 가지는 가치를 충분히 받아내지는 못했다. 예를 들어 엘륄은 자신의 기술비판이 철저하게 사회학적이라고 주장하고 스스로 철학자라 불리기를 거부하기까지 하면서 스스로 현실에 천착하고 있음을 강조한다.[67] 그러나 기술의 자율성을 논할 때 엘륄이 근거로 제시한 기술사회의 현상들에 대한 체계적인 비판은 이루어지지 않고 대신 그가 사용한 여러 가지 급진적인 표현들만 강조되었다.

다음으로 지적해야 할 것은 인식론적 접근이 가지는 기술에 대한 몰역사적 태도이다. 기술은 인류의 시작과 더불어 시작되었으나, 철학의 관심을 끌게 된 것은 산업혁명 시대 이후이다. 그 이전에는 기술에 대해 반추해야 할 특별한 이유가 없었기 때문이다. 기술은 다른 중요한 일들을 보조하는 수단으로만 여겨졌고 철저하게 인간에게 종속된 것으로 보았다. 또 그 발전의 속도가 매우 더디었기 때문에 기술의 발전이 가져온 생활과 풍습의 변화를 인지하기도 쉽지 않았다. 그러나 경험으로의 전환 중 인식론적 접근은 기술철학의 문제의식이 어떻게 시작되었는지에 대해서 무관심하다. 핏은 과감하게 고전적 기술철학자들의 사상은 기술철학이라고 할 수 없다고 규정하지만, 그 자신이 가진 기술에 대한 철학적 문제의식의 역사적 뿌리가 어디인가에 대해서 설명하지 않는다. 나아가 인식론적 접근은 과거와 현재의 기술을 구분하지 않기 때문에 20세기 이전의 철학사에서 왜 기술을 문제삼지 않았는지를 설명하지 못한다.

여기서 제기한 문제를 좀 더 확대하면, 경험으로의 전환을 추구한 학자들은 고전적 기술철학의 중요 주장들을 극복하기보다는 그냥 비껴갔다는 비판으로 이어진다. 예를 들어, 방금 언급한 과거의 기술과 현재의 기술을 구별하는 것은 고전적 기술철학에서 매우 중요하다. 그런데 경험으로의 전환에 속하는 철학자들 중 가장 고전적 기술철학의 입장에 가까운 위너나 보르그만을 제외하고는 과거와 현대의 기술을 나누어 생각하는 것 자체를 거부하고, 위너와 보르그만도 결국에 가서는 이 구분에 큰 의미를 두지 않는다. 과거와 현대를 나누지 않았다는 사실 자체보다도, 왜 그 구분을 채택하지 않아도 되는지에 대한 충분한 설명과 논거를 제시하지 않은 것이 문제다. 이는 고전적 기술철학자들이 노스탤지어에 빠져 과거로 돌아가기만을 원한다는 식의 폄하로 이어지는 결과를 초래했다.

이러한 태도는 기술의 도구성에 대한 논의에서도 동일하게 나타난다. 현대기술을 더 이상 중립적인 도구로 볼 수 없다는 것이 고전적 기술철학의 중요한 주제이며, 사실상 기술철학에서 제기되는 가장 중요한 물음 중에 하나이다. 인간이 기술을 만들었는데, 그 기술이 인간의 의지대로 사용되고 폐기되는 도구가 아니라면 도대체 인간과 기술의 관계를 어떻게 설정해야 할 것이며, 기술을 어떻게 이해해야 하는가 하는 문제가 생겨난다. 그러나 경험으로의 전환을 주장하는 철학자들은 이 물음을 정면으로 다루지 않는다. 인식론적 접근을 택한 철학자들은 기술의 도구성을 의심하지 않고, 기술을 어디까지나 인간 활동의 일부로 전제한다. 나아가 설사 기술이 예측하지 못한 결과로 이어진다 할지라도 인간의 적절한 대응을 통해 통제될 수 있는 것으로 본다. 개혁주의 기술철학의 경우, 기술도 하나님 창조의 일부이기 때문에 왜곡된 부분을 수정해서 개선할 수 있다는 입장을 취해서 결과적으로는 기술 진보의 추구에 힘을 보탠다.

여기서의 관건은, 위에서도 언급한 바와 같이, 이러한 입장 자체의 진실 여부가 아니다. 그보다는 왜 기술의 도구성 문제가 제기되었는지를 검토하고 이에 대해 합리적이고 정확한 논변을 통해 자신의 입장들을 밝히는 과정을 생략하고 있다는 것이 문제다. 윤리적 · 정치적인 접근법을 취하는 사람들 역시 기술의 도구성에 대해 애매한 입장을 취한다. 한편으로 그들은 고전적 기술철학자들과 함께 기술이 중립적인 도구가 아니라, 당대의 사회, 정치, 경제적인 측면에 특정한 변화를 유도하는 경향성을 띤다고 주장한다. 그러나 동시에 기술사회의 모습을 바꾸기 위한 대안을 제시할 때는, 그 대안이 어떻게 기존의 기술이 가지는 경향성을 극복할 수 있는지에 대해서 침묵한다. 예를 들어, 기술의 발전 과정에 시민들의 의견을 반영시키는 기술의 민주화를 주장하면서도, 현대기술이 민주주의의 의미와 실현가능성을 어떻게 바꾸었는지에 대해서는 다루지 않는다. 기술이 중립적 도구가 아니기 때문에 기술사회의 문제들을 생겨났는데, 정작 제안된 대안들은 인간이 마음만 먹으면 이런저런 조작을 통해 기술의 발전 방향에 금방 변화를 줄 수 있는 것 같은 인상을 주는 것이다.[68]

숲을 보지 못하고 나무에 집착하는 결과도 경험으로의 전환이 쉽게 빠져들 수 있는 유혹이다. 개별 기술과 구체적 사안에 대한 대안을 지나치게 강조하는 것은 자칫 현대기술이 인간의 삶을 어떻게 바꾸어왔으며, 그 변화가 어떤 의미를 가지는지에 대한 반성을 소홀히 하게 한다. 또 기술에 대한 철학적 반성을 통해 우리가 얻으려는 것이 무엇인지를 잊어버리는 결과도 낳을 수 있다. 즉, 앞으로 기술 발전이 어떤 방식, 어떤 방향으로 지속되어야 할지에 대한 고민이 아닌, 개별 사안에 매몰될 위험이 있는 것이다. 이와 관련하여 가장 큰 문제는, 기술철학의 논의들이 오히려 기술사회의 부정적인 발전을 지속시키게 될 가능성이 있다는 점이다. 엘륄은 그의 '기술담론의 허세(Technological Bluff)'라는 개념을 통하여 기술에 대한 여러 가지 담론들이 통째로 자율적 기술에 흡수되어, 겉으로는 비판적으로 보이면서도 결국은 기술의 끝없는 발전을 당연한 것으로 받아들이게 만드는 상황을 설명한다(Ellul 1988/1990). 간단한 예로, 특정 기술의 윤리적 함의에 대한 연구를 들 수 있다. 몇몇 국가들은 엄청난 돈을 특정 기술의 개발에 쏟아부으면서 동시에 연구비의 일정 부분을 그 기술의 윤리적 타당성 연구에 사용하도록 한다. 그러나 이러한 경우에 윤리 연구자는 해당 기술이 윤리적으로 용납할 수 없다는 결론을 내리기보다는, 몇몇 윤리적 문제가 발생할 가능성을 지적하는 데 그칠 공산이 크다. 현실적으로 연구를 의뢰한 정부나 기관이 윤리 문제 때문에 해당 기술의 개발을 포기할 가능성이 없기 때문이다. 문제는 기술에 대한 윤리 연구가 향후 불거질 수도 있는 여러 가지 논란을 "이미 다 고려했다"는 식으로 차단하여 특정 기술의 개발에 대한 문제제기를 차단하는 방패막이로 이용될 소지가 있다는 점이다.[69]

이러한 문제점들 때문에 경험으로의 전환이 무의미해지는 것은 아니다. 그러나 고전적 기술철학이 제기한 기술사회의 문제는 단순히 개별 기술에 대한 지식이나 구체적인 대안의 마련으로 해결될 수 있는 성질의 것이 아니다. 비록 제기된 문제가 포괄적이고 추상적이라 하더라도, 거기서 지적하고자 하는 바를 그냥 무시해버리기보다 끊임없이 고민할 필요가 있다.

| 4장 |

# 포스트휴머니즘[70]

21세기로 들어서면서 인류는 핵폭탄의 트라우마로부터 거의 벗어난 듯하다. 북한 같은 예외가 없는 것은 아니지만, 핵군비 경쟁 체제는 이제 일정한 균형을 이루어 핵전쟁으로 세계가 멸망할 것이라는 두려움을 가진 이들은 별로 없다. 핵폭탄이 기술철학의 초기 발전에 큰 영향을 미쳤다면, 핵폭탄이 드리운 그늘이 옅어질 무렵 기술철학에도 새로운 흐름이 생겨났다. 바로 포스트휴머니즘이다.

엄밀하게 말하면 포스트휴머니즘은 지금까지 살펴본 기술철학의 흐름에서 약간 벗어나 있다. 포스트휴머니즘을 주창한 학자들과 그 이론들은 고전적 기술철학과 경험으로의 전환을 거치며 형성된 기술철학의 분과와는 독립적으로 등장했다. 기술과 연결된 주제를 다룬 만큼 기존의 기술철학자들이 반응을 하지 않은 것은 아니지만, 그다지 우호적이지는 않았다(Winner 2002). 그러나 그 시작이 어떠했든, 이제 포스트휴머니즘은 무시할 수 없는 흐름이 되었다. 특별히 트랜스휴머니스트들은 그들 특유의 급진적인 입장과 행동으로 대중의 관심을 끌었고, 처음에는 다소 난삽했던 그들의 주장들도 점차 일정한 체계를 갖추어가고 있다. 이제는 고전적 기술철학이나 경험으로의 전환과 함께 기술철학의 한 축을 이루는 흐름이라 불러도 될 만한 규모가 되었고, 우리나라에서도 포스트휴머니즘에 대한 논의가 늘고 있다. 그러나 앞의 두 흐름과 마찬가지로, 포스트휴머니즘도 그 외연과 구분이 명확한 학문적 입장이라기보다 큰 특징 몇 가지를 공유하는 이론들의 집합이라 해야 할 것이다.

## 1. 무한한 발전의 가능성에 대한 희망

포스트휴머니즘에는 여러 가지 갈래가 있고, 각각은 다시 복잡한 논의로 이루어진다. 그러나 기술철학에서 제기된 문제들을 기준으로 이 흐름을 살펴보면, 그 기본적인 전제는 무한한 기술 발전의 가능성을 받아들이는 것이다. 기존의 기술철학 이론들은 기술 발전의 부작용과 그에 대한 두려움, 그 부작용을 피하기 위한 방안과 관리체계에 대한 내용이 주를 이루었다. 그러나 포스트휴머니즘은 미래의 기술이 인간의 모습을 어떻게 변화시킬 것인지에 초점을 맞춘다.

핵폭탄의 그늘에서 벗어나 낙관의 여지가 생긴 것이 포스트휴머니즘이 일어난 이유를 부정의 방식으로 설명하는 것이라면, 20세기 말에 이르러 가속화된 기술 발전은 그보다 직접적인 이유가 된다. 컴퓨터 공학과 인터넷 시대의 개막, 생명공학과 나노기술 등 여러 과학기술 분야에서의 눈부신 발전이 없었다면 포스트휴머니즘은 그냥 호사가들의 기대 섞인 전망에 불과했을 것이다. 그러나 이전에 생각하지 못했던 기술의 발전들, 오랫동안 공상과학영화에서나 나옴직했던 일들이 하나둘씩 실현되거나 현실화의 가능 범위 내로 들어오면서 포스트휴머니즘은 더 이상 무시할 수 없는 흐름이 되었다. 신상규는 기술 발전의 현재를 미래로 투사하면 이런 생각을 하는 것이 전혀 이상하지 않음을 다음과 같이 설명한다.

> 기술 발전이 가져올 미래의 변화를 그나마 적확하게 파악하는 한 가지 방법은 최근 20~30년 동안 정보기술에서 일어난 변화 양상을 곡선 그래프로 그린 다음에 일종의 외삽(extrapolation)을 통해 향후 20~30년 후를 상상해 보는 것이다. … 현재 개발되고 있는 기술들의 발전 속도와 그것들이 야기할 수 있는 변화의 잠재력을 이처럼 곡선 그래프를 통해 이해하고 나면, 인간향상 기술이 제기하는 문제가 그 어떤 다른 문제보다도 시급한 관심과 논의가 필요한 문제임에 동의할 수 있을 것이다. 이는 단순히 과학기술에 열광하는 일부 기술애호가(technomania)들의 공상과 관련된 문제가 아니다. 첨단 과학기술을 기반으로 하는 인간향상은 가까운 미래에 우리가 직면하게 될 현실의 사건이다(신상규 2014: 99).

이렇듯 기술 발전을 주어진 것으로 받아들인다는 점에서만 본다면 포스트휴머니즘은 고전적 기술철학과도 통하는 점이 있다. 그러나 그렇게 주어진 것처럼 진행되는 기술 발전의 결과에 대한 두 진영의 입장은 정반대이다. 고전적 기술철학은 인간의 자율성 상실을 문제 삼는 반면, 포스트휴머니즘은 기술 발전을 통해 등장할 새로운 인간을 고대하고 있으니 말이다. 엘륄의 '자율적 기술' 개념이 기술을 통제할 수 없다는 것에 대한 깊은 우려에서 나온 반면, 포스트휴머니즘은 기술 발전을 주어진 사실일 뿐 아니라 진화의 일부로 볼 정도로 자연스럽게 받아들인다.

고전적 기술철학자들이 살아있었다면 포스트휴머니즘이 현대기술에 대한 장밋빛 기대에 부푼 지나간 옛 노래를 부른다고 비판할지도 모른다. 그러나 시절이 바뀌었다. 기술이 인간의 통제와 기대, 예상과 상상을 벗어나는 진보를 거듭하는 시대의 사람들은 자신들의 영향력을 뛰어넘는 기술 발전을 딱히 기대에 찬 눈으로 바라보는 것이 아닌지도 모른다. 그들에게 기술의 발전은 그냥 주어진 환경일 뿐이다.


## 2. '포스트휴머니즘'의 두 갈래[71]

포스트휴머니즘은 그 논의의 갈래가 너무 많고 외연도 불투명하다. 좀 더 대중적인 형식의 담론이 있는가 하면 매우 현란한 이론들이 제시되기도 한다. 칼루스와 헤어브레히터는 포스트휴머니즘을 포스트휴먼-이즘과 포스트-휴머니즘의 두 갈래로 나누어 볼 것을 제안하는데(Callus & Herbrechter 2013: 144) 이 구분은 오늘날 점차 그 규모를 키워가고 있는 이 입장의 지형도를 명확하고 효율적으로 잘 보여준다.

### 1) 트랜스휴머니즘 (포스트휴먼-이즘)
트랜스휴머니즘은 포스트휴먼-이즘, 즉 미래의 포스트휴먼에 방점을 두는 접근이다. 이 입장은 기술의 도움으로 인간의 신체와 인지기능, 나아가 도덕성의 측면에서까지 지금과는 차원이 다른 새로운 존재, 즉 포스트휴먼이 출현할 것이라 기대한다. 기술과 인간이 합일하면서 다른 사물 및 동물과는 구분되는 인간의 본성에 대한 믿음은 사라진다. 기술과 인간의 구분이 없어지고 공진화(共進化)하는 것이다.

가장 잘 알려진 트랜스휴머니스트 레이 커즈와일(Ray Kurzweil)은 2040년대가 되면 첨단기술들의 융합을 통해 발전한 기술이 드디어 인간의 능력을 넘어서는 때, 곧 특이점(singularity)에 도달하게 될 것이라고 주장한다(Kurzweil, 42-59). 특이점이 도래하면 기계가 인간의 창조성을 뛰어넘어 스스로를 발전시킬 수 있게 된다. 그 시점까지 인간 역시 유전자 공학과 다양한 기술을 통해 지금과는 매우 다른 모습을 하게 될 것이다. 특이점의 도래까지 주장하지 않더라도, 유전자 공학의 발달을 통해 질병을 퇴치하게 되거나 인공지능의 기능이 인간 의식의 수준에 가까울 정도로 좋아질 것이라는 주장이 이제 그리 낯설지 않다. "인간에게 어려운 것은 기계에게 쉽고, 인간에게 쉬운 것은 기계에게 어렵다"는 '모라벡의 역설'로(Moravec 1988/2011: 33) 유명한 한스 모라벡(Hans Moravec)은 앞으로 인간의 뇌를 다운로드하는 것을 실현 가능한 일로 상상한다(Moravec 1988/2011: 191-193). 또 다른 트랜스휴머니스트 맥스 모어(Max More)는 시신 전체나 머리를 냉동 보전하는 알코어라는 업체의 최고경영자이다. 나아가 사람을 더 도덕적으로 만들 수 있다는 주장도 제기된다. 트랜스휴머니즘을 대표하는 철학자로 알려진 닉 보스트롬(Nick Bostrom)은 미래에 인간이 초지능을 만들게 될 것이고, 그렇게 되면 인류의 운명이 초지능에 의존하게 될 것이라 주장한다(Bostrom 2014/2017: 11).

트랜스휴머니즘은 기존의 기술에 대한 기대나 환호의 연장선상에 있다. 이들은 인간의 개조를 믿는다. 기술을 통해 더 힘센 인간, 더 똑똑한 인간, 더 도덕적인 인간이 탄생할 수 있다는 것이다. 지금까지 급격하게 진행되어온 기술 발전의 궤적이 그대로 유지된다면, 오늘날 우리가 불가능하다고 생각하는 많은 일들이 가능해질 것이다. 이들은 기술 발달을 통해 인간의 삶이 개선되어 왔듯이 앞으로도 새로운 가능성들이 계속 열려 긍정적인 미래가 도래할 것을 기대한다.

이들의 주장은 여러 가지 면에서 이론적 비판의 대상이 된다. 과도한 기술 낙관론이라거나, 기존의 기술 결정론을 그대로 받아들이고 있다거나, 데카르트적 심신이원론에서 벗어나지 못했다는 비판이 자주 제기되고, 뚜렷한 근거 없이 과거의 기술 발전 속도나 규모를 미래로 투영하고 있다는 비판에서도 자유롭지 못하다.

그러나 트랜스휴머니즘의 가장 큰 설득력은 실제로 이들이 주장하는 기술 발전의 구체적인 사례들이 제시된다는 데서 나온다. 나아가 이들의 주장을 기술 발전의 최첨단 고지에 있는 사람들이 의미있게 받아들이고 있다는 사실이 가지는 힘이 있다. 예를 들어 커즈와일 같은 사람은 여러 획기적인 발명품을 낸 사람이고 지금도 구글의 선임 공학자로 일하고 있다. 그가 주장하는 특이점에 대해서는 여러 가지 반론이 존재하지만, 특이점의 주장을 커즈와일이 한다는 사실 자체가 가지는 힘이 있는 것이다. 나아가 마크 오코널(Mark O'Connell)이 증언하듯이 실리콘밸리에는 새로운 기술과 가능성에 대해서라면 다소 허황하더라도 받아들이는 분위기가 있고, 상상하기 힘든 미래 지향적 연구들을 지원하는 부자들도 있다(O'Connell 2017/2018: 76-77). 이런 분위기 때문에 기술철학의 오랜 논의와는 거의 독립적으로 트랜스휴머니즘에 대한 논의가 일어날 수 있었고, 지금도 막강한 영향력을 가지게 되었다.

### 2) 비판적 포스트휴머니즘 (포스트-휴머니즘)

기술 발전과 새로운 인간의 출현이라는 동일한 현상에 면하여 약간 다른 접근을 하는 경우도 있다. 포스트-휴머니즘으로 분류되는 학자들은 새로운 기술들이 근대 서양 휴머니즘의 문제점을 드러내고 그것을 극복할 계기를 마련했다는 데 방점을 둔다. 이를 '비판적 포스트휴머니즘'이라고도 부른다. 이들은 전혀 다른 인간의 가능성이 열리면서 기존의 인간관, 특히 서양 근대의 휴머니즘에 대한 재검토가 일어날 수밖에 없다고 본다. 근대의 산물인 휴머니즘은 인간의 이름으로 자연을, 남성의 이름으로 여성을 억압하였다. 그러나 현대기술을 통해 이러한 억압은 극복되거나 버려진다. 자연과 인간, 기계와 인간의 차이를 더 이상 강조하지 않게 되고, 따라서 불필요한 억압이나 차별도 없어진다.

로지 브라이도티(Rosi Braidotti)는 유럽중심주의, 남성중심주의, 인간중심주의에 기반한 근대의 휴머니즘을 극복하는 새로운 주체성 개념에 초점을 맞춘다. 그녀는 인간에 대한 기존의 이해를 도전하는 현대의 과학기술이 인간과 자연을 이분법적으로 구분하지 않는 새로운 주체성 개념을 찾아낼 계기가 된다고 본다(Braidotti 2015: 23-74). 캐서린 헤일즈(N. Katherine Hayles)는 포스트휴머니즘을 사유주의적 휴머니즘의 주체성 개념, 즉 '타인의 의지로부터 자유로운 주체'의 개념과 비교하면서 다음과 같이 설명한다.

"인간의 본질이 타인의 의지로부터의 자유"라면, 포스트휴먼이 '포스트'인 이유는 인간이 자유롭지 않기 때문이 아니라 타인의 의지와 뚜렷하게 구분되는 자신의 의지를 정의할 수 있는 선험적 방법이 없기 때문이다. … 여기서 중요한 것은 포스트휴먼이 되기 위해서 주체가 반드시 말 그대로 사이보그일 필요는 없다는 점을 인식하는 것이다. … 포스트휴먼을 판가름하는 결정적인 특징은 비생물적 요소의 존재 여부가 아니라 주체성이 구성되는 방식이다(Hayles 1999/2013: 26).

이렇게 비판적 포스트휴머니즘은 포스트모더니즘, 포스트구조주의, 동물권리, 사이보그 이론 등 근대를 지탱해 왔던 인간 중심주의가 신화임을 폭로하는 여러 흐름들의 연장선상에 놓이게 된다. 이들의 입장에서 보면 트랜스휴머니즘의 주창자들은 기술적 발전이 내포하는 엄청난 함의를 이해하지 못한 채 여전히 휴머니즘의 카테고리로 사유를 고수하면서 기술적 성공에만 열광하는 부류에 불과하다.

이러한 접근은 이론적으로만 보일 수도 있지만, 기실 중요한 함의가 있다. '인간을 닮은 로봇'을 만들겠다면 그 로봇은 백인의 모습을 하는가, 여인의 모습을 가지는가? '사람처럼 생각하는 인공지능'은 동양인처럼 생각하는가, 서양인처럼 생각하는가? '윤리적인 챗봇'이나 '윤리적 기준을 가진 자율주행 자동차'는 누구의 윤리를 따르는가? 장애인의 움직임을 도와주는 보철물은 얼마만큼 '진짜' 같아야 하는가? 새로운 기술들이 발전하는 과정에서 제기되는 이러한 물음들은 우리가 지금까지 별생각 없이 받아들여왔지만 눈에 잘 띄지 않던 인간에 대한 여러 가지 이해와 편견들을 폭로한다. 포스트휴먼의 사회적 · 정치적 함의, 포스트휴먼 시대 주체성의 문제를 논하는 사람들은, 기존 자본주의와 근대 합리성이 그 끝지점에서 자기전복적인 성격을 드러내는 현실에 주목하는 것이다.

포스트휴머니즘의 두 접근은 서로 배타적이지 않다. 굳이 차이를 들자면 인간향상에 초점을 맞추는 트랜스휴머니즘의 접근은 기술 발달의 가능성에 초점을 맞추어 대중성을 갖추고 있지만 철학적으로는 설득력이나 일관성이 떨어지고 피상적인 경우가 많은 반면, 자유주의적 휴머니즘의 극복을 논하는 비판적 포스트휴머니즘은 기술의 문제보다는 철학적 논변에 더 치중한다는 점일 것이다. 그러나 인간 이후의 인간을 지향하건, 그 과정을 통해 자유주의적 휴머니즘이 극복되는 과정에 집중하건 그 과정을 주도하는 것이 과학기술이라는 점과 과학기술의 진보를 거의 필연적으로 받아들인다는 점에서 두 입장 모두 기본적인 공통점을 가진다.

## 3. 포스트휴머니즘의 선행 이론들

포스트휴머니즘의 주창자들과 학자들은 기존의 기술철학과 별다른 학문적 교감이 없이 활동하고 있지만, 기술철학의 흐름 가운데 연결되는 이론이 전혀 없었던 것은 아니다. 질베르 시몽동(Gilbert Simondon)과 브뤼노 라투르(Bruno Latour)를 비롯한 행위자 – 연결망 이론가들은 서로 다른 맥락에서 포스트휴머니즘의 논의들을 예견하는 듯한 주장을 펼쳤다.

### 1) 질베르 시몽동의 기술철학

시몽동은 시기적으로는 고전적 기술철학자들과 같은 시기에 활동했지만, 독특한 존재론과 연결된 그의 기술철학은 포스트휴머니즘을 예견하는 듯한 특징을 가진다. 특히 인간과 기술의 관계를 공진화하는 것으로 보는 그의 입장은, 인간과 기술의 경계가 모호해지는 상황을 상정하는 포스트휴머니즘의 이론들과 소통할 수 있는 요소가 많다.

시몽동의 기술철학을 이해하기 위해서는 그의 존재론을 먼저 이해해야 한다. 김재희의 설명에 따르면, 시몽동의 존재론은 질료와 형상이 만나 개체를 이룬다는 고전적인 존재론을 비판하면서 제기된다. 시몽동은 개체를 존재의 기본 요소가 아니라, 개체화 과정의 산물로 파악한다(김재희 2017: 20). 다시 말해 질료와 형상이 합체된 상태로 개체를 이해하는 것이 아니라, 생성의 역량을 가진 전(前)개체적 실제인 질료가 형상과 만나는 역동적 과정이 있고, 그 결과로 개체가 등장한다는 것이다. 이 과정을 상전이(déphasage, 相轉移)라고 표현하는데, 간단한 예로 물이 수증기로 상전이하는 것을 들 수 있다(김재희 2017: 25). 따라서 "개체화는 전개체적인 실재에 개체화를 촉발하는 사건으로서의 정보 씨앗이 들어오면서 시스템 전체가 상전이하는 것, 즉 이전에 없던 상들이 개체들로 발생하는 것이다"(김재희 2017: 26).

질료는 상전이를 통해 변화할 수 있는 준안정적인 시스템이다. "이 준안정적인 존재는 금방이라도 결정체를 산출할 수 있는 과포화 용액을 닮았다"(김재희 2017: 29). 이때 형상은 "일방적으로 부여되는 주형틀이 아니라, 불일치하는 것들 사이에 의미 있는 관계가 산출될 때 형성되는 '정보' 개념으로 대체"된다(김재희 2017: 25-26). 이는 응력을 받고 있던 지층이 외부로부터의 어떤 충격을 받아 지진이 일어나고 지진이 일어남으로써 새로운 균형을 찾는 것에 비유할 수 있을 것이다.

시몽동은 개체화의 과정으로 이해하는 자신의 존재론을 진화론과 문화의 발전, 기술의 등장에도 적용한다. 그리하여 "인간과 세계가 서로 합일되어 있던 원초적인 마술적 관계 양상이 상전이하면서 기술과 종교, 과학과 윤리의 상들이 출현한다는 문화 상전이론"(김재희 2017: 57)에까지 이르는 것이다. 이것이 기술적 대상들의 존재 양식인 셈이다.

> 시몽동에 따르면, 기술적 대상들의 진화는 생명체의 진화와 차별화되는 '이완(relaxation) 법칙'을 따라 전개된다. 생명체가 '기관 - 개체 - 집단'의 수준을 갖듯이, 기술적 대상들도 '요소 - 개체 - 앙상블'의 세 수준에서 고려될 수 있다. '요소'가 개체를 구성하는 부품들, 연장이나 도구들에 해당한다면, '개체'는 자신의 '연합환경'과 순환적 인과관계를 통해 독자적인 기능적 작동과 단일성을 갖게 된 기계들이라고 할 수 있으며, '앙상블'은 이 기술적 개체들이 느슨한 연대로 집단적 연결망을 이루고 있는 공장이나 실험실이라고 볼 수 있다. …
> 기술적 대상들은 '앙상블 → 요소 → 개체 → 다시 앙상블 …'의 방식으로 세 수준들을 오가며 직선 모양이 아니라 톱니 모양으로 정보로서의 기술성을 운반하며 변화적으로 진화 발전해나간다. 이완 법칙이 따른 기술적 대상들의 진화는 요소적 수준(과거)와 앙상블적 수준(미래) 사이에 새로운 개체의 발명을 통해 불연속적으로 도약하며 진행된다. 바꿔 말하자면, 서로 불일치하는 요소적 수준(과거)과 앙상블적 수준(미래)을 매개하며 소통시키는 것이 바로 새로 발명된 개체인 셈이다(김재희 2017: 84-86).

이러한 기술적 대상의 진화는 '기술과 인간의 상호협력적 공진화'로 표현된다. 인간이 기술을 만드는 주체이기는 하지만, 기술이 일방적인 객체가 아니다. 기존의 기술 역시 일종의 전개체적인 질료처럼 그 자체의 추동 능력을 가지고 있는 것이다. 시몽동은 기술 발전을 인간과의 상호관계에서 파악하고 있는 셈이다.

## 2) 행위자-연결망 이론

시몽동이 주장한 인간과 기술의 공진화는 브뤼노 라투르와 미셸 칼롱(Michael Calon) 등을 주축으로 발전한 행위자-연결망 이론(Actor Network Theory, ANT)에서 행위자들의 네트워크라는 개념으로 발전하였다. 일반적으로는 행위자-연결망 이론을 포스트휴머니즘으로 구분하지 않지만, 기존의 기술철학 이론들과 비교해서 생각해보면 포스트휴머니즘과 함께 배치하는 것이 더 적절하다. 휴머니즘의 전제인 인간과 비인간의 구분을 부정하는 것이 행위자-연결망 이론의 핵심이기 때문이다.

행위자-연결망 이론에 따르면 근대주의는 인간과 비인간, 문화와 자연을 서로 나누어 생각하는 이분법에 사로잡혀 있었다(1차 이분법). 그런데 다른 한편으로는 인간과 비인간을 결합시킨 이질적인 연결망들을 계속해서 만들어낸다. 이렇게 해서 1차 이분법으로 정갈하게 나누어진 인간/문화, 비인간/자연를 한 축에 두고, 인간과 비인간, 자연과 문화가 연결된 하이브리드를 다른 한 축에 두는 2차 이분법이 생겨난다.

라투르는 이러한 근대주의의 존재론이 인간의 실제 역사와 실천을 제대로 반영하고 있지 못하다고 본다. 그리하여 그는 "정신/물질 이원론이 아닌 새로운 존재론, 인간과 비인간이 결합된 하이브리드들에게 온당한 지위를 부여해주는 일원론적 존재론을 추구한다"(김환석 2017: 59). 이 비근대적 존재론에 따르면, 인류의 역사는 인간과 비인간이 결합한 하이브리드들의 규모과 복잡성이 지속적으로 커진 것으로 보아야 하고, 그 역사를 일방적으로 추진한 주체로서의 '휴먼'을 상정할 필요가 없다.

인간은 비인간 사물과 연결됨으로써 새로운 능력을 얻거나 다른 입장에 서게 된다. 행위자-연결망 이론은 기술행위의 경우에도 인간 주체가 객체인 기술을 사용하는 것으로 보지 않고, 그 둘의 관계를 연결망으로 본다. 기술도 행위자가 될 뿐 아니라, 그 연결망을 둘러싼 다른 조건들이 합쳐져 하나의 행위가 이루어지고 의미를 갖는다. 칼롱은 행위자-연결망 이론과 관련해서 가장 많이 인용되는 「번역의 사회학의 몇 가지 요소들: 가리비와 생브리외 만의 어부들 길들이기」라는 그의 유명한 논문에서 설명한다(Callon 1986/2010). 여기서 '번역'은 인간과 비인간을 포함하는 행위자들이 서로 결합하여 연결망을 만들고 확장하는 과정에서 각각의 의미나 위치가 바뀌는 것을 의미한다.

칼롱의 사례는 대략 다음과 같다. 프랑스에서 가리비가 인기 식품이 되면서 생브리외(Saint-Brieuc) 만에서 채취되던 가리비의 군락이 감소하게 되었다. 일본에서 가리비를 양식하는 것을 보고 몇 명의 과학자들과 생브리외 만의 어부들이 가리비 생산량을 늘리기 위해 힘을 모으기로 했다. 칼롱은 여기서 과학자, 어부, 가리비를 세 행위자로 우선 특정한다. 이들의 공동의 목표는 2~3년 정도 자란 가리비를 안전하게 채취하는 것이고, 이를 위해서는 가리비 유생이 설치된 수집기에 부착되어야 한다. 그런데 이 목표를 이루는 과정에서 또 다른 행위자들이 나타난다. 가리비 생산량 확대에는 별로 관심이 없지만 지식의 확장에는 관심이 있는 과학자들, 가리비 유생을 먹거나 죽이는 불가사리와 기생충 등이다. 모든 행위자들은 각각 다른 이해관계를 가지고 있는데, 과학자들은 이들 각각을 이런저런 방식으로 설득하고 대변하거나(가리비와 비협조적인 어부가 목표에 걸맞게 행동하도록 함) 배제해서(불가사리와 기생충을 제거할 방법을 찾음) 목표를 달성해나가려 한다.

이 이야기를 전개하는 데 있어서 행위자–연결망 이론의 여러 가지 주요 개념들이 등장하는데, 여기서 그것들을 검토하지는 않을 것이다. 그보다 이런 식의 서술에서 주목해야 할 점은 과학자가 어부들에게 자신의 의견을 설득하는 것과 과학자들이 가리비 유생을 수집기에 잘 부착하도록 하기 위해 노력하는 것을 기본적으로 동일하게 본다는 사실이다. 또 어부들이 단기적인 이익을 보기 위해서 과학자와 합의한 때가 아닌 기간에 가리비를 채취하는 것과 가리비 유생이 설치한 수집기에 붙지 않고 떠내려가 버리는 것을 모두 네트워크 상에서 맺어진 동맹이 실패하는 것으로 묘사하기도 한다.

인간과 비인간/사물이 서로 대등한 위치에서 관계를 맺고 인간이 비인간을 대변하는 것으로 상황을 이해하면 어떤 유익이 있는가? 행위자–연결망 이론가들은 그렇게 보는 것이 실제를 더 정확하고 정교하게 분석하는 방법이라 보는 듯하다. 다양한 행위자들의 존재를 인정하지 않고 인간 주체가 다른 객체들을 자신의 뜻대로 움직인다고 생각하면 현실에서 일어나는 수많은 일들을 오해하여 큰 위험에 빠질 수 있다고 본다.

라투르는 행위자–네트워크 이론이 민주주의에도 함의를 가진다고 본다. 기존의 민주주의는 인간을 중심으로 했다면, 이제 민주주의에는 비인간도 포함시켜야 한다는 것이다. 김환석은 라투르의 통찰을 기술의 문제와 연결시킨다. 기술 역시 행위자로 보아야 하기 때문에 인간과 기술이 관계 맺는 방식을 주체와 객체의 틀로 보지 말아야 한다는 것이다. "인간은 기술을 자신과는 다르지만 대등한 행위자로 간주하면서 서로 결합하여 공동세계를 이루어나갈 동반자로 대하는 것이 바람직하다. 바로 이 면에서 라투르는 근대주의가 초래한 생태적 위기에 처해 있는 오늘날 우리가 추구해야 할 정치는 '근대화'가 아니라 '코스모폴리틱스'라고 주장한다"(김환석 2017: 63). 이렇게 하여 라투르는 새로운 기술민주주의의 개념을 소개한다. 이 새로운 버전의 민주주의를 위해서는 "사물들과 그것들의 대변인들이 공적 토의와 협상의 요구에 들어올 수 있도록 대의 민주주의를 재구성하고 우리의 공적 삶을 재조직화해야 한다"(김재희 2017: 240).

### 3) 인간과 기술의 공존

끊임없이, 그리고 빠른 속도로 발전하고 있는 기술에 대한 반성은 단순한 사변이나 원론적인 논의에 그칠 수 없다. 어떤 기술이든 개발되고 나면 그로 인해 정치적, 경제적, 문화적 유익을 얻는 사람과 그 유익에서 배제되는 사람들이 나뉘듯이, 기술철학의 논의들도 현재의 기술 발전에 대한 직·간접적인 함의를 지닌다. 좀 더 구체적으로 말하자면 기술철학은 그 상세한 내용이나 논의의 성격과 무관하게 현대기술사회에 대한 평가와 향후 발전의 방향성에 대한 대안을 명시적으로나 암묵적으로 포함한다.

시몽동과 행위자-네트워크 이론은 모두 인간과 기술이 지금까지와는 전혀 다른 방식으로 공존할 수 있다고 주장한다. 이들의 관찰은 도구를 사용하는 인간의 인간됨이 도구와 구분되기 어렵다는 사실을 명확하게 보여준다는 점에서 의미가 있다. 이는 인간과 기술의 구분, 사용자와 도구의 구분이 무의미하다고 보는 점에서 포스트휴머니즘의 입장과 연결되어 있고, 그중에서도 비판적 포스트휴머니즘과 더 밀접하게 통한다. 문제는 이들의 이론이 기술사회의 미래에 대해 어떤 시사점을 주는지가 불분명하다는 점이다. 인간과 기술이 공진화한다고 할 때, 혹은 인간과 비인간이 함께하는 사물 지향적 민주주의를 구현할 때 어떤 미래를 기획하고 예상할 수 있는지를 파악하기가 쉽지 않다. 이는 이들이 공통적으로 가지고 있는 기술사회의 미래에 대한 낙관과 무관하지 않을 것이다. 그 낙관이 미래에 대한 섣부른 기획 자체를 멀리하게 하는지도 모른다. 이런 물음들을 다음 절에서 좀 더 자세히 고찰할 것이다.

## 4. 휴먼과 포스트휴먼

### 1) 포스트휴머니즘의 인간론 비교

포스트휴머니즘의 기술 낙관론은 산업혁명 당시의 기술 낙관론과 다르다. 산업혁명 시대의 낙관론은 인간이 기술을 도구 삼아 번영의 길로 갈 것이라는 기대가 있었을 뿐 기술 발전이 초래하는 근본적인 변화들에 대해서 무심했다. 오래 걸리던 일을 빨리 해치우고, 힘든 일을 쉽게 할 수 있다면 살기 좋은 세상이 올 것이라는 단순한 생각이었다. 고전적 기술철학자들이 이러한 생각을 비판하면서 기술 발전은 인간의 인간됨에 심각한 도전을 제기한다고 주장했다. 예를 들어 하이데거는 현대기술의 본질이 모든 존재자들을 부품으로 드러내는 '닦달[몰아세움]'이라고 주장했는데(Heidegger 1954/2008: 27), 이는 인간마저 부품처럼 취급하게 된 상황에 대한 강력한 비판이었다.

포스트휴머니즘의 낙관론은 하이데거나 엘륄처럼 기술의 발전이 인간의 인간됨에 심대한 변화를 초래한다는 것을 인정하고 그것을 받아들인다는 면에서 한 걸음 더 나아간다. 「트랜스휴머니스트 선언」에 나오는 것처럼 모든 변화가 진보인 것은 아니나(Chislenko et.al. 2012:54), 그 변화가 굳이 부정적이어야 할 필요가 없다고 본다.

이와 같은 차이의 이면에는 그들의 인간론이 있다. 위너가 엘륄의 '자율적 기술'을 '인간의 자율성 상실'로 해석한 것은 엘륄의 다소 고집스러워 보이는 기술 발전의 통제 불가능성의 핵심을 지적한 것이다. "기술이 자율적이 되었다" 혹은 "기술의 본질은 '닦달[몰아세움]'이다"라는 주장은 고전적 기술철학자들이 인간 존재의 특별함과 우월성을 훼손되어서는 안 되는 것으로 전제하고 있음을 역설적으로 보여준다.

앞서 살펴본 것처럼, 경험으로의 전환을 주장한 기술철학자들은 고전적 기술철학자들의 주장을 현실에 부합하지 않고 지나치게 비관적이라고 비판하였다. 그러나 이들은 고전적 기술철학자들의 우려 자체를 근거 없는 것으로 치부하지 않았다. 다만 이들이 기술의 자율성을 지나치게 강조함으로써 결과적으로 기술 발전을 불가항력으로 이해하는 상황을 경계했다. 다시 말해서 현대기술이 처음에 등장할 때에 약속했던 것들이 충실하게 이행되지 않았다는 평가에 대해서는 동의했으나 그 진단과 처방에서 입장을 달리한 것이다. 경험으로의 전환을 주장한 철학자들은 기술이 인간의 도구로 남아 있다는 사실에 방점을 두고 대안을 모색했다.

그런데 포스트휴머니즘의 새로운 인간관은 기존의 (기술)철학이 당연한 것으로 받아들여온 제작자이자 사용자로서의 인간과 사용되는 객체로서의 기술이라는 구분을 뛰어넘는다. 요컨대 이 입장은 인간을 언제나 기술과 통합된 혼종적인 존재로 이해하기 때문에 기술과 구별되어 따로 존재하는 인간본성은 더 이상 인정하지 않는다. 동일한 원리가 비인간 존재자에도 얼마든지 적용될 수 있다. 이렇게 되면 현재의 '기술철학'이라는 용어 자체가 엄밀한 의미에서는 부적합한 것이 된다. '기술'이라는 것을 따로 떼어 생각할 수 없다면 기술에 대한 철학적 사유를 굳이 인간이나 존재에 대한 일반적인 사유와 구분할 필요가 없기 때문이다.

나아가 포스트휴머니즘은 인간의 인간됨에 대한 고전적인 집착을 오히려 극복해야 할 근대의 잔재로 받아들인다. 인간의 모든 능력이 결국 물리 현상으로 환원될 수 있다는 것을 받아들인다면 인간과 로봇을 굳이 구분할 이유도, 인간과 로봇의 결합이나 유전자 조작을 통한 인간 능력의 향상(enhancement)을 불편하게 생각할 필요도 없다. 인간의 인간됨에 대한 과도한 의미 부여는 기술사회의 현실에 부합하지도 않을뿐더러 지금까지 여성, 동물, 소수자에 대한 억압을 초래한 원인 중 하나였다고 보는 것이다.

## 2) '휴먼'과 '포스트휴먼'을 바라보는 세 가지 관점

포스트휴머니즘이 제기하는 새로운 인간관을 좀 더 자세히 들여다보면 다음의 세 가지 흐름으로 나누어서 생각해볼 수 있다. 하나는 진화적인 입장이고, 다른 하나는 현재 인간 개념의 확장이며, 마지막으로 인간 개념의 재정의이다. 사실 이 셋은 서로 밀접하게 연결되고 중첩되기 때문에 구분하기 쉽지 않다. 그러나 예를 들어 "인공지능 로봇을 인간이라 할 수 없다"는 식의 반론에 어떻게 대응하는가를 비교하면 미묘한 차이들을 구분하여 볼 수 있다. 다시 말해, 인간에 대한 기존의 이해를 기준으로 하여 인공지능 로봇이 자의식이나 자율성을 제대로 구사하지 못하거나 구사하지 못할 것으로 보인다는 반론에 대하여, 포스트휴머니즘을 주창하는 이들 사이에서도 약간씩 다른 강조점을 두고 반응이 갈린다.

포스트휴먼을 진화된 인간으로 보는 입장은 기술로 인간이 지닌 능력을 모두 똑같이 모사하고 나아가 향상하게 될 것이라는 기대에 기반한다. 기술의 발전이 급속도로 이루어지기 때문에 지금 불가능해 보이는 것들이 향후에는 가능해질 것이라 기대하는 것이다. 급진적인 포스트휴머니스트 운동가들 중에 스스로 '바이오 해커'라 부르는 이들이 있는데, 이들은 피부 밑에 이런저런 기기들을 이식해서 인체의 감각과 정보 능력을 향상시키려 한다. "이들은 특이점이 일어나거나 초인공지능이 실현되어 인간 정신의 정보적 요소 ― 그들의 웨트웨어(wetware) ― 를 포괄하기를 마냥 기다리고 싶어하지 않는다. 이들은 수중에 있는 수단을 써서 지금 당장 기술과 융합되고자 한다"(O'Connell 2017/2018: 194). 사람이 죽은 직후에 머리만 잘라서 급속 냉동하여 보관하고 나중에 복귀하여 영원히 살기를 추구하는 프로젝트를 진행하는 맥스 모어 같은 사람들을 포함해서 트랜스휴머니즘을 지지하는 이들 중 다수도 이런 부류에 해당한다고 할 수 있다. "'이 몸이 잘못되면 딴 몸을 찾아야 해요. 우리는 언제 죽을지 몰라요. 왜 그래야 하나요? 전 받아들일 수 없어요. 저는 트랜스휴머니스트로서 죽음에 대해 일고의 애착도 없어요. 죽음이라면 지긋지긋해요'(너테샤 비타모어(Natasha Vita-More)"(O'Connell 2017/2018: 64).

포스트휴먼 개념을 인간 개념의 확장으로 보거나 인간됨의 재정의로 파악할 경우에는 기술로 자의식이나 자율성을 구현할 수 없을 거라는 반론에 굳이 대응할 필요가 없어진다. 먼저 인간 개념의 확장으로 보는 경우를 살펴보자. 이 입장을 택하는 포스트휴머니스트들은 과거 백인 남성을 진정한 의미에서의 인간으로 규정하다가 여성과 유색인을 인간의 범주에 포함시킨 것 같이, 기능적으로 향상된(enhanced) 인간이나 인공지능 로봇도 인간의 범주에 포함시킬 수 있다고 볼 것이다. 모든 것이 동일한 것은 아니지만, 상당한 유사성이 인정된다면 인간의 범주에 포함시키는 것이 타당하다고 보는 것이다. 물론 이 과정에서 인간됨에 대한 일정한 재정의가 일어날 수 있다. 이를 온건한 비판적 포스트휴머니즘이라 부를 수 있을 것이다. 이런 입장은 포스트휴먼의 등장을 기존 기술 발전의 연장선상에서 부드럽게 받아들이고, 기존의 인간 이해에 대해서도 별다른 도전을 제기하지 않는 입장이다.

인간 개념의 재규정은 기존 인간 이해의 핵심 내용, 즉 창의력, 직감, 반성적 능력 등을 새롭게 정의하고 인간됨의 기준들이 무엇인지를 다시 규정해 보자는 도전이다. 신기술의 개발로 등장하는 포스트휴먼이 인간에 대한 기존 이해의 오류를 바로잡을 수 있다는 기대에서 비롯된다. 비판적 포스트휴머니즘에서 근대 휴머니즘의 극복을 강조하는 경우나, 물리환원주의를 강조하는 경우가 이에 해당한다. 즉 기술의 발달을 통하여 인간 이성의 작동방식을 완전히 파악함으로써 지금까지 인간이 가지고 있던 스스로에 대한 환상에서 깨어나게 된다는 입장이다.

### 3) 인간 이해의 확장으로서의 포스트휴먼

앞서 언급한 것처럼, 이 세 접근은 서로 배타적이지 않지만, 휴먼과 포스트휴먼을 함께 논할 때 강조점을 어디에 두느냐에 따라 구분이 가능하다. 그렇다면 이들 중 어떤 입장이 향후 기술철학에서 유의미한 논의에 포함될 수 있을 것인가?

위의 세 가지 접근 중 두 번째, 즉 기존 인간 이해의 확장으로서의 포스트휴머니즘이 가장 합리적이고 안전하게 보인다. 첫 번째와 세 번째 접근 모두 과학기술의 성취를 과도하게 평가하는 측면이 있다. 인간 진화의 결과로서의 포스트휴먼을 이해하는 첫 번째 입장은 현재의 기술 발달 추이를 미래에 외삽하는 방식으로 논의를 진행하는데, 합리적인 추론과 공상이 뒤섞여 있다. 나아가, 기술의 발전이 인간의 기획과 완전히 분리되어 있거나, 그렇지 않더라도 상당히 자율적인 방식으로 지속된다는 것을 가정하고 있다. 보스트롬과 같이 초지능이 개발되어 생겨날 문제를 경계하면서 그에 대한 대안을 마련해야 한다고 촉구하는 경우에도, 초지능의 등장 자체를 피할 수 없는 현실로 받아들이고 있다는 점에서 여전히 이 범주에 속해 있다.

세 번째 접근, 즉 기존의 인간 이해를 부정하고 새로운 제안을 제출하는 경우는 기술로 구현 가능한 것을 현실로 인정하는 오류에 빠지기 쉽다. 이 입장은 과학기술로 파악할 수 있는 것이 현실을 충분히 반영한다는, 증명하기 힘든 기대에 기대고 있다. 예를 들어 알파고가 사람보다 바둑을 더 잘 둔다고 해서 알파고가 사람이 생각하는 방식을 그대로 모사한 것이라고 볼 수 없고, 인공지능이 사람과 똑같이 반응하고 행동한다 해서 인공지능의 구조를 통해 '의식'을 완전히 이해하는 것은 아니다.

이에 반해 두 번째 접근 방식처럼 포스트휴먼을 기존 인간 이해의 확장으로 이해한다면, 그 확장의 범위를 세밀하게 논의하는 것이 가능해진다. 비판적 포스트휴머니즘이 기존의 본질주의적 인간이해를 강하게 비판하지만, 그에 대한 대안은 인간이 언제나 사이보그라고 주장하는 것에서부터 로봇에게 도덕적 주체와 객체의 지위를 부여하는 것까지 다양할 수 있다. 그 넓은 스펙트럼에서 어느 지점이 가장 합리적이고 설득력 있는지를 검증하는 것이 기술철학의 논의 대상이 될 것이다. 또한 그 논의의 과정에서 기존의 기술과 인간에 대한 이해가 더 깊어지는 효과도 얻을 수 있다.

## 5. 포스트휴머니즘의 한계

포스트휴머니즘은 현대기술의 놀라운 가능성에 대한 철학적 대응이라는 점에서 기술철학의 새로운 흐름이라고 볼 수 있다. 기술이 가져다줄 가능성도 중요하지만, 그 가능성이 이루어졌을 때 얼마나 의미심장한 일이 일어날 것인지를 논하는 것도 중요하기 때문이다. 그러나 여러 가지 흥미로운 생각거리를 제공함에도 불구하고, 포스트휴머니즘은 여러 문제점을 노정한다. 포스트휴머니즘의 주창자들이 기존 기술철학의 연구와 쟁점들에 관심을 가졌더라면 좀 더 생산적이고 발전적인 논의가 가능했을 것이다. 무엇보다도 이들이 제기하는 논점들은 급격한 기술 발전을 경험하는 현 시대에 수행해야 할 기술철학적 논의들의 초점을 흐린다. 이 글의 나머지 부분에서는 포스트휴머니즘의 문제점을 지적하고, 이를 기술철학의 역할과 연결시켜볼 것이다.

## 1) 기술철학의 물음 제기에 대한 무응답

포스트휴머니즘 주창자들의 지적 배경이 달랐던 것이 주요한 이유이 겠으나, 앞서 간략하게 정리한 기술철학의 흐름들은 포스트휴머니즘의 대표적인 논의들에서 거의 무시되었다. 심지어 포스트휴머니즘과 연결 지어 생각할 수 있었던 시몽동이나 라투르의 철학조차 포스트휴머니즘 의 주요 흐름에서는 별로 언급되지 않고 있다. 포스트휴모니즘의 약진에 따라 앞으로는 좀더 많은 논의들이 전개되겠지만, 현대기술을 둘러싸고 수행된 철학적 논의들이 최근까지 완전히 따로 전개된 것은 유감스러운 일이다. 특히 포스트휴머니즘이 현대기술에 대해 전반적으로 낙관적인 견해를 피력하면서 고전적 기술철학자들의 비관적 전망에 대해서는 뚜 렷한 반론조차 제기하지 않고 무시해버렸다.

포스트휴머니즘의 주창자들이 기술 발달이 초래하는 문제들에 완전히 눈 감고 있었던 것은 아니다. 트랜스휴머니즘의 입장을 취하는 사람들 작 성한 「트랜스휴머니스트 선언」(Chislenko et.al. 2012:54-55)만 살펴보아도, 이들이 예상되는 비판에 매우 민감하게 반응하는 것을 알 수 있다. 이들 은 "과학과 기술을 통해 노화, 인지적 한계, 원치 않는 고통, 지구에 묶여 있는 상황을 극복하여 인간의 잠재력을 확장할 가능성"(1항)에 대해 큰 기대를 보이면서도, 문건의 대부분을 제기될 수 있는 윤리적 반론들에 대 한 자신들의 입장을 표명하는 데 할애하고 있다. 이들은 "모든 진보가 변 화이지만, 모든 변화가 진보는 아니"(3항)라고 하면서 관련 연구는 책임 있게 이루어져야 하고(4절) 관련 정책은 인간의 존엄과 이익을 존중하는 방식으로 위험과 기회에 대한 고려에 입각해야 하며(6절), 향상기술의 적용 여부를 개인이 선택할 수 있어야 한다고 주장한다(8절).

그러나 문제의 초점은 이런 이슈들을 나열하고 선언하는 것이 아니라 그에 대해 어떤 입장을 취하느냐이다. 트랜스휴머니스트들은 인간의 신체와 인지기능을 완벽히 파악하게 되면 기술적 조작을 통해 신체 능력의 향상뿐 아니라 윤리적 면에서의 향상도 가능하다고 본다.[72] 그러한 향상의 실현 가능성이나 윤리적 타당성에 대해서는 따로 논해야 하겠지만, 설사 그것이 가능하고 바람직하다 하더라도 그 가능성을 이루기까지의 모든 과정에서 일어날 위험과 부작용, 문화적이고 의미론적인 맥락의 변화를 어떻게 받아들일 것인가는 매우 복잡한 문제가 아닐 수 없다. 경험으로의 전환을 주장했던 기술철학자들은 바로 이 부분에 주목하면서 기술 발전의 과정을 제어할 수 있는 정치적, 제도적 방안들이 무엇일지를 고민하였다. 이에 반해 트랜스휴머니스트들은 "부작용이 일어나지 않도록 조심해서 잘 발전시키면 좋은 결과가 있을 것"이라는 원론적인 입장 외에 별다른 대안을 제시하지 않고 있다. 오히려 그런 문제들마저 기술을 통한 도덕적 향상을 통해 해결하자고 하니, 이것이야말로 엘륄이 말한 기술의 자율성이 드러나는 전형적인 예라 할 수 있다. 엘륄은 기술사회에서 기술 발전으로 인해 생겨나는 문제를 또다시 기술로 해결하려 하고, 거기서 또 다른 문제가 생겨나도 기술이 해결책으로 들어나는 현상을 비판하였다.

비판적 포스트휴머니즘은 기술 발전에 따라 변해가기도 하고 더 깊어지기도 하는 인간에 대한 이해, 혹은 기술시대의 새로운 인간의 모습에 천착하지만, 고전적 기술철학이 비판해온 기술시대의 비인간화나 자율성의 붕괴에 대해서는 별다른 논의를 하지 않는다. 그도 그럴 것이, '비인간화'의 '인간' 개념이 근대주의의 산물이라고 보고 그것을 극복하려 하는데 비인간화에 초점을 맞출 수는 없을 것이다. 예를 들어 엘륄이 인간의 자유를 가장 중요한 덕목으로 강조하는 것에 대해 헤일즈는 그다지 큰 의미를 부여하지 않을 것이고, 기술의 발전이 인간의 통제를 벗어나 있다는 진단에 충격을 받지도 않을 것이다. 기술과 인간이 밀접하게 연결되고 있는 현 상황은 그동안 근대주의가 고수해오던 인간중심주의가 그다지 현실적이지 않았음을 더 명확하게 드러내고 있을 뿐이다.

한편으로 포스트휴머니즘은 우리 시대를 지배하고 있는 현대기술의 발전을 승인하고 옹호하면서도 왜 그러해야 하는지를 제대로 설명하지 않을 뿐 아니라, 그 문제를 다루기를 거부하고 있는 것처럼 보인다. 고전적 기술철학이 제기하고 경험으로의 전환을 시도한 학자들이 건설적으로 해결하려 노력했던 현대기술의 여러 가지 문제들에 대해 눈감은 것이다. 나아가 기술 발전의 방향성을 제시하려 노력한 기존 기술철학의 논란에 전혀 가세하지 않고 기술 발전의 결과만을 중심으로 자신들의 논의를 전개하고 있다. 그러나 기술 발전의 궤적을 따라 지속적으로 일어나는 수많은 변화들에 대한 규범적인 판단을 유보할 수는 없다. 특히 인간의 향상과 관련한 윤리적 물음들에 대한 진지한 성찰이 없이 "그날이 오면 인간이 자기의 감정적 민감도를 기계적으로 조절할 수 있을 것"을 기대하는 것은 설득력이 없다.

다른 한편으로 포스트휴머니즘은 고전적 기술철학이 비판했던 기술과의 무비판적 합일의 모습을 보여주고 있다. 결국 아이러니하게도, 포스트휴머니즘의 논의는 지금까지의 기술철학과 단절된 방식으로 연결된 셈이다.

## 2) '좋은 세상'의 판단 근거

과연 포스트휴머니즘은 어떤 '좋음'의 기준을 제시하고 있는가? 인간에 대한 새로운 이해는 새로운 '좋음'의 정의로 이어지는가?

특히 트랜스휴머니즘의 경우 기술의 발달을 통한 인간향상은 특별히 새로운 판단의 기준을 필요로 하지 않는 것 같다. 이들의 기술 이해는 당황스러울 정도로 단순하다. 기술이 첨단을 걷게 되면 인간의 윤리적인 한계를 비롯한 모든 한계가 해결될 것이라고 주장한다. 기술은 인간의 행복과 번영을 위한 충실한 도구로 이해되고 있으며 그 도구가 완전해지기를 기다리는 것이다. 노화와 병으로부터의 극복, 도덕성의 향상, 더 강한 신체 등 모든 시대를 통해 인간이 추구했던 것들을 그대로 추구하고 그 '좋음'의 기준을 그대로 유지한다. 이른바 '맞춤형 진화'의 시대가 도래한다는 주장이다.

그러나, 인간 조건의 급격한 변화가 초래할 삶과 행복의 의미 변화에 대해서 트랜스휴머니즘은 큰 의미를 부여하지 않는다. 도리어 그러한 문제를 걱정하는 것을, 사람이 급격한 변화의 시기에 기존의 사고틀을 벗어나지 못하고 저항하는 자연스러운 과정으로 파악하고 간단히 넘어가 버린다. 문제는 기술적 환경의 변화는 인간이 '좋다'고 판단하는 가치의 기준마저 바뀌게 될 것이라는 점이다.

비판적 포스트휴머니즘은 근대적 주체성의 폭력과 모순을 폭로하고 새로운 주체성의 등장을 주장하면서도, 그 미래의 모습이 어떠할 것이며 무엇을 지향해야 할지를 아직 분명하게 서술하지 못한다. 예를 들어 이경란은 로지 브라이도티의 철학을 소개하면서 다음과 같이 말한다.

브라이도티는 "우리의 집단적 역사의 이 특정한 지점에서 우리의 체현된 자아들이, 마음과 신체들이 실제로 무엇을 할 수 있을지 알지 못"하므로 "강도(强度)들을 실험하는 윤리를 받아들임으로써 이를 알아내야 한다"고 강조한다. 이 말을 다르게 표현하면, 현재 우리가 당면하고 있는 즉각적 맥락에서는 새로운 정치적, 윤리적 행위 주체의 조건을 이끌어낼 수 없으므로, 가능한 미래를 창조하기 위해 힘을 다하는 노력으로 긍정적이며 창조적으로 그러한 조건을 생성해내야 한다는 말이다(이경란 2017: xxvii).

현대기술로 인해 인간이 매우 특수한 상황에 처한 것은 분명하지만, 인간이 지향해야 할 좋음을 상정하지 못하는 상황은 당혹스럽다. 그러나 거대한 전환의 시기에 과거의 좋음을 반성하고 새로운 좋음을 찾아가는 과정을 거치고 있다고 볼 수도 있다. 요컨대 지금 비판적 포스트휴머니즘은 근대의 부정을 통해 그 정체성을 확립해가는 과정에 있다고 볼 수 있겠다. 그런데 이 문제는 다시 윤리적 주체의 설정 문제로 이어진다.

### 3) 분산된 주체성과 책임의 주체

비판적 포스트휴머니즘의 주요 주장 중 하나는 주체성의 새로운 이해이다. 근대를 특징짓는 단일한 주체와 보편적 가치를 벗어나 좀 더 확장적이거나 분산적인 주체 개념을 받아들이는 것이다. 그러나 이 주장이 책임의 문제와 연결되었을 때에 윤리적 판단의 준거를 설정하는 것이 쉽지 않다.

헤일즈는 인간과 현대기술의 만남으로 인간에 대한 정의가 완전히 바뀔 수도 있다는 것에 동의하면서도 인간의 생각을 모두 컴퓨터에 내려받아 탈신체화가 가능하다는 식의 급진적인 입장에는 반대한다. 그는 진화의 산물인 인간의 신체가 가지는 중요성을 강조한다.

> 내가 지금까지 여러 번 주장했듯이 인간은 모든 신체화된 존재 중에서 으뜸이고, 이러한 신체화의 복잡성은 인간 의식이 사이버네틱스 기계에 신체화된 지능의 의식과는 무척 다른 방식으로 전개된다는 것을 의미한다. … 문화적 의미와 공명하는 은유를 통해서 해석된 신체는 그 자체가 응결된 은유이며, 지능을 가진 기계에게는 없는 진화사에 의해 제약과 가능성이 형성된 물리적 구조이다. 인간은 지능을 가진 기계와 공생관계를 맺을 수 있으며, 지능을 가진 기계에 의해 대체될 수도 있다. 그러나 인간이 지능을 가진 기계와 매끄럽게 접합되는 것에는 한계가 있다. 지능을 가진 기계의 신체화는 여전히 인간의 신체화와 상당히 다르다(Hayles 1999/2013: 498-499).

신체를 주체성의 중요한 측면으로 보는 것은 자유주의적 휴머니즘뿐 아니라 트랜스휴머니즘도 정신을 우선한다는 점을 비판하는 것이다. 끊임없이 확장, 변화하여 그 외연을 특정할 수 없는 신체를 강조하는 것은 헤일즈가 강조하는 물질의 창발적 특징과 분산적 자아를 설명하는 중요한 통로가 된다.

> 이와는 달리 포스트휴먼의 관점에서 보면 의식적 작인은 결코 '제어된' 적이 없다. 사실 제어라는 환상은 의식, 유기체, 환경이 만들어지는 창발

적 과정의 본질에 대한 근원적인 무지를 드러낸다. 자율 의지를 행사하여 지배한다는 생각은 의식의 혼돈스러운 역학과 창발적 구조를 통해서 만들어진 결과를 스스로에게 설명하기 위해서 꾸며낸 이야기일 뿐이다. … 지배욕, 과학에 대한 객관주의적 설명, 자연을 다스리려는 제국주의적인 계획이 서로 관계가 있다면 포스트휴먼은 다른 설명을 만들어 낼 수 있는 수단을 제공한다. 새로운 설명에서는 창발이 목적론을, 재귀적 인식론이 객관주의를, 분산 인지가 자율적 의지를, 신체화가 정신의 보조시스템으로 여겨지는 신체를, 인간과 지능형 기계의 역동적인 제휴가 자연을 지배하고 제어하는 자유주의적 휴머니즘 주체의 명백한 운명을 대체한다(Hayles 1999/2013: 505).

문제는 이와 같은 근대 주체성의 해체 국면, 즉 분산된 주체성과 윤리의 관련성이다. 자연과 타자를 대상화하는 자율적 의지가 제국주의적이라는 점을 인정하더라도, 바람직한 상태나 지향점을 판단할 근거가 무엇인지에 대한 질문은 여전히 남아 있다. 앞서 인용한 헤일즈의 말처럼 타인의 의지와 나의 의지가 그렇게 뚜렷이 구별되지 않는, 경계가 불분명한 주체성의 개념을 받아들인다고 해서 기술을 통한 신체의 향상이 초래할 수 있는 불평등과 같은 문제들이 함께 사라지는 것은 아니기 때문이다.

이러한 물음에 침묵한다면, 포스트휴머니즘은 기술철학자들의 우려한 기술사회의 실제적 문제들을 극복하는 데 별다른 도움이 되지 않는다. 헤일즈보다 한 걸음 더 낳아가서 시몽동의 사상에 입각하여 '개체 초월적인 인간-기계 앙상블'로서의 포스트휴먼을 제안하는 김재희의 바램이 이 묘한 무기력을 보여준다.

인류의 존재론적 상(phase)은, 자유주의 휴머니즘이 지배적일 수밖에 없었던 시절, 즉 기술적 도구를 활용하여 자연을 지배하고 제어하는 '노동하는 인간' 개체로부터, 기술적 앙상블과 상호 협력하면서 개체초월적 집단성의 수준에서 세계(자연과 인간)와의 관계를 조절하는 '기술적 활동의 포스트휴먼'으로 상전이할 수 있을 것이다. 만약 우리가, 기계의 생산자, 사용자, 관리자가 동등한 자격으로 만나 정보를 소통하고 공유하는 기술적 활동이 실현될 수 있는, 그리고 기술적 대상들과 인간들이 억압과 소외 없이 각자의 본질을 실현할 수 있는, 그런 사회적 경제적인 양식을 발견할 수 있다면 말이다(김재희 2014: 237).

그러나 "기술적 대상들과 인간들이 억압과 소외 없이 각자의 본질을 실현할 수 있는 사회적 경제적인 양식"은 도대체 무엇이며, 어떻게 이룰 수 있는가? 바로 이것이 기술철학이 지속적으로 제기해온 물음이다. 이 물음에 대한 해결책을 특정하지 않은 채 "해결책이 있다면"이라는 가정으로 묶어두는 것은 핵심 문제로부터 우리의 시선을 돌리게 하는 셈이 된다. 분산된 주체성의 세계에서 책임의 소재는 누구/무엇이 되는가?

인간과 기계가 지금보다 더 밀접하게 연결될 가능성, 인간 의식의 많은 부분이 전자적인 제어의 대상이 될 가능성을 배제할 수 없고, 그 가능성 앞에서 인간의 자리가 어디이며 인간의 정체성을 어떻게 이해할 것인지에 대해 논의하는 것은 매우 중요하다. 그러나 포스트휴머니즘이 현대 기술의 발달 과정에서 초래될 여러 가지 문제들을 간과하고 기술 발전의 최종 결과로 생겨날 수도 있는 상황에만 집중하며 그에 대한 윤리적인 평가를 내리기 주저하거나 그 상황을 바람직한 것으로 받아들인다면, 그 이론 전체가 기술담론의 허세가 된다. 엘륄이 비판한 것처럼 기술의 발전을 당연하거나 불가피한 것으로 받아들이게 하는 기술담론은 기술사회와 기술시스템이 심화, 고착되도록 하는 도구일 뿐이다.

### 4) 기술 개발의 현장과 미래기술에 대한 오해[73]

포스트휴머니즘의 여러 논의들이 실제 기술 개발의 현장을 제대로 반영하는가의 문제는 또 다른 논란거리이다. 전반적으로 기술의 발전이 지속되고 있는 것은 부인할 수 없는 사실이지만, 그 발전의 과정에서 일어나는 불가피한 실수와 작동오류 또한 엄연한 현실이기 때문이다. 인간의 미래와 관련된 포스트휴머니즘의 여러 논의들은 따라가다 보면, 공학에서는 당연히 받아들여지는 '허용가능한 위험(permissible risk)'과 그 위험의 가능성에 대한 고려가 충분히 이루어지지 않고 있음을 볼 수 있다. 이를 기술 발전에 대한 여러 논의에서 자주 나타나는 두 가지 오류를 통해 생각해보자.

첫 번째 오류는 기술이 완성된 상태로 등장한다는 생각이다. 어떤 기술이든지 개발 단계부터 완벽하지는 않다. 사실 첨단기술일수록 개발 과정에 오류나 시행착오가 더 많이 생기게 마련이다. 처음에 생각했던 것보다 빨리 진행되거나 더디 진행되는 경우도 많다. 유전자 지도의 경우, 인간 유전자 지도를 만드는 데에는 예상했던 것보다 적은 시간이 들었지만, 유전자 지도가 생기면 가능하리라 했던 수많은 것들 중 이루어지지 않은 것이 아직 많다. 기술의 개발 과정에서 처음에 목표했던 것과 다른 발견이나 개발이 일어나는 경우도 있고, 목적이 수정되는 경우도 있다.

문제는 이러한 시행착오의 과정이 대개는 숨겨져 있다는 것이다. 극심한 시장 경쟁 상황에서 신기술이나 신제품 개발의 과정이나 시행착오 등을 외부에 알리지 않고, 따라서 개발자와 공학자를 제외하고는 그와 관련된 정보를 얻기 힘들다. 그 결과, 우리는 기술에 대해서 생각할 때 이미 완성된 상태의 기술을 상정하곤 한다.

그러나 이 중간 과정들이 가지는 함의는 크다. 첫째, 이 과정 중에서는 단지 기술적인 시행착오만 일어나는 것이 아니고 제도의 미비나 부정직으로 인한 문제들도 많이 발생하기 때문이다. 기술 개발은 진공상태에서 객관적인 기준과 과학적인 근거로만 이루어지는 것이 아니라, 수많은 정치, 경제, 사회적 갈등이라는 배경 속에서 수행된다. 둘째, 매우 위험한 연구 개발의 경우에는 그 시행착오 자체가 윤리적으로 받아들여질 수 없는 경우도 있다. 예를 들어서 인간 복제 기술이 완성되기 위해서는 수많은 시행착오를 겪어야 할 것인데 그 시행착오를 겪는 과정에서 희생되는 무고한 생명이 생겨난다. 개발의 중간 과정이 중요한 세 번째 이유는 바로 그때 방향과 목표의 전환이 일어날 수 있다는 사실이다. 여기서 공학자들을 비롯한 전문가들의 책임이 강조된다.

두 번째 오류는 미래의 기술이 완벽하게 작동할 것이란 생각이다. 설사 기술이 이런저런 과정을 거쳐 완성되고 널리 사용된다 하더라도, 그 기술이 언제나 완벽하게 제작되거나 유지되지는 않는다. 앞서 살펴본 개혁주의 기술철학자 판 리센이 말한 것처럼 기술적 인공물은 추상적 과학 이론과 달리 언제나 '자연의 저항'에 노출되어 있기 때문이다(Van Riessen 1961/1979: 305-306). 2018년에 한빛 원자력 발전소의 벽에서 커다란 공극이 발견된 것이 좋은 예이다. 엄청난 비리나 특별히 부정한 의도보다는 공사를 좀 빨리 진행하려다가 콘크리트를 제대로 다지지 않아서 일어난 일인 것으로 보인다(연합뉴스 2019c). 그러나 그러한 실수가 만약 불행한 다른 실수나 사고와 연결되었더라면 엄청난 재앙이 일어났을지도 모른다.

우리가 사용하는 기술들은 대체로 안전하지만, 100% 안전한 것은 아니다. 미래의 기술들 역시 개발과정의 시행착오뿐 아니라 개발된 다음의 고장이나 오작동, 관리소홀로 인한 사고 등에서 자유롭지 못하다. 과거의 기술들은 거대하면 복잡하지 않고, 복잡하면 거대하지 않았기 때문에 큰 사고가 일어날 위험이 크지 않았다. 그런데 현대에 와서 원자력 발전소로부터 그 공식이 깨어지고 있다. 4차 산업혁명을 예고하는 많은 기술들은 매우 복잡해서 파악하기 어렵고, 동시에 그 적용의 규모도 매우 커서 한 번 사고가 나면 대형화할 가능성이 크다.

그럼에도 불구하고, 오늘날 미래기술의 법적·사회적·윤리적 영향을 이야기할 때면, 그 미래기술이 개발되어 정상적으로 작동하는 경우에 국한하여 논의를 진행하는 경우가 있다. 미래기술사회의 앞날에 대해 비관적인 입장을 가진 사람들도, 기술의 안정성, 안전성에 대해서는 검증되지 않은 신뢰를 보이는 경우가 많다. 뭔가 잘못되어도 곧장 고쳐서 문제를 해결할 수 있다는 믿음 때문이다.

물론 아직 개발되지 않았거나 사용이 요원한 기술을 논하면서 그것이 제대로 작동하지 않을 경우까지 생각하면 논의가 굉장히 난잡해질 가능성이 많다. 그럼에도 불구하고, 위험의 문제를 간과하는 것은 비현실적이다. 더구나 미래기술의 위험은 오늘의 위험보다 더 크고 직접적일 것이기 때문에 더 큰 주의가 필요하다.

기술의 오작동 가능성은 시몽동의 기술과 인간의 공진화 개념이나 라투르의 비인간을 포함하는 민주주의가 실천적인 의미를 갖는가에 대한 의문을 더욱 크게 만든다. 이 개념들은 기술과 그것을 만들어 사용하는 인간의 상호관계를 현실적으로 잘 설명하지만, 동시에 현대기술이 초래할 수 있는 엄청난 위험을 제대로 표현하거나 그에 대한 대처 방안을 제시하는 데에는 그리 유용하지 않다.

# 6. 기술철학의 과제

산업혁명 이후의 급격한 기술 발전이 고전적 기술철학자들로 하여금 비인간화의 위험에 대한 각성을 초래했다면, 4차 산업혁명 등으로 묘사되는 최첨단기술의 가능성은 포스트휴먼에 대한 기대를 불러일으키고 있다. 이 묘한 대비를 기술철학은 어떻게 받고 어느 방향으로 나아가야 할 것인가? 기술철학에 새롭게 들어온 포스트휴머니즘의 흐름은, 이 분야의 핵심 물음과 정체성, 그리고 앞으로의 과제를 다시 물으면서 1장에서 언급했던 기술철학의 역동성을 다시금 실감나게 한다.

이 물음에 대한 철학사의 교훈은 간단하다. 새로운 물음은 과거의 물음을 되짚지 않고서 홀로 설 수 없다는 것이다. 기술의 본질에 대한 물음을 빼고 바로 새로운 인간의 물음으로 나아갈 수 없고, 과거에 추구했던 가치를 무작정 폄훼하여 그 부정의 힘으로 대안을 찾을 수 없다. 물론 새로운 시대가 제기하는 물음이 내포하는 통찰이 있고 그것은 그것대로 정당한 평가와 고찰의 대상이 되어야 한다.

여기에 더하여 고려할 점은, 앞서도 말했듯 기술철학이 실천철학의 성격을 가진다는 점이다. 이는 기술철학이 처음 시작된 맥락 때문이기도 하지만, 철학의 다른 분야와 달리 현재 일어나고 있는 현상을 탐구의 대상으로 삼아야 하기 때문이다. 더구나 오늘날처럼 기술의 발전 속도가 걷잡을 수 없을 만큼 빨라진 상황에서는 개별 기술이 가지는 철학적 함의를 파악하고 그에 대처해야 할 절박한 필요가 생긴다. 그 상황에 우리 자신이 휩쓸려 가고 있기 때문이다. 문제는 언제나 그러하듯이, 어떻게 하면 가장 적절한 방식으로 오늘을 파악하고 내일을 준비하느냐일 것이다.

포스트휴머니즘의 이론들은 한편으로는 첨단기술과 그 결과들에 지대한 관심을 가지지만, 그 시선은 현재보다 미래에 더 쏠려 있다. 이는 현재를 비판하다 과거를 그리워하는 것처럼 되어버린 고전적 기술철학이나 현재에 너무 집중한 나머지 큰 그림을 보지 못한 경험으로의 전환과는 또 다른 방식으로 아쉬움을 남긴다. 그 모든 아쉬움을 극복하는 기술철학의 과제는 기술과 인간과 세계의 가장 적절한 관계를 파악하되, 과거를 잊지 않고 현재를 직시하여 바람직한 미래를 기획하는 것이다.

2부

# 이론적 대안의 모색

우리는 지금까지 왜 기술이 철학의 문제가 되었는지를 살펴보는 것에서 시작하여 기술철학의 여러 흐름이 제시한 이론들을 살펴보았다. 고전적 기술철학은 현대기술의 약진에 충격을 받은 나머지 기술사회의 인간이 처하게 된 상황을 다소 부정적으로 평가하였다. 이에 비해 경험으로의 전환은 현대기술의 문제를 더 전향적으로 검토하여 그 다양한 측면을 충분히 고찰하고 구체적인 해결책을 제시하려 노력했다. 포스트휴머니즘은 기술의 발전을 통한 새로운 인간의 등장이라는 적극적인 접근을 채택하고 이전과는 매우 다른 방식으로 논의를 진행해왔다.

이러한 흐름을 종합적으로 볼 때 드러나는 것은, 기술철학의 숙고가 결국 인간에 대한 물음, 즉 인간은 무엇이고 어떻게 살아야 하는지의 물음으로 이어진다는 점이다. 철학이라면 응당 그러한 것이 아니냐고 되물을 수 있지만, 기술철학에서 제기되는 인간에 대한 물음은 더 노골적이고 직접적이며 어찌 보면 폭력적이기조차 하다. 오늘날 기술이 인간의 인간됨 자체에 도전해 들어오고 있기 때문이다. 이로써 기술철학이 과학철학이나 인식론보다는 윤리학과 사회철학에 더 닿아 있다는 사실이 더 명확해진다.

제2부에서는 앞서 살펴본 기술철학의 세 흐름에서 도출된 여러 통찰을 건설적으로 받고, 그 흐름을 고찰하는 과정에서 파악한 난점들을 극복하는 이론적 대안을 모색한다. 먼저 5장은 이 책에서 제안하는 대안의 핵심이 되는 '호모 파베르의 역설' 개념을 다룬다. 먼저 베르그손과 아렌트의 호모 파베르 개념으로 기초를 삼고, 월터 옹의 통찰을 빌려 인간이 기술을 만들고 그 기술이 다시 인간을 만드는 역설에 주목할 것이다. 이 역설의 두 축을 균형 있게 받아들이는 것을 통해 인간과 기술에 대한 이해가 깊어질 수 있다. 6장에서는 다시 기술철학의 기존 세 흐름으로 들어가 1부에서 소개한 세 흐름을 '호모 파베르의 역설' 개념을 통해 다시 분석한다. 특히 각 흐름이 인간과 기술, 그리고 그 관계를 어떻게 파악하고 있는지에 주목할 것이다. 이 분석을 통해 7장에서는 '목적이 이끄는 기술 발전'을 현대기술사회의 문제에 대한 해법으로 제안한다. 좋은 세상에 대한 숙고를 통해 기술 발전의 목적을 명확히 하면, 공학설계와 기술코드에서의 변화를 기대할 수 있다.

# 5장

# 호모 파베르의
# 역설

──────────────────────────────────────➤

　　인간에 대한 오랜 물음과 철학의 문제로 새롭게 등장한 기술에 대한
물음을 효과적으로 함께 논의하는 단초를 제공하는 개념으로 '호모 파베
르(homo faber)'가 있다. 호모 파베르는 '호모 사피엔스(homo sapiens)',
'호모 폴리티쿠스(homo politicus)', '호모 루덴스(homo ludens)' 같은 말
들과 더불어 인간의 본성 내지는 특성을 표현하는 개념으로 널리 사용되
었다. 그런데 놀랍게도 이 개념을 좀 더 집중적으로 분석하여 인간과 기
술을 이해하는 데 활용하거나, 이 익숙한 개념을 21세기의 기술과 연결
시켜 논의하는 경우는 별로 없다. 호모 파베르라 하면 돌도끼를 사용해서
사냥을 하는 것 정도를 연상하게 마련이고 그나마 문자의 사용까지는 적
용 가능한 경우로 보기도 한다. 그에 반해 동물의 유전자 조작에 이르는
광범위한 기술활동을 모두 호모 파베르의 사례로 보는 경우는 드물다. 그

러나 앞으로 살펴볼 것처럼, '도구를 만들어 사용하는 인간'에 대한 해석은 상당할 정도의 확장력과 설득력을 가진다.

본 장에서는 먼저 호모 파베르에 대한 앙리 베르그손(Henri-Louis Bergson)과 한나 아렌트(Hannah Arendt)의 분석을 간략하게 정리하고, 이들의 논의가 앞에서 살펴본 기술철학의 이론들에 어떤 통찰을 주는지 살필 것이다. 이어서 미디어 학자 월터 옹(Walter Ong)의 아이디어에 착안하여 인간과 기술의 관계를 '호모 파베르의 역설'이라는 개념으로 정리할 것을 제안한다.

## 1. 호모 파베르, 도구를 만들어 쓰는 인간

인간을 가리키는 여러 말 중 호모 파베르는 흔히 '도구의 인간'이라고 번역된다. 그러나 이 말을 문자 그대로 번역하면 '만드는(혹은 창조하는) 사람인 인간(Man the Creator)'이라는 뜻이다. 이때 인간이 만드는 것을 도구라고 보는 것이 일반적이지만, 사실 이 표현의 처음 출처로 알려진 텍스트에서는 맥락이 약간 다르다. 고대 로마의 감찰관이었던 아피오 클라우디오 카에쿠스(Appio Claudio Caecus)가 그의 연설에서 인용한 문장은 "각 사람은 자기 운명의 창조자다(Faber est suae quisque fortunae)"이다. 위키피디아(Wikipedia)는 이 말이 르네상스 시절에 이르러 인간 주체성을 강조하는 인문주의자들에게 재발견되어 큰 인기를 끌었다고 전한다.[74]

그러나 이후 '호모 파베르'는 주로 '도구를 사용하는 인간'으로 이해되면서 도구를 만드는 능력은 상대적으로 큰 주목을 받지 못했다. 나아가 그 만드는 능력이 생각에서 비롯된 것에 주목하여 호모 사피엔스로서의 인간이 강조되었다. 도구를 만들고 사용하는 것 그 자체보다 그런 복잡한 과정을 정교하고 복잡하게 수행할 수 있게 하는 언어와 사고의 능력이 더 중요하다고 본 것이다. 이런 관점에서 도구의 제작과 사용은 인간의 언어, 지성, 이성의 결과 중 하나로 파악되고 독자적인 자리를 가지지 못했다.

기술철학의 등장은 이러한 흐름에 일정한 균열이 생겼음을 보여준다. 앞서 언급한 것처럼 기술의 중요성과 비중이 커지면서 호모 파베르로서의 인간이 도드라지게 된 것이다. 인간이 자연을 인공적으로 조작, 변형시켜 사용하는 행위의 규모와 범위가 바뀌었을 뿐 아니라, 기술이 경우에 따라서는 인간의 제어와 통제를 벗어나는 것 같은 상황이 생겨났다. 과거에 인간을 특징짓는 능력으로 본 사고능력이 도구를 만들어 사용하는 것에 주로 투여되고 있다는 점도 새로운 변화다. 이런 상황이 호모 파베르 개념에 대한 면밀한 분석을 시도할 계기가 된다.

도구로서의 기술을 만들어 사용하게 되면서 인간에게 어떤 변화가 생겼는가? 이 물음은 호모 파베르의 원래 의미, 즉 스스로의 운명을 만드는 인간에 대한 고찰과 이어진다. 도구를 만드는 것과 자신의 운명을 만드는 것 사이의 관계는 무엇인가? 이 물음은 그 자체로도 흥미롭지만, 과거에는 생각하지도 못한 기술을 경험하는 시대, 도구의 제작이 개인이 아닌 집단이나 국가의 프로젝트가 되고 기술이 우리 삶의 모든 영역에 심대한 영향을 미치는 우리 시대에 더욱 흥미롭게 다가온다.

호모 파베르 개념이 널리 알려지게 된 데에는 철학자 베르그손의 영향이 크다. 아렌트도 그의 주저인 『인간의 조건』(Arendt 1958/1996)에서 이 개념을 중요하게 다루었다. 이들이 호모 파베르 개념을 사용한 방식은 기술철학의 접근과는 그 강조점이 좀 다르지만, 호모 파베르의 중요성을 인지했다는 점에서, 그리고 인간 이해에서 기술이 가지는 의미를 부각했다는 점에서 의의가 있다. 방금 제기한 물음, 즉 도구의 인간에게 생긴 변화를 본격적으로 다루기 전에, 호모 파베르 개념에 대한 베르그손과 아렌트의 이론을 간략히 소개하도록 한다.

## 2. 앙리 베르그손의 호모 파베르 개념

### 1) 호모 파베르의 우선성

베르그손은 호모 파베르라는 말을 직접 사용한 몇 안 되는 철학자 중 하나다(Arendt 1958/1996: 136, 원주 1). 그는 『창조적 진화(*Creative Evolution*)』에서 호모 파베르를 단 한 번 언급했으나, 그 중요성은 작지 않다.

> 만약 우리가 모든 오만을 벗어버릴 수 있다면, 우리가 우리의 종을 정의하기 위해 역사시대 및 선사시대가 인간과 지성의 지속적인 특징으로 제시하는 것을 엄격히 따른다면, 아마도 우리는 인간을 호모 사피엔스가 아니라 호모 파베르라 해야 할 것이다. 요컨대 지성을 그 본래 모습인 것으로 보이는 바로 보면 그것은 인공물, 특히 도구를 만들기 위한 도구를 제작하고 그 제작에 끊임없이 변화를 주는 능력이다(Bergson

1907/2008: 238-239, 번역 일부 수정).

베르그손은 역사적으로 호모 파베르가 호모 사피엔스보다 먼저 등장했다고 주장한다. "인류가 지구상에 나타난 시기를 살펴려면 언제까지 거슬러 올라가야 할까! 처음으로 무기가 제작되고 도구가 만들어졌던 시기까지로 하자"(Bergson 1907/2008: 151). 이는 기술이 사변이 아닌 생존과 직결되어 있음을 뜻한다. 이정우와 김재희는 다음과 같이 설명한다.

인간에게는 사유하는 것보다 사는 것이 먼저이다. 산다는 것은 행동한다는 것을 뜻하며, 행동한다는 것은 사물들을 조작한다는 것을 뜻한다. 신체적으로 열등한 인간은 도구 조작을 통해서 생존할 수 있기 때문이다. 그래서 '호모 파베르'는 흐르는 세계에서 잡아낼 수 있는 일정한 측면들에 주목하고 그 고체적 측면들을 조작한다. 생존한다는 것은 "대상들로부터 유용한 측면들만을 뽑아내는" 행동에 기반하는 것이다. 사물에 대한 인간의 상식은 이렇게 형성되며, 기술은 그 세련된 형태이다(이정우 2002: 10)

물질의 저항을 다스리고 지배하면서 나아가야 하는 생명 진화의 관점에서 보았을 때, 인간 종은 호모 사피엔스(Homo Sapiens)이기 이전에 호모 파베르(Homo Faber)다. 인간 지성은 실재 자체를 인식하기 위한 순수 사변의 능력이라기보다 물질에 적응하고 물질을 조작하기 위해 발달한 삶의 능력이기에, 끊임없이 움직이고 변화하는 실재를 안정적이고 불변하는 고체처럼 취급하여 마음대로 재단하고 재구성하려는 제작의 기능을 갖는다(김재희 2016: 167).

## 2) 제작과 창조

호모 파베르가 호모 사피엔스에 우선한다고 해서 호모 파베르가 인간
존재의 최종 준거가 되는 것은 아니다. 도구를 만드는 '제작' 활동 이전에
베르그손의 철학에서 매우 중요한 개념인 '창조'가 있다. 제작은 창조와
달리 인간이 신체적으로 외부와 접촉하면서 일어나는 행동의 연장성에
서 보아야 한다. 그래서 미첨은 베르그손이 기술을 몸의 연장으로 본 초
기 기술철학자들을 잇고 있다고 본다(Mitcham 1994: 176-177). 이때 연장
이란 힘의 증강을 말하기도 하지만, 추상화 혹은 확대를 통한 몸의 연장
이라고 볼 수도 있을 것이다. 상식, 과학, 기술은 모두 인간의 지능에 속
하는데, 이는 창조의 영역인 형이상학과 대립된다.

> 베르그손에게 '창조'는 연속적인 질적 변화 속에서의 '예측 불가능한 새
> 로움의 생성'을 의미한다. 이러한 창조의 의미는 베르그손의 형이상학
> 적 실재인 지속과 생명의 본질에 근거한다. … 지속과 생명은 인간의 경
> 험적 인식을 넘어서 있는 근원적 실재로서, 잠재적인 과거 전체와 연속
> 적이면서도 이전 것으로 환원 불가능하고, 또 미리 결정되어 있지 않아
> 예측 불가능한 새로운 것을 출현시키는 생명의 운동성이다. '창조'는 이
> 러한 역동적 실재의 본질적 특성을 표현한다. … 반면, 창조와 대립하는
> '제작'은 미리 정해진 어떤 목적에 따라 기존에 존재하던 요소들을 다르
> 게 재배열하거나 재구성하는 것이다(김재희 2016: 166-167).

베르그손의 창조 개념은 인간을 포함한 모든 존재자가 우주적 생명에서 비롯되어 진화하는 것으로 파악하는 그의 존재론과 관련되어 있다. 우주적 생명의 원초적인 힘이 물질에 삽입되어 생물 종들이 생겨나고 진화하는데, 이때 생명적 힘의 역할은 물질에 불확실성을 삽입하는 것이다(조광제 2017: 147-148). 인간의 제작은 이 예측 불가능한 생명적 창조의 과정에서 나타난 지성의 활동이고, 그 제작 활동을 통해 창조의 과정도 계속된다. "인류의 진화와 이를 통한 생명성의 확장이 지성의 제작적 발명 능력을 통해 수행된다는 점에서 보자면, 지성의 제작은 생명적 창조와 대립하는 것이 아니라 오히려 그 연속선 위에서의 첨단에 놓여 있는 것이다"(김재희 2016: 170).

베르그손에 따르면 동물도 도구를 가지고 있는데, 그것은 다름 아닌 신체의 일부이다. 이것은 본능의 영역에 속한다. 반면 인간의 도구는 지성의 산물이다. "완성된 본능은 유기적인(조직된) 도구를 이용하고 만들기까지 하는 능력이며, 지성은 무기적인(조직되지 않은 천연의) 도구를 제작하여 사용하는 능력이다"(Bergson 1907/2008: 239). 각각은 나름대로의 이점과 불편함이 있다.

> 본능은 손이 닿는 범위에서 적당한 도구를 찾아낸다. 이 도구는 자연적으로 만들어지고 자연적으로 수리되는데, 모든 자연의 작품처럼 세부의 무한한 복잡성과 기능의 놀랄 만한 단순성을 가지고 있어서, 해야 할 일을 즉시 필요한 순간에, 그리고 때로 굉장히 완벽하게 해낸다. 그 대신 그 도구(본능이 찾아내는 도구)의 변화는 종의 변화 없이는 불가능하기 때문에 거의 자신의 불변의 구조를 고수한다. … 이에 반하여 지성을 써서

제작된 도구는 불완전하다. 지성적 도구는 노력을 기울이지 않고서는 얻을 수 없고, 거의 언제나 조작하기 어렵다. 그러나 지성이 제작하는 도구는 무기물로 되어 있으므로 모든 모양을 취할 수 있고, 어떤 용도로도 쓰일 수 있다(Bergson 1907/2008: 239-240).

문제는 인간의 제작이 생명적 창조와 어긋나는 방향으로 나아갈 수도 있다는 점이다. 김재희에 따르면, 베르그손은 기계적 발명 자체를 부정적으로 보지는 않지만, 인류의 윤리적 도약과 사회의 진보에 반하는 방향으로 발전할 수 있다고 본다. 따라서 기계를 통해 생겨난 효과가 생명적 창조에 유익한 방향으로 기여하도록 주의할 필요가 있다고 주장한다(김재희 2016: 173). 생명적 창조에 유익한 방향이란 우주적 생명의 약동이 지속되는 것이고, 이는 역동적이고 창의적인 사회의 진보와 윤리적 도약으로 드러난다. 그런데 지성을 사용한 도구의 제작과 사용은 생명적 창조의 지속성과 생성보다는 순간순간의 부동의 모습들에 매몰될 가능성이 있다(Bergson 1907/2008: 352). 이러한 지적은 서양철학의 지성주의에 대한 베르그손의 비판과도 연결되어 있다(조광제 2017: 131-133).

### 3) 인간을 만드는 도구

베르그손의 호모 파베르 개념은 도구의 제작과 사용을 그의 생명철학의 큰 흐름과 서양근대철학에 대한 비판의 연장선상에서 파악한 것으로, 하이데거의 기술철학과 비견할 만하다. 그러나 베르그손은 하이데거처럼 기술 자체를 본격적인 논의의 대상으로 삼지 않았다. 인간의 문제에 집중한 하이데거보다 사유의 지평을 더 크게 잡고 더 큰 존재자 전부를 철학적 물음의 대상으로 삼았기 때문일 것이다.

그의 논의를 자세히 살펴보지 못했으나, 베르그손이 주장하는 생명적 창조의 예측할 수 없는 역동이 무생물과 생물, 인간과 그 지성으로 인해 생긴 산물들의 상호작용으로 얽혀 있다는 점에 유의해야 한다. 특히 그가 지성을 통해 만든 도구에 대해 매우 의미심장한 지적을 한 것에 주목한다. "특히 인공적으로 만들어진 도구는 제작자의 본성에 역으로 영향을 미친다. 왜냐하면 도구는 그것을 제조한 사람에게 새로운 기능을 행사하도록 요구하면서 타고난 신체조직을 연장시켜주는, 말하자면 보다 풍부한 유기조직을 발달시켜주기 때문이다"(Bergson 1907/2008: 240). 지성이 만든 도구는 인간의 본성과 서로 얽혀 생명적 창조를 이어나간다. 인간이 도구를 만들지만, 도구가 다시 인간을 만드는 것이다.


## 3. 한나 아렌트의 호모 파베르 개념

한나 아렌트의 호모 파베르 개념은 아렌트가 말한 인간의 근본활동 중 작업(work)에 대한 분석에서 등장한다. 이때 베르그손의 호모 파베르 개념을 주의 깊게 분석하고 인용하고 있지만, 그에게 동의하는 것은 아니다. 아렌트의 사상에서 호모 파베르 개념 자체가 논의의 초점이 되지는 않지만, 여전히 이 개념은 그녀의 정치철학, 혹은 근대 비판의 맥락에서 중요한 위치를 차지한다. 그녀의 통찰은 기술철학의 여러 이론들을 비판적으로 반추하는 데에도 도움이 된다.

## 1) 인간의 조건과 근본활동

잘 알려진 것처럼 아렌트는 그녀는 『인간의 조건』에서 인간의 세 가지 근본활동을 노동(labor), 작업(work), 행위(action)로 규정한다. 이들은 인간이 실존하기 위해 필요한 생명, 영속적인 세계(세계성), 다른 사람들이 있어야 한다는 조건(다원성)에 상응한다. 인간의 조건과 근본활동은 다시 인간실존의 가장 일반적인 조건, 즉 인간의 탄생성(natality)과 가멸성(mortality)에 기댄다.

> 노동은 인간 신체의 생물학적 과정에 상응하는 활동이다. … 노동이 이루어질 수 있는 근본 조건은 삶 자체이다.
>
> 작업은 인간 실존의 비자연적인 것에 상응하는 활동이다. … 작업은 자연적 환경과 전적으로 구별되는 '인공적' 세계의 사물들을 제공해준다. … 작업의 인간 조건은 세계성(worldliness), 다시 말해 대상성과 객관성에 대한 인간실존의 의존성이다.
>
> 행위는 사물이나 물질의 매개 없이 인간 사이에 직접적으로 수행되는 유일한 행동이다. 행위의 근본조건은 다원성으로서 인간 조건, 즉 보편적 인간이 아닌 복수의 인간들이 지구상에 살며 세계에 거주한다는 사실에 상응한다(Arendt 1958/1996: 55-56).

이 세 가지 활동은 모두 인간 실존에 필연적이다. 따라서 어느 하나도 절대화되거나 생략될 수 없다. 노동이 자연의 필연성과 연결된다면 작업은 인간이 스스로 목적을 가지고 세계를 만드는 활동이다. 작업을 통해 만들어지는 인공의 세계가 바로 행위가 일어나는 장소이다. 행위는 다른 사람과 공존하면서 말을 통해 인간 주체로 존재하게 하는 활동이다. 다른 사람과 동등하기 때문에 서로 말을 주고받을 수 있지만, 그 말을 통해 서로의 차이와 각자의 독자성을 발견한다. "말과 행위로서 우리는 인간 세계에 참여한다. 이 참여는 제2의 탄생과 비슷하다"(Arendt 1958/1996: 237). 이때 "인간이 행위할 수 있다는 사실은 예상할 수 없는 것을 그에게 기대할 수 있다는 것과 또 매우 불가능한 것을 그가 수행할 수 있다는 것을 의미한다"(Arendt 1958/1996: 238). 아렌트는 이것을 '말과 행위의 계시적 성질'이라 부른다(Arendt 1958/1996: 239). 말과 행위 속에 인간의 본질이 드러난다(Arendt 1958/1996: 242).

이렇게 자기를 확인하고 드러내는 말과 행위가 일어나는 공동의 세계가 바로 공적 영역이다. 아렌트의 문제의식은 근대에 와서 이 행위의 영역이 사라지고 인간의 모든 활동이 노동으로 환원되고 있다는 것에서 시작된다. 아렌트의 분석을 이해하기 위해서는 먼저 노동과 작업의 차이를 좀 더 정교하게 알아야 한다.

### 2) 작업의 인간, 호모 파베르

노동과 작업의 구분은 쉽지 않다. 마르크스와 애덤 스미스 모두 노동과 작업을 모두 동일한 것으로 파악하였다. 그러나 아렌트에 따르면 인간은 노동을 통해 지구에서 생명을 유지하고 작업을 통해 세상을 만든다. 아렌트는 지구와 세계를 구분하는데, 지구는 생산과 사용, 재생산의 장소이고 세계는 제작, 교환, 파괴의 장소이다. 이때 파괴라 함은 자연에 순응하는 것이 아니라 인간의 목적에 따라 자연을 변형하여 인공적인 것을 만든다는 것을 의미한다. 베르그손이 호모 파베르의 활동을 생명적 창조의 연장선상에서 보는 데 반해, 아렌트는 노동과 작업을 명확하게 구분한다. 아렌트는 베르그손이 결국은 노동과 작업을 구분하지 않은 것을 비판한다(Arendt 1958/1996: 373, 381).

> 얼핏 보면 이들[마르크스, 니체, 베르그손]은 행위를 강조하고 관조를 반대하는 것처럼 보인다. 그러나 보다 자세히 살펴보면 이들 중 누구도 행위 자체에 실질적 관심을 갖지 않는다. … 니체와 베르그손은 제작의 관점에서 행위를 기술한다. 즉 호모 사피엔스가 아니라 호모 파베르의 관점에서 행위를 기술한다. 마찬가지로 마르크스도 행위를 제작의 관점에서 생각하며 노동을 작업의 관점에서 기술한다. 그러나 이들의 궁극적 준거점은 작업, 세계성이 아니며 행위는 더더욱 아니다. 그것은 삶이자 삶의 다산성이다(Arendt 1958/1996: 381 각주 77).

그러나 아렌트에게 인간 실존의 장소는 자연과 생명이 아닌 작업을 통해 만들어지는 세계, 행위의 장소가 되는 세계이다.

노동은 반복적이고 순환적이지만, 작업은 일회적이고 직선적이다. "명확한 시작과 예상할 수 있는 분명한 끝을 가진다는 것이 제작의 특징이다. 제작은 이 특징을 통해서만 다른 모든 인간 활동과 구별된다. 육체적 생명과정의 순환적 운동에 매여 있는 노동은 시작도 끝도 없다"(Arendt 1958/1996: 201-202). 작업을 통해 인간은 자연의 순환을 거스르는 독립적인 물건을 만들어내고, 이 인공물은 지속성을 가진다. 이 지속성 때문에 인간은 '객관성(objectivity)'을 이해하게 된다. 이때 객관성이란 주변의 흐름에도 불구하고 변하지 않고 지속적이고 독립적으로 존재함을 의미한다. 자연은 순환적이지만, 자연으로부터 만들어낸 인공물 덕분에 인간은 자연도 객관적인 어떤 것으로 이해할 수 있게 된다. 나아가 작업의 결과물을 통해 인간이 자신의 정체성 혹은 자기 동일성을 파악하게 된다.

> 사물들에게 그것을 생산하고 사용하는 인간으로부터의 상대적 독자성과 '객관성'을 부여하는 것은 바로 이 지속성이다. 이 객관성으로 인하여 사물들은 적어도 잠시 동안은 생산자이자 사용자인 인간의 탐욕스런 욕구와 필요에 '저항하여' 지속할 수 있다(stand against). 이런 관점에서 세계의 사물은 인간의 삶을 안정화시키는 기능을 하며, 이 사물들의 객관성은—동일한 인간은 똑같은 개울에 들어갈 수 없다는 헤라클레이토스의 말과는 모순되지만—항상 변화하는 본질에도 불구하고 인간은 같은 의자와 같은 탁자에 관계함으로써 자신의 동일성을, 즉 자기의 정체성을 확보할 수 있다는 사실에서 비롯된다. 달리 말하면, 인간의 주관성에 대립하여 서 있는 것은 손대지 않은 자연의 웅대한 무관심이기보다는 인위적 세계의 객관성이다(Arendt 1958/1996: 194-195).[75]

작업은 또한 물화(reification)의 특징을 갖는다. 청사진으로 존재하던 사물을 실제로 만들고, 합의한 내용을 글로 쓰고 법으로 만들어내는 것이 모두 인간의 작업이다(Arendt 1958/1996: 196-197). 자연은 인간에게 주어진다. 하지만 인간은 그 자연에 작업으로 응대하면서 세계(world)를 만드는 것이다.

그리하여 작업의 인간인 호모 파베르는 노동하는 인간인 아니말 라보란스(animal laborans)와 여러 가지 면에서 대비된다. 호모 파베르는 자신과 자기가 하는 활동의 주인이다. 호모 파베르는 만들고 싶으면 만들고, 부수고 싶으면 부순다. 노동의 동물(animal laborans)로서의 인간은 삶의 필연성에 매달려 있는 반면, 호모 파베르는 독립적이다.[76]

노동의 동물은 주어진 일을 기계나 동물처럼 아무 생각 없이 수행하는 인간이다. 반면, 호모 파베르는 자신이 하는 일에 대한 반성적인 성찰을 하는 사람이다. "호모 파베르는 물질적인 노동과 행위를 판단하는 존재다. 아니말 라보란스의 동료가 아니라, 그 위에 선 상위자다. … 아니말 라보란스는 '어떻게?'라는 질문밖에 하지 않는 반면, 호모 파베르는 '왜?'를 묻는다"(Sennett 2008/2010: 21-22; cf. Arendt 1958/1996: 363). 여기서 호모 파베르가 묻는 '왜?'는 제작의 과정이 무의식적이지 않고 특정한 목표를 가진 활동임을 강조하는 것이다. 호모 파베르가 인공물을 만드는 것은 그것을 사용하기 위해서이다. 이는 소비를 위한 노동과 다르다.

### 3) 예술, 작업, 사유

근대 사회에서 작업이 노동의 경감에만 복무하고 시장에서의 거래를 위해 수행되는 상황에서도 여전히 작업의 특징을 잘 보여주는 것이 있으니 바로 예술작품이다. 예술은 호모 파베르가 뚜렷한 목적의식을 가지고 구현하는 활동일 뿐 아니라, 그 목적이 다시 다른 목적의 수단으로 변질되지 않는다. 예술작품은 완성된 후에 지속성을 가지고, 그리하여 인간이 자연을 파괴하여 만든 인공물의 영속적인 세계를 이룬다. 이렇게 작업의 특성을 잘 보여주는 예술을 통해 우리는 호모 파베르를 잘 이해할 수 있게 된다. 예술가가 전형적인 호모 파베르인 셈이다.

'거래하고 교환하려는 인간의 경향'이 교환대상의 원천이고 인간의 사용능력이 사용물의 원천이듯이, 예술작품의 직접적 원천은 인간의 사유능력이다. 이것들은 인간의 능력이지 단순히 감정, 욕구, 필요와 같은 인간 동물의 속성은 아니다(Arendt 1958/1996: 227).

이 지점에서 사유가 등장한다. 인간의 능력인 사유는 예술작품의 원천이지만 사유 자체가 예술작품을 만드는 것은 아니다. 사유가 제작이라는 물화 과정을 통해 예술작품으로 표현되는 것이다. 예술작품이 보여주는 것처럼 제작은 사유와 관련되어 있다. 인간의 사유능력은 작업과 행위에서는 드러나지만 노동에는 결여되어 있다. 그래서 작업이 노동으로 환원된다는 말은 사유가 사라진다는 것을 의미한다. 그렇다면 사유를 전제로 하는 것이 명백한 행위의 경우는 작업과 어떤 관계에 있는가? 아렌트는 행위가 가능하기 위해서는 작업을 통해 물화된 사유, 즉 세계가 필요하다고 말한다.

인위적인 사물세계, 즉 제작인이 건설한 인간의 세계는 가멸적 인간의 거처가 된다. 이 세계의 안정성이 항상 변화하는 인간의 삶과 행위의 운동을 견뎌내고 보다 더 오래 지속할 수 있는 경우는 오직 이 세계가 소비를 위해 생산된 대상의 기능주의를 초월하고, 이용을 위해 생산된 대상의 유용성을 초월할 때이다. 비생물학적 의미에서의 삶, 즉 모든 인간이 삶과 죽음 사이에서 가지는 생애는 행위와 말에서 자신을 드러낸다. '위대한 행위를 하고 위대한 말을 함'은 행위와 말이 지나간 후에도 지속되는 어떤 흔적이나 생산물을 남기지 않는다. 만약 노동의 동물

(animal laborans)이 자신의 노동을 덜고 고통을 제거하기 위해서 제작인의 도움을 필요로 하고 죽을 운명의 인간이 지상에 자신의 거처를 건립하기 위해 제작인의 도움을 필요로 한다면, '행위하고 말하는 인간'도 최고의 능력을 가진 제작인의 도움을 필요로 한다(Arendt 1958/1996: 233).

### 4) 근대의 노동과 작업

앞서 언급한 것처럼, 근대의 문제는 행위의 자리가 상실되고 노동과 작업, 혹은 노동만이 인간 실존의 중심으로 떠오르는 것이다. 먼저 노동과 작업의 구분이 모호해지는 것으로부터 시작해보자.

노동과 작업의 구분이 사라지는 계기 중 하나는 시장이다. 행위에만 공론장이 있는 것이 아니다. 작업에도 공론장이 있으니, 바로 시장이다. 그런데 문제는 작업의 결과물이 시장에서 거래되다 보면 결국 시장에서 거래하기 위해 작업을 하게 된다는 점이다. 이것이 바로 근대의 자본주의 시장에서 일어난 일이다. 이렇게 되면 작업의 결과물이 사용을 위한 가치가 아닌 소비를 위한 가치만을 가지게 되고, 작업이 담보해야 할 영속적인 세계 대신 상대적인 교환 가치만 남게 된다.

작업의 특징은 목적과 수단의 구분인데, 작업을 통해 이룬 목적이 곧바로 다른 목적의 수단으로 취급되어 그 궁극적 목적 자체가 희미해지는 경우에도 작업과 노동의 구분이 사라진다. 특히 작업의 결과물이 노동의 어려움을 극복하는 수단으로만 이해될 때에도 작업과 노동의 구분이 희미해진다. 예를 들어 기계는 힘든 노동을 대치하는데, 이 부분만을 강조하게 되면 장인이 사용하기 위해 만든 도구와는 다른 성격이 드러난다. 아렌트는 도구와 기계를 다음과 같이 비교한다. "아무리 세련된 도구라 할지라도 그것은 손을 지도하거나 대신하지는 못하며, 손의 하인으로 남는다. 그러나 아무리 원시적인 기계라 하더라도 그것은 육체의 노동을 지도하며 결국 그것을 완전히 대체한다"(Arendt 1958/1996: 205).

이렇듯 작업은 노동과 다르지만, 노동으로 환원될 소지가 많다. 그런데 현대기술의 발전은 그러한 경향을 더욱 부추긴다. 현대기술은 인간세계와 자연의 구분을 없애고 있다. 아렌트는 산업혁명 이후로 이어진 전기의 사용과 자동화를 언급하면서 다음과 같이 말한다.

> 우리는 오늘날 말하자면 '창조하기' 시작했다. 즉 우리가 없다면 결코 발생할 수 없었을 우리 자신의 자연적 과정을 사슬에서 풀어버렸다. 불가항력적인 자연의 힘으로부터 인간의 세계를 보호하고 그 힘들을 가능한 한 사람이 만든 세계의 바깥이 두는 대신, 이 힘들을 그 원초적인 폭력과 함께 우리 세계 안으로 끌어들인 것이다. 그 결과 제작 개념에 엄청난 혁명이 일어났다. 언제나 '일련의 분리된 단계'였던 제조업은 '연속적 과정', 즉 컨베이어 벨트와 조립라인이 되어버렸다(Arendt 1958/1996: 206-207, 번역 일부 수정).

현대기술의 자동화 과정에서 제작의 특징인 제작 과정과 결과물의 분리는 희미해져서 자연의 연속적 과정과 비슷하게 되었다.

> 우리는 스스로 움직이고, 자의적이고 목적적 간섭의 영역 밖에 존재하는 운동의 모든 과정을 자동적이라 부른다. 자동화에 의해 주도되는 생산양식에서 제조공정에 대한 생산물의 우선성과, 생산물과 제조공정(이

것은 단지 목적을 생산하는 수단이다)의 구별은 더 이상 의미가 없으며 진부하다. … 연속적인 제조의 과정에서 이 기계의 세계는 도구와 용구 그리고 근대 초기의 기계가 확고하게 소유했던 독립적인 세계성을 상실하고 있다. 기계 세계에 자원을 공급해주었던 자연과정은 기계세계를 점차 삶의 과정과 결합시켰다(Arendt 1958/1996: 209, 211).

이렇듯 과학기술의 발달은 인간을 자기 자신이 거할 곳인 세계로부터 멀어지게 만든다. 아렌트는 과학기술의 발달과 함께 작업이 노동으로 환원되는 것, 혹은 호모 파베르보다 노동하는 인간이 더 두드러지는 근대사회의 상황을 '세계소외'라고 명명한다.

아렌트의 분석은 비슷한 시기에 엘륄이 주장했던 기술의 자율성 개념과 유사하다. 엘륄은 기술이 효율성의 법칙을 앞세워 인간의 자유와 자율성을 침해했다고 본다. 아렌트가 말한 작업의 상실 역시 제작인으로서의 호모 파베르가 목적을 세우고 수단을 제시하는 독립성을 더 이상 가지지 못하게 되었다는 의미이다. 그런데 여기서 아렌트는 제작을 노동과 행위라는 다른 근본활동과 연결시켜 분석하고 존재론적인 의미를 부여함으로써 기술에 대한 논의를 한 차원 더 깊게 가져간다. 노동으로 환원될 수 없는 제작의 성격을 유심히 살펴봄으로써 제작이 노동으로 환원되는 현상이 가지는 의미와 초래하는 결과, 그리고 그 상황을 극복할 수 있는 계기를 파악할 수 있다.

### 5) 아렌트 철학과 기술철학

아렌트의 호모 파베르 개념은 인간이 인공물을 만들어 사용한다는 것이 인간됨에서 차지하는 존재론적 중요성을 잘 보여준다. 제작은 인간과 자연을 이어줄 뿐 아니라 다른 근본활동인 노동과 행위를 잇는 역할을 한다. 근대의 위기에 대한 분석이 보여주는 것처럼 현대기술의 시대에 와서 제작의 위치가 흔들리는 것은 곧바로 인간의 인간됨이 흔들리는 것으로 이어지고 사유의 망실로 이어진다. 이와 같은 분석은 고전적 기술철학자들의 문제의식을 반영하고 있다.

그러나 아렌트의 제작 혹은 기술활동에 대한 설명은 기술철학이 천착해온 기술의 문제보다는 인간학의 문제에 치중해 있다. 다시 말해서 제작이 인간의 실존과 관련하여 어떤 의미인지를 설명할 뿐, 그 제작활동이 인간을 어떻게 바꾸었는지에는 큰 관심을 두지 않는다. 도구를 만들어 사용하는 호모 파베르에 초점을 맞추고 있기 때문에 도구가 사람을 어떻게 만들어가는지를 설명하지 않고 있다. 결과적으로 아렌트의 분석은 고전적 기술철학자들이 수행한 기술사회에 대한 분석이나 진단의 차원에서는 유사한 측면이 많지만, 기술사회의 미래에 대한 대안은 뚜렷하지 않다. 인간이 인간 고유의 사유 능력을 발휘하고 있지 못하다는 아렌트의 근대 비판이 기술의 영역에서 어떤 구체적 대안으로 이어져야 할지는 기술철학의 숙제로 남아 있다.

## 4. 호모 파베르의 두 가지 역설[77]

### 1) 새로운 개념의 제안: 호모 파베르의 역설

베르그손과 아렌트의 논의는 호모 파베르가 인간의 인간됨에 매우 중요한 의미를 갖고 있음을 보여준다. 나아가 만들어진 도구에 대한 비판적 성찰이 필요하다는 사실을 강조하고 있다. 이들의 사상은 기술철학의 주류 흐름에서 많이 반영되지 않지만, 호모 파베르의 개념을 철학적 성찰의 대상으로 삼았다는 점에서 의의가 있다.

이들을 기술철학자로 분류하지 않는 이유는 두 사람 모두 사람을 중심에 두고 자신의 철학을 전개하면서 그 기술활동 자체나 기술의 대상, 그리고 그 결과물에 초점을 맞추지는 않기 때문이다. 다시 말해서, 기술활동과 그 산물이 사람에게 미치는 근본적인 영향력보다는 사람이 도구를 만드는 것에 경도되면서 생기는 문제에 치중한 것이다.

이제 호모 파베르 개념을 기술철학의 분석에서 사용하기 위해 약간 방향을 바꾸어 보도록 하자. 즉, 제작자로서의 인간뿐 아니라 그 기술활동 자체와 그 대상, 즉 기술에 초점을 맞추어 보는 것이다. 이는 한편으로는 베르그손과 아렌트의 논의에서 발견한 통찰을 받고, 다른 한편으로는 인간의 문제를 기술이라는 핵심어로 파헤쳐 가는 기술철학의 맥락을 강조하는 시도이다.

이러한 시도의 일환으로 '호모 파베르의 역설(paradox of Homo Faber)'이라는 개념으로 기술의 문제를 분석할 것을 제안한다. 호모 파베르의 역설에는 두 가지 측면이 있다. 하나는 인간이 인공물을 만들어 사용하는 바로 그 능력이 인간의 자연스러운 본성이라는 것이고, 다른 하나는 인간이 기술을 만들지만 기술 또한 인간을 만든다는 것이다. 이때 '역설'은 이 개념을 가장 엄격한 의미로 쓰는 것은 아니다. '인공물을 만드는 본성'이나 제작의 주체와 객체가 뒤바뀌는 것이 논리적 모순을 일으키지는 않기 때문이다. 그러나 이런 개념적 아이러니와 많은 이들이 기술에 대해 일반적으로 가지고 있는 생각에 어긋나는 현상을 좀 더 느슨한 의미로서의 '역설'로 표현하려 한다.

앞으로 자세히 살펴보겠지만, 호모 파베르의 역설은 마샬 맥루언의 사상과 닿아 있다. 맥루언 자신이 "먼저 우리가 도구를 만들고, 그다음엔 도구가 우리를 만든다(First we build the tools then they build us)"고 말한 것으로 알려져 있기도 하다.[78] 그는 또 "미디어가 곧 메시지(The medium is the message)"라는 유명한 경구를 통해 메시지를 전달하는 매개체가 메시지 자체에 큰 영향을 미칠 수 있음을 통찰하기도 했다(McLuhan 1964/2011: 28ff). 여기서는 기술철학에서 이어져온 여러 논의들의 맥락에서 그 통찰을 재해석하도록 한다.

맥루언의 제자이자 미디어 생태학자인 월터 옹은 '호모 파베르'라는 용어를 사용하지 않았지만, 도구를 만들어 사용하는 인간의 특징을 잘 표현한 바 있다. 그는 자신의 주저 『구술문화와 문자문화』에서 문자의 사용을 기술로 보고 "기술은 인공적이다. 그러나 역설적이게도, 이 인공성은 인간에게 자연스러운(본성적인) 것"이라고 주장했다(Ong 1982: 82). 이는 호모 파베르의 의미를 더 폭넓게 고찰하는 출발점으로 삼기에 적절한 언명이다.

### 2) 구술문화와 문자문화

옹의 연구 주제는 문자가 생겨나기 전 구술의 시대에는 사람들이 어떻게 사유했는지를 탐구하는 것이다. 이는 동시에 문자가 사람들의 사고를 어떻게 바꾸었는지에 대한 연구이기도 하다. 문자가 없던 시절의 기록은 당연히 남아 있지 않기 때문에, 이 연구를 위해서는 구술문화와 문자문화가 공존하던 시대의 문헌들에 의지할 수밖에 없다. 옹은 먼저 호머의 작품들이 이야기의 전개를 위한 논리적인 체계를 따르지 않고 반복과 인물묘사에 많은 지면을 할애하는 것에 대한 밀만 패리(Milman Parry)의 이론을 소개한다. 과거의 학자들은 호머가 이런 식으로 글을 쓰는 것을 통해 의도하는 바가 있었을 것이라 보고 그가 전달하고자 했던 바가 무엇인지를 파악하려 애썼다. 그러나 패리는 그러한 이야기 전개의 이유를 구술문화에서 찾는다. 다시 말해 기록이 불가능했던 구술문화의 시절에는 모든 것을 기억에 의존해야 하기 때문에 구술자의 기억을 돕기 위해 반복을 비롯한 여러 장치들이 포함되었는데, 문자문화가 시작된 초기에 쓰여진 호머의 작품에 그 잔재가 많이 남아 있다는 것이다(Ong 1982: 20-26).

문자가 발명되고 널리 사용됨에 따라 그러한 장치들은 불필요하게 된다. 한 번 서술된 내용은 반복될 필요가 없을 뿐 아니라 다음 내용의 토대가 된다. 논리적 구성과 논변이 가능해지고 불필요한 묘사는 생략된다. 물론 식자들이 주도적으로 발전시켜온 서양의 학문 전통 안에서는 문자문화가 널리 퍼졌지만, 서양 사회 전반에 걸쳐 문자문화가 정착되는 데에는 오랜 시간이 걸렸다. 옹은 여러 관련 연구를 종합하여 19세기 되어서야 완전한 문자문화의 시대가 도래했다고 한다.

### 3) 첫 번째 역설: 자연과 인공

옹은 오늘날 우리에게는 쓰기가 너무 자연스러워서 그것이 기술이라는 생각을 하지 않지만, 말하기와는 달리 쓰기는 가장 대표적인 기술이라 주장한다. 기술은 자연스러운 것이 아니다. 기술은 자연을 특정한 방식으로 이용하겠다는 의도를 가지고 자연과는 다르게 만들어진 것이다.

입으로 말하기가 자연스러운 것인데 비해 쓰기는 완전히 인공적이다. '자연스럽게' 쓰는 경우는 없다. 어떤 문화에서든 육체적으로나 심리적으로 문제가 없는 모든 사람은 입으로 말한다는 점에서 입으로 말하는 것은 전적으로 자연스럽다. … 쓰기나 필사는 무의식에서 건져 올린 것이 아니라는 점에서 말과 다르다. 구전 언어를 문자로 옮기는 것은 의식적으로 만들어진 정교한 규칙에 의한다(Ong 1982: 81).

인류는 오랫동안 문자 없이 살았다. 문자가 처음으로 나타난 이후로도 쓰기가 어느 정도 일반화되기까지는 매우 오랜 시간이 걸렸으며, 지금도 자신들이 쓰는 고유어의 문자를 가지지 못한 부족들이 많다. 그러니까 인간이 본래부터 가지고 있는 능력인 말하기와 배워야만 쓸 수 있는 쓰기(와 읽기) 사이에는 엄청난 차이가 있고, 쓰기는 필연적으로 나타난 것이 아니라 우연적인 것이다.[79] 바로 이 쓰기처럼 인공적인 것을 만들어 내는 능력과 경향성은 인간의 본성에 속한다. 쓰기를 발명하기 이전의 사람들도 다른 인공적인 물건과 제도를 구성하여 그들의 삶을 꾸렸다. 도구는 인공적이고 따라서 우연적이지만, 그 인공적인 도구를 만들어 쓰는 것은 인간의 자연스러운 본성이다. 이것이 옹이 말하는 호모 파베르의 첫째 역설이다.

사람의 수많은 행위들 중에 자연스러운 것이 있고 인공적인 것이 있음을 새삼 구분하는 것은 그 자체로 의미 있는 일이다. 그러나 이 사실이 오늘날의 첨단기술에 대해 특별히 추가적인 통찰을 제공하는가? 혹은 그 반대로, 오늘날 우리가 사용하게 된 기술은 도구를 만들어 사용하는 인간을 이해하는 데 어떤 도움을 주는가?

## 4) 두 번째 역설: 인간과 기술의 상호작용

문자의 발명에 대한 옹의 분석은 여기에서 한 걸음 더 나아간다. 그는 인류가 구전문화에서 문자문화로 옮겨가면서 생겨난 변화들을 분석하면서, 글자 이전과 이후의 인간문화는 본질적으로 차이가 난다는 사실을 밝힌다. 즉, 도구를 만들어 쓰는 것, 인공성을 창출하는 능력은 인간의 삶의 조건뿐 아니라 인간의 의식을 바꾸는 것이다(Ong 1982: ch. 4). 인공적인 기술을 만드는 것이 인간의 본성이라는 역설에 더하여 그 인공적인 기술이 다시 인간의 의식에 영향을 미친다는 또 하나의 역설이 생겨나는 것이다.

인간을 인간되게 하는 가장 중요한 특징이라고 생각되는 사고의 능력이 인공적으로 만들어진 문자에 의해서 질적으로 바뀐다는 것은 생각해 보면 놀라운 일이다. 옹에 따르면 서양 철학 전체가 문자라는 바탕 위에서만 가능했고, 근대 기술도 물론 문자를 바탕으로 한 체계적 사유의 결과이다. 인공적인 문자 언어를 개발하기 전에는 철학, 수학을 비롯한 합리적, 논리적, 체계적인 사고가 불가능했을 것이라고 옹은 주장한다(Ong 1982: 53, 79, 112, 169). '생각하는 인간(Homo Sapiens)'은 그가 문자를 가졌느냐의 여부에 따라 그 생각의 형식과 내용에서 전혀 다른 특징을 가지게 된다. 따라서 오늘날 우리가 이상적이라고 생각하는 인간의 모습, 혹은 그 가치는 과거와 전혀 다를 수 있다. "기술은 단순히 외부적인 도움을 주는 것이 아니라 의식의 내부적인 변화를 일으키는데, 그중에서도 언어에 영향을 미칠 때 가장 그러하다"(Ong 1982: 81). 이렇게 본다면 호모 파베르는 단순히 도구를 만드는 존재가 아니다. 호모 파베르는 자기 자신을 만드는 도구를 만든다.

### 5) 호모 파베르 역설 개념이 가지는 차별성

호모 파베르 개념 안에 내포된 역설을 강조하는 것은 베르그손과 아렌트의 분석을 포함하고 동시에 그들의 논의가 다루지 않은 부분을 포괄한다. 두 사람은 도구를 제작하고 사용하는 행위와 그 결과가 인간의 인간됨에서 차지하는 중요성이 무엇인지를 밝혔다. 기술이 상위의 목적을 위한 도구라 해서 목적보다 중요성이 떨어지는 것이 아니라, 오히려 그 목적을 수립할 수 있는 근거를 마련하는 활동이라는 점이 드러난 것이다. 그러나 앞서 언급한 것처럼 그 기술이 구체적으로 인간을 어떻게 빚어가는지에 대해서 두 사람은 침묵했다. 기술은 인간의 인간됨을 근본적인 수준에서 바꿀 수 있다는 면에서 단순한 도구가 아니다. 근본적인 변화를 초래할 힘이 있다면 당연히 그에 대한 대처 방안이 요구되고, 이것이 바로 기술철학의 과제다. 베르그손과 아렌트는 인간 존재에 대한 심도 깊은 연구를 통해 그 삶의 구조와 조건을 밝히는 데 주력했지만, 이 점에서는 기술철학의 기존 논의와 결을 달리한 것이다.

호모 파베르의 역설은 기술의 자율성이나 닦달[몰아세움], 기술코드, 삶의 형식으로서의 기술 등 기술철학의 기존 이론들에서 기술을 설명하기 위해 사용한 개념들과도 뚜렷하게 구분된다. 호모 파베르는 기술과 함께 기술을 만들어 사용하는 인간을 동시에 가리키는 개념이기 때문이다. 인간과 기술을 주체와 객체의 대척점에 두거나, 어느 한쪽의 영향력을 일방적으로 강조하는 것이 아니라 그 상호관계에 주목한다는 점에 이론적 의의가 있다.

앞서 3장에서 돈 아이디의 포스트현상학을 살펴보면서 호모 파베르의 역설과 비슷한 주장이 있음을 언급했다. 그런데 2019년 아이디는 포스트

현상학과 물질 연계성 이론(Material Engagement Theory)을 연결시키면서 호모 파베르 개념을 주제로 삼았다(Ihde and Malafouris 2019). 물질 연계성 이론은 진화과정에서 인간의 사고방식이 물질적인 조건, 특히 기술의 매개에 의해 영향을 받는다는 것을 강조하는 이론이다(cf. Malafouris 2013). 이 논문에서 이들은 호모 파베르 개념을 인간이 무엇인가를 만드는 것뿐 아니라 우리가 만든 것에 의해 만들어지고 있다는 의미로 사용하겠다고 말한다(Ihde and Malafouris 2019: 195). 이는 사실상 호모 파베르의 역설 개념과 유사하다. 그는 동물도 도구를 만들어 사용하기 때문에 진화 측면에서 인간과 동일선상에 있지만, 인간은 자기가 처한 진화의 역사적 단계에서 기술의 매개에 의해 구성된다는 점에서 차별성을 가진다고 주장한다(Ihde and Malafouris 2019: 209). 따라서 이들은 주어진 것으로 존재하는 인간의 본성이나 핵심적인 특징이 존재한다고 보지 않는다. 기존의 어떤 본성이 확장되거나 변하는 것이 아니라, 인간은 항상 어떤 모습으로 되어가는(becoming) 존재이고, 기술은 그 변화의 중심에 있으며, 그 변화의 방향은 정해져 있지 않다(Ihde and Malafouris 2019: 198). 3장에서 우리는 아이디의 이론을 기술에 대한 서술적인 접근을 시도한다는 점에서 경험으로의 전환에 속한 것으로 보았지만, 인간 본성에 대한 그의 입장은 포스트휴머니즘과 상통한다.

아이디의 주장은 기술이 인간의 이해뿐 아니라 인간됨 자체에 영향을 미친다는 호모 파베르의 역설과 맥이 닿아 있다. 그러나 그의 이론은 인간과 기술의 관계를 서술할 뿐, 기술에 의해 만들어지는 인간의 모습을 어떤 방향으로 견인해 갈 것인지에 대한 물음을 차단한다. 인간이 기술을 만들고 기술에 의해 만들어진다는 사실을 진화의 역사와 인간됨의 정의로 받아들이게 되면 미래 사회에서 인간과 기술의 바람직한 모습에 대한 논의는 부차적인 것이 된다. 이런 면에서 아이디의 기술철학은 대안을 구하는 실천철학보다 인간론에 머물려 한다. 이에 반해 호모 파베르의 역설은 아이디와 그 통찰을 공유하면서도 기술사회의 미래에 대한 실천적 물음을 품을 수 있는 여지를 가진다.

보기에 따라서는 호모 파베르의 역설 개념이 너무 상식적이어서 기술에 대한 추가적인 이해에 도움을 주지 못한다고 비판할 수도 있다. 이에 대해서는 두 가지 대답이 가능하다. 실천적인 차원에서 이 개념은 곧 도래할 기술사회를 설명하고 준비하는 유용한 도구가 될 수 있다. 최근 4차 산업혁명 등을 언급하며 이루어지는 많은 논의들은 우리가 만드는 기술에 대한 지나친 기대와 함께 첨단기술들이 초래할 새로운 상황에 대한 막연한 두려움이 뒤섞인 채 진행되는 경우가 많다. 호모 파베르의 역설은 기술의 제작자가 인간이라는 사실과 함께 그 기술로부터 영향을 받을 수 있음을 명백히 밝혀 새로운 시대를 준비하는 균형 잡힌 접근을 가능하게 한다.


## 5. 호모 파베르의 시대, 21세기


새해가 시작되면 기술시장 분석 전문기관인 가트너(Gartner)사(社)가 발표하는 10대 전략기술 트렌드 보고서의 내용이 언론사 보도에 빠짐없이 등장한다. 구석기나 신석기 시대처럼 역사적 구분에서만 사람들이 주로 사용하던 도구가 등장하는 것이 아니라, 우리가 살고 있는 현재를 특정 기술로 이름 붙여 정의하기도 한다. '인터넷의 시대', '인공지능의 시대', '로봇 시대' 같은 표현들이 이제 일상적이 되었다. 엘륄이 현대사회를 부정적인 의미를 담아 '기술사회'라 불렀던 것을 생각하면, 포스트휴먼을 미래 사회의 구성원으로 받을 준비를 하게 된 오늘날의 모습이 아연할 정도다. 이제는 인간 자신과 인간의 삶을 이해하는 가장 중요한 요소가 기술이라 해도 지나친 말은 아닐 것이다. 우리 시대가 호모 파베르 개념을 다시 소환해야 하는 이유가 여기에 있다.

수십 년 정도의 짧은 역사를 통해 이루어진 기술철학의 담론들은 호모 파베르의 의미를 훨씬 더 풍성하게 이해할 수 있게 해주었다. 이제 호모 파베르에 대한 이해는 단순한 도구의 제작에 머물지 않고, 자연의 한 부분으로서 생명적 창조를 이어가거나 그 제작을 통해 세계를 구축하는 인간에 대한 통찰로 확대되었다. 여기에서 더 나아가 그러한 제작의 활동을 통해 인간이 스스로를 만들어가고 있음이 드러났다. 이제 철학의 모든 물음이 모두 기술과 연결지어 재편되어야 할지 모른다.

사람이 기술을 만들고 그 기술이 다시 사람을 만들어가는 호모 파베르의 역설이 숨 가쁘게 전개되고 있는 오늘의 첨단 기술사회에서 기술철학은 어떤 역할을 담당하고 어떤 대안을 제출할 수 있을까.[80] 이 물음에 답하기 위해서는 지금까지 기술철학의 논의들을 비판적으로 검토하여 얻은 결론을 가지고 다시 기술철학의 여러 논의에 적용해보는 과정을 거쳐야 한다. 6장에서 이 같은 분석을 진행할 것이다.

# 6장

# 호모 파베르의 역설로 본
# 기술철학 이론

## 1. 기술-인간 관계의 이해에 따른
## 기술철학 이론들의 비교

호모 파베르의 역설을 간명하게 풀면 "사람이 그 본성에 따라 기술을 만들고 기술이 사람을 만든다"라고 할 것이다. 이 역설은 제대로 표현되지 않았고 오랫동안 별다른 주목을 받지 않았지만 사실 널리 받아들여져 왔다. 좀 더 정확히 말하자면, 인간이 다른 동물과 달리 도구를 만들어 사용한다는 사실은 하나의 현상으로 받아들여져서 그것을 호모 파베르라는 말로 이해했으나, 두 번째 역설, 즉 만들어진 도구가 인간의 인간됨에 미친 실질적인 영향에 대해서는 실감하지 못했다. 도구와 기술의 발전이 느리게 진행되면서 그 사용의 결과가 내면화되어 인간의 실존에 스며들 충분한 시간이 있었기 때문이다. 구술문화의 시대에 문자가 생겨 내면화되는 데 몇 천 년이 걸렸고, 인쇄술 역시 몇 백 년에 걸쳐 인류 문화에 스며들었기 때문에 구텐베르크 시대를 사는 사람들은 문자성이 인간에게 미친 엄청난 영향력을 미처 깨닫지 못한 채 우리가 문자를 사용한다는 사실에만 집중하였다.[81] "구술성(orality)과 문자성(literacy)의 차이에 대한 우리의 이해는 말 그대로 전자의 시대(electronic age)에 와서야 시작된 것이지, 그 전에는 없었다"(Ong 1982: 2).

이 책의 서두에 언급한 것처럼, 도구와 기술에 대한 물음은 기술의 발전 속도가 빨라지고 그들의 인공성이 좀 더 두드러지게 나타났을 때에야 본격적으로 제기되기 시작했다. 현대기술에 대한 기대로 들떠 있던 19세기의 환호를 지나, 기술이 인간의 삶을 근본적으로 흔드는 것을 경험한 20세기 중반에 기술에 대한 철학의 물음이 본격화되었다. 1945년 일본에 투하된 핵폭탄의 가공할 만한 위력은 도구가 인간의 본성뿐 아니라 존재 자체를 통째로 위협할 수 있음을 적나라하게 보여주었고, 이런 상황은 이전에는 상상하지 못하던 일이었다. 호모 파베르의 두 번째 특징, 즉 기술에 의해 인간이 변한다는 사실이 현대기술의 시대에 이르러서야 명확하게 드러난 셈이다. 그와 함께 호모 파베르의 개념에 대해서도 다시 고찰할 계기가 생겼다.

본 장에서는 앞장에서 제안한 호모 파베르의 역설을 가지고 1부에서 살펴본 기술철학의 이론들을 다시 검토할 것이다. 과연 이들 이론은 인간이 기술을 만들고 기술이 인간을 만든다는 평범한 사실을 어떤 방식으로 받아들이거나 왜곡하고 있는가? 호모 파베르의 역설 개념을 사용하는 것의 여러 장점 중 하나는 기술철학이 기술을 논의의 중심에 두면서도 결국 인간의 문제로 돌아가게 된다는 것을 뚜렷하게 보여준다는 점이다. 호모 파베르라는 개념을 통해 기술철학의 이론들을 검토하면, 각각의 흐름들이 가지고 있는 인간에 대한 특정한 이해가 좀 더 분명하게 드러나게 된다. 이는 다시 각 이론에 대한 일정한 평가로 이어질 수 있다.

지금까지 살펴본 기술철학의 이론들의 강조점을 표로 정리하면 다음과 같다.

〈표 1〉 호모 파베르 개념과 기술철학 주요 흐름들의 강조점[82]

| | 고전적<br>기술철학 | 경험으로의<br>전환 | 포스트<br>휴머니즘 | 호모 파베르의<br>역설 |
|---|---|---|---|---|
| a) 인간이 기술 제작과<br>사용의 능동적 주체이다. | | ✓ | | ✓ |
| b) 기술이 인간의 인간됨에<br>영향을 미친다. | ✓ | | ✓ | ✓ |
| b') 인간을 인간이게 하는<br>가치(본성)는 변할 수 있다. | | | ✓ | ✓ |
| c) 인간을 인간이게 하는<br>가치(본성)는 변하지 않는다. | ✓ | ✓ | | |

먼저 호모 파베르의 두 가지 역설은 (a)와 (b)로 정리할 수 있다. (b')는 (b)를 다른 방식으로, 혹은 좀 더 강하게 표현한 것이라 할 수 있다. 굳이 구분을 하자면 (b)는 현상을 말하는 것이고, (b')는 원리를 말하는 것이라 할 수 있다. 이 미묘한 구분은 곧 살펴볼 고전적 기술철학자들의 입장 때

문에 상정하는 것이다. (b')와 (c)는 정반대의 입장인데, 포스트휴머니즘의 입장 때문에 중요한 문제로 떠올랐다.

위 표에서 ✓표시를 한 것은 각각의 이론적 흐름들과 호모 파베르의 역설이 해당 항목을 핵심적인 요소로 삼고 있는지 여부를 표한 것이다. 고전적 기술철학과 경험으로의 전환은 호모 파베르 개념의 두 가지 역설 중 하나를 각각 강조했지만, 인간을 인간이게 하는 본성은 변하지 않는다는 입장을 취했다는 점에서는 공통적이다. 포스트휴머니즘은 기술이 인간에 미치는 영향을 강조했다는 점에서 고전적 기술철학과 유사하지만, 인간의 인간됨이 고정되어 있다는 점은 부정한다.

이렇게 보면 호모 파베르 개념을 확장한 호모 파베르의 역설은 기존의 기술철학 이론들을 어떻게 포괄하는지가 드러난다. "사람이 기술을 만든다"는 역설의 한 축은 기술의 자율성 개념과는 배치되지만 기술의 민주화 이론과는 상통한다. "기술이 사람을 만든다"는 측면은 포스트휴머니즘이 주장하는 것처럼 기술을 통해 인간의 인간됨이 바뀌는 가능성까지 포함하는 주장이다. 이제 그 자세한 내용을 알아보도록 하자.


## 2. '호모' 파베르의 자리


위 표의 (a)행은 현대기술사회에서 "인간이 기술 제작과 사용의 능동적 주체인가"에 대한 각 이론 집단의 입장을 보여준다. 고전적 기술철학과 포스트휴머니즘은 이에 대해 부정적인 반면, 경험으로의 전환과 호모 파베르의 역설은 이를 긍정한다.

고전적 기술철학자들은 기술사회에서 인간의 자리, 즉 인간의 자유와 존엄이 훼손되고 있다고 판단하고 이를 깊이 우려한다. 이는 우선 그들이 어떤 식으로든 정의될 수 있는, 혹은 지켜야 할 인간의 인간됨이 있음을 전제하고 있다는 것을 의미한다. 그것이 정확히 무엇인지에 대해 구체적으로 언급하는 경우는 드물지만, 그들이 두려워하는 기술의 영향을 살펴보면 이들이 전제하는 인간의 인간됨의 조건은 "합리적 판단과 자발적인 행위의 주체인 개인으로 존재하는 것"이라고 정리할 수 있다.

현대기술의 규모와 힘이 갑자기 커지면서 인간은 자연과 세계와의 관계에서 이전과는 다른 자리에 서게 되었다. 보기에 따라서 주체의 자리에서 객체의 자리로, 주인의 자리에서 노예의 자리로, 혹은 반대로 약자의 자리에서 강자의 자리로 이동한 것이다. 고전적 기술철학자들은 각자 약간씩 다른 강조점을 가지고 이러한 변화를 인식해야 한다고 주장한다.

하이데거는 현대기술을 통해 존재가 인간과 모든 존재자를 부품으로 드러나게 하고 있는 상황을 파악해야 한다고 경고한다. 엘륄은 현대기술 사회에서 인간의 자유가 사실상 상실되었다고 주장한다. 마르쿠제는 기술사회의 복잡도가 높아지면서 인간의 인간됨이 고양되는 대신 일차원적 인간으로 내몰리고 있다고 보고, 멈포드는 다른 근거를 가지고 비슷한 분석을 내놓는다. 반면 요나스는 인간이 가지게 된 엄청난 힘에 주목한다. 이제 인류가 생긴 이래 처음으로 자연을 통째로 파괴할 수 있게 된 지금, 새로운 윤리가 필요하다는 것이다. 이 모든 변화보다 더 무서운 것은 이 변화를 자각하지 못하는 것이다. 그 자각이 있어야 좀 더 바람직한 방향을 향한 추구가 시작될 것이기 때문이다.

문제는 이들이 그 인간의 본질을 지키기 위해 무엇을 어떻게 해야 할 것인지에 대해 그다지 뚜렷한 대답을 제시하지 않는다는 점이다. 물론 이는 근본적 위기 상황에서 섣부른 대안보다 준엄한 경고가 더 앞서야 한다는 입장 때문이다. 그러나 이러한 접근이 가지는 부작용이 있다. 자칫 호모 파베르의 한 축, 즉 인간이 도구를 만들어 사용하는 존재라는 사실을 실질적으로는 무시하는 결과를 낳는 것이다. 실제로 하이데거와 엘륄 같은 이들은 현대기술의 엄청난 위력 앞에서 과거에는 기술을 지배했던 인간이 완전히 무력해진 것처럼 묘사하였다. 그들을 '비관론자'로 부르는 것의 타당성은 차치하고라도 도구를 만들어 사용하는 인간의 위치를 특정하기 어렵게 만든 것은 그들의 통찰을 잇는 건설적인 논의를 하기 힘들게 한다.

포스트휴머니즘은 고전적 기술철학과 정반대의 이유로 기술에 대한 인간의 주체성도 인정하지 않고, 기술의 미래에 대한 대안도 제시하지 않는다. 이들은 기술의 발전은 부정하거나 저항할 수 없는 사실로 받아들이고 그 발전의 궤적에 초점을 맞춘다. 그 과정에서 인간이 기술을 만드는 주체라는 사실에 대해서는 별다른 의미를 부여하지 않고, 오히려 기술이 빚어낼 미래 인간의 모습을 기대하면서 그 가능성을 열어놓는다. 이들의 입장에서는 고전적 기술철학자들이 비관적인 입장을 가지는 이유가 과거의 기준으로 미래를 보기 때문이다. 그러나 이들은 수많은 가능성이 아직 실현되지 않은 상태에서 인간의 본성에 대한 지금의 기준을 가지고 미래를 규범적으로 평가하는 것은 부당하다고 주장한다.

이처럼 고전적 기술철학과 포스트휴머니즘은 공히 인간이 기술을 만들어 사용한다고 하는 평범하기조차 한 사실에 의미를 부여하지 않는다. 굳이 둘을 비교하자면, 기술을 만드는 주체로서의 호모 파베르의 자리가 사실상 없어졌다는 상황인식 하에서는 포스트휴머니즘이 더 일관적이다. 포스트휴머니즘은 인간이 미래에 어떤 모습이 될 것인지에 대해 열린 태도를 가지고 있고 굳이 규범적 평가를 제시하려 노력하지 않기 때문이다. 반면 고전적 기술철학은 한편으로는 현실과 무관하게 고수되어야 할 본질적인 인간의 자리를 전제하고, 다른 한편으로는 현대기술 때문에 그 자리가 없어졌다고 주장하는 셈이다.

그러나 두 입장 모두 현대기술의 발전 과정이나 기술사회의 현 상황을 정확하게 반영하지 못한다. 고전적 기술철학의 경우, 전통적 기술이 인간의 인간다움에 미친 영향에는 별다른 관심을 보이지 않고 현대기술의 특징에만 초점을 맞추는 경향이 있다. 그러나 앞서 살펴본 것처럼 기술은 이미 인간의 인간됨을 일정한 정도로 구성해왔고 그 중요성은 결코 무시할 수 없다. 나아가 현대기술의 영향력이 두드러지게 되어 우리의 주목을 끌고 있다는 사실을 고려해야 한다. 기술 발전에 따른 인간 생활과 본성에 대한 위협이 심각하다고 본다 하더라도, 바로 그렇기 때문에 과거에 비해 개별 기술의 발전에 대한 적극적인 평가와 조정의 기회가 늘어났다고 생각할 수 있다.

이 부분을 강조한다면 "우리에게 남은 자유는 '아니오'라고 말할 수 있는 자유밖에 없다"는 엘륄의 주장(Ellul 1988/1990: 411)을 좀 더 긍정적이고 건설적으로 재해석할 여지가 생긴다. 고전적 기술철학자들이 기술에 대한 성찰과 비판을 할 수 있다는 사실 자체가 인간의 개입과 조정의 가능성을 여는 것이기 때문이다. 설사 대형화, 전문화된 현대기술의 특성상 개별 기술의 발전 과정에 일일이 간섭하는 것이 불가능하더라도, 비판이 가능해진 이상 바람직한 방향을 모색하는 것이 가능하다.

고전적 기술철학과 포스트휴머니즘이 현대기술에서 인간의 주체성이 사라졌다고 보거나 그것이 가지는 의미를 평가절하하는 데 반해, 경험으로의 전환은 기술에 대한 인간의 주도를 당연한 것으로 받아들인다. 고전적 기술철학의 강력한 기술비판에 대해 경험으로의 전환이 대응하는 방식은 전형적인 기술적 문제 해결의 형태를 띤다. 마치 망가진 도구를 고치듯, 만약 기술이 통제를 벗어났다면 다시 통제 아래로 끌어들이면 된다는 것이다.

경험으로의 전환을 추구한 학자들은 인간이 기술을 만들어 사용한다는 것을 기술의 개발과 생산 과정에서 사회적·정치적·문화적·경제적 요소들이 작동하고 있음을 보임으로써 증명하였다. 이 요소들이 작동하는 방식은 우리가 일반적으로 가지고 있는 인간의 인간됨에 대한 판단과 무관하지 않다. 예를 들어 사람의 수명을 늘리거나 의사소통을 더 원활하게 하는 기술의 개발은 긍정적으로 평가되고, 위험이 너무 크거나 환경에 부담을 주는 기술은 부정적으로 평가된다. 이렇게 실제 기술 개발 과정에서 개입되는 다양한 고려사항들은 호모 파베르의 자리가 여전히 남아 있다는 증거다.

이는 고전적 기술철학의 상대적 비관론이나 포스트휴머니즘의 상대적 낙관론 때문에 생긴 호모 파베르의 상실에 대한 반론이다. 경험으로의 전환은 기술의 사회적 구성이나 정치적 과정을 통한 기술 선택을 사실로서 받을 뿐 아니라, 호모 파베르의 자리를 명확하게 남겨두기 위한 장치들을 마련할 것을 제안하였다. 물론 개별 기술들에 대한 판단이 전체 기술사회의 발전 방향에 큰 영향을 미치지 못할 수도 있고, 지금 우리가 인간의 미래에 대한 특별한 생각을 가지고 개발하는 기술이 나중에 그 의도와 전혀 다른 결과로 이어질 가능성도 있다. 그러나 이런 가능성들은 지금 여기서 내려지는 구체적인 판단을 중단하거나, 그 판단의 기준을 수립하려 노력하지 말아야 할 이유가 되지는 않는다.

## 3. '파베르'의 영향력

위 표의 (b)행은, 기술이 인간의 인간됨에 영향을 미치고 있는가 여부에 대한 각 이론 집단의 평가이다. 고전적 기술철학과 포스트휴머니즘, 그리고 호모 파베르의 역설이 모두 이를 긍정하는 반면 경험으로의 전환은 부정한다. 호모 파베르의 역설을 기준으로 삼아 나머지 이론들을 검토하는 것이니만큼, 경험으로의 전환이 취하는 입장을 비판적으로 살펴보면 다음과 같다.

경험으로의 전환은 호모 파베르의 역설 중 '호모', 즉 기술을 만들어 사용하는 인간의 측면을 부각함으로써 고전적 기술철학의 약점을 극복한다. 그러나 그 역설 중 '파베르'에 초점을 맞추어 다시 생각하면 경험으로의 전환이 가지는 문제점이 드러난다.

경험으로의 전환은 기술의 영향력과 기술사회의 문제를 모두 단일 시점을 중심으로 파악하고, 기술활동이 일어나는 광범위하고 장기적인 맥락을 무시하는 경향이 있다. 경험적인 증거를 중요시해서 과거 기술 발전의 궤적을 면밀하게 추적하면서도, 그 탐구의 결과를 어떤 경향성의 차원으로 파악하려 하기보다는 자신들의 주장을 뒷받침하는 개별 증거로 사용한다. 바로 이 지점이 위너가 비판했던 기술의 사회적 구성주의의 접근이다.

그러나 이러한 접근은 도구가 인간의 삶과 사고의 맥락까지 규정하고 구성하는 것에 이르는 '파베르', 즉 인간이 수행하는 창조의 범위를 제대로 반영하지 못하고 있다. 옹이 분석한 구술문화와 문자문화의 사례에서 살펴본 것처럼 기술은 세상과 다른 사람을 보는 관점과 세계관에 영향을 미치고, 기본적인 인식의 전제를 바꾼다. 현대에 와서는 시장과 기술의 결합, 기술과 기술의 결합 등을 통해 기술의 발전이 실질적으로 인간의 결정 과정을 무의미하게 만드는 듯한 양상을 띠고 있다. 이런 상황에서 기술을 인간의 통제 아래 두고 특정한 방식으로 제어한다는 것은 무슨 의미인가? 어떤 기술이 인간의 자기 이해, 예를 들어 삶과 죽음, 병과 고통에 대한 기본적인 이해를 바꾸어 버리는 성격을 지녔다면, 그 기술의 개발을 허용할 것인가? 그때 그 결정의 기준은 무엇이어야 하는가? 경험으로의 전환은 기술사회에 대한 대안을 모색한다고 하면서도 이러한 물음에는 별다른 관심을 기울이지 않는다.

이는 앞서 3장에서 본 것처럼, 경험으로의 전환에 속하는 이론들이 기술과 인간의 관계를 기술의 도구성이라는 측면에서 접근한 것과 연결된다. 기술철학의 정체성 자체를 기술에 대한 인식론적 파악으로 규정한 핏은 그러한 탐구의 기반을 기존의 일반적인 기술 이해, 즉 도구로서의 기술에 두었다. 경험으로의 전환에 속하는 여러 기술철학자가 기술이 인간에 일정한 영향을 미치는 것을 인정했다. 특히 보르그만이나 개혁주의 기술철학의 경우, 현대기술이 인간에 미치는 부정적인 영향들을 인지하고 그에 대한 일정한 대안을 제시하기도 하였다. 그러나 그러한 대안을 제시할 때 기본적으로 전제한 것은 기술은 인간의 도구일 뿐이고, 현실에서 기술이 그 사용자와 인간 전체에 미치는 영향은 얼마든지 극복 가능하다는 생각이었다. 이런 입장은 고전적 기술철학과 달리 기술이 인간에 미치는 영향의 크기와 깊이를 근본적인 수준으로는 보지 않은 것이다.

이제 기술이 인간에 미치는 영향을 충분히 고려하지 못했다는 비판의 구체적인 증거로 기술의 민주화 이론을 검토해보자. 이 이론은 경험으로의 전환에서 기술과 인간의 관계를 바로잡는 대안으로 제시하는 방안 중 가장 대표적인 것이기 때문에 이를 반박함으로써 이 이론적 흐름이 가지는 약점을 파악할 수 있다.

첫째, 현대기술은 기존의 모든 경계를 모호하게 만들기 때문에 민주적 절차를 어디서 누구에 의해 집행해야 하는지가 불분명하다. 정치적이고 정책적 결정을 내릴 때 민주주의는 공간적인 한계를 전제한다(cf. Son 2005: 126-128). 하지만 기술은 국경을 알지 못한다. 예를 들어 어떤 나라에서 빅데이터가 정치적 억압이나 감시를 위해 사용되지 않도록 하는 여러 가지 규제를 강력하게 실시한다면, 그 나라의 기업들은 이를 첨예한 기술경쟁 상황에서 기술 발전을 방해하는 규제로 여길 것이다. 기술의 개발, 확산과 응용 가능성을 국경 안에서 자율적으로 결정하기에는 세계의 시장과 기술력이 너무 밀접하게 연결되어 있다. 원자력 발전소나 방사성 폐기물 저장소 같은 시설을 어느 지역에 배치하고 어느 정도의 보상을 누구에게 제공해야 할지에 대한 논의는 매우 정치적인 결정일 수밖에 없다.[83] 그런데 그런 결정이 국경 근처의 지역에서 이루어진다면 이웃나라의 동의는 민주적 결정 과정에 포함되지 않을 가능성이 많다.

이런 어려움을 잘 보여주는 것이 교토 프로토콜이다. 한편으로 이 노력은 많은 희망을 갖게 한 의미 있는 시도였다. 대기오염과 온난화 문제야말로 모두가 함께 풀어야 일이지만, 선진국과 후발국 사이의 경제적 격차와 개발에 대한 입장의 차이가 너무 커서 합의에 이르기 힘들다. 환경문제가 심각한 고려사항이 되는 것 자체가 일정한 경제적 우위를 전제로 하기 때문이다. 교토 프로토콜은 온실가스 배출권 시장이라는 가상의 시장을 만들어 선진국과 후발국의 입장 차이를 경제적으로 해소할 슬기로운 구조를 갖추었다. 선진국들은 과거와 현재에 유발한 환경오염에 대해서 일정한 책임을 지고, 후발국들은 환경오염을 자제하는 개발을 추구할 유인을 획득했다. 양쪽 모두 환경오염을 줄일수록 이익을 얻도록 한 것도 획기적인 발상이다. 그러나 교토 프로토콜의 실패는 냉혹한 시장경쟁과 자국 이기주의가 합리적 판단을 능가한다는 것을 적나라하게 보여주었다.

둘째, 과학기술의 민주화는 형식의 문제를 다룰 뿐 내용의 문제를 직접 다루지는 못한다. 다시 말해서 이 제안은 개별 기술 개발의 정당성을 확보하기 위한 절차적인 대안을 제시할 뿐, 고전적 기술철학자들이 제기한 기술사회의 근본적 문제 자체에 대한 판단은 유보한다. 고전적 기술철학자들이 제시하는 문제는 인간이 기술의 발전을 제어하지 못하여 인간의 인간됨이 훼손되고 있는 현실이다. 반면 기술의 민주화가 해소할 수 있는 것은 개별 기술의 개발이나 사용에 시민들의 입장이 반영되게 하는 것에 그친다. 기술사회의 시민들이 인간됨의 훼손을 주장하는 고전적 기술철학자들의 제안에 동의할지 오히려 더 급속하고 급진적인 기술 발전을 추구할지는 기술민주화의 논의에서는 논외가 된다.

스클로브나 위너가 제안한 기술의 민주화는 민주주의 자체에 대한 판단을 포함하여 민주적 기술을 개발하는 것을 지향해야 한다고 주장한다.

이 주장은 단순히 기술 관련 정책의 결정 과정에 그치지 않고, 기술이 그 과정에 미치는 영향이 무엇인지까지 살펴야 한다는 것이기 때문에 더 강력하고 설득력이 있는 주장이다. 그러나 이 주장도 고전적 기술철학자들이 제기한 현대기술의 문제를 모두 포괄하지는 못한다. 기술이 인간의 가장 기본적인 사고의 틀과 존재의 양식까지 바꿀 수 있다고 본다면, 민주적 절차를 보존하는 것만을 통해 인간이 "합리적 판단과 자발적인 행위의 주체인 개인으로 존재하는 것"을 보장하기는 힘들기 때문이다.

셋째, 기술 민주화 이론은 개별 기술의 개발 여부와 방향에 대한 여러 가지 판단을 결과적으로 기술사회의 시민 개인들에게 맡기고 있다. 그런데 현대기술의 복잡성이 한층 더해지고 있는 상황에서 시민들의 개별적 판단이 어느 정도의 무게를 가져야 하는지를 가늠하기 쉽지 않다. 합의회의와 같은 제도들이 전문가와 시민들의 의사소통을 중요한 요소로 삼고 있기는 하지만, 그러한 소통을 통해 도출되는 결론에 어느 정도의 무게를 두어야 할지를 결정하는 것도 쉽지 않다.

나아가 오늘날 전 세계의 기술격차가 엄청나게 커지고 있으며, 어떤 기술을 일상적으로 경험했느냐에 따라 서로 다른 지역의 시민들이 매우 다른 판단을 하게 되리라는 것은 쉽게 예측할 수 있다. 앞선 논의와 연결해서 생각하자면, 기술의 민주화는 사안에 따라 국제적인 차원에서 일어나야 하는데, 극심한 기술격차하에 있는 주체들은 서로 다른 판단을 할 수밖에 없는 상황인 것이다.

이러한 실질적인 문제들은 현대기술사회의 구조적인 문제이기 때문에 경험으로의 전환을 주장한 학자들이 이에 대답을 하지 못한다고 해서 비판을 받을 일은 아니다. 그럼에도 이를 지적하는 것은, 고전적 기술철학자들이 구체적이고 세세한 대안을 제출하지 않은 것이 보기만큼 치명적인 약점이 아닐 수도 있음을 보이기 위해서다. 나아가, 개별 기술에 대한 관심을 쏟고 일정한 대안을 제시한다 하더라도, 그것들이 설득력을 가지기 위해서는 그 기술들이 서로 연결되었을 때 초래되는 인간의 삶과 사고의 심대한 변화가 고려되어야 한다. 그래야만 개별 기술의 개발 여부와 발전 방향을 결정할 때 사용할 보편적 판단의 기준을 모색하거나, 적어도 그에 대한 합의를 도출할 방안을 마련할 수 있다. 기술의 민주화 이론은 경험으로의 전환이 기술들이 초래한 근본적인 변화들을 충분히 고려하지 않았기 때문에 설득력 있는 대안을 제출하는 데 실패했음을 보여주는 사례이다.

## 4. 인간의 열린 본성

앞의 두 절에서 우리는 기존의 기술철학 이론들이 호모 파베르의 역설이 가지는 두 측면을 불균등하게 강조하고 있음을 확인하였다. 경험으로의 전환을 주장하는 학자들은 인간이 기술을 만들어 사용한다는 측면만을 강조하고, 고전적 기술철학자들과 포스트휴머니즘은 기술이 인간에 미치는 영향을 강조하여 기술이 사람을 만드는 지점을 더 부각시킨다. 사람이 기술을 만든다는 것이 상식에 더 가깝지만, 현대기술의 시대에 와서 기술이 사람을 만드는 것 같은 현상이 두드러지면서 고전적 기술철학이 등장한 것이기 때문에 두 입장이 서로 엇갈렸다. 포스트휴머니즘의 입장은 기술이 사람을 만들어가는 부분을 흔쾌하게 받아들인다는 점에서 고전적 기술철학과 차이를 보인다.

이 말은 인간의 본성과 관련해서 어떤 함의를 가지는가? 위에서도 간단히 언급했지만, 호모 파베르의 역설은 인간 본성의 문제와도 연결되어 있다. 〈표 1〉의 (b')와 (c)는 변하지 않고, 변하지 않아야 하는 인간의 인간됨이 있는지 여부에 대해 서로 모순된 입장을 각각 기술하고 있다.

먼저 (c)행부터 검토해 보자. 고전적 기술철학자들과 돈 아이디를 제외한 경험으로의 전환을 주장하는 학자들은 모두 변하지 않는 인간의 본질이 있다는 점에 동의한다. 고전적 기술철학자들의 경우는 앞서 언급한 것처럼 약간 복잡한 입장을 가진다. 한편으로는 "합리적 판단과 자발적인 행위의 주체인 개인으로 존재하는" 인간의 이상적인 모습을 상정하고 다른 한편으로는 그 모습이 상실되었다고 주장하기 때문이다. 경험으로의 전환을 주장한 학자들의 경우에는 그 이상적인 모습의 상실을 받아들이지 않고, 적정한 조정을 통해 기술을 통제하에 둘 수 있다고 본다. 핀버그는 고전적 기술철학자들을 본질주의자라고 부르며 비판한 것은 인간이 아닌 기술의 본질을 두고 한 말이었다(Feenberg 1999: 3, 15). 핀버그는 기술의 사회적 구성주의자들과 더불어 기술의 본질이 고정되어 있지 않다고 주장한 것일 뿐, 인간의 본질이 사회적으로 구성된다는 주장을 한 것은 아니다.

그러나 인간은 변한다. 그리고 그 변화는 본질의 변화라 할 만큼 혁명적인 경우도 있다. 옹이 수행한 구술성(orality)과 문자성(literacy)에 대한 분석은 인간의 생각하는 능력 자체가 쓰기라는 전혀 새로운 기술에 의하여 완전히 바뀌었음을 증명해 보이고 있다. 옹에 따르면 우리가 아는 철학적 사유는 쓰기 기술 때문에 생겨난 사유의 방식이다. "인간이란 무엇인가?" 혹은 하이데거의 유명한 "존재란 무엇인가?"의 물음 자체가 쓰기 기술이 없었으면 제기되지도 못했을 것이다. 아리스토텔레스가 인간과 동물의 차이로 이성적 사유의 능력을 지적했을 때 염두에 둔 것은 엄밀히 말해서 쓰기 이후의 사유라고 보아야 한다. 이렇게 인간의 본성, 혹은 근본적인 특징에 영향을 미치는 기술의 영향력이 지금껏 드러나지 않은 것은 앞서 언급했듯 기술 발전의 속도가 너무 느려서 그 영향력이 쉽게 눈에 들어오지 않았기 때문이다. 그런데 이는 다시 그 긴 여정에서 인간이 그 기술 발전을 수용, 거부하거나 그 발전의 방향을 제시할 수 없었음을 의미하기도 한다. 다시 말해서 과거의 인간은 기술을 통해 변해왔지만 그 변화를 스스로 인지하지는 못했다.

따라서 고전적 기술철학자들과 경험으로의 전환을 시도한 철학자들은 자신들이 가진 인간의 인간됨에 대한 고정적인 시각은 좀 더 유연하게 변해야 할 필요가 있다. 고전적 기술철학자들이 지적하는 현대기술의 급격한 발전 속도와 그 공격성은 충분히 걱정해야 할 만한 것이다. 그러나 지켜야 할 인간의 인간됨이 통째로 무너지고 있다고 보는 것은 지나치다. 경험으로의 전환에서 보는 것처럼 인간을 인간이게 하는 가치와 본성에 대한 논의를 주어진 것으로 전제하는 것 역시 바람직하지 않다. 우리는 지금까지 우리가 알아온 인간이어야만 하는 것은 아니기 때문이다. 기술 발전에 따라 인간이 다른 모습, 다른 본질을 가진 존재로 바뀔 가능성에 대하여 너무 부정적으로 생각해야 할 이유는 없다. 포스트휴머니스트들이 주장한 것처럼, 인간에 대한 지나치게 협소한 이해는 다른 인간들에 대한 폭력으로 이어질 수 있다.

(b')행에서 보는 것처럼, 호모 파베르의 역설을 주장하는 입장과 포스

트휴머니즘은 현대기술이 초래하는 인간이 변화를 받아들이고, 그에 대해서 전반적으로 긍정적으로 반응한다.[84] 포스트휴머니즘의 경우, 앞서 살펴본 것처럼 그 이유는 다양하다. 한편에서는 서양 근대의 인간관이 인간의 무한한 잠재력과 다양성을 오히려 말살했고 기술의 발달이 이를 극복할 계기를 제공한 것이라고 생각한다. 다른 한편에서는 미래기술을 통해 신체적으로, 정신적으로 현재 인간이 가진 약점을 극복한 새로운 인간의 모습을 만드는 가능성 자체를 기대한다. 심지어 몇몇 트랜스휴머니스트들은 그 변화에 대한 기대 때문에 그 변화를 일으키는 현재에 대한 관심을 거두거나, 지금 인간의 모습을 부정적으로 바라보기까지 한다.

## 5. 열린 인간관의 최소 조건: 상상력을 제어하는 윤리

### 1) 현재의 윤리와 미래의 기술

이제 좀 더 명확하게 해야 할 문제는 호모 파베르의 역설을 적극적으로 해석하는 입장과 포스트휴머니즘의 차이이다. 이 차이가 우리가 기술사회의 미래를 어떻게 맞이할 것인지의 문제와 직결될 뿐 아니라, 호모 파베르의 차별성을 분명하게 해 줄 것이기 때문이다. 앞의 표의 (b)열과 (b')열을 보면, 호모 파베르의 역설은 기술이 인간의 인간됨에 영향을 미칠 수 있을 뿐 아니라, 본성적인 변화를 가져올 수 있다는 점에서도 포스트휴머니즘과 입장을 같이한다. 그러나 (c)열에서 보는 것처럼 인간이 기술을 만들고 사용하는 능동적 주체인지에 대해서는 포스트휴머니즘과 구별된다. 포스트휴머니즘은 현대기술의 발전이 인간의 의지적인 노력과 무관한 방향과 속도로 이어진다는 것을 현실로 받아들이지만, 호모 파베르의 역설은 여전히 인간의 능동적 역할에 방점을 두고 있는 것이다. 바로 이 지점에서 논리적으로 일관되어 보이는 포스트휴머니즘과 호모 파베르의 '역설'이 대비된다. 그 대비를 부각하기 위해 제기되어야 할 물음은 "호모 파베르의 능동적 역할을 어디서 담보할 것인가?" 혹은 "포스트휴머니즘에서 기대하는 미래기술의 자율적 발전이 어느 지점에서 제어될 것인가?"이다.

그 대답은 기술 발전의 현실을 좀 더 면밀히 관찰하는 것에서 찾을 수 있다. 포스트휴머니즘의 미래기술에 대한 기대와 관심은 지금까지 인간이 만들어온 기술들과 현재의 상황을 바탕으로 해서만 가능하다. 미래기술은 결국 오늘 이루어지는 기술 발전의 결과이기 때문이다. 따라서 오늘 여기에 살고 있는 사람들의 현실과 그들의 기술 발전을 위한 노력은 포스트휴머니즘이 기대하는 미래의 일부분이다. 인류의 역사가 전체적으로 일정한 경향성을 가지고 있다 하더라도, 오늘의 현실에서 비판하고 제안하고 개발하는 주체들은 구체적인 목표와 이유, 인간관과 세계관을 가진다. 호모 파베르의 역설은 바로 이 사실에 주목한다.

주지하다시피, 인간은 문화와 기술을 통해서 스스로를 고양시키고 발전시켜 왔다. 인류는 구술문화에서 문자문화로, 다시 제2의 구술문화로 이어지는 의사소통 수단의 변화를 겪으면서 새로운 자기 이해를 만들어 왔다. 이는 새로운 환경에 적응하는 과정인 동시에 어떤 모습이 인간의 가장 이상적인 상태인지에 대한 다양한 입장들 사이에 균형을 잡으려는 노력과 일종의 거래가 일어난 과정이기도 했다. 이제 그 변화의 속도가 현대기술에 의해 더욱 빨라지고 가시적이 되었다면, 그러한 노력과 거래도 좀 더 공개적이고 체계적으로 이루어질 필요가 있다. 그리고 이 과정은 상상 속의 미래에 적용되어야 할 새로운 윤리를 고려하는 것이 아니라, 그 상상 속의 미래를 오늘의 윤리적 기준으로 일차 평가하는 단계를 거쳐야 한다. 이를 '상상력을 제어하는 윤리'라고 부르자.

이러한 입장은 다시 다음의 두 가지 주장으로 이어진다. 첫째, 기술의 발달이 초래할 새로운 질서로의 재편을 그대로 받아들일 수는 없다. 포스트휴머니즘은 빠른 속도로 발전하는 과학기술로 인해 오늘날 통용되는 윤리적 기준들이 상당 부분 폐기되거나 완성될 것이라고 본다. 예를 들어 비판적 포스트휴머니스트들 중에는 인간과 기계 사이의 차이가 무화될 것이라고 주장하는 이가 있고, 어떤 트랜스휴머니스트들은 인류가 윤리적으로 완벽한 존재로 거듭날 것이라 기대한다. 결이 다른 주장이지만, 우리가 처한 오늘의 현실을 부정한다는 공통점이 있다. 이런 입장을 가질 경우 현재 이루어지는 기술 개발의 과정에 어떤 기준과 방법으로든 제약이 필요하다는 식의 주장을 하기는 어렵다. 포스트휴머니즘이 기술의 발달을 사람이 어찌할 수 없는 큰 흐름으로 받아들이는 것은 이런 맥락 때문이다. 그러나 기술의 발전 과정에서 인간의 능동적 개입 가능성을 전제하는 호모 파베르의 역설을 받아들이면, 이런 주장을 받아들일 수는 없다.

둘째, 첨단기술의 발전에 따라 제기되는 윤리적 문제를 비롯한 각종 규범적 이슈를 다룰 때 현재 통용되고 있는 윤리적 규범이 기준이 될 것이다. 다시 말해 오늘 우리가 받아들이는 인간에 대한 이해나 보편적인 윤리적 기준이 미래기술에 대한 평가와 정책 수립에 사용되어야 한다. 미래의 기술은 오늘 기획하는 것이기 때문이다. 물론 오늘날의 기준이 절대적인 것은 아니다. 과거에 당연하게 받아들여졌던 많은 잣대들이 오늘날 비윤리적인 것으로 판명된 것처럼, 오늘날 우리가 판단의 기준으로 삼는 것들이 미래에도 모두 통용될 것이라는 확신을 가질 필요는 없다. 그러나 미래의 기획에 대해 열린 태도를 갖고 현재의 판단이 틀릴 수 있다고 생각한다 해서, 오늘 우리가 가진 이해나 도덕 판단을 포기하거나 무시할 이유도 없다.

### 2) 사례: 인공지능 로봇의 윤리적 문제는 무엇이어야 하는가?

포스트휴머니즘의 입장과 호모 파베르의 역설을 각각 강조할 경우, 우리는 기술의 발전과 관련하여 전혀 다른 물음을 묻게 된다. 이를 좀 더 구체적으로 알아보기 위해 한 예를 들어보자. 인공지능 로봇의 발달이 가속화되면서 미래에 인간의 성정과 지성을 갖춘 인공로봇이 등장한 상황을 가정한 논의들이 많아지고 있다. 이들 중 어떤 학자들은 로봇의 윤리를 논하면서 인간과 동일한 감정과 지성을 갖춘 존재가 만들어진다면, 그 존재가 윤리적 존재가 되는 상황을 배제할 수 없다고 본다. 이는 인공지능 로봇이 동물과 같이 도덕적 고려의 대상이 되고, 더 나아가 도덕적 주체의 위치까지 부여하는 것을 의미한다. 동물의 지적 능력이 로봇에 미치지 못할 것을 감안하면 이런 주장이 아무런 근거도 없다고 할 수는 없을 것이다.

인간과 동일한 능력을 가진 인공지능 로봇을 개발할 수 있을 것인가에 대한 논란이 있을 수 있으나 논의의 전개를 위해 일단 기술적으로 가능하다는 것을 전제로 하자. 이렇게 가정을 하고 나면 핵심 주제 중 하나는 윤리적 존재가 꼭 생물이어야 하는가의 문제다. 과거 도덕적 지위는 인간에게만 부여했지만, 이제는 동물과 식물도 일정한 윤리적 고려의 대상이라는 것이 널리 인정되고 있다. 지성과 감정, 판단능력을 가진 인간만 윤리적 주체라는 것에 대해서는 큰 논란이 없었다. 그런데 인간이 아니지만 인간과 동일한 능력을 가진 인공적인 존재를 만들 수 있다면 그 존재에게는 어떤 도덕적 지위를 부여할 것인가? 우선 인공지능 로봇을 동물과 같이 도덕적 고려의 대상으로 삼는 것에 대해서는 전향적인 고려가 있어야 할 것이다. 동물을 도덕적 고려의 대상으로 삼아야 하는 이유에 대한 여러 논변들이 있다. 그 논변들을 인공지능 로봇의 경우에 그대로 적용하기는 힘들다. 그럼에도 불구하고, 스스로 도덕적 고려의 대상임을 주장할 수 없다는 점에서 공통점을 본다면, 로봇에게 불필요한 고통이나 위해를 가하는 것을 비도덕적이라 규정할 가능성을 배제할 수 없다. 상당한 능력을 가진 로봇이 개발된 상황에서 우리가 상식적으로 유지해온 도덕적 지위의 외연, 즉 생명체라는 조건을 포기해야 할지 모른다.

그런데 이런 식으로 문제를 풀어갈 때 자주 간과되는 것이 바로 인간이 로봇을 만든다는 사실이다. 로봇이 인간의 능력을 발휘하는 상황 이전에 인간이 로봇을 개발하고 제작하는 과정이 있는 것이다. 이 과정은 구체적인 정책과 합의와 계획과 설계를 거치고 다양한 판단과 논의들로 이어진다. 이런 사정을 감안한다면, 제기되어야 할 물음은 "인공지능 로봇을 개발하고 그것을 인격적으로 대할 것이냐 말 것이냐"만이 아니다. 매우 단순하게 "윤리적 주체의 지위를 가질 수 있는 인공지능을 개발할 것인가"를 물을 수 있다.

오늘날 인공지능 로봇의 도덕적 지위를 논할 때 많은 경우 논의의 초점은 전자에 가 있다. 이는 기술의 발전에서 인간의 역할이 없거나 미미하다고 보는 고전적 기술철학이나 포스트휴머니즘과 같은 입장에 암묵적으로 동의하기 때문이다. 그러나 기실 더 중요하고 선행되어야 할 물음은 후자다. 기술철학이 응용철학으로서의 역할을 잘 감당하기 위해서는, "윤리적 주체가 무엇인가"에 대한 물음조차도 "윤리적 주체의 지위를 획득할 수 있는 인공지능 로봇을 개발할 것인가?"라는 물음에 답하기 위한 부차적인 논의가 되어야 한다.

혹자는 이런 구분이 자의적이라 비판하고, 이렇게 문제를 나누어 생각해야 할 경우를 어떻게 판단할지가 불분명하다고 비판할 수 있다. 그러나 예상되는 결과를 보면 그런 판단은 어렵지 않게 내릴 수 있다. 로봇을 윤리적 고려의 대상으로 삼아야 할 때에 생겨나는 문제는 크지 않은 반면, 로봇이 윤리적 주체의 지위를 갖게 되었을 때 생겨날 문제들은 엄청나게 많고 복잡하다. 후자의 경우, 로봇의 수가 늘어나는 만큼 관련 문제들도 더 늘어날 것이기 때문에, 인공지능 로봇의 제작 자체가 윤리적 문제를 심화시키는 결과가 생길 수 있다. 그러나 인공지능 로봇을 윤리적 고려의 대상의 지위만 가지도록 개발한다면 로봇의 수와 관련 문제의 상관관계가 현저하게 떨어질 것이다.

과학기술 발전의 미래 가능성에 대한 상상은 현재의 윤리적 판단으로 제어해야 한다. 거듭 강조하지만, 이는 윤리적 판단의 기준이 언제나 동일할 것을 전제하지 않는다. 인류는 과거에도 기술 발전을 통해서 윤리적 판단의 기준이 바뀌는 것을 반복적으로 경험했기 때문에, 현재의 판단에 대한 확신은 부질없다. 그러나 동시에 현재 우리가 견지하고 있는 윤리적 기준에 크게 도전이 될 것이 명확한 진보는 실현이 가능해 보이더라도 일단 유보해야 한다. 윤리적 판단의 기준은 기술처럼 급격하게 변할 수 없기 때문이다.

　이런 제안은 자칫 기술 발전의 발목을 잡는 것으로 오해를 받을 수 있다. 그러나 기술 진보의 추구에 목적이 분명히 설정된다 해서 진보 자체가 부정되는 것은 아니다. 파급효과가 크다고 생각되는 기술과 관련해서는 무차별적인 개발을 통해 우리가 예상하기 힘든 상황으로 나아가기보다 차근차근 단계를 밟고 합의를 거쳐 원하는 방향을 설정해 가는 것이 훨씬 합리적이다.

　비슷한 제안이 이상욱에 의해서도 제안되었다(이상욱 2019). 그는 인공지능을 도덕적 행위자로 간주할 수 있느냐의 문제를 '쉬운 문제'와 '어려운 문제'로 나누어 접근해야 한다고 주장한다. 쉬운 문제는 회사나 사물에 인격을 부여하는 법인의 개념에서 보는 것 같이 기존의 윤리적 개념의 확장을 통해 해결할 수 있다. 반면 어려운 문제는 예를 들어 '도덕적 행위자'라는 개념이 내포하는 바가 무엇인지를 특정하는 것처럼 윤리적 개념들의 정의 자체를 근본적으로 다시 설정하는 문제다. 이상욱은 이 두 가지 종류의 문제를 나누어서 생각해야 하고, 먼저 현실과 직결되어 있는 쉬운 문제를 해결하는 것에서 어려운 문제의 해결로 나아가야 한다고 주장한다. 그는 어려운 문제에 대한 합의를 이루어야 쉬운 문제를 해결할 수 있다는 생각은 현실적이지 않다고 강조하면서 윤리적 원리의 문제와 문제 해결을 일단 구분해야 한다고 본다. "인공지능과 관련된 윤리적 쟁점에서 우리가 해결할 수 있는 '쉬운 문제'를 사회 구성적 방식으로 조금씩 해결하다 보면 '어려운 문제'에 대한 설득력 있는 해결책에 조금씩 더 가까이 다가갈 수 있을 것이다"(이상욱 2019: 276).

　이상욱의 주장은 인공지능과 관련해서 현실적으로 윤리적 판단을 요하는 문제들을 어떻게 해결할 것인가를 중심으로 제기되었다는 점에서 이 장의 논의와 초점이 조금 다르다. 그러나 시간 공간적으로 더 근접한 문제와 시도들을 우선하고 지금 가용한 윤리적 개념들을 확장적으로 이용해야 한다는 주장의 기조는 여기서 제안하는 바와 동일하다. 또 시간이 지나면서 지금 받아들이는 윤리적 기준들이 변할 수 있음을 받아들인다는 점에서도 맥을 같이한다.

자동살상무기, 소위 킬러로봇에 대한 전 세계적인 반대는 상상력을 제어하는 윤리의 좋은 사례이다. 자동살상무기는 인공지능을 사용하여 사살해야 할 적군을 식별하면 원격조종이 아닌 자체 판단으로 바로 사살할 수 있는 무기이다. 분쟁지역에 배치하면 아군의 인명피해를 줄일 뿐 아니라 오인사격으로 인한 피해도 줄일 수 있다. 현재의 기술력으로 특정한 환경에서 국소적으로 사용할 수 있는 자동살상무기를 만드는 것은 어려워 보이지 않는다. 적절하게 개발된다면 자동살상무기가 사람보다 실수를 적게 할 가능성이 많다. 그럼에도 불구하고 많은 사람들이 그런 무기 개발 자체를 반대하는 것은, 기존의 윤리적 기준, 즉 의도적으로 사람을 죽이는 종류의 판단은 반드시 사람이 내려야 하고, 그 당사자가 자신의 행위에 대한 책임을 져야 한다는 근본적인 믿음을 흔들기 때문이다. 물론 앞으로 생겨날 수많은 기술을 통해, 인명 살상을 기계가 결정하는 것에 대한 거부감이 줄어들 가능성이 없지 않다. 따라서 지금 통용되는 기준을 절대 진리로 고수할 필요는 없다. 그러나 동시에, 그 기준이 가변적이라 해서 오늘 비교적 명확한 이유와 근거로 그 부당성을 논증할 수 있는 논란의 기술을 굳이 개발할 필요도 없다.

# 6. 미래는 현재의 기획

호모 파베르의 역설을 중심으로 한 인간과 기술 이해는 기술철학의 여러 접근법들이 가진 한계들을 잘 드러낸다. 이는 다시 어떻게 기술사회의 미래를 준비할 것인지에 대한 대안으로 이어질 수 있다. 고전적 기술철학의 대안은 너무 추상적이거나 거시적이어서 구체성이 부족하고, 경험으로의 전환이 제시한 대안은 충분히 구체적이지만 현대기술의 심대한 영향력을 과소평가하였다. 포스트휴머니즘은 대안보다는 예측에 더 무게를 둔다. 그런데 사람이 기술을 만들고 기술이 사람을 만든다는 역설을 받아들이면 그 상호 연관성의 고리를 주도할 방안을 마련할 수 있게 되고, 기술철학의 세 가지 흐름이 제시한 것보다 나은 대안을 제시할 수 있다. 호모 파베르의 역설을 감안한 대안은 고전적 기술철학보다는 더 구체적이어서 당장의 기술 개발에 적용할 수 있고, 동시에 그것이 눈앞의 문제를 해결하는 것이 아니라 장차 인간과 사회에 미칠 영향까지 고려한 장기적인 대안이어야 한다.

특히 호모 파베르의 역설 개념은 미래 사회에 대한 단순한 예측에 치중하는 것보다 미래를 기획하고 기술을 통해 더 나은 미래를 개척하는 것을 강조하는 장점을 가진다. 이는 현대사회의 기술 담론을 고려할 때 중요한 의미를 가진다. 오늘날 한국 사회에서 가장 두드러진 미래에 대한 접근을 이 셋 중에 굳이 고르자면, 포스트휴머니즘의 접근에 가장 가까울 것이다. 우선 많은 이들이 미래에 이런저런 기술이 개발되고 인간의 삶과 그 터전으로서의 세상이 엄청나게 바뀔 것이라는 것을 기정사실로 받아들인다. 이런 입장에 따르면, 그런 변화에 가장 잘 대처하고 적응하기 위한 방안을 개인, 기업, 국가의 차원에서 모색하는 것은 당연한 일이다. 2016년 다보스포럼 이래 '4차 산업혁명'이라는 개념이 한국 사회를 뒤엎으며 미래에 대한 논의를 주도하게 된 것도 이런 맥락 위에 있다.

그러나 이런 논의는 포스트휴머니즘이 상정하는 것처럼 기술의 발달과 진보가 인간의 통제 밖에 있는 주어진 사실로 보는 데 따른 것이다. 따라서 앞으로 다가올 미래 사회에 제대로 대처하기 위한 준비를 해야 하는데, 이는 마치 일기예보를 확인하는 사람의 태도와 비슷하다. 낮에 비가 오리라는 일기예보가 있으면 그에 따라 옷을 입고 우산을 준비하듯이 예상되는 기술 발전에 대한 대책을 준비하는 것이다(손화철 2018a: 240). 인간이 기술을 이용해서 자연으로부터 스스로를 지켜왔다는 것을 떠올려 보면 어느새 기술이 자연의 자리에 가 있는 것 같아 아이러니하게 느껴진다.

호모 파베르의 역설은 이런 접근을 거부한다. 비가 온다는 일기예보를 듣고 비가 오지 않게 할 방법을 찾지 않는 것은 당연하지만, 기술 발전의 방향을 일기예보처럼 주어진 것으로 받아들인다면 이는 인간이 기술을 만드는 주체라는 사실을 부인하는 셈이기 때문이다. 이런 기조에 따르면 기술의 궁극적인 영향력에 대해 책임을 질 수 있는 주체도 같이 없어지기 때문에 기술 발전의 방향성을 가늠하려는 여타의 노력을 할 수 없게 된다. 그러나 미래는 오늘의 기획이어야 한다. 특히 기술의 영역에서 그러하다. 이러한 통찰은 사실 베르그손과 아렌트의 호모 파베르 개념에도 이미 내포되어 있다. 인간의 제작이 생명적 창조에 기여하도록 해야 한다는 베르그손의 주장과 기술이 인간 고유의 사유 능력을 방해하는 현실에 대한 아렌트의 우려를 건설적으로 받아안고 갈 수 있는 열쇠가 호모 파베르의 역설이다.

미래가 오늘의 기획이 되기 위해서는 그 기획의 궁극적인 목표가 설정되어야 한다. 그 목표가 설정되면 그것을 실현할 주체, 목표를 위해 중점적으로 관리해야 할 대상, 목표 실현을 위한 방법 등이 좀 더 구체적으로 적시될 수 있다. 7장에서 '목적이 이끄는 기술'이라는 개념으로 기술 진보의 방향성을 제시하려는 시도를 하고, 3부의 세 장에서 주체, 대상, 방법에 대한 논의를 이어갈 것이다.

| 7장 |

# 목적이 이끄는
# 기술 발전

## 1. 실천철학으로서의 기술철학

　마르크스는 헤겔의 철학을 비판하며 새로운 시대의 철학은 황혼에 나는 미네르바의 올빼미가 아니라 새벽을 알리는 갈리아의 수탉이 되어야 한다고 말한다(Hegel 1821/2020: 38; Marx 1843/2011: 30). 호모 파베르의 역설로 기술의 문제를 바라보면, 기술철학은 헤겔이 아닌 마르크스가 제시한 철학의 역할을 감당해야 한다는 것이 드러난다. 인간됨을 바꾸는 기술을 인간이 만들어 사용하고 있다면, 그 호모 파베르의 미래가 어떠해야 하는지에 대한 물음이 자연스럽게 제기되기 때문이다. 이 물음에 답하기 위해서 기술철학은 기술이 무엇이며 인간에게 어떤 영향을 미치는지를 사후적으로 고찰하는 데 그칠 것이 아니라 바람직한 기술의 발전 방향을 제시해야 한다. 이것이 기술철학이 실천철학이 되어야 한다는 주장의 골자이다.

이런 의미에서 엘륄이 자신의 기술철학을 마르크스의 철학과 연결시킨 것은 의미심장하다. 그는 마르크스가 20세기에 살았다면 자본이 아닌 기술을 자기 연구의 주제로 삼았을 것이라고 주장한다. 마르크스의 시대를 주도한 것이 자본이었다면, 오늘 우리의 시대를 관통하며 지배하는 요소는 기술이라는 결론에 이르렀기 때문이다(Vanderburg 1981/2010: 71). 마르크스가 자본의 비판을 통해 자본주의 사회의 미래를 제시하려 했던 것처럼 엘륄은 기술 비판을 통해 기술사회의 미래를 제시하려 한 셈이다.

그러나 앞서 살펴본 것처럼 엘륄의 기술비판은 적극적인 대안의 제시로 나아가지 못했다. 그의 현대기술 비판은 너무 신랄했던 나머지 기술로 인한 인간 자유의 상실을 극복할 방안을 충분히 제시하는 데 오히려 방해가 되었다. 그는 현대기술사회에서는 우리가 자유롭지 않다고 말할 자유만 남았다고 주장했는데, 이렇게 말하고 나면 기술철학이 갈리아의 수탉 역할을 하기는 힘들어진다. 엘륄이 택한 인격주의적 접근(personalist approach)(cf. Rollison 2017) 역시 그가 제기한 기술사회 문제의 규모에 비하면 뚜렷한 한계를 노정한다.

하이데거 역시 마르크스가 말한 철학의 적극적 역할보다는 전통적인 분석에 치중하였다. 기술의 문제는 그의 존재론의 맥락에서 새롭게 이해되고 분석되었다. 그가 현대기술의 문제에 대한 대안으로 제시한 것은 존재의 드러냄을 겸손히 기다리는 것이다. 이는 현대기술을 우리 시대에 존재가 스스로를 드러내는 방식으로 본 그의 분석이 도출하는 자연스러운 결론이다. 그러나 현대기술의 닦달/몰아세움에 면하여 기술철학이 수행해야 할 적극적인 대안으로는 부족하다.

바로 이 지점이 경험으로의 전환을 추구한 철학자들이 고전적 기술철학자들에게 실망한 부분이다. 열심히 기술사회의 근본 문제들을 지적한 다음에 그에 대처할 구체적 대안을 제출하지 않음으로써 논의를 제대로 마무리 짓지 않은 것이다. 문제는 앞서 살펴본 것처럼, 경험으로의 전환을 주장한 학자들이 제시한 대안들 역시 기술 발전의 구체적 내용보다는 형식적인 면에 주로 치우쳐 있었던 점이다. 나아가 그들은 고전적 기술철학자들이 우려한 기술의 영향, 즉 기술이 인간의 삶에 미치는 근본적인 영향을 제대로 반영하지 못했다.


## 2. 목적이 이끄는 기술 발전: 우리는 이 기술을 왜 개발하는가?

기술의 민주화와 같이 기술 발전이 일어나는 형식에 치우치지 않고 호모 파베르의 역설까지 반영하여 기술 발전의 방향과 내용을 설정할 수 있는 방안은 없을까? 이 물음에 대한 답으로, 개발되는 기술의 목적에 대해 물음을 던지는 '목적이 이끄는 기술 발전'[85]을 제안한다.

목적이 이끄는 기술 발전이란 특정한 기술을 개발할 때 그것이 더 효율적이라는 이유가 아닌 그 결과가 '좋다'는 것을 우선한다는 의미이다. 이 입장에 따르면 기술적으로 가능한 것을 개발하기보다는, 우리가 목적하는 바를 이루기 위한 기술을 개발해야 한다. 이는 훨씬 더 크고 깊은 물음, 즉 우리가 원하는 인간과 사회의 모습이 무엇인지, '좋은 기술'의 '좋음'을 어떻게 규정할 것인지의 물음을 제기한다(손화철 2016b: 74).

이 제안을 좀 더 구체적으로 설명하기 위해 포스트먼이 제기한 매우 간단한 물음을 사례로 들 수 있다. 그는 자동차 문의 창문을 손잡이를 돌려 여닫는 옛날 방식이 버튼을 눌러 여닫는 방식으로 바뀐 것을 예로 들며 다음과 같이 묻는다. "도대체 그 방법을 바꿈으로써 해결한 문제가 무엇인가?" 포스트먼은 이런 방식의 물음을 통해 특정 기술 발전이 얼마나 가치가 있었는지를 알 수 있다고 주장한다(Postman 1999: 42). 이 단순한 물음을 통해 기술철학은 기술 발전의 방향성을 제시하는 갈리아의 수탉이 될 수 있다. 이렇게 물으면 엘륄이 말한 대로 기술사회에서 스스로 자유롭지 않음을 인정하는 사람이 그 상황을 타개할 실마리를 찾을 수 있다.

손가락으로 버튼을 눌러 창문을 내리게 한 것은 노약자나 장애인에게 도움이 되었을지 모른다. 그러나 그 변화가 과연 노약자와 장애인을 위한 것이었는지는 의심스럽다. 아마도 그 방법이 더 간편하고 고급스럽다고 생각했기 때문일 것이다. 포스트먼은 거기에 큰 가치를 부여하지 않는다. 분명히 그 변화는 기술적 발전이지만 굳이 에너지를 쏟아 추구할 만한 진보는 아니었다는 것이다. 그로 인해 자동차 문에 추가적으로 설치되어야 할 장치와 부품의 비용은 차치하고라도 말이다.

그 외에도 포스트먼은 다음 5개의 질문을 더 던진다. "그 문제는 누구의 문제인가?", "그 해결책으로 피해를 받는 개인이나 집단이 있다면 그 중 가장 큰 피해를 입는 것은 누구인가?", "그 문제를 해결하면 생길 수 있는 또 다른 문제는 무엇인가?", "그런 기술적 해결을 통해 부나 권력을 가질 것으로 보이는 개인이나 집단은 누구인가?", "새로운 기술 때문에 생기는 언어의 변화는 어떤 것이 있으며, 그 변화를 통해 얻는 것과 잃는 것은 무엇인가?"(Postman 1999: 45-57) 그는 이런 물음들을 통해 현대기술에 대한 자신의 비판적인 입장이 정당화된다고 주장한다.

이처럼 자체적인 동력에 의해서 발전하는 자율적인 과학기술에 대항하는 방법은 개별 기술의 진보에 대하여 그 의미와 목적이 무엇인지 묻는 것이다. 포스트먼은 새로운 매체(media)를 개발할 때 다음과 같은 물음을 던져야 한다고 주장하기도 했다(Postman 2000: 13-15).

① 이 매체가 합리적으로 사고하고 그러한 사고를 개발하는 데 어느 정도 도움이 되는가?
② 이 매체가 민주적인 절차를 발전시키는 데 어느 정도 도움이 되는가?
③ 이 매체가 어느 정도까지 의미 있는 정보에 접근하도록 도와주는가?
④ 이 매체가 우리의 도덕성 혹은 우리가 좋음을 실현할 수 있는 능력을 어느 정도 향상시키고 저하시키는가?

이 글에서 포스트먼이 문제 삼은 매체는 일차적으로 언론과 통신 매체이겠지만, 그 자신이 주창한 미디어 생태학에서 '매체'는 광의의 의미로 세상과 사람을 이어주는 과학기술을 포함한다. 이 논의를 좀 더 과학기술에 한정해서 구체적으로 발전시킨다면 다음과 같이 말할 수 있을 것이다

(손화철 2016b: 73-75).<sup>86</sup>

⑤ 이 기술이 필요한 구체적인 이유가 무엇인가?
⑥ 이 기술이 우리 사회가 지향하는 가치를 지탱하는데 도움이 되는가?
⑦ 이 기술이 기존의 기술격차를 완화시키는가?(손화철 2014a)
⑧ 이 기술이 인류의 지속적인 생존과 공존에 도움이 되는가?

이들은 단순히 과학기술 발전의 실질적이고 직접적인 효과를 묻는 것이 아니다. 경우에 따라서는 이런 시도가 너무 허황되게 들릴 수도 있다. 자동차 창문의 여닫이 장치에까지 우리 사회가 지향하는 가치를 결부시켜야 하는가? 만약 그런 시도가 부담스럽다면 인류의 발전에 중요한 의미를 가진 기술에 이런 물음을 먼저 제기하면 된다. 중요한 것은 아무리 낮은 수준의 과학기술 개발이라 하더라도, 궁극적으로는 인류 전체에 유익이 되고 인간에 더 좋은 삶을 제공하려는 목적을 염두에 두고 시도되어야 한다는 사실이다.

제기할 수 있는 물음은 이 밖에도 많다. 예를 들어 "이 기술은 환경 친화적인가?" 혹은 "오염물질을 배출하지 않는가?" 같은 매우 직접적이고 바로 확인 가능한 물음들도 얼마든지 제기될 수 있고, 제기되어야 한다. 요컨대 이런 물음들을 통해 기술 발전이 시장의 경쟁에 의해 추동되는 것이 아니라, 특정한 목적을 가지고 발전하도록 유도하는 것이다.

이러한 주장에 대해 제기될 반론은 분명하다. 엄청난 경쟁 속에서 빠른 속도로 이루어지고 있는 현대기술의 발전을 염두에 둔다면 목적이 이끄는 기술 발전을 추구하자는 제안은 너무 비현실적이지 않은가? 물론 이러한 제안이 현재 기술사회의 현실에 쉽게 적용되리라 기대하기는 힘들다. 그럼에도 불구하고, 목적이 이끄는 기술 발전이 허황된 이상주의의 산물이 아니라는 점을 밝히기는 어렵지 않다. 이 장의 나머지 부분이 이 제안을 정당화하는 작업이 될 것이다. 먼저 3절에서는 방금 제시한 물음들을 실제 기술 개발에 반영할 수 있는 통로로서 공학설계에 대한 고찰을 시도한다. 4절에서는 목적이 이끄는 기술 발전의 전체적인 기준이 될 만한 구체적인 사례, 즉 새로운 진보의 기준으로 접근성의 원칙을 제시한다. 5절은 기술철학의 여러 논의에 숨어 있으나 제대로 고찰되지 않은 문제이면서 목적이 이끄는 기술 발전의 가능성에 대한 의구심의 근원이라고 할 수 있는 기술 발전의 속도 문제를 다룰 것이다.

## 3. 기술철학과 공학설계의 만남[87]

지금까지 기술철학에서 공학설계에 대한 관심은 최소한에 그쳤다. 기술이 그 자체로 하나의 실체가 있는 무엇인 것처럼 취급하거나(고전적 기술철학), 구체적 대안을 모색하면서 개별 기술 하나를 다루는 경우에도 그 기술을 하나의 덩어리로 보고 논의를 진행해왔기 때문이다(경험으로의 전환). 그러나 공학설계는 특정한 기술이 만들어지고 구현되는 세부 과정의 하나이다. 따라서 목적이 이끄는 기술 발전을 추구하고 기술철학에서 제기된 문제의식들을 실제 공학에 적용하기 위해서는 공학설계를 면밀히 검토할 필요가 있다.

## 1) 공학설계란 무엇인가?

공학설계에 대한 미국의 공학교육인증위원회(ABET: Accreditation Board for Engineering and Technology)의 정의는 다음과 같다. "공학설계란 필요한 것을 만들기 위해 시스템, 요소, 프로세스를 고안하는 과정이다. 즉, 기초과학, 수학, 공학을 적용해 자원을 목표에 부합하도록 가공하는 의사결정 과정이다"(이창훈 · 김기수 2007, 재인용) 공학설계가 일어나는 구체적인 맥락을 좀 더 강조한 정의로는 다음과 같은 것이 제시되기도 한다. "공학설계는 고객이 요구하는 기능을 갖춘 제품의 형태를 결정해 가는 일련의 의사결정 과정이자 활동이다"(Eggert 2004/2010: 3).

군이 이와 같은 형식적인 정의를 거론하지 않더라도, 공학설계는 사실상 공학활동 전체를 규정하는 가장 중요한 과정이다(Thompson 2001: 7). 그 이후에 일어나는 일들은 설계를 통해 결정된 사항들을 실천에 옮기는 것이라 할 수 있다. 물론 복잡다단한 공학활동의 여러 단계에서 서로 다른 수준의 공학설계가 요구되기도 한다. 예를 들어 자동차의 설계는 각 부품과 부분의 수준에서 이루어지는 설계와 상위 수준에서의 설계가 상호보완적인 관계를 맺는다. 어떤 경우에도 제품화의 과정에서 새로운 아이디어가 반영되기 위해서는 설계상의 수정이 이루어져야 한다.

공학설계는 '공학자가 하는 일'이다(Horenstein 2010: 33). 공학자가 해결해야 할 문제와 고려해야 할 조건들을 결정하고, 그에 따라 가장 효과적인 해결 방안을 계획한다. 공학자는 이미 확인된 여러 가지 제약조건들, 즉 비용, 안전 및 환경 관련 법규, 시간, 원료와 재료, 설비, 인력 등을 감안하여 주어진 문제를 가장 효율적으로 해결하려는 방법을 찾아낸다.

이 중에서 기술철학의 관심과 연결할 만한 것에는 안전 및 환경 관련 법규 정도가 있겠다. 이들은 공학적인 기준이기도 하지만 동시에 사회적인 기준이기 때문이다. 일정한 정도 이상의 환경오염을 유발해서는 안 된다든가, 특정한 위험을 초래할 수 있는 설계를 피해야 한다는 것들이 기준으로 제시된다. 그러나 이러한 기준들은 최소한으로 주어지고 대개의 경우 관련 법규는 직접적이고 단기적이며 계량 가능한 결과들에 초점을 맞춘다.

## 2) 기술철학이 공학설계에 주목해야 할 이유

기술철학이 제기하는 기술 발전의 간접적이고 장기적인 영향들이나 사회통념상 문제가 되지 않는 부분까지 미리 챙겨서 설계에 반영하는 경우는 거의 없다. 다시 말해서 장기적이고 간접적인 결과들은 공학설계에서 고려가 되지 않거나, 설사 반영된다 하더라도 뒤늦게 이루어지는 것이다. 그러나 좀 더 면밀히 살펴보면 기술철학과 공학설계가 건설적으로 만날 수 있는 가능성과 그래야 할 이유는 충분하다. 이를 네 가지로 정리해보자.

기술철학이 공학설계에 주목해야 할 첫 번째 이유는 공학설계를 구체적인 기술활동의 한 분야로 따로 떼어 생각할 수 있기 때문이다. 공학설계는 여전히 매우 광범위한 활동이지만 기술철학에서 말하는 폭넓은 의미의 '기술'에 비하면 그 외연이 비교적 명확하다. 따라서 기술철학적 논의를 공학설계에 한정시켜 심층적으로 다룰 수 있게 된다. 물론 기술철학에서 제기되는 모든 문제가 이런 식의 한정된 논의에 적합한 것은 아니다. 예를 들어 현대기술이 인간을 비인간화한다는 비판은 현대기술사회 전반에 관한 비판이기 때문에 공학설계의 단계만을 따로 떼어 설명하기가 쉽지 않다. 그러나 기술의 민주화와 같은 주장은 그것이 공학설계와 관련하여 어떤 이론적, 실천적 의미를 가지는지에 대한 논의를 통해 더 구체적으로 접근할 수 있다.

기술철학이 공학설계과 만남으로써 얻을 수 있는 또다른 이점은 기술 철학적 논의가 기술 외부에서 내부로 들어가게 된다는 것이다. 앞서 지적한 바와 같이 지금까지 기술철학의 논의는 외부의 시각으로 진행되었다고 해도 과언이 아니다. 공학설계에 대한 기술철학적 연구는 공학활동의 결과만이 아니라 과정까지 살펴보게 된다는 점에서 연구 영역의 확장이라고 할 수 있다. 이러한 노력을 통하여 공학의 현실을 잘 알지 못하면서 일방적으로 비판을 하고 대안을 제시하는 기존의 문제점을 다소나마 극복할 수 있다.

셋째, 기술사회의 문제에 대한 대안을 제시한다는 차원에서도 공학 안으로의 초점 이동은 의미가 있다. 기술철학에서 제안하는 대안들은 대개의 경우 공학적 대안들이 아니다. 특히 고전적 기술철학에 있어서는 기술의 문제를 기술로 해결할 수 없다고 주장한다(Ellul 1954/1964: 107; Jonas 1987/2005: 23-25). 기술에 의해 생긴 문제(공기오염문제)를 기술(공기청정기)로 풀려 하는 것은 또 다른 문제를 배태할 수밖에 없기 때문이다. 이러한 지적은 타당하지만 한 가지 기술이 개발될 때 거치는 여러 가지 단계에 대한 충분한 고려가 없다는 것이 문제이다. 기술철학적 통찰들이 공학설계의 과정에서 충분히 반영될 수 있다면 근본적인 변화가 일어날 수도 있다.

현실적으로 보아, 기술철학의 통찰이 어떤 식으로든 기술 발전의 방향에 영향을 미친다면 가장 먼저 변화가 일어날 지점은 공학설계이다. 현대기술의 사용과 발전을 완전히 포기하지 않는 한, 공학설계가 없어질 수는 없고, 공학설계야말로 기술 개발의 시작점이기 때문이다. 예를 들어 합의 회의(consensus conference)를 통해 특정한 기술 개발의 방향이 결정된다면, 그 결정을 구체화하는 것은 공학설계를 통해 이루어져야 할 것이다. 결국 공학 외부로부터의 변화도 결국은 공학설계로 연결될 수밖에 없다. 이러한 사실을 고려할 때 기술철학의 논의를 공학설계로 직접 끌어들이려는 시도를 할 충분한 이유가 있다.

### 3) 핀버그의 기술코드 개념과 공학설계

핀버그의 '기술코드' 개념은 공학설계와 기술철학의 연결점을 잘 보여준다. 특히 앞에서 제안한 '목적이 이끄는 기술 발전'의 관점에서 보면 이 개념이 가지는 의미는 크다. 3장에서 이미 살펴보았지만, 핀버그는 그의 기술의 민주화 이론에 '기술코드(technical code)'를 중요한 개념으로 제시했다(Feenberg 1999: 87-90). 기술코드는 어떤 인공물이나 기술이 정의되고 활용되는 방식이다. 앞서 살펴본 것처럼 핀버그는 사회구성주의를 받아들여 관련사회집단이 특정 기술의 기술코드를 바꾸어가는 과정을 통해 신기술이 사회로 유입된다고 보았다. 그는 관련사회집단이 기술코드의 변경을 이끌어내는 것을 기술의 민주화의 가능성으로 보고 이 과정이 의식적으로 일어나면 기술의 민주화로 연결될 수 있다고 보았다. 예를 들어 장애인의 인권 향상을 위한 이동권 보장 운동 같은 노력을 통해 기술코드를 바꿀 수 있다.

공학설계는 기술활동에서 기술코드가 적용되고 실현되는 최초 단계이다. 기술코드 개념이 보여주는 것은 공학설계가 주어진 문제를 해결할 때 효율성만을 고려하는 것은 아니라는 점이다. 어떤 기술코드를 채택하느냐에 따라, 혹은 어떤 요소를 기술코드로 받아들이느냐에 따라 해당 기술의 최종 결과물이나 기능이 전혀 다른 사회적, 정치적, 경제적 효과를 가지게 된다. 예를 들어 1960년 대의 가전제품과 오늘의 가전제품을 비교해보면 그 제품이 담보해야 하는 기능적 효율성 뿐 아니라 공간의 효율이나 외장의 디자인이 가지는 중요성이 커졌음을 금방 알 수 있다. 또 과거에 비해 환경에 대한 고려가 공학설계에서 중요한 요소로 반영되고 있다.

기술코드는 공학설계에서 고려할 요소뿐 아니라 공학설계의 방법론과도 연결될 수 있다. 윌렘 반더버그(Willem Vanderburg)가 제안한 '기술의 경제학'과 '기술의 생태학' 개념을 공학설계의 기본적인 틀로 받는다면 큰 변화가 일어날 것이다(Vanderburg 2000: 20-24). 기술의 경제학은 주어진 문제를 기술로 해결하고, 그 기술을 사용하다가 문제가 생기면 그것을 해결하기 위해 새로운 공학 프로젝트를 가동하는 것을 말한다. 기술의 생태학은 '사전주의 원칙(precautionary principle)' 혹은 '예방적 공학(preventive engineering)'과도 맞닿아 있는데, 어떤 문제를 해결할 때 그 사용으로 인해 생겨날 수 있는 다른 문제들까지 미리 고려해서 부작용을 최소화하는 것을 말한다. 기술의 생태학 방법을 따를 경우 초기 비용이 커질 수 있지만, 장기적으로 보면 부작용을 미연에 방지하여 비용을 줄일 수 있다.[88]

기술코드는 사회적 · 정치적인 노력과 같은 기술 외적인 영향에 의해서만 변하는 것이 아니라 기술의 발전이나 효율성의 추구와 같은 기술 내적인 요소들에 의해서도 수시로 바뀐다. 알고 보면 이런 변화는 공학활동에서 상시적으로 일어나는 일로, 새로운 노력이 필요한 일은 아니다. 목적이 이끄는 기술 발전이란 결국 특정한 목적을 기술코드에 반영하려는 노력이다. 이는 공학설계에 반영되어야 할 내용에 대한 숙고와 기술코드가 바뀌는 과정과 방식을 다변화하고 유연화하는 것을 통해 이룰 수 있다.

### 4) 사례: 적정기술과 모두를 위한 디자인

최첨단 신기술의 사례에만 집중하지 않는다면, 특정하고 뚜렷한 목적의식이 공학설계에 반영된 사례는 얼마든지 찾아볼 수 있다. 최근 공학 교육, 국제원조 등의 분야에서 새삼스럽게 주목을 받고 있는 중간기술과 적정기술이 그 한 사례이다. 영국의 경제학자였던 에른스트 F. 슈마허 (Ernst. F. Schumacher)는 제3세계가 가내 수공업을 통한 전통적인 생산방식과 서구의 대량생산 기술의 중간 규모를 가진 '중간기술(intermediate technology)'을 도입하면 효율성과 더불어 지역 주민의 고용을 촉진함으로써 효과적인 개발을 할 수 있다고 주장했다. 나아가 지역에 특화된 작은 규모의 중간 기술이 대량생산 기술이 초래하는 권력과 부의 집중과 실업의 문제도 해소할 수 있을 것으로 보았다(Schumacher 1973/2002).

적정기술(appropriate technology)은 마하트마 간디와 슈마허의 통찰에 영향을 받은 것으로, 소규모의 지역 중심적 기술을 말한다. 역사적으로 적정기술의 추구는 두 가지 방식으로 이루어졌다. 하나는 제3세계 원조의 한 방법으로 활용되어, 원조 대상국의 여러 가지 형편에 적합하고 현지에서 조달 가능한 재료로 만든 기술을 보급하는 것이다. 이는 현재에도 활발하게 진행되고 있다(Smithsonian Institute 2007/2010).[89] 1960~1970년대 미국을 중심으로 해서 환경 친화적이고 자립적인 기술을 사용하자는 유행이 있었는데, 이 역시 적정기술이라고 불렸다.[90]

'모두를 위한 디자인(설계)', 혹은 '보편 디자인(universal design)'도 좋은 사례다. 모두를 위한 디자인은 연령과 장애에 상관없이 모든 사람이 같이 사용할 수 있는 디자인 혹은 설계를 말한다.[91] 초기에는 장애인들이 불편 없이 살 수 있도록 사회 제반 시설들을 다시 설계하는 것에 초점을 맞추었지만, 점차 노인과 어린이 등 사회적 약자들이 다른 구성원들과 함께 살아갈 수 있도록 하는 것으로 확대되고 있다. 대표적인 예로 휠체어가 지날 수 있도록 건널목 부분에서 보도에 경사면을 만들어 차도와 연결시키는 것이나 버스의 승강대 부분을 낮추어 계단을 없앤 것 등이 있다. 이러한 설계는 장애인들과 노인들을 배려한 것이지만 일반인들의 희생을 요구하지 않는다.

빅터 파파넥(Victor Papanek)은 적정기술운동에서 자주 인용되는 건축가이자 공학자로, 사회적, 윤리적 의미를 담은 공학설계를 적극적으로 실현한 대표적인 사람이다. 그는 설계자로서의 공학자의 역할을 매우 큰 의미를 부여하였다(조영식 2008: 21). 그는 소비자의 다양한 필요들을 보다 세심하게 파악하여 이를 공학설계에 반영해야 한다고 주장했다. 파파넥이 주로 초점을 맞춘 것은 사회적 혜택들로부터 소외된 노약자, 장애인, 제3세계 사람들이었다. 그는 디자인이 단순하고 인간적이 되어야 하며, 지역적 특성을 반영하고, 환경 친화적이어야 한다고 보았다(Papanek 1983/1986).

# 4. 접근성, 새로운 진보의 기준[92]

기술코드에 대한 인식과 이를 현실적으로 구현하는 '모두를 위한 디자인' 개념은 앞서 말한 새로운 효율성의 정의와 기술사회의 강자와 약자를 두루 만족시킬 수 있는 공학설계라는 점에서 시사하는 바가 있다. 오늘날 많은 사람들이 기술의 진보가 일으키는 미래의 변화를 예측하는 데 몰두하고 있지만, 이 사례들에서는 공학설계가 미리 설정된 목적에 복무하는 방식으로 이루어진다. 만약 기술의 진보를 단순히 기존의 기술보다 투입 – 산출 면에서 더 효율적인 것으로만 정의하지 않는다면, 혹은 그 투입 – 산출의 효율성을 측정할 때 산출 항에 특정한 목적을 반영한 새로운 항목을 더해 진보의 기준을 새로 만든다면 어떨까? 이 절에서는 지금까지의 논의를 토대로 새로운 진보의 기준을 제시해보려 한다.

## 1) 기술철학의 주제로서의 기술격차

기술격차는 현대기술사회의 큰 특징이자 문제이다. 지구의 한편에서는 엄청난 에너지와 자원을 소비하면서 첨단기술을 사용하고 다른 한편에서는 오랜 과거와 실질적으로 다를 것이 없는 원시적인 기술에 의존해야만 하는 상황이 지속되고 있다. 열악한 지역이라 해도 기술이 소개되지 않은 것이 아니기 때문에 빈부의 격차와 함께 기술격차도 점점 더 커지고 있다.

기술 진보의 과정에서 기술격차는 생겨나게 마련이고, 모든 격차가 해소되어야 하는 것은 아닐 것이다. 그러나 이 격차가 극복 불가능한 정도로 벌어지게 되면 심각한 문제가 된다. 기술격차는 서로 다른 수준의 기술을 사용하고 생산하는 것뿐 아니라 그로 인해 삶의 맥락과 기회, 가능성들에서 현저한 차이가 발생한다는 것까지를 모두 감안해야 한다. 기술격차가 일정한 수준을 넘어서게 되면 그 격차를 경제적 부와 빈곤으로 환원할 수 없다. 즉, 한 사회의 기술적 인프라가 일정 수준에 이르지 못한 상태에서 기술격차가 벌어질 경우, 어느 순간에 한 개인이나 기업, 국가가 부를 축적하게 되더라도 기술격차를 해소할 수 없게 된다. 현대기술이 개별 수단의 보유 여부를 넘어 시스템의 성격을 가지게 되면서 이러한 문제는 더욱 커진다.

예를 들어 인터넷에 연결되었다고 해서 똑같은 세계시민이 될 것이라는 기대는 환상이다. 전기가 충분히 공급되지 않은 지역에서 전화선을 통해 간신히 인터넷에 연결하는 사람과 때와 장소를 가리지 않고 모바일 기기를 통해 인터넷에 연결할 수 있는 사람의 삶은 다를 수밖에 없다. 100달러짜리 컴퓨터가 빈곤국의 아이들에게 엄청난 혜택을 줄 것이라는 기대가 있었지만 수백만 대를 보급한 이후에도 별다른 교육 효과를 거두지 못하고 있다는 보고가 이러한 현실을 잘 보여준다. 100달러 컴퓨터를 보급한 저개발 국가들에는 인터넷망이 깔려 있지 않거나, 학교의 선생들이 아이들에게 컴퓨터를 이용하여 교육할 능력이 없거나, 망가진 컴퓨터를 고칠 인력이 없는 경우가 많기 때문이다.[93]

앞서 살펴본 기술철학의 이론들은 기술격차의 문제를 본격적으로 다루지 않았다. 고전적 기술철학의 기술 비판이나 경험으로의 전환이 제시한 기술사회에 대한 대안들은 궁극적으로는 기술격차와 연결되어 있지만, 한 번도 기술격차가 주제적인 문제로 떠오른 적이 없다. 기술격차는 기술철학의 주제라기보다 경제학이나 사회학, 정치학의 주제로 보았기 때문일 것이다.

그러나 기술철학이 기술격차 문제를 좀 더 적극적으로 다루어야 한다고 주장할 이유는 충분하다. 먼저, 기술격차는 기술철학과 STS에서 다루는 여러 주제들처럼 현대기술과 기술사회의 특징이다. 과거에도 일정한 정도의 기술격차가 있었겠지만, 그것이 동시대인들에게 오늘날과 같은 '격차'로 받아들여졌을지는 의문이다. 산업혁명 이후 교통과 통신의 발달, 전 세계를 물리적, 정신적으로 일원화하는 현대기술의 보편성 때문에 그 차이가 더욱 날카롭게 느껴지는 것이다.

둘째, 앞서 살펴본 것처럼, 기술격차는 단순히 경제적인 빈곤의 문제가 아니다. 기술은 단순한 도구나 경제적 지위의 반영이 아니라 정치적 이해관계를 비롯한 삶의 맥락에 심대한 영향을 미치는 요소이다. 나아가 더 이상 경제적인 양극화의 종속변수도 아니다. 이를 인정한다면, 기술격차를 좀 더 핵심적이고 독립적인 의제로 삼아 다룰 필요가 있다. 기술격차를 현대기술 발전의 불가피한 결과로 보기보다는 현대기술의 흐름 안에서 해결할 수 있는 방안을 모색해야 한다.

셋째, 기술격차를 기술철학의 주제로 삼는 것은 기술철학의 기존 논의가 가지는 한계를 넘어서는 중요한 계기가 될 수 있다. 기술철학은 기술과 인간의 본질을 문제 삼는 것이라고 보는 입장에서는 기술격차를 기술 발전이 초래한 여러 가지 문제의 하나로 과소평가할 수 있다. 그러나 설사 기술격차가 부차적인 것이라 하더라도, 이 문제가 해소되지 않으면 지금까지 기술철학에서 중요한 주제로 삼아왔던 획일화, 비인간화, 중앙집권화 등도 궁극적인 해결에 이르지 못한다.

나아가 기술격차는 앞서 언급한 기술철학의 두 가지 불일치를 함께 보여주는 사례이다. 우선 현대기술의 내용에 대한 비판과 형식에 대한 대안 사이에 생겨나는 불일치가 기술격차의 문제에서 명확하게 드러난다. 예를 들어 기술의 민주화 논의는 사실상 고도의 기술 발전을 이룩한 나라를 염두에 두고 있는 만큼, 기술격차 문제를 해소하는 데에는 큰 도움이 되지 못한다. 또한 기술격차는 기술사회의 시민들이 직접 불편을 느끼는 종류의 문제가 아니다 보니, 그 해결을 위해 시민들이 공학자들이나 기업에 영향력을 끼칠 것이라 기대하기 힘들다. 결국 기술격차의 해소를 위해서는 기업과 공학자의 주도적이고 자발적인 역할이 요구된다.

### 2) 접근성의 원칙

기존의 과학과 기술, 진보에 대한 개념을 전제로 하는 한, 기술이 주는 유익을 재분배하거나 기술을 가지지 못한 이들을 위한 기술을 따로 개발하는 것으로는 궁극적으로 기술격차를 줄이기 힘들다. 그보다는 마르쿠제와 엘륄의 현대기술 비판이 암시하는 것처럼 진보에 대한 새로운 이해가 필요하다. 새로운 기술 발전의 모델은 당장 기술격차 문제를 해소하려는 것이기보다는, 이 문제가 근본적으로 해소될 수 있는 방향을 제시해줄 수 있어야 한다.

지금까지 살펴본 여러 이론들을 바탕으로, 기술의 진보를 규정하는 데 있어 접근성(accessibility)을 기술 진보를 판단하는 중요한 기준으로 추가할 것을 제안한다. 사실 이 개념은 장애인 이동권을 위한 여러 운동에서 이미 어느 정도 사용되어왔는데, 여기서 그것을 기술의 영역으로 좀 더 확대해본 것이다. 다시 말해, 어떤 기술을 설계할 때에는, 다양한 기술 수준에 있는 사람과 사회들이 그 기술의 개발과 제작, 사용에 좀 더 쉽게 접근할 수 있도록 해야 하고, 그런 만큼 더 진보된 기술로 파악해야 한다. 이를 정형화시켜 표현한다면 다음과 같이 정리할 수 있다.

> 어떤 기술이나 기술체계는, 그 개발 및 생산이나 사용에 있어서 더 많은 사람들에게 접근이 용이할수록, 또는 그 개발 및 생산과 사용을 통해 궁극적으로 기술격차를 줄일 가능성이 클수록 더 바람직하고 우월하다.

이 원칙은 기술의 진보를 신기술 개발을 중심으로 이해하는 일반적인 흐름에 반대하여 기술격차를 얼마나 효과적으로 줄이는가를 중심으로 진보를 이해하자는 제안이다. 신기술의 개발을 반대하거나 부정적으로 보는 것이 아니라, 신기술 개발 자체에 무게를 두는 현재의 인식을 바꾸어 그 신기술이 기술격차를 효과적으로 해소한다는 점을 부각시키는 것이다. 현대기술 발전의 당사자들, 즉 정부와 기업, 시민과 공학자가 이와 같은 진보의 기준을 받아들인다면, 새로운 차원의 경쟁과 발전이 일어날 수 있다.[94]

### 3) 접근성의 사례들

사용 측면에서 접근성의 예는 모두를 위한 디자인에서 바로 찾아볼 수 있다. 앞서 살펴본 것처럼, 버스를 제작함에 있어서 승강장의 높이를 낮추는 것은 승차감, 속도, 안정성 등의 측면에서 더욱 효율적이거나 기술적으로 우월하다 할 수 없다. 그러나 노약자나 장애인이 버스에 오르기가 더 쉬워지기 때문에 승차를 위해 계단을 올라야 하는 버스보다 접근성이 높아진 것이고, 그러한 면에서 더 진보했다고 할 수 있다.

생산에서의 접근성에 대한 사례는 조금 덜 직관적이다. 적정기술에서는 현지에서 조달할 수 있는 재료를 이용하여 필요한 물건을 만드는 것을 크게 강조하고 있는데, 생산에서의 접근 가능성은 이러한 원칙의 확장으로 이해할 수 있을 것이다.

디자인 댓 매터스(Design that Matters)라는 비영리 단체[95]는 저개발국가의 매우 낙후된 지역에도 자동차와 자동차 수리공이 있다는 사실에 착안하여 자동차 부품과의 호환성을 높인 인큐베이터인 '네오널쳐(NeoNurture)'를 개발하였다. 저개발국가의 여러 병원이 해외에서 기부를 받거나 구입한 인큐베이터를 사용하고 있는데, 고장이 나면 고칠 수가 없어서 버려지곤 하는 것이다. 네오널쳐는 자동차 부품을 이용해서 수리가 가능하기 때문에 사용과 수리, 심지어 제작의 측면에서도 접근성이 높다. 불행히도 이 제품은 서구에서 많은 관심과 찬사를 받았음에도 불구하고 저개발 국가들에서는 철저하게 외면당했다.[96] 의료기기로서는 단순해 보이는 디자인이 현지인들에게 충분한 신뢰를 주지 못했고, 현지의 병원들에 의료기기를 공급하는 정부기관이나 기업들에게도 그다지 매력적이지 않았기 때문이다(Prestero 2012).[97] 그러나 그 현실적인 실패를 인정하더라도, 이 아이디어가 가지는 가치에 주목하고 이를 강조할 필요가 있다. 다른 제품의 생산을 위해 이미 가용한 기존의 부품, 기술, 생산설비를 이용해 새로운 제품을 생산하는 것은 비단 저개발국가에서만 시도해야 할 일이 아니다. 나아가 현재는 충분한 기술력을 가지지 못한 다른 주체들이 차후에라도 해당 제품을 쉽게 생산할 수 있도록 하려는 고려가 기존의 생산공정 설계에 포함된다면, 특정한 제품 생산에 있어서 접근 가능성을 훨씬 더 높일 수 있을 것이다.

소프트웨어 분야에서 시작되어 점차 정보기술의 다른 영역으로도 확대되고 있는 오픈소스(open source) 운동의 움직임도 접근성을 높인 좋은 사례다. 1980년대 컴퓨터 운영체제로 개발되어 배포된 리눅스는 오픈소스 운동의 대명사로 현재까지도 상당한 영향력을 행사하고 있다. 리눅스의 성공 이래로 자신이 개발한 소프트웨어나 원천기술을 공개하여 누구든지 사용하고 응용할 수 있도록 하는 움직임이 꾸준히 계속되고 있다. "특정 제품을 만드는 데 필요한 회로도, 자재명세서, 인쇄회로 기판 도면 등 모든 것을 일반 대중에게 공개"하는 '오픈소스 하드웨어(open-source hardware)'도 있고(신동흔 2014), 3D프린터로 제품을 만들 수 있도록 하는 소스뿐 아니라, 3D프린터 자체를 만들 수 있는 도면마저 공유하기도 한다(이지영 2013). 이러한 시도에서 주목해야 할 것은, 모두에게 말 그대로의 접근성을 완전히 확보한다는 사실 뿐 아니라, 오픈소스를 활용하여 개발된 새로운 기술들이나 제품에 대한 정보 역시 개방되어 접근성의 선순환이 일어난다는 것이다.

### 4) 접근성 원칙의 현실성

인큐베이터와 같이 상대적으로 단순한 기술이 아닌 복잡하고 규모가 큰 기술의 개발 및 생산과 관련하여 접근 가능성을 향상하는 것은 여러 가지 복잡한 문제와 얽혀 있다.[98] 따라서 위와 같은 노력들이 현실적으로 가능한 것인지, 경쟁사회에서 바람직한 것인지 등에 대한 여러 가지 의문이 제기될 수 있다. 예를 들어 제품 생산에 있어서 접근 가능성을 어렵게 하는 것은 일차적으로 물리적인 설비들인데, 설비 면에서 기존의 격차를 혁신적으로 줄일 방법은 별로 없다. 기술적으로 낙후된 지역에서도 동일한 생산이 가능하도록 하는 새로운 설계가 말처럼 쉬운 것도 아니다.

그럼에도 불구하고, 이를 전혀 실현 불가능한 것으로 치부할 이유는 없다. 이미 기존의 기술 발전 과정에서 접근성 향상을 위한 노력이 이루어지고 있기 때문이다. 특히 기존 설비 투자를 간소화함으로써 생산성을 높이기 위한 최적화의 노력은 결과적으로 기술의 접근성을 향상시키는 결과를 낳는다. 또 기존의 설비나 제품을 다시 설계하여 에너지를 덜 사용하도록 하는 시도가 상당할 정도로 이루어지고 있는데, 이들 에너지 절약을 위한 노력들도 접근성을 높이는 기술 진보라 할 수 있다. 무한정의 에너지 공급을 전제로 한 설비 설계와 비교할 때, 적은 에너지를 사용하는 공정이 접근성이 높다고 보아야 할 것이기 때문이다.[99]

에너지 효율성에 가치를 두고 에너지 친화적인 기술을 더 나은 것으로 보는 입장은 다양한 외부적 조건에 의해 만들어진다. 때로는 에너지 비용과 같은 경제적인 요인일 수도 있지만, 지구 온난화에 대한 세계의 공동 노력이나 정부의 정책 변화와 같은 외교적, 정치적 요인일 수도 있다. 그렇다면 기술의 접근 가능성 향상의 문제 역시 기술 진보에 관한 일반의 의식 변화를 포함한 외부적 조건을 어떻게 구성하느냐에 상당 부분 달려 있다고 할 수 있다.

과거에는 시장 경쟁에서 고려의 대상이 되지 않던 것들이 새롭게 중요한 기준으로 등장하는 경우들이 있다는 점에도 주목해야 한다. 경영에서는 윤리경영을 강조하면서 사회적 책임을 다하려는 노력을 통해 기업의 이미지와 가치를 향상시키려는 시도가 더 이상 낯설지 않다. 20세기 중후반까지도 공학의 여러 분야에서 환경에 대한 고려는 낯선 것이었지만, 이제는 더 이상 무시할 수 없는 중요한 요소가 되었다.

이렇게 본다면, 접근 가능성의 원칙을 급진적이라거나 시장경쟁과 상충하는 것으로 보는 견해는 섣부르다. 접근성을 높이려는 노력은 이미 다양한 방식으로 이루어지고 있는데, 아직 그 노력이 기술격차의 해소를 견인할 수 있다는 사실을 인지하지 못하고 있을 뿐이다. 기술격차의 해소라는 당위가 좀 더 부각되고, 신기술 개발 자체를 신성시하는 분위기가 극복된다면 기술 발전의 방향성을 재점검하는 좋은 계기가 될 것이다. 진보에 대한 새로운 인식을 통해 기술격차가 당장 없어지지는 않겠지만, 장기적으로 기술격차가 줄어드는 데 기여할 수 있다. 기술사회 작금의 상황은 한편으로는 기술로 인한 일원화와 획일화가 가중되고 다른 한편으로는 기술격차가 더 벌어지는 것으로 요약할 수 있다. 이는 결과적으로 기술사회가 지금까지 노출한 여러 가지 부작용들을 더욱 심화시킬 것이기 때문에, 기술격차의 해소 혹은 기술접근성의 확대는 지속가능한 발전을 위한 노력의 일환으로 보아야 한다.

## 5. 기술 발전의 속도가 지닌 의미

목적이 이끄는 기술 발전, 혹은 방금 제안한 접근성의 원칙을 따라 기술격차를 줄이는 방향으로 이루어지는 기술 발전에 대한 가장 큰 반론 중 하나는 기술 발전의 속도와 연결된다. 목적이 이끄는 기술 발전은 현재의 기술 발전 속도를 현저하게 저하시키는 요인이 될 것이기 때문이다. 현대기술의 가장 큰 특징 가운데 하나인 발전의 속도를 거스르는 대안이 과연 현실적인가? 방금 살펴본 것처럼 접근성 원칙이 일정한 현실성을 가진다 하더라도, 기술 발전의 속도에 반하는 대안이라면 그 현실성에 대한 설득력은 불가피하게 반감된다. 이 지점에서 우리는 다시 사실에 대한 논의를 떠나 당위를 논할 수밖에 없다.

기술 발전 속도의 문제는 사실 매우 중요한 주제임에도 불구하고 기술철학에서 많이 다루어지지 않았다.[100] 기술 발전의 내용에 대한 논의는 다양하지만, 속도에 대한 논의는 매우 간헐적이다. 그러나 전통적 기술과 현대기술을 나누는 중요한 요소 중 하나가 바로 기술 발전 속도의 문제이고, 어떤 면에서는 기술에 대한 철학적 반성이 일어난 것도 기술 발전의 속도 때문이라고 할 수 있다. 기술 발전의 속도가 느렸던 과거에는 기술에 대한 성찰이 일어날 수도, 일어날 이유도 없었을 것이다.

고전적 기술철학자들은 기술의 발전이 너무 빠른 것에 감탄하기보다는 그 속도가 초래할 여러 가지 문제들을 보았기 때문에 비판적이 되었다. 엘륄이 말한 기술의 자율성은 사람의 통제를 벗어난 기술 발전의 속도를 말하는 것이라 볼 수도 있다. 경험으로의 전환을 주장한 학자들은 그런 변화를 부정적으로만 볼 것이 아니라 좋은 방향으로 이끌고 갈 방안을 생각하면 된다고 주장했다. 포스트휴머니스트들은 기술 발전의 속도를 기정사실로 받아들이고 "이 속도로 기술 발전이 계속된다면"이라는 전제를 가지고 자신들의 주장을 펼친다. 그들은 지금 사람들이 고수하고 싶어하는 윤리적인 기준들이 빠른 시일 안에 무화될 것이라고 본다. 그들에게 기술 발전의 속도는 저항할 수도, 저항할 필요도 없는 현실이다.

기술 발전의 속도를 제어할 수 있을까? 현실적으로 불가능해 보인다. 기술 발전의 속도가 빨라지는 것은 기본적으로는 경쟁 때문이다. 연구자들, 국가, 기업이 모두 각자의 영역에서 격심한 경쟁을 벌이며 다음 단계의 기술 발전을 시도한다. 따라서 한 국가가 특정 기술 분야에 대한 심층적인 논의를 거쳐 제도와 정책을 마련하려 하거나 기업이 윤리적인 문제에 대해 조심스러운 접근을 하려 하면 바로 경쟁자에게 뒤처지는 상황이 생긴다. 2017년 한국의 한 생명공학자는 한국에서 법적으로 금지하고 있는 인간 배아 연구를 수행하기 위해 미국의 연구팀에 합류하여 해당 실험을 진행했다. 국내 일부 언론들은 이런 상황을 두고 한국이 지나친 규제를 하고 있기 때문에 국제 경쟁에서 큰 손해를 볼 것이라고 보도했다(류준영 2017). 이런 우려가 얼마나 타당한지 여부는 따로 검증해야 할 일이지만(전방욱 2017: 246-251), 국제적인 경쟁 상황에서 머뭇거리는 것이 도움이 되지는 않는다는 식의 우려가 많다. 그럼에도 불구하고 기술 발전의 속도를 제어할 당위와 방법을 제안하고 추구하는 것은 실천철학으로서의 기술철학이 수행해야 할 중요한 임무다. 여기에는 두 가지 이유가 있다.

첫 번째 이유는 호모 파베르로 남기 위해서이다. 기술 발전의 속도를 제어하지 못하면 호모 파베르의 자리를 포기하는 셈이 된다. 인간이 기술을 개발한다 하더라도, 그 개발의 속도를 제어할 수 없다면 인간은 진정한 의미에서의 창조자가 아니다. 그 순간 호모 파베르로 정의되어온 인간은 지금까지와는 다른 어떤 존재가 되고 만다. 기술을 만들면서도 그 기술에 영향을 받는, 그 아슬아슬한 상호작용의 균형이 호모 파베르를 정의하는데, 기술 발전의 속도를 제어하지 못하면 그 균형은 깨진다. 엘륄은 기술사회에서 인간은 기술에 대해 '아니오'라고 말할 수 없기 때문에 자유롭지 않다고 하면서, 이제 남아 있는 자유는 우리가 자유롭지 않다고 말하는 것밖에 없다고 주장한다(Ellul 1988/1990: 219, 411). 그런데 인간의 자유를 담보하는 이 '아니오'는 기술의 무엇에 대한 '아니오'인가? 우리의 삶을 둘러싸고 있는 기술들을 사용하지 않기로 하면 자유로워지는가? 그렇지 않다. 엘륄의 '아니오'는 기술의 내용에 대한 거부가 아니라 기술사회의 관성에 대한 거부이고, 그 거부는 현대기술의 걷잡을 수 없는 속도에 대한 거부라고 보아야 한다. 엘륄에 따르면, 자유롭지 않은 인간은 더 이상 인간이 아니다. 그렇다면 현대기술의 발전 속도를 거부하고 그것을 제어하려는 노력은 인간으로 남아 있고자 하는 노력에 다름 아니다. 기술에 대한 전면적인 거부가 아니라, 그 속도를 제어하는 것을 통해 인간됨을 확보할 수 있는 것이다.

둘째로 기술철학적 성찰의 공간을 확보하기 위해서다. 기술 발전의 속도를 제어하는 것은 기술철학의 존립에도 필수적이다. 속도의 문제는 특정한 기술 발전의 적절성 여부를 평가하거나 정치적인 함의를 분석하는 것, 즉 기술의 내용적 측면에 관한 연구보다 더 중요하다. 또 기술의 민주화 이론에서 논의되는 특정 기술에 대한 사용 여부를 묻는 절차보다 더 궁극적인 문제이다. 기술 발전의 속도가 일정한 수준을 넘지 않아야 철학적 사유와 시민들의 논의를 위한 공간이 열리기 때문이다. 하나의 기술에 대한 숙고가 제대로 이루어지기도 전에 다음 단계의 기술로 발전해가는 상황에서는 기술에 대한 진정한 통제를 회복하기 어렵다.

물론 모든 기술의 발전 속도를 조절하는 일은 불가능할 것이다. 그러나 최소의 목표로 삼아야 할 것은 인공지능이나 유전자 재조합과 같이 인간의 삶을 송두리째 바꾸게 될 것으로 보이는 기술들에 대해서 그 속도를 조절할 방안을 마련하는 것이다. 생명과학에서는 연구의 잠정적 중단을 의미하는 모라토리움이 제안된 적이 여러 번 있었는데, 사실 그리

성공적은 아니었다(홍성욱 2005: 258-260; 전방욱 2017: 261-272). 그러나 전면적인 모라토리움까지는 아니더라도, 위험한 기술의 성급한 개발을 제어할 일정한 장치를 마련하는 노력은 계속해야 한다.

물론 특정 국가나 단체가 자제해야 할 기술 개발을 서두르거나 전면적인 개발을 시도할 수 있다. 그러나 그러한 경우가 생길 수 있다는 가능성 때문에 기술 개발의 속도를 조절하려는 노력이 무의미해지는 것은 아니다. 인류는 이미 핵경쟁을 지속하다가 중단하고 핵무기의 개발과 사용을 상호 제지하려는 노력을 기울여온 경험이 있다. 또 온실가스 배출을 줄이기 위한 국제적인 협력의 노력을 시도한 바도 있다. 이러한 시도들이 모두 완벽했던 것이 아니고, 어떤 면에서는 생존의 문제가 걸려 있었기 때문에 협력이 상대적으로 쉬웠던 것도 사실이다. 그러나 인류가 목전에 두고 있는 포스트휴먼의 시대는 과거와는 또 다른 엄청난 변화와 위기를 초래할 가능성이 있다. 적어도 이러한 가능성에 면해서는 기술 개발의 중단이나 연기를 결정할 수 있는 국제적인 협력이 시도되어야 한다.

2017년 초 인공지능 개발 분야에서 최고의 기술과 결정권을 가지고 있는 사람들이 모여 인공지능의 윤리적 사용에 대한 포럼을 열었다.[101] 거기서 나온 다양한 의견들 중, 테슬라의 일론 머스크가 인공지능 개발에 대한 선제적인 규제가 필요하다고 한 것은 의미심장하다. 그는 기업이 어떤 기술을 개발할 때는 언제나 규제가 있으며, 그 규제를 피해가는 것이 기술 개발의 한 부분이라고 말했다. 이 말은 규제가 무의미하다는 것이 아니라, 적절한 규제가 기술 개발을 특정한 방향으로 선도할 수 있다는 의미이다. 경우에 따라서는 특정한 방향으로의 기술 개발을 어렵게 함으로써 해당 기술의 선용을 위한 숙고의 시간을 벌 수 있을 것이다.

## 6. 기술 발전의 궁극 목표로서의 좋은 세상

'목적이 이끄는 기술' 개념을 통해 강조하고자 하는 바는 바람직한 기술 발전의 내용이다. 고전적 기술철학자들의 기술에 대한 우려에 대하여 경험으로의 전환을 시도한 학자들이 제시한 답은 기술의 민주화와 같은 기술 발전의 형식과 관련되어 있었다. 그중 예외적이라 할 수 있는 철학자가 보그만이다. 3장에서 살펴본 것처럼, 그는 기술을 '좋은 삶'의 문제와 직결시켰다. "이 기술이 우리로 하여금 '좋은 삶'을 살게 하는가?" 이 놀랍도록 단순한 물음이 기술의 약속이 아니었느냐고 그는 묻는다. 기술의 발전을 긍정하고 추구하는 사람이라면 그 개발의 결과가 좋은 삶이라고 이야기할 것이다.

보그만 자신의 대안은 장치의 패러다임이 초점사물과 초점행위의 의미를 가리지 않도록 하는 것을 골자로 하여, 이원적인 경제체제와 좋은 삶을 고려한 기술 개발의 통제 등을 담고 있다. 그런데 앞서도 지적한 것처럼, 보그만의 제안은 개발된 기술이 다시 인간에게 다양한 방식으로 영향을 미칠 수 있음을 충분히 반영하지 않고 있다. 그러나 호모 파베르의 역설을 고려한다면, 좋은 삶의 정의마저 바꿀 수 있는 현대기술의 엄청난 영향력도 무시할 수 없다. 이렇게 보면 좋은 삶의 모습을 명확하게 규정하는 것은 오히려 논의의 폭을 좁히는 결과로 이어질 수도 있다.

따라서 나는 '좋은 세상'의 추구 자체를 기술 발전의 목적으로 제시하고 그 내용을 채워나갈 것을 대안으로 제시한다. 다시 말해서 기술의 발전은 우리가 만족할 수 있는 '좋은 세상'으로 이끄는 것을 목적으로 삼아야 하며, 기술사회의 구성원들은 바로 그 좋은 세상에 대한 각자의 생각을 가지고 기술의 문제에 접근해야 한다는 것이다. 당연히 다양한 의견들이 분출될 것인데, 바로 그 좋은 세상의 모습이 열린 토론의 주제가 되어야 한다. 공학설계, 접근성의 원칙, 그리고 기술 발전의 속도에 대한 모든 논의는 기술 발전의 궁극 목적으로서의 좋은 세상과 연결되어 이루어질 수 있을 것이다.

좋은 세상을 위한 기술의 개발은 이미 이루어지고 있는 것이 아니냐는 비판이 있을 수 있다. 누구도 더 나쁜 세상을 위해 기술을 개발하고 사용하지는 않을 것이기 때문이다. 그러나 오늘날 기술의 영역에서 이루어지고 있는 엄청난 경쟁은 특정 기술과 좋은 세상의 연관성을 피상적으로 기술하거나 명목상의 개발 이유로 만들어 버리는 경우가 많다. 예를 들어 사용의 편리함이나 특정 과업의 처리 속도는 더하면 더할수록 좋은 것으로 여겨지지만 그 기술이 인간의 삶과 인간됨에 미치는 영향까지 생각한다면 그렇게 간단히 넘어갈 일은 아니다.

좋은 세상에 대한 비전이 세세하게 정의되어야 하는 것은 아니다. 그러나 모든 공학설계는 그 비전을 전제로 이루어지고 정당화되어야 한다. 접근성의 원칙은 좀 더 많은 사람이 기술에 접근할 수 있는 것이 좋은 세상의 조건일 것이라는 입장에서 제기된다. 기술 발전의 속도는, 비록 그것이 쉽지 않더라도, 좋은 세상을 이루는 데 어떤 경우가 더 도움이 되는지의 판단에 따라 조절되어야 할 것이다. 물론 이러한 결정과 합의는 다양한 층위에서 다양한 방식으로 이루어질 수밖에 없고, 경우에 따라서는 서로 모순된 결론으로 이어질 수도 있다. 그러나 어떤 경우이든, 기술의 개발과 사용이 좋은 세상에 대한 여러 견해를 반영한다면, 좀 더 근본적인 차원의 기술 민주화를 추구할 수 있을 것이다.

지금까지의 논의를 바탕으로 하여 3부에서 좋은 세상으로 이끄는 기술 발전을 어떻게 구체화할 것인지를 고찰할 것이다. 8장은 그동안 기술철학 이론이 충분히 반영하지 못한 공학자와 전문가의 역할을 다루고, 9장에서는 기술철학의 논의가 개별 기술에 어떻게 적용될 수 있는지를 예시를 통해 고찰한다. 10장에서 목적이 이끄는 과학기술 거버넌스의 내용과 방향을 제안할 것이다.

3부

# 기술철학의 응용과 실천 방안

1부와 2부에서 우리는 20세기 전반기부터 시작된 기술철학의 흐름을 살펴보고, 그 통찰을 좀 더 발전적으로 이어받을 수 있는 이론, 개념적 틀을 생각해보았다. 그 과정에서 기술철학이 실천철학임을 누누이 강조하였는데, 이제는 지금까지의 이론적 성찰을 구체적인 대안으로 연결시키는 시도를 해야 한다.

과거에도 인간은 기술을 만들고 그 기술에 의해 영향을 받았지만, 현대 기술사회를 사는 현대인은 호모 파베르의 두 가지 역설을 실시간으로 경험한다. 우리는 바로 얼마 전까지 생각할 수조차 없었던 새로운 인공물들을 만들어 사용하고, 동시에 새로운 기술들이 우리 자신의 삶과 본질을 송두리째 바꾸어가는 것을 본다. 이 새로운 개별 기술들을 어떻게 분석하고 그 각각이 제기하는 철학적, 실천적 과제를 파악하는 것이 기술철학의 중요한 과제다.

나아가, 포스트휴먼을 논하는 시대의 과학기술 거버넌스는 산업혁명 이전 느린 속도로 발전하던 전통적인 기술의 시대나 그 이후 기술을 무한경쟁의 종속변수로 보고 무조건 개발하려던 시대와 달라져야 한다. 인공적인 것을 만드는 인간의 자연스러운 본성을 거스르지 않으면서도 우리가 기술에 의해 원하지 않는 모습으로 바뀌지 않기 위해서 필요한 노력은 어떤 것인가?

3부는 지금까지 살펴본 기술철학의 통찰을 현대기술의 내용과 형식의 측면에서 어떻게 실천적으로 반영할 것인가를 주체, 대상, 방법을 염두에 두고 묻는다. 8장의 주제는 공학자다. 기존의 기술철학이 기술사회를 실질적으로 이끌어가는 공학자에게 충분한 이론적 관심을 쏟지 않은 것을 지적하고, 2부에서 제출된 대안이 실현되기 위해 공학자와 전문가의 적극적인 역할이 필요함을 논할 것이다. 9장에서는 기술철학의 이론적 대안이 어떤 개별 기술에 어떻게 적용될 수 있는지를 고민해본다. 두 가지 대표적인 개별 첨단기술들이 제기하는 철학적 도전과 제기되어야 할 물음들을 살펴볼 것이다. 이어지는 10장에서는 바람직한 미래를 견인하는 방법 중 과학기술 거버넌스를 다룬다. 지금까지 한국의 과학기술 거버넌스가 이어져온 역사적, 사회적 맥락을 염두에 두고 포스트휴먼 시대를 대비하는 과학기술 거버넌스의 틀을 제안한다.

# 8장

# 공학자의
# 자리

호모 파베르의 역설을 이해하여 인간이 기술을 만들고 기술이 인간을 만든다는 것을 심각하게 받아들이면, 특정 기술을 만들어 사용하려 할 때 그것이 인간과 사회에 초래할 영향이 무엇인지를 고려하게 된다. 미래를 완벽하게 예측하지 못하더라도, 기술의 제작과 사용을 통해 도래할 미래에 대한 청사진을 가지는 것은 매우 중요하다. 이를 앞서 '목적이 이끄는 과학기술 발전'이라고 이름지었다.

그렇다면 그 청사진을 어떻게 그리고 현실화할 것인가? 그 청사진은 사회적 합의에 의해 만들고, 공학설계로 현실화하며, 공학설계는 다시 각종 법제와 규제에 의해 견인될 것이라 답할 수 있을 것이다. 그런데 여기서 '어떻게'를 '누가'로 바꾸어서 물으면 어떤 대답이 나올까? 물론 궁극적인 답은 기술사회의 구성원이라 해야겠지만, 그중에서도 공학자의 자리가 특별하다는 사실을 부인할 수 없다.

지금까지의 기술철학 이론들에서 공학자의 자리는 제한적이었다. 기술사회에서 공학자가 차지하는 중요성이나 바람직한 역할에 대한 논의는 거의 없었다고 해도 과언이 아니다. 기술의 영향력을 강조할 때는 사람이 기술을 만든다는 사실을 잊었고, 그 사실을 당연하게 받는 경우에는 너무 포괄적으로 생각했다. 그러나 호모 파베르의 역설을 기술 현상을 바라보는 틀로 채택하게 되면, 공학자가 눈에 들어오기 시작한다. 사람이 기술을 만든다고 할 때, 그 사람이 누구인지를 좀 더 구체적으로 따져 묻지 않을 수 없기 때문이다. 기술사회에서 공학자를 포함한 전문가의 역할이 과연 본의 아니게 악역을 담당하는 것이거나, 사회적 합의에 순종하는 수동적인 것인지 물을 필요가 생긴다. 나아가 기술정책을 설계, 입안하는 정책결정자나 정치인, 행정적 지원을 하는 공무원 같은 이들과 공학자들의 역할 배분도 고찰의 대상이 된다.

본 장에서는 기존 기술철학 이론들에서 공학자의 역할을 과소평가한 이유를 살펴보고, 기술사회의 미래를 위해 공학자의 역할이 중요함을 논증할 것이다. 이는 호모 파베르의 역설로 기술의 문제를 이해하는 것과 목적이 이끄는 기술 발전을 실현하기 위한 중요한 단계이다.

## 1. 기술사회에서 공학자의 위상

현대기술사회에서 공학자의 위상은 그리 높지 않다. 기술이 사회와 문화, 경제와 생활, 나아가 인간 자신에게까지 큰 변화를 초래하는 영향력을 가진 시대이지만 공학자가 특별한 지위를 차지하지는 않는다. 의사와 변호사와 같은 다른 전문직종과 비교해서 높은 사회적 지위를 주장하지도 않고 정치가나 기업가처럼 대단한 권력을 행사하지도 않는다.

여기에는 여러 가지 이유가 있겠지만, 큰 이유 중 하나는 공학자가 개별적으로 활동하지 않고 집단으로 일하는 경우가 많다는 점이다. 오늘날 공학자는 대부분 피고용자이기 때문에 자신이 하는 일의 내용이나 형식 면에서 일정한 제약이 따를 수밖에 없다. 공학자의 수가 다른 전문직에 비해 많다는 것도 이와 연결된 사실이다. 공학의 분야가 넓은 만큼 자신의 정체성을 공학자로 규정하는 사람들의 수가 많다. 제한된 자격증이 있는 경우도 없지 않지만, 배타적인 자격증을 취득해야 하는 의사나 변호사에 비해 '공학자'의 직군에 편입될 때 진입장벽이 높지 않다. 나아가 스스로를 공학자라 생각하는 사람들 사이에서도 전혀 다른 수준의 전문성을 가지거나 다른 역할을 담당하는 이들을 얼마든지 볼 수 있다. 서로 다른 역량과 경험에 따라 중대한 의사결정을 내려야 하는 높은 위치에 있는 공학자도 있지만 주어진 과업을 수동적으로 처리하는 공학자도 있다. 대부분의 공학활동이 여러 공학자들의 협업으로 이루어지기 때문에 개별 공학자 별로 사회적 위상이 분명하게 나누어지기보다는 그냥 공학자 중 한 사람으로 인식되는 경우가 많다는 점도 기억할 필요가 있다.

그러나 공학자의 위상이 낮은 가장 결정적인 이유는 여전히 기술이 특정한 목적을 위한 도구라는 인식 때문이다. 개별 기술의 차원이든 기술 일반의 차원이든, 기술은 무엇인가를 이루기 위한 도구라 생각하기 때문에 공학자도 그 도구에 속한 존재로 인식하게 된다. 그래서 목적이나 목표를 정하는 누군가에 초점을 맞추고, 그 목적을 이루기 위한 도구와 연관된 공학자에게는 도구적인 역할만을 부여하는 것이다. 결과적으로 공학자는 시대의 큰 흐름에 종속된 수동적인 역할만을 하는 것으로 파악된다. 예를 들어 현대기술이 비인간화를 부추긴다고 비판을 할 때 그 현대기술을 만든 공학자들에게 책임을 묻지 않는다. 공학자들은 단지 특정한 기술을 개발했고 그 결과 비인간화가 초래되었으나, 그들의 의도나 주도적인 역할이 거기에 영향을 미쳤으리라 생각하지 않는 것이다. 사실 그들이 어떤 생각을 가졌는지는 그리 중요하게 여겨지지 않는다.

이 경향은 새로운 것이 아니다. 인류 역사를 통해서 기술활동이 사회적으로 높은 평가를 받은 경우나 기술자나 공학자나 사회적으로 높임을 받은 경우는 흔치 않다. 기술은 도구였기 때문에 주목을 받지 못했고, 현대에 와서야 기술에 대한 관심이 생긴 것도 그 폭발적 발전에 놀라서였다. 물론 현대사회에서 공학자들은 그 놀라운 기술의 개발자와 운영자로 과거와는 비교할 수 없는 지위를 누리게 되었지만, 여전히 큰 흐름에 실려 있는 구성요소로 생각되었을 뿐 독립된 논의의 대상이 되지는 않았다.

기술철학에서도 이러한 흐름이 그대로 이어져서, 공학자는 기술사회에 대한 철학적 숙고에서 주제로 등장한 적이 없다. 공학자 자신이 기술철학을 시도한 경우도 별로 없다. 이는 여러 가지 면에서 확인할 수 있는데, 우선 기술철학자 중 공학적 배경을 가진 드물다. 물론 기술에 대한 철학적 숙고를 처음 시작한 이들 중에 엥겔마이어 같은 공학자가 없지는 않았다. 그러나 기술철학을 주도한 것은 대개 기술의 발전과 그로 인한 여러 변화들을 주의 깊게 살펴본 철학자들이었다. 기술철학의 이론은 기술의 문제를 다루면서 기술 자체와 기술이 발전해 가는 양상에 대해서만 고찰했을 뿐 공학자에 대한 성찰을 따로 하지 않았다. 공학자에게는 요구되는 바도 기대하는 바도 없었기 때문이다.

## 2. 공학자와 전문가주의[102]

현대기술사회에서 공학자의 위상이 높지 않다는 말은 상대적이고 이론적인 의미에서의 판단일 뿐, 실질적으로 낮은 대우를 받고 있다는 의미는 아니다. 또 기술철학이 공학자를 핵심 주제로 삼지 않았다 해서 공학자의 전문성을 부인할 수는 없다. 오늘날 사용되는 첨단기술들의 제작과 운용을 위해서는 많은 지식을 가진 전문가 집단, 그중에서도 공학자의 전문성이 필수적이다.

그러나 기술철학에서는 이들의 전문성에 큰 무게를 두지 않았다. 그보다 기술철학자들이 주목한 것은 관료화된 전문가주의였다. 전문가주의는 기술사회에서 매우 일반적인 현상으로, 기술사회의 구성원들에게 널리 받아들여질 뿐 아니라, 공학자들을 포함한 전문가들의 자기 이해에도 반영되어 있다. 기술의 민주화 이론은 전문가주의의 극복을 목적으로 제안한 것인데, 그 과정에서 전문성도 무시한 것처럼 되어 버렸다. 이 절에서는 먼저 현대기술사회에서 전문가주의의 문제들을 고찰해보도록 한다.

### 1) 전문가주의

전문가주의는 해당 기술 및 정책과 연관된 모든 논의와 결정을 전문가들이 담당해야 한다는 생각을 가리킨다. 이는 전문가 자신들이 가지는 사고방식과 태도이기도 하지만, 전문가가 아닌 사람들도 공유한다. 현대기술은 매우 복잡하기 때문에 전문가가 아니면 이해하기 힘들다는 사실이 전문가주의의 가장 큰 정당화 논리가 된다. 또한 전문가주의는 전문가들이 기술의 개발이나 운용에 대한 문제들을 신속하게 판단하고 진행할 수 있다는 점을 강조하여 전문가들의 자부심과 책임감, 보람을 고양시킨다.

### 2) 전문가주의의 문제

그러나 전문가주의가 초래하는 문제들이 있다. 특히 기술의 제 분야에서 전문가주의가 가부장주의적, 중앙집권적, 권위주의적 태도와 연결될 때 심대한 부작용으로 이어질 공산이 크다. 현대사회에서 전문가들의 수는 점점 늘어나고 있지만, 세부 분야별로는 그 수가 적을 수밖에 없다. 이 작은 영역에서 이런저런 결정이 일어나야 하는데, 일반인들의 기대와는 달리 그 결정이 가장 합리적인 방식으로만 이루어지지는 않는다.

우선 충분한 피드백이 일어나지 않을 가능성이 매우 크다. 이는 어떤 음모나 악의에 의한 것이기보다는 제한된 수의 전문가들이 반복적인 결정을 내려야 하는 상황에서 거의 불가피하다. 나아가 각 영역들에서 전문성에 의한 소통보다는 관계에 치중한 소통이 일어날 수 있는 여지가 있다. 전문가들 사이의 토론이나 의견의 개진이 어렵기 때문에, 비전문가들이 전문가들에게 기대했던 합리적인 결과를 얻지 못하는 경우가 생긴다. 경우에 따라서는 관련 정책에 대한 주도권을 일부 전문가들이 독점하게 될 수도 있다. 특별한 비리나 악의가 결부되지 않더라도, 전문가의 권위를 앞세워 과학기술 정책과 관련한 결정들을 일방적으로 내릴 소지가 많다. 여기에 악의적이거나 사적인 이해관계가 반영된 결정이 이루어진다면 문제는 훨씬 커진다.

전형적인 사례를 한국의 원자력 기술 분야에서 찾을 수 있다. 해방과 한국전쟁 후 과학기술 분야 중에서도 원자력 에너지 분야는 아주 전형적인 형태의 전문가주의가 생겨날 수 있는 좋은 토양이었다. 핵무기와 연결되고 경제개발의 핵심이 되는 에너지 분야인데다 대규모 투자가 필요한 영역이었기 때문에 한편으로는 정치권력과 밀접하게 연결되어 있었고, 다른 한편으로는 그 활동이 제한적으로만 공개되었다.

우리나라의 원자력 발전은 국가 주도로 이루어졌기 때문에 원자력 담론에서 일어나는 대부분의 대립은 정부 대 민간단체, 혹은 전문가 대 비전문가의 양상을 띠는 경우가 많았다. 원자력 관련 산업은 소수의 전문가와 그 주변의 사람들이 모든 결정을 내리는 구조로 발전되어 왔다. 이런 구조적 요인 때문에 원자력 담론 전반에서 "우리가 알아서 할 테니 당신들은 우리를 믿으면 된다"거나, "원자력이 위험하다고 하는 주장은 비합리적이거나 전문성을 결여한 결과"라는 식의 태도가 지금까지도 지속되고 있다.

이러한 태도는 권위주의 정권이 물러간 이후 결과적으로 원자력 발전을 옹호하는 입장에 큰 타격을 주었다. 원자력 에너지 분야의 전문가주의가 가부장적 사고방식과 결합한 나머지 원자력 발전에 대한 국민들의 우려를 과소평가하여 제대로 대처하지 못하는 결과로 이어진 것이다. 또 원자력 발전소에서의 여러 비리와 위험요소들이 발견되자 그에 대한 비판은 곧바로 전문가에 대한 신뢰의 하락으로 이어졌다.

전문가의 지위 자체에 과도한 의미를 부여하는 것도 전문가주의의 문제다. 전문가주의가 사회에 널리 받아들여지게 되면, 실제로 전문성을 지넘는지와 상관없이 전문가의 지위가 중요하게 된다. 특히 한국처럼 빠른 시간 안에 기술 성장을 이룬 곳에서는 여론을 통해 전문가의 지위를 획득하고 영향력을 행사하는 비정상적인 일이 일어날 수 있다. 이런 경우는 전문가주의가 진짜 전문가의 활동을 방해하는 상황으로 이어지기도 한다. 2008년과 2009년에 우리나라를 충격에 빠지게 한 황우석의 경우는 전문가주의가 이런 식으로 왜곡된 사례다. 황우석은 특정 분야의 전문가였으나, 그 전문성을 통해 얻은 지위를 대 언론 선전을 통해 정부와 국민의 인기를 얻는 데 적극 활용하여 결과적으로는 과학기술계 전반에 막대한 영향력을 행사하였다(강양구·김병수·한재각 2006).[103]

### 3) 전문가주의와 기술의 민주화

앞서 기술철학의 이론들을 일별하면서 살펴본 기술민주화 이론의 핵심은 전문가주의의 극복이다. 특히 핀버그는 기술민주화를 통해 기술의 발전방향을 전문가가 일방적으로 결정하기보다 그 결정 과정에 대중이 영향을 미쳐야 한다고 보았다. 이는 전문가들의 전문성 자체를 부정하는 것이 아니라, 많은 사람에게 영향을 미치는 과학기술의 개발과 운용에 대한 문제를 전문가들에게만 맡길 수는 없다는 문제의식이다. 전문가들의 전문성과 선의를 무작정 신뢰하고 거기에 전적으로 의존하기보다, 적극적인 토론과 소통을 통해서 공동의 결정을 내려야 한다는 것이 기술의 민주화 이론이다. 방금 언급한 전문가주의의 부작용들 역시 기술의 민주화 이론을 지지하는 근거가 된다.

여기서 주목해야 할 것은 기술의 민주화가 정치의 민주화와 기본적인 구도를 같이하지만 그 결이 약간 다르다는 사실이다. 정치의 영역에서 권위주의는 권력과 정보를 가진 지배자들이 피지배자들의 삶에 절대적 영향을 미치는 결정을 내리는 것을 의미하고, 그 결정자와 결정의 과정에 시민들의 의사가 반영되도록 하는 것이 민주주의다. 민주화를 통해 지배자와 피지배자의 관계는 정치가와 시민의 관계로 바뀌고, 통치가 지배가 아닌 하나의 역할이 된다. 역량과 의지, 비전을 갖춘 이들이 시민들의 선택에 의해 일정 기간 동안 국가를 운영하는 역할을 하는 것이다.

그런데 기술의 영역에서 공학자와 과학기술 정책결정자가 내리는 중요한 결정은 상대적으로 더 기능적이다. 공학자의 기능과 관련해서는 정치적 통치자가 가지는 종류의 비전이나 의도보다는 공학적으로 가장 효율적인 판단을 내리는 것이 우선시된다. 따라서 기술의 민주화 이론을 제시할 때도 현대기술이 고도화되어 전문성이 없이는 제작도 운용도 할 수 없다는 사실을 당연히 전제해야 한다. 나아가 과거와 비교하여 공학자들의 역할이 중요해진 것이 사실인 만큼, 기술의 민주화와 정치적 민주화를 무작정 동일시할 수는 없다. 정치의 영역에서는 이론상 누구나 투표를 통해 대통령이 될 수 있지만, 동료 시민들이 원한다 해서 누군가가 갑자기 공학자가 될 수는 없는 노릇이기 때문이다. 과학기술의 영역에서 민주화를 이야기할 때에는 정치적인 민주화의 경우보다 전문성의 문제가 상대적으로 더 직접적인 요소가 된다.

그런데 핀버그와 다른 기술의 민주화 이론가들은 전문가주의의 극복에만 초점을 맞춘 나머지 전문성의 문제를 소홀히 하는 경향이 있다. 이렇게 되면 전문가 집단은 기술의 민주화를 통해 극복되어야 할 집단이 되고, 기술의 민주화가 이루어진 상황에서 전문가 집단의 역할은 수동적이고 도구적으로 파악하게 된다. 그러나 이는 공학자를 대상화하는 오류다. 공학자가 기술활동에서 차지하는 핵심적인 기여를 감안한다면, 공학자를 기술 민주화의 객체로 볼 것이 아니라 주체로 보려는 노력이 필요하다. 전문가주의를 극복하는 주체는 시민뿐 아니라 전문가 자신들이기도 해야 한다.

## 3. 공학자의 사회적 책임

지금까지의 논의를 통해 얻어지는 결론은 공학자가 가지는 전문성의 위상을 높게 인정하면서도 전문가주의의 해악은 피해야 한다는 것이다. 이는 공학자가 스스로의 사회적 책임을 인식하고 담당하는 것을 통해 실현될 수 있다. 호모 파베르의 역설을 고려할 때 기술사회에서 기술을 만들고 사용하는 활동의 가장 전면에 있는 공학자가 전문가주의에 함몰되지 않고 자신의 역할을 다 하는 것은 기술사회의 구성원 모두를 위해 중요하다. 기술사회에서 공학자가 자신의 위상을 정확히 이해하고 그에 따르는 책임을 다하기 위해서 구체적으로 어떤 노력을 해야 할 것인가?

### 1) 소통하는 전문가 집단의 중요성[104]

현대기술은 일단 개발, 사용되면 많은 사람들에게 실질적이고 직접적인 영향을 미치기 때문에, 비전문가들이라 해서 기술의 개발이나 사용과 관련된 정책 결정에서 배제해서는 안 된다. 공학자들 역시 기술사회의 시민으로서 기술민주화의 근거가 되는 이런 기본적인 인식을 공유해야만 한다. 나아가 공학자는 전문가로서의 우월적 지위를 강조하기보다 비전문가들과의 소통에 적극 나서는 것을 통해 기술 민주화의 적극적 주체가 될 수 있다. 비전문가와의 소통 자체가 과학기술자의 사회적 책임을 이루는 중요한 요소다.

비전문가들과의 소통이 비전문가들이 전문가와 대등한 자격으로 기술적 문제에 대해 논의하는 것은 아니다. 그보다는 비전문가들이 궁금해하는 것과 우려하는 바를 정확하게 이해하고 그에 대해 정직한 대답을 제공하고, 필요한 경우 현재 추진되고 있는 기술 개발의 정당성을 설명하는 노력을 기울여야 한다는 의미이다.

이러한 소통 과정에서 비전문가들이 제기하는 우려를 비이성적인 것으로 성급히 단정하는 것은 오히려 전문가들의 신뢰를 떨어뜨리는 결과로 이어질 수 있다. 한편으로는 같은 위험에 대해서도 전문가와 비전문가의 인식이 전혀 다를 수 있음을 이해해야 하고, 다른 한편으로는 해당 분야의 교육과정을 거치지 않았거나 공식적인 학위가 없는 사람 중에도 상당한 정도의 전문성을 가진 이들이 있음을 고려해야 한다. 전문가들이 비전문가의 눈높이에 맞추어 논의에 임하고 민주 사회의 동료 시민으로서 상호 존중하는 소통이 이루어져야 신뢰가 쌓이고, 그에 따라 전문가의 위상과 권위도 높아진다. 전문가와 비전문가 사이의 여러 차이들은 원활한 소통을 위해 미리 파악하고 극복해야 할 것이지, 소통의 회피를 정당화하는 핑계가 될 수 없다.

과학기술 분야의 전문가들이 비전문가들과 원활하게 소통하기 위해서는 과학기술의 사회적 영향에 대한 숙고가 필요하다. 과학기술은 중립적이기 때문에 잘 사용하면 좋고 잘못 사용하면 위험하다는 식의 단순한 발상은 전문가들이 져야 할 책임을 방기하고 사용자와 정책결정자에게 미루는 결과를 낳을 수 있다.

전문가주의를 극복하기 위한 다른 방안은 전문가들 사이의 자유롭고 공개적인 토론이다. 다양한 입장을 가진 전문가들이 서로 토론하고 이를 가감 없이 공개하는 것을 통해 전문가 집단에 대한 신뢰를 높일 수 있다. 한재각과 이영희는 "누구의 지식과 전문성을 정당한 것으로 인정할 것인지 혹은 어떤 지식과 접근법을 가치 있고 믿을 만한 것으로 여겨야 하는가를 둘러싸고 사람들 사이에서 형성되는 갈등적 경합과정"을 '전문성의 정치'로 정의하면서 우리나라에서는 원자력을 둘러싸고 정부와 시민사회가 경합하고 있다고 주장했다(한재각 · 이영희 2012: 107). 이때 시민사회에 속한 것으로 분류되는 전문가들이 다양한 학문적 배경을 가지고 있고, 정부 측의 전문가들과는 다른 정치, 경제적 지향을 가지고 있음을 기억해야 한다. 나아가 이 전문성의 정치가 원자력 전문가들 사이에서도 더 활발하게 이루어질 필요가 있다.

### 2) 기술 개발의 정당화 의무[105]

첨단기술의 시대에 공학자나 공학자 집단이 자신의 사회적 책임을 수행하는 가장 좋은 방법은 자신이 개발하는 기술의 정당성을 제시할 의무를 지는 것이다. 특별히 포스트휴먼 시대를 견인하는 최신 기술을 개발하는 경우, 그 기술이 왜 개발되어야 하는지, 그 기술이 인류를 위해 어떤 유익을 초래할 것인지를 정당화할 수 있어야 한다. 목적이 이끄는 기술 발전은 전문가의 이런 노력을 통해서 실현될 수 있다. 7장에서 제시한 여러 물음들과 좋은 세상에 대한 각자의 비전이 이러한 숙고의 계기가 된다.

이 제안은 단순히 공학자가 선의로 자신의 프로젝트를 설명해야 한다는 것이 아니다. 그런 접근은 부정적인 의미의 전문가주의의 연장선상에 있는 것으로 여전히 기술사회의 시민을 객체화하는 셈이 된다. 또한, 공학자가 자신의 전문성에 반하는 바를 시민이 요구할 때 그대로 따라야 한다는 것도 아니다. 오히려 시민이 공학자에게 왜 어떤 기술을 개발해야 하는지를 설명하라고 요구하고, 공학자는 그에 대해서 본인이 가진 좋은 사회에 대한 비전을 목적으로 둘 때 자신이 추진하는 기술의 개발이 정당하다는 것을 밝히도록 하는 것이다.

이를 위해서는 공학자들은 자신이 개발하는 기술이 어디에 사용될지를 생각하고, 그 사용의 결과가 적정할 것인지 판단해야 한다. 기술 개발의 단계나 종류에 따라 그러한 판단이 불가능하거나 어려운 경우가 많은 것은 당연하다. 그러나 그 판단을 구체적이고 명시적으로 할 수 있느냐의 문제, 그리고 그 판단이 종국에 옳은 것으로 판명나느냐보다 더 중요한 것은 그 판단이 공학자에게 의무로 주어진다는 것이다.

이러한 제안에 대해서 핵폭탄을 만들었던 오펜하이머의 예를 들어 다시 반추해보자(cf. Bird and Sherwin 2005/2010). 우리는 오펜하이머가 최고 전문가로서 자신이 선택한 바를 정당화하려 노력했는지를 질문할 수 있다. 그에 대한 대답은 부정적이다. 물론 그것은 일차적으로 당시의 상황 때문이다. 핵폭탄의 제작은 당시 극비리에 이루어졌고, 미국 정부는 오펜하이머에게 지시를 내린 것이지 정당화를 요구하지 않았다. 그렇다고 해서 오펜하이머가 아무 생각 없이 기능적으로 핵폭탄의 제작에 동의한 것은 아니다. 그는 핵폭탄의 위험을 어느 정도 알고 있었지만, 자신의 행위가 애국적이며 더 좋은 세상을 위한 것이라고 믿고 있었다. 그러나 그의 생각은 당시 그 프로젝트에 참여하기를 거부했던 다른 과학자들에 비해 다소 막연했다. 핵폭탄이 사용된 후 그의 행적을 보면, 그가 자신이 한 일의 의미를 표피적 차원에서만 생각하다가 뒤늦게 후회한 것을 알 수 있다.

기술 개발의 정당화 의무라는 차원에서 본다면 오펜하이머의 잘못은 핵폭탄을 만들었다는 것 자체보다 핵폭탄을 왜 만들어야 하는지에 대한 성찰이 부족했던 것이라고 보아야 한다. 만약 어떤 사람이 동일한 상황에서 핵폭탄 제조의 정당화 논리를 마련하고 그것이 어떻게 더 좋은 세상을 초래할 수 있는지에 대한 논변을 가졌더라면, 그는 오펜하이머보다 더 나은 평가를 받아야 한다. 결과적으로 핵폭탄을 만들었다 하더라도, 그 시도는 목적이 이끄는 기술 개발에 부합하기 때문이다. 핵폭탄과 같이 비밀스럽게 개발해야 하는 기술이 아니라면 공학자의 기술 개발 정당화는 다양한 수준에서의 사회적인 토론을 일으킬 것이다. 굳이 시민들이 참여하지 않더라도, 공학자들 사이에서도 특정 기술의 개발에 대한 토론이 일어날 수 있다.

기술의 민주화가 기술사회의 구성원들이 기술 발전의 방향을 함께 정하는 것이라면, 공학자에게 기술 개발의 정당화 의무를 지우는 것은 그 민주화를 한층 더 심도 있게 만드는 것이다. 이 제안은 과학기술의 복잡성과 전문가의 전문성을 존중하면서 공학자들을 기술사회의 리더로 받아들이는 것이다. 기술사회에서 공학자의 자리는 도구적인 것이어서는 안된다. 기술이라는 도구가 사용자인 인간을 변화시키고 그 도구의 개발을 공학자가 하는 상황에서 공학자의 책임은 아무리 강조해도 지나치지 않다. 공학자를 리더로 인정한다고 해서 시민사회가 공학자의 정당화에 모두 동의해야 하는 것도 아니다. 기술사회의 시민들은 공학자에게 정당화를 요구하고 스스로 평가자의 자리에 선다.

이 제안은 지금까지 공학자가 기술철학 이론과 기술사회 내에서 차지한 자리가 부적절했다는 비판을 함축한다. 공학자는 기술사회에서 엄청나게 중요한 역할과 기능을 독점적으로 수행하면서도 기술 발전의 결과에 대한 책임으로부터는 상대적으로 자유로운, 묘한 위치를 점해왔다. 이것은 본인들 스스로 자처한 것이기도 하다. 그러나 공학자는 기술을 개발할 뿐 사용의 결과는 사용자의 책임이라는 주장은 기술의 영향력이 극대화된 오늘날 받아들이기 힘든 입장이다. 공학자들을 도구화하고 그들이 가진 영향력과 힘에 걸맞은 책임을 요구하지 않은 것은 기술사회의 잘못이다. 오늘날 인류가 포스트휴먼의 시대로 접어들고 있다면, 공학자들을 도구화하거나 객체화할 것이 아니라 그들의 역할에 좋은 사회의 추구를 함께 넣을 것을 요구해야 한다. 좋은 세상에 대한 토론에 공학자들이 참여해야 하고, 공학자들은 자신들의 일을 좋은 세상을 이루기 위한 목적의 이름으로 정당화해야 한다.

기술철학에서 공학자의 역할을 깊게 다루지 않은 것 역시 오류다. 고전적 기술철학에서는 "기술이 인간을 만든다"는 명제에 매몰되어 기술을 만드는 공학자를 잊어버렸다. 포스트휴머니즘에서는 기술의 발달에 깊은 인상을 받은 나머지 공학자가 그 기술 발달의 주역이라는 사실에 충분한 관심을 쏟지 않았다. "인간이 기술을 만든다"고 할 때 공학자는 인간의 대표라고 해도 과언이 아니다. 그런데 경험으로의 전환에서 제시한 기술의 민주화 이론에서는 그 인간을 논함에 있어 공학자는 도리어 견제의 대상이거나 기술의 일부로 취급하고 말았다. 기술의 민주화 이론이 시민이 공학자를 제어하는 방식으로만 전개된 것은 비판받아 마땅하다.

### 3) 예상 가능한 반론에 대한 답변

공학자에게 기술 개발의 정당화를 요구하는 것은 앞서 제시한 호모 파베르의 역설과 목적이 이끄는 기술 발전을 구체화할 수 있는 좋은 통로가 된다. 이 제안의 타당성과 현실성을 증명하기 위해 몇 가지 예상되는 반론을 생각해볼 수 있다.

먼저 보기에 따라서 이 제안이 공학자에게 지나치게 무거운 책임을 지우는 것으로 보일 수 있다. 공학자는 문제를 해결하고 기술을 개발하는 역할을 하는데, 그 개발의 결과까지 생각하여 자신의 프로젝트를 정당화하는 책임을 지우는 것은 비현실적으로 과도하다는 주장이 있을 수 있다. 이런 비판은 다시 몇 가지 근거를 가지는데, 하나는 기술의 개발이 여러 단계로 이루어진다는 점이다. 개발의 초기 단계나 원천기술의 경우에는 나중에 어떤 방식으로 응용될지 예상하기가 힘들다. 다른 하나는 공학자들이 대부분 기업이나 연구소에 소속되어 있고 집단으로 일하기 때문에 개별 공학자가 자신의 프로젝트를 정당화하는 것이 불가능하다는 점이다. 첨단기술의 개발은 그 규모가 크며 극심한 경쟁 가운데 이루어진다는 점도 공개적인 정당화의 어려움을 더한다.

기술사회의 현실, 공학자들의 상황을 고려할 때 이 모든 비판은 타당한 면이 있다. 그러나 기술 개발에 대한 정당화 요구는 공학자에게 일목요연한 정당화 보고서를 작성하라는 것이 아니라 기본적인 기조의 문제이다. 다시 말해, 공학자 자신과 기술사회의 구성원들은 공학자가 좋은 세상에 대한 자신의 고민을 공학활동에 반영해야 함을 받아들여야 한다.

포스트휴먼 시대를 운운하는 오늘, 사람들은 신기술 개발의 소식이 들려오면 그 기술이 세상을 어떻게 바꿀 것이며 그 세상에서 자신은 어떻게 적응하여 살 것인지를 묻는다. 그러나 기술 개발의 정당화가 중요한 사회에서는, 그 기술을 개발해야만 하는 이유가 무엇인지를 궁금해하고 일차적으로 공학자와 전문가에게 그 정당화를 요구할 것이다. 그 요구는 특별히 공학자 개인을 향할 필요가 없다. 기술 개발의 주체가 되는 기업이나 정부, 연구소가 정당화의 의무를 질 수 있다. 단 이때 그 정당화 논변의 뿌리가 기업의 홍보팀이 아닌 직접 기술 개발을 하는 공학자에 있는 것이 중요하다.

정당화 논변을 제출할 책임을 모든 공학자가 동일하게 져야 하는 것도 아니다. 기술 개발의 초기 단계나 원천 기술의 개발을 수행하는 공학자보다는 개발의 최종 단계나 실용화 직전 단계에 기여하는 공학자들이 더 많은 고민을 해야 하는 것은 당연하다. 이에 더하여 개발 프로젝트 전체를 총괄하는 높은 지위의 공학자가 상대적으로 지엽적인 부분을 담당하는 공학자보다 정당화의 책임이 더 무겁다 할 것이다(손화철 · 송성수 2007: 321).

2018년 전 세계의 인공지능 분야 공학자들이 카이스트 총장에게 보낸 서한은 공학자의 사회적 책임을 보여주는 흥미로운 사례이다. 이들은 카이스트가 한화시스템과 함께 설립한 '국방 인공지능 융합연구센터'에 대해 우려를 표하면서, 카이스트가 인공지능을 이용한 자율무기를 개발하지 않겠다고 확약하지 않으면 카이스트와의 공동 연구를 거부하겠다고 밝혔다. 이후 카이스트는 부정확한 언론보도 때문에 오해가 생겼지만 해당 센터는 자율무기의 개발을 추진하지 않는다고 해명했고, 공학자들은 자신들의 입장을 철회하였다(김민수 2018). 비록 작은 소동으로 끝났지만, 이 사례는 중요한 의미가 있다. 서한을 보낸 공학자들은 자신들의 전문 분야가 악용될 가능성이 있음을 명확히 인지하고 정당화될 수 없는 방향 으로의 발전을 견제했기 때문이다. 사실 인공지능 분야는 다른 많은 공학 분야들과 연결될 수 있는 범용성을 가지고 관련 프로젝트의 규모들도 크 다. 그럼에도 불구하고 이런 움직임이 가능했다는 것은 기술 개발의 정당 화가 불가능하지 않다는 것을 보여준다. 나아가, 좀 더 나은 제도적인 장 치들이 만들어진다면 공학자들이 상대적으로 적은 부담을 느끼며 자신 의 의사를 밝힐 수 있게 될 것이다.[106]

경쟁상황에서 기술 개발의 정당화 논변을 공개적으로 논하는 것이 쉽 지 않을 수 있지만, 그 정당화가 대단한 비밀을 요하는 세부사항에 대한 것일 필요는 없다. 특별히 기술 발전이 기존의 사고틀을 넘어서는 혁신적 인 특징을 가질 때에는, 새로 개발되는 기술의 성능뿐 아니라 거기에 담 긴 가치가 무엇인지 생각해야 한다. 이러한 노력은 새로운 경쟁력의 원천 이 될 수 있다. 기업이 자신들이 생산하는 제품의 환경 친화적인 측면을 부각하는 광고를 하거나 '가치경영'을 내세우는 것처럼, 개발하는 기술의 개발과 좋은 세상의 연관성을 명확히 하여 정당성과 경쟁력을 확보할 수 있다. 테슬라의 CEO 일론 머스크(Elon Musk)가 보급형 전기자동차를 출 시하면서 화석연료을 계속 사용하는 것은 지속가능하지 않다는 점을 지 적하고 자신의 프로젝트가 지구 온난화 문제를 어떻게 해결할 것인지를 설명한 것은 이러한 흐름의 또 다른 사례이다.[107]

## 4) 공학자와 공학설계

7장에서 나는 기술철학의 통찰이 공학설계를 통해 현실화될 수 있다고 주장했다. 그런데 공학설계를 강조하는 것은 동시에 공학자의 주체적 역할을 강조하는 것이기도 하다. 기술활동의 모든 단계 중 공학설계야말로 공학자의 의지가 적극 반영되는 과정이기 때문이다. 7장에서 핀버그의 이론에 따라 제시한 기술코드나, 새로운 대안으로 제시한 접근성의 원칙 등을 공학자가 자신의 공학설계에 반영한다면 그 설계가 바로 이론과 현실이 만나는 중요한 접점이 될 것이다. 이때 공학자의 사회적 책임은 자신이 채택한 설계의 원칙들이 공공의 이익을 증진시키는지를 확인하고 이를 적극적으로 공학설계에 반영하는 일이다.

이것이 현실적으로 가능한가? 급박하고도 격렬한 시장경제의 한복판에 있는 공학자가 공학설계를 통해 사회적 가치를 발굴하고 실현하는 것은 말처럼 쉽지 않다. 앞서 언급한 것처럼 협업을 통해 커다란 프로젝트를 수행하고 개별 공학자는 전체 프로젝트의 일부에만 관여하기 때문에 전체를 조망하고 입장을 취하기가 어렵다. 그럼에도 불구하고, 기술 개발을 직접 수행하지 않는 시민이 기술 발전의 방향성을 고민하고 제시하는 것보다, 공학자가 직접 그 고민에 뛰어들어 현장에서 그 고민을 구체화하는 것이 더 효율적이다.

원자력 발전의 문제를 예로 들어보자. 요나스는 현대기술사회의 문제들을 "핵을 이용한 대량 학살의 급성 위험"과 "환경파괴의 만성적 위험"으로 나누면서(Jonas 1987/2005: 7), 급성위험은 명료해서 대처하기가 상대적으로 쉬운 반면, 후자가 더 어렵다고 말한다. "많은 사람들이 핵 폐기에 동조한 것만큼이나 환경 문제에도 동조하게 될 것이다. 그러나 환경 문제의 경우에는 서로 간의 합의에 이르는 길이 수많은 갈래로 나뉘어 있을 뿐만 아니라 길목마다 미지의 위험이 가득하다"(Jonas 1987/2005: 8). 이 복잡한 합의를 보다 간단하게 해줄 수 있는 열쇠가 공학자들 자신에게 있다. 공학자가 모든 것을 책임질 수는 없지만, 구상과 설계 단계에서 필요한 물음을 물을 수 있다면 엄청난 변화를 일으킬 수 있다. 공학자 사회가 환경 문제를 자신들의 설계에 반영하고 이를 기술코드에 적극 삽입한다면 이 문제를 전적으로 대중에게 맡기거나 정치적으로 해결하는 것보다 더 직접적이고 효과적일 수 있다.

이러한 제안을 실현하기 위한 방안으로 공학윤리 교육의 확대와 강력한 공학자 단체의 결성을 생각해 볼 수 있다. 전자가 공학자의 사회적 책임을 다할 수 있는 개인의 역량을 함양하기 위한 것이라면, 후자는 공학자가 자신의 목소리를 낼 수 있게 하는 사회적, 제도적 장치라 할 수 있다. 이를 각각 4절과 5절에서 다루도록 한다.


## 4. 공학윤리 교육

기술사회에서 공학자가 사회적 책임을 다할 수 있도록 하기 위해서는 자신의 전공분야에 대한 지식뿐 아니라 기술사회 전체의 문제를 조망할 수 있는 통찰과 자신의 영역과 책임범위 안에서 가장 바람직한 선택을 할 수 있는 능력이 있어야 한다. 오늘날 공학교육에서 이러한 목표를 달성하는 데 가장 직접적인 영향을 미칠 수 있는 것이 공학윤리 교육이다.

그런데 현재의 공학윤리 교육은 전체적으로 공학자 개인의 윤리적 행위를 학습하는 것에 치중되어 있다. 이 절에서는 공학윤리 교육이 거시적인 차원으로 확대되어 공학자들이 기술의 사회적 영향력뿐 아니라 기술과 인간에 대한 기술철학적 통찰을 다루어야 한다고 주장한다. 이를 통해 공학자는 현대사회의 기술의 문제를 구체적으로 해결하는 주체로서 거듭날 수 있다.

### 1) 공학윤리에서의 미시적 접근과 거시적 접근[108]

공학윤리의 여러 주제들은 미시적 접근(microethics)과 거시적 접근(macroethics)으로 나누어 볼 수 있다(Herkert 2005: 374; cf. Herkert 2001: 405). 그중 미시적 접근은 공학자의 정직, 책임성과 성실성, 안전 및 위험 관리나 고용주 및 동료 공학자와의 관계에서 일어날 수 있는 이해의 충돌, 뇌물수수, 비밀 준수, 내부고발 등의 문제 등을 다룬다. 미시적 접근은 공학윤리와 관련된 논의들의 많은 부분을 차지하는데, 이는 공학윤리가 처음에 공학자들의 행동강령의 형태로 시작되었다는 점과 관련이 있다. 20세기 초 미국의 공학자들은 공학자 사회의 질서 유지와 상호간의 권리 침해를 막기 위하여 스스로 행동강령을 만들었다(송성수 · 김병윤 2001: 177). 이들 강령은 전문인으로서 자신들의 이익을 지키기 위한 성격이 강했기 때문에 처음에는 방금 언급한 요소들 가운데에서도 내부고발과 같은 것들보다는 비밀 준수나 공학자 상호 간의 관계에 관한 부분들이 더 중요하게 취급되었다. 여러 공학자 집단의 행동강령들은 특별한 관심의 대상이 되지 않은 채 이어져 오다가 공학윤리의 논의가 활발해지기 시작한 1980년대 이르러서 주목을 받게 되었다(송성수 · 김병윤 2001: 178-180).

공학윤리에서 거시적 접근은 공학활동이 직접 목표로 삼는 것은 아니지만 공학활동의 결과로 일어날 수 있는 여러 가지 사회적 결과들까지 포함하여 고찰하려는 노력이다. 공학자의 사회적 책임이나 환경 문제, 공학과 제3세계의 인권 문제의 관련성, 과학기술 관련정책 등에 대한 논의들이 그 사례들이다. 거시적 접근은 1980년 전후 여러 공학단체들이 자신들의 강령을 제정하거나 수정하면서 구체적으로 시작되었다. 이러한 시도는 물론 그 이전에 있었던 여러 가지 계기들, 즉 제2차 세계대전과 1960년대의 환경운동, 기술철학적 논의의 영향을 받은 것이었다고 할 수 있다. 미국의 대표적인 공학단체인 NSPE(National Society of Professional Engineers)나 IEEE(Institute of Electrical and Electronics Engineers) 같은 단체들의 윤리강령은 모두 '공공의 안전, 건강, 복지'에 복무해야 한다는 것을 가장 중요한 규범으로 규정하고 있다(송성수 · 김병윤 2001: 192-197).[109]

미시적 접근과 거시적 접근이 언제나 명확하게 구분되는 것은 아니다. 공학자의 내부고발은 자신이 속한 회사가 저지른 비리에 관한 것일 수도 있지만 자신이 속한 회사나 단체가 적법한 절차에 따라 수행하게 된 프로젝트의 환경적 위험성을 알리는 것일 수도 있다. 후자의 경우, 개인이 내부고발의 결심을 했다는 점에서 미시적 접근에 속하지만, 환경문제와 연관되었다는 면에서는 거시적 윤리에 속한다고 볼 수도 있다.

이러한 변화에도 불구하고 현재 공학윤리 교육은 미시적 접근에 초점을 맞추고 있다. 이는 방금 언급한 것처럼 미국에서 시작된 공학윤리의 시초가 공학자들의 행동 강령에서 시작되었고, 내용 면에서 볼 때 미시적 접근이 거시적 접근보다 훨씬 더 구체적인 지침을 제시할 수 있기 때문이다. 또 거시적 접근에서 지향하는 바가 다소 추상적이고 모호하다는 점도 그 이유가 될 것이다. 나아가 거시적 접근에서 윤리적 행위의 주체가 누구인지가 불분명한 반면, 미시적 접근에서는 개인에게 도덕적 의무를 부과하기 때문에 책임소재가 분명하다(손화철 · 송성수 2007: 309).

### 2) 공학윤리와 기술철학의 만남

미시적 접근에 국한된 공학윤리 교육은 앞서 언급한 공학자의 낮은 위상과 공학자를 전문성을 가졌으나 수동적인 존재로 보는 경향, 그리고 기술철학에서 공학자에 대한 논의가 없는 것 등의 연장선상에 있다. 현대기술이 인간의 삶에 미치고 있는 거대한 영향에도 불구하고 그 기술을 실제로 개발하고 운용하는 공학자에게 요구되는 것은 주로 개인적인 차원에서의 정직과 고용인에 대한 충성 등인 것이다. 이는 호모 파베르의 역설을 제대로 반영하지 못한다.

우선 기술을 만들어 사용하는 활동의 최전선에 있는 공학자의 지위가 개별적이고 수동적인 자리에 머무르게 된다. 이렇게 되면 기술의 발전을 실질적으로 담당하는 주체의 자리가 사실상 비어 있는 셈이 되기 때문에 엘륄이 경고한 기술의 자율성을 심화시키는 결과를 초래한다. 앞서도 언급한 것처럼, 기술의 자율성이란 기술이 스스로 자율성을 가지고 날뛴다는 의미가 아니라 기술의 발전과 진보를 통제할 인간 주체가 불투명해져 버린 상태를 말한다. 이 상태를 극복하려면 공학자를 미시적이고 수동적인 자리에 그대로 두어서는 안 된다.

공학자들이 기술의 광범위한 영향력에 대한 주의를 기울이지 않는 것은 기술이 인간을 만든다는 사실도 제대로 반영하지 못한다. 공학자는 자신이 해결하려는 문제를 다루기 위한 노력에 그치지 않고, 자신의 기술활동이 인간사의 다양한 영역에 영향을 미친다는 사실에 민감할 필요가 있다. 기술활동이 미치는 파급효과에 대한 진정한 이해를 할 때에만 자신이 하는 일의 무게를 제대로 알 수 있다. 나아가, 공학자들은 각자가 생각하는 좋은 세상의 모습을 그리고, 자신의 공학활동이 어떻게 그 좋은 세상의 모습과 연결되는지를 설명할 수 있어야 한다.

공학윤리 교육이 호모 파베르의 역설을 제대로 반영하기 위한 방안은 공학윤리를 가르칠 때 기술철학과 과학기술학의 논의들을 포함시키는 것이다. 현대기술이 현대인의 삶의 다양한 측면 뿐 아니라 인간의 인간됨에까지 영향을 미쳐 왔다는 점에 대해 배운다면, 공학윤리의 거시적인 접근과 관련해서도 좀 더 구체적인 고민을 할 수 있게 된다.

이러한 제안에 대하여 고인석은 우리나라의 현행공학교육의 제한된 여건을 감안할 때 공학윤리 교과목과 철학적-STS적 관점의 공학기술 관련 교양 교과목은 구분되어야 한다고 주장한다. 공학윤리 교과는 가능한 개별 공학자 관점의 미시적 공학윤리에 집중되어야 한다는 것이다(고인석 2010). 고인석의 입장은 거시적 공학윤리의 차원이 있다는 것을 부인하는 것도 아니고, 그에 대한 교육이 불필요하다는 것도 아니다. 단지 현행 공학교육의 정해진 틀 속에서 공학윤리에 할애된 시간을 가장 유용하게 쓰는 방법으로서 더 시급하고 중요하다고 생각되는 미시적 주제들에 집중해야 한다는 것이다(고인석 2010: 16). 그러나 고려해야 할 것은 공학윤리 교육의 내용이 미시적인 주제에 집중됨으로써 초래되는 간접적인 결과다. 설사 미시적 공학윤리에 집중하더라도, 공학자의 역할을 자신의 업무 범위와 인간관계 내로 규정하고 거기에 맞추어 자신의 위상을 조정하는 결과를 낳지 않도록 주의해야 할 것이다.

### 3) 공학윤리 교육 대상의 확대[110]

공학윤리의 거시적 접근을 강조하면 공학윤리 교육의 대상을 굳이 공학자로만 한정시킬 이유가 없다. 기술이 인류에게 큰 영향을 미치게 되었기 때문에 일차적으로는 공학자들에 대한 윤리 교육이 절실하다. 그러나 지금까지 전문가에 의해 개발된 기술들을 수동적으로 사용만 해온 일반인들도, 기술이 인간의 삶에 미치는 영향에 대해 숙고함으로써 기술의 바람직한 발전에 기여할 수 있다. 비공학도들에 대한 공학윤리 교육은 과학기술정책이 더 이상 공학자들 자신에 의해서만 이루어지지 않는 현재의 상황과 연관해서도 중요하다.[111]

이러한 제안이 실현되기 위해서는 지금까지 이루어진 것보다 더 심층적인 공학자와 철학자의 공동 작업이 요구된다. 미시적 접근을 중심으로 한 공학윤리에서는 개인윤리를 중심으로 한 전통윤리의 몇 가지 원칙들을 공학자들의 실제적인 상황에 대입하는 데 그친 경우가 많다. 그러나 거시적 접근을 중요하게 다루게 되면 인간과 사회에 대한 보다 심층적인 고찰을 필요로 하게 되고 공학활동의 맥락에 대해서도 좀 더 구체적인 이해가 필요하게 된다. 공학자들은 문제의 해결이 아닌 문제의 의미를 묻는 철학자들의 고민을 이해할 수 있어야 한다. 철학자들은 공학자 사회의 현실과 기술변화의 경제적, 정치적 조건들에 대해서, 그리고 공학자 개인들이 경험하는 여러 가지 갈등상황에 대해서 좀 더 수용적인 자세로 이해하려고 노력해야 한다. 철학자가 공학자를 자기 행동의 최종적인 결과를 무시하는 무책임한 정복자로 이해하고 공학자는 철학자를 기술에 대한 최소한의 이해도 없는 반기술주의자로 취급한다면 공학윤리의 발전은 요원할 것이다.

# 5. 강력한 공학자 단체

앞서 공학자들에게 기술 개발의 정당화를 제시하라고 요구해야 한다는 주장을 펼치면서, 그에 대한 반론들도 언급했다. 공학자 자신이 기술 사회에 대한 책임의식을 가지고 자신이 하는 기술활동이 지니는 의미를 실감했다 하더라도, 오늘날의 극심한 시장경쟁 상황에서 자신이 생각하는 바를 공학설계에 반영하는 것은 쉽지 않은 일이다. 대다수의 공학자가 피고용인일 뿐 아니라 큰 규모의 프로젝트를 함께 수행하며, 많은 경우 위계적인 조직구조 안에 속한 상태에서 공학자의 사회적 책임을 어떻게 구체적으로 감당할 수 있을지에 대한 대안이 있어야 한다.

이러한 상황을 타개할 수 있는 더 적극적이고 구체적인 방안 중 하나가 강력한 공학자 단체의 결성이다. 대다수가 피고용인인 공학자들이 자신들의 이익과 자존심을 지키고 책임감과 윤리성을 드러내기 위해서는 강력한 공학자 단체가 있어야 한다.

여기서 제안하는 공학자 단체는 일차적으로 일종의 이익집단이지만, 그 조직의 존재 목적을 윤리적인 차원에서 찾는 단체를 의미한다. 법률가 단체나 의사들의 단체처럼 배타적인 자격증을 발급하거나 관리하는 지위에 이르지는 못한다 하더라도, 자신을 고용한 국가나 기업, 연구소와는 별도로 전공분야별 이익단체를 구성할 필요가 있다. 이렇게 되면 한편으로는 자신이 속한 기관에서 부여받은 임무를 충실하게 함과 동시에, 공학자 단체를 통해 해당 분야의 기술을 외부의 압력보다 사회적 가치를 기준으로 개발하도록 하는 방안을 모색할 수 있다.

미국 전문공학자 협회(NSPE, National Society for Professional Engineers)

가 한 모델이 될 수 있다. NSPE는 "전문 공학자 자격증을 가진 공학자의 비(非)공학적 문제들을 처리하는 것을 돕는 단체"이다. 이때 비공학적 문제들이란 결국 법적, 윤리적인 문제들일 가능성이 많다. 이 협회의 회원들은 자신이 곤란에 처하거나 판단을 내리기 어려울 때 협회의 도움을 요청할 수 있고, 협회는 참고할 만한 각종 데이터를 모아 정리한다. NSPE의 윤리강령은 모든 공학윤리 교과서가 소개하는 가장 자세한 공학윤리 강령이고, NSPE 홈페이지(www.nspe.org)에는 강령의 각 항목과 관련되어 지금까지 제기되어 온 각종 사례들을 정리하여 제공하고 있다. 전문 공학자 자격과 관련한 여러 법령과 관련한 이슈들을 정리하여 회원들의 권익을 보호하는 역할과 공학자들의 사회적 위상을 높이기 위한 노력들을 겸한다.

우리나라에도 한국과학기술인총연합회가 있지만, 공학자들 사이에서 그 존재감은 그리 크지 않다. 한국과학기술인총연합회는 회원 공학자들을 돕는 것보다는 국가 차원의 과학기술 발전에 더 비중을 두고 있기 때문이다. 이는 미국과 우리나라에서 현대 과학기술이 발전해온 역사적인 맥락과 연결되어 있다. 공학자가 처음부터 독립된 전문가의 위상을 가지고 있었던 미국에 비해 국가가 주도적으로 과학기술인을 양성한 우리나라의 상황을 고려해야 한다. 그러나 NSPE와 같이 교육과 대(對)사회 홍보에 주력하는 성격을 가지던, 좀 더 강력하게 회원 공학자의 유익을 방어하는 이익집단의 성격을 가지던, 공학자가 소속감을 느낄 수 있는 강력한 공학자 단체가 나타나야 한다.

강력한 공학자 단체는 전문인의 권위와 도덕적 우월성을 담보하여 회원 공학자의 자존감을 높이는 역할을 해야 한다. 높은 윤리성과 깊은 책임감은 자존감에서 나오기 때문이다. 공학자들의 자존감이 높을수록 사회적 책무감도 높아질 것이다. 법률가나 의사가 단독으로 자신의 전문성을 발휘할 수 있는 반면, 공학자는 집단으로 일해야 하기 때문에 자신의 역할을 한정적으로 이해할 수밖에 없다. 그런데 이러한 한계가 도덕적 차원에서 자존감의 문제와 연결된다. 공학자의 도덕적 자존감은 개인의 차원보다는 단체를 통해 확보되는 것이 더 쉽고 현실적이다. 강력한 공학자 단체는 자신들의 전문성에 대한 자부심과 권위의 원천이 될 수 있고, 필요에 따라서는 개별 공학자가 소속된 기관에서 받게 되는 부당한 압력을 막아주는 역할을 할 수 있다. 또한 다양한 지위와 전문성을 지닌 공학자들이 함께 하기 때문에 개별 공학자들이 자신들의 프로젝트가 가지는 함의를 더 잘 파악할 수 있게 되어 구체적인 상황에서 윤리적 판단을 내리는 데 도움을 받을 수 있게 된다. 나아가 공학자 단체의 차원에서 특정 기술의 개발과 사용에 대한 윤리적인 판단을 내릴 수도 있을 것이다.

전문직 종사자의 이익집단화는 양날의 칼인 것이 사실이다. 법률가나 의사 등 기존의 전문직 종사자들이 협회를 매개로 그들만의 카르텔을 형성하여 사회에 해악을 끼치는 경우도 없지 않다. 그러한 부담에도 불구하고, 공학자들이 스스로를 조직하고 전문성과 사회적 책임의식을 고취하며 도덕적 권위를 확보하려 노력해야 한다. 최첨단기술사회에서 그러한 노력을 통하지 않고서 개별 공학자가 호모 파베르로서 의미 있는 활동을 할 다른 방도가 없기 때문이다.[112]

# 6. 공학적 철학과 철학적 공학

앞서 강조한 것처럼, 기술철학은 실천철학이어야 한다. 기술사회가 제기하는 여러 가지 철학적 물음들은 피부에 와 닿는 현실적인 변화와 연결되어 있다. 과거에도 인간의 본질에 대한 철학적 물음이 있었고, 그 물음 역시 나름대로 현실적인 함의를 가졌다. 그러나 오늘 그 물음이 인공지능 로봇과 복제인간, 육체적 정신적 능력의 증강 가능성을 염두에 두고 제기될 때, 그 절박함은 과거에 비할 바 아니다. 철학적 물음에 대한 대답이 곧바로 미래에 대한 현재의 기획에 영향을 미칠 것이기 때문이다.

이미 여러 철학자들이 지적한 것처럼, 이런 상황에서 최악의 대처는 그 물음 자체를 포기하고 그냥 기술 발전의 흐름에 몸을 맡기는 것이다. 이렇게 본다면 기술철학은 그 고찰을 시도하는 것 자체가 중요한 한 걸음을 딛는 계기가 된다. 그리고 기왕 그러한 노력을 시작했다면, 기술철학은 현실에 대한 분석과 해석이 그칠 것이 아니라 내일을 위한 대안의 제시를 궁극적인 목표로 삼아야 한다. 이렇게 문제와 해결을 직접 연결시키려 애쓴다는 점에서, 기술철학은 철학의 다른 분과들에 비해 더욱 공학적인 특징을 갖는다. 기술철학은 공학적인 철학이다.

그런데 공학적 철학인 기술철학이 현대기술에 대해 제시할 수 있는 구체적인 방법론적 대안 중 하나가 바로 철학적 공학이다. 이 장의 논의에서 공학자와 관련 전문가의 책임, 공학윤리 교육, 강력한 공학자 단체의 필요성을 강조한 것은 기술활동이 철학적인 숙고와 함께 수행되어야 한다고 보았기 때문이다. 기술철학적 숙고의 주체가 철학자만이어서는 안 된다. 철학자의 숙고가 대안의 제시로 이어진다 하더라도, 그것이 곧바로 당면 문제를 해결하지 않기 때문이다. 공학자는 관련 정책에 대한 전문가의 견해를 제시하거나 기술 개발 단계의 공학설계를 통해서 문제 해결의 최종 단계로 접근해 갈 수 있다. 이렇게 공학자가 철학적 숙고의 주체가 되어 철학적 공학을 실천으로 옮길 때 공학적 철학의 사명이 비로소 결실을 이루게 된다. 기술철학은 누구보다 먼저 공학자를 설득시킬 수 있어야 한다.

# 9장

# 개별 첨단기술의 미래와 기술철학

## 1. 철학적으로 중요한 기술

2장에서 살펴본 것처럼, 고전적 기술철학자들은 구체적인 개별 기술에 대해서 논하는 대신 현대기술 일반에 대한 철학적인 통찰을 제공하였다. 그들의 분석은 한편으로는 기술사회의 총체적인 모습을 조망할 수 있도록 해주었지만, 그들의 현대기술 비판을 기술 개발에 그대로 적용하는 것은 쉽지 않다. "기술이 자율적이 되었다"고 한 엘륄의 주장을 이해하지 못할 바는 아니지만, 자전거의 바퀴 크기가 발전한 과정이나, 훌륭한 기능을 탑재한 새로운 휴대전화 모델이 시장의 선택을 받지 못하는 상황을 설명하는 데에는 그리 유용하지 않다. 고전적 기술철학자들의 기술 개념이 너무 포괄적이어서 실제 기술의 모습을 제대로 반영하지 못한다는 것은 경험으로의 전환을 주장한 학자들의 대표적인 비판이었다.

그렇다고 해서 하루가 다르게 발전하는 개별 기술들에 대해 각각의 철학적 분석을 시도해서 귀납적으로 기술사회의 현황과 그 철학적 함의를 그려낼 수도 없는 노릇이다. 기술에 대한 거시적 논의가 현실을 떠나 추상적이 되는 것과 대조적으로, 개별 기술들에 대한 자세한 연구는 기술 일반에 관한 통찰로 이어지기가 쉽지 않다. 철학사에서 전혀 낯설지 않은 개별자와 보편자의 문제가 기술철학에서도 예외 없이 나타나고 있는 셈이다.

이 문제의 해결책은 의외로 단순한 사실에서 찾을 수 있다. 고전적 기술철학자들 자신이 기술의 문제를 탐구하기 시작한 계기가 무엇일지를 상상해 보는 것이다. 기술을 포괄적으로 파악했다는 것이 그들의 이론에 대한 비판이지만, 정작 하이데거나 엘륄이 '기술'이라는 일반명사로부터 자신들의 물음을 시작했을 가능성은 적다. 그보다 현실적인 것은 핵폭탄과 같이 그들의 관심을 집중시켰던 몇몇 기술들로부터 철학적 탐구가 시작되었을 것이다. 나아가 그들이 '기술'을 묘사하고 특징지으려 할 때마다 머리에 떠올리는 몇몇 개별 기술과 활동이 있었을 것이다. 기술철학의 여러 논구들에서 특정 기술들이 반복적으로 언급되는 것 역시 피할 수 없는 일이다.

요나스의 접근은 기술 개발과 기술 일반의 관계를 살피는 한 방법이 될 수 있다. 그는 현대기술이 왜 철학의 대상인지를 설명하면서 기술의 내용과 형식을 나누어 설명하였다. 현대기술의 내용을 역학, 화학, 소비재로서의 기계들, 전기, 전기를 이용한 동력기술, 전기를 이용한 통신기술과 정보기술, 생명공학 등으로 나누고, 이들 영역에서 현대기술이 과거의 기술과 어떻게 질적으로 다른 특징을 가지는지를 설명한다(Jonas 1987/2005: 31-40). 이렇게 함으로써 어떤 기술들이 왜 문제가 되는지를 좀 더 자세하게 알아볼 수 있다.

이처럼 개별 기술의 중요성에 유념하면서도 기술 일반에 대한 통찰을 잃지 않기 위해, 나는 '철학적으로 중요한 기술(philosophically significant technology)' 개념을 제안한 바 있다.

> 철학적으로 중요한 기술이란, 그 개발을 통해 인간과 자연, 혹은 인간과 인간 사이의 상호작용에서 이전과는 질적으로 다른 변화를 일으켜 인간과 자연의 존재와 그에 대한 인식을 크게 바꾼 기술활동, 공학 이론, 인공물을 말한다. 철학적으로 중요한 기술의 예로는 문자, 시계, 전기, 플라스틱, 핵폭탄, 인공지능 등을 들 수 있다(손화철 2016d: 283).

이 개념을 정의할 때 중요한 것은 '질적인 변화'이다. 동일한 원리의 작용이 양적으로 증가했다면 철학적으로 의미 있다고 보지 않는다. 예를 들어 산업혁명기에 사람들은 증기기관을 통해 이전과는 비교할 수 없는 물리적 힘을 발휘할 수 있게 되었다. 그러나 증기기관으로 사람이 가지게 된 동력은 이미 이전에 다른 기술들(수력이나 풍력, 동물을 이용하는 기술)을 통해 인간 스스로 발생할 수 없는 동력을 얻었던 여러 기술들의 연장선상에 있다. 따라서 증기기관이 가용한 동력을 증대시킨 것은 사실이지만 인간과 자연의 상호작용을 근본적으로 바꾸지는 않았다. 이에 비해 핵폭탄으로 인간이 사용할 수 있게 된 물리력은 단순히 양적 차이로만 설명할 수 없다. 핵폭탄을 통해 인간이 지구 전체를 없애버릴 수 있는 힘을 스스로 가지게 되었다는 점에서 철학적으로 중요한 기술이다. 핵폭탄 이후 인간은 자연으로부터 스스로를 보호해야 하는 존재로부터 자연을 보호해야 하는(혹은 보호할 수 있는) 존재로 바뀌었다(손화철 2016d: 283). 플라스틱과 같이 자연상에 존재하지 않던 인공물질의 개발 역시 철학적으로 의미가 있다고 보아야 한다.

철학적으로 중요한 기술은 또 여러 유관 기술들 중 가장 기본이 되는 기술들을 가리킨다. 특히 이전에 없었던 새로운 기술이나 새로 발견된 원리에 의해 작동하는 기술은 철학적으로 중요한 기술로 볼 수 있다. 예를 들어 인간은 전기를 통해 매우 뚜렷한 지리적 한계에 제한되어 있던 동력과 정보를 먼 곳으로 전달할 수 있게 되었다. 물건을 움직일 수 있는 힘을 저장하고 다른 곳으로 보낼 수 있다는 것은 이전에는 생각하기 힘들었던 질적 변화이기 때문에 전기는 철학적으로 중요한 기술이다. 그러나, 인터넷은 따로 철학적으로 중요한 기술이라고 보기보다 전기와 통신의 확장으로 파악할 수 있다(손화철 2016d: 284). 빅데이터 기술은 인터넷을 배경으로 하지만 지식의 생성과 소통의 방식에 근본적인 변화를 야기한다는 점에서 철학적으로 의미 있는 기술로 보아야 한다.

기술로 인해 야기되는 변화가 근본적인지에 대한 평가가 다를 수 있기 때문에 특정 기술이 철학적으로 중요한지에 대한 논란은 얼마든지 가능하다. 그러나 그 논란 자체가 어떤 기술에 대한 철학적 검토가 필요한지에 대한 일차 관문이 될 수 있다. 철학적으로 중요한 기술이라면 그 특성과 의미가 다른 기술들을 대표할 만한 것이어서 고려할 가치가 있을 것이기 때문이다.

본 장의 나머지 부분에서는 철학적으로 중요한 기술이라 판단되는 유전자 가위와 빅데이터 기술을 검토한다. 유전자 가위는 가까운 미래의 가능성을 잘 보여주고, 빅데이터 기술은 오늘날 그 쓰임새가 날로 커지고 있는 현재의 기술을 대표한다. 나아가 이들은 각각의 방식으로 호모 파베르의 역설을 잘 드러내고 있다.

각 절에서는 이 기술들이 철학적으로 중요한 기술인 이유를 설명하고, 그에 더하여 각 기술이 야기하는 현실적인 문제들도 살펴볼 것이다. 이를 바탕으로 해당 기술들에 대해 제기해야 할 물음들을 생각해본다. 이 물음들은 각 기술과 관련해서 어떤 목적을 설정할 수 있을지를 드러내고, 호모 파베르의 역설이 그 기술을 이해하는 데 어떻게 적용될 수 있는지 보여준다.

## 2. 유전자 가위와 인간향상기술

### 1) 유전자 가위 기술의 현황

최근 각광을 받기 시작한 크리스퍼-캐스 9(CRISPR/Cas 9) 유전자 가위 기술은 특정한 단백질과 이를 염색체 상의 특정 위치로 이끄는 gRNA를 투여하여 세포 내 DNA의 특정 부분을 잘라내는 기술이다. 이 기술의 핵심은 절단해야 할 부분을 특정할 수 있다는 점이다. 절단이 발생하면 DNA가 스스로 그 부분을 수선하기 위해 변이를 일으키는데, 그 과정에서 다른 유전자를 치환해 넣을 수도 있다(손화철 2018c).

생명체는 수많은 세포로 되어 있고 세포마다 DNA가 있으므로, 유전자 가위 기술로 모든 DNA를 바꾸어 기존 생명체의 성질을 바꿀 수는 없다.

유전자 가위를 이용한 세포치료의 경우, 조혈세포를 이용할 수 있는 혈액 관련 유전 질환에는 적용이 가능하지만, 다른 유전 질병에는 적용하지 못한다. 그래서 유전자 가위 기술이 가장 유용하게 사용될 수 있는 것은 생명체가 분화되기 전인 생식세포 단계에서이다. 인간이나 동물의 경우에는 수정이 일어난 직후의 배아 단계, 식물의 경우에는 종자 단계에서 유전자 가위를 사용하여 DNA에서 원하지 않는 부분을 잘라내면 해당 형질이 없는 아기나 새끼, 식물을 얻을 수 있다. 배아 때 유전 질환을 일으키는 DNA의 특정 부분을 절단하면 그 사람은 그 질환에 걸리지 않을 수 있다.

이미 생명공학의 여러 분야에서 인간은 오랫동안 자연의 영역에 속해 있던 생명체 형질을 조작할 수 있는 능력을 갖게 되었다. 이미 유전자 조작을 통해 만들어진 동물과 식물 같은 생명공학의 산물들이 식용과 다른 제품을 만드는 연료로 대량 소비되면서 우리의 삶과 점점 더 밀접하게 되고 있다. 그러나 유전자 가위 기술은 여기서 한 걸음 더 나아가 개체의 유전자를 손쉽게 조작할 수 있게 한다는 점에서 혁명적이다. 아직은 이 기술의 안정성이 확보되지 않았고, 생명윤리와 관련된 논의가 뜨겁기 때문에 인간에 적용하는 것은 엄격히 제한되고 있지만, 관련 연구들이 전 세계적으로 지속되고 있다.

### 2) 유전자 가위 기술의 철학적 함의

유전자 가위 기술이 철학적으로 중요한 기술인 이유는 생명체가 자연적으로 보유하고 있는 고유의 성질을 기술활동의 대상으로 삼기 때문이다. 이 기술은 인간을 포함한 개별 생명체의 DNA 구조를 바꿈으로써 그 생명체 고유의 특성을 영구적으로 바꾼다. 인간을 대상으로 유전자 가위 기술을 사용하게 된다면, "기술이 인간을 만든다"는 호모 파베르 역설의 한 축이 문자적으로 실현되는 것이다. 물론 보철을 통해 인간 능력의 증강을 도모하는 일도 있지만, 유전자 가위 기술의 경우 통해 생겨난 변이는 영구적일 뿐 아니라 다음 세대로 유전된다는 점에서 구별된다. 이 기술을 통해 현대기술은 인간의 통제 밖에 있던 미래에까지 일정한 영향력을 미치게 된다. 원자력 발전과 마찬가지로 인간 활동의 유효기간을 엄청나게 확장하는 것이다.

아직 이 기술이 직접 인간에게 적용되는 경우는 많지 않고, 농업이나 제약 부분에서 사용되고 있지만, 이 기술을 개발하는 사람들은 이 기술이 유전성 난치병의 치료를 위해 널리 사용될 수 있을 것이라고 기대한다. 그러나 문제는 이 기술이 특정 영역과 질병에만 사용되리라는 보장이 없다는 점이다.

만약 동일한 기술을 사용하여 인간의 신체적, 정신적 능력을 유전자의 차원에서 향상시키게 되면 오랜 시간 동안 인간이 추구하던 탁월성의 성취는 더 이상 무의미하게 될 것이다. 신체적 탁월성이 훈련과 무관해지고 지적 탁월성이 공부와 무관해지는 대신, 경제적인 능력의 문제로 재해석될 가능성이 크다. 그렇게 되면 영화 〈가타카〉(1997)에 나온 것처럼 유전자로 사람을 차별하는 사회가 곧 도래할 수도 있다.

유전자의 차이로 극복할 수 없는 차별이 존재하는 사회의 등장과 같은 현실적인 우려 외에도, 앞서 언급한 인간의 인간됨을 어떻게 이해할 것인지에 대한 문제가 남는다. 가능한 질병을 최대한 극복하고, 모든 잠재적인 지적, 신체적 능력을 모두 실현하는 인간은 삶에 어떤 방식으로 의미를 부여할 것인가? 모든 종교와 철학이 생로병사의 고통을 전제로 하고 있음을 고려하면, 그 전제를 상실한 상태를 상상하기가 쉽지 않다.

샌델은 유전공학이 우생학적인 결과를 낳을 수 있음을 우려하면서 우리의 삶을 선물로 주어진 것이라 이해하는 것이 맞다고 주장한다. 특별한 재능이나 성품, 건강을 선물로 받아들일 때 인류가 그동안 받아들여온 겸손과 감사, 배려와 노력 같은 도덕적 덕목들이 유지될 수 있다는 것이다. 그는 유전공학에 의해 인간의 본성을 바꾸고자 하는 시도가 인간의 정복에 대한 충동만을 과도하게 자극하여 결과적으로 모두에게 불행한 결말로 이어질 것이라고 경고한다(Sandel 2007: 85-100).

신상규는 샌델의 논의가 가진 가치와 현실성을 인정하면서도, 그의 논변이 인간향상을 금지해야 한다는 결론을 논리적으로 뒷받침하지는 못한다고 비판한다. 신상규는 인간향상이 다른 기술들처럼 기존의 불평등을 완화하게 될 가능성을 배제해야 할 이유가 없다고 본다. 따라서 우리가 물어야 할 것은 인간향상 기술을 개발할 것인지 여부가 아니라, 우리가 용인할 수 있는 불평등과 그렇지 않은 불평등이 무엇인지와, 인간향상 기술이 불평등의 고착화나 착취를 심화하는 방식으로 사용되지 않게 하는 방안이 무엇인지여야 한다고 주장한다(신상규 2014: 225).

유전자 가위 기술과 같은 생명공학의 발달을 지지하는 트랜스휴머니스트는 이 기술들을 현재 인간이 가지고 있는 바람과 한계들을 극복할 계기로 볼 것이다. 그러나 이 주장이 설득력과 일관성을 가지기 위해서는 트랜스휴머니즘이 인간의 인간됨에 대한 완전히 새로운 패러다임을 제시하지 않으면 안 된다.

### 3) 유전자 가위 기술과 미래 사회를 위한 물음

유전자 가위 기술과 생명공학의 발전을 통해 기대할 수 있는 바람직한 미래 사회의 모습은 어떠할 것인가? 이 기술들은 인간을 직접 조작의 대상으로 삼고 있기 때문에, 미래의 인간 사회가 어떠해야 할 것인지에 대한 시민사회의 논의가 매우 중요하다. 나아가 이 논의에 관련 전문가들이 밀접하게 관여하여 정보를 제공하고 자신들의 입장과 기술 개발의 정당화 주장을 펼칠 필요가 있다.

가장 단순하고 명확한 목표는 모든 사람이 질병으로부터 자유롭게 오랫동안 사는 것이다. 그러나 앞서 살펴본 것처럼 여러 가지 물음들이 기술 개발과 함께 제기되어야 한다.

**우생학의 위험을 어떻게 극복할 것인가?** 먼저 이 기술이 치료와 인간강화에 모두 적용될 수 있기 때문에 이 기술의 사용이 우생학의 위험을 어떻게 극복할 수 있을 것인지를 물어야 한다. 이미 오늘날 부자들은 더 오래 건강하게 살고, 더 많은 질병으로부터 자유롭다. 그럼에도 불구하고 그 격차를 본질적인 수준이라 할 수는 없다. 가난한 자도 적절한 치료를 받으면 살 수 있고 건강을 유지할 수 있기 때문에 각종 사회보장제도를 통해 최소한의 삶의 질을 보장하려는 노력을 하고 있다. 그러나 유전자 가위 기술과 생명공학이 우생학적인 방식으로 사용되어 사람들 사이의 격차가 극복할 수 없는 본질적인 수준으로 벌어지는 상황은 모두가 우려할 만하다. 유전자를 조작하여 특정 질병으로부터 원천적으로 보호되는 사람과 그렇지 않은 사람이 나뉘게 된다면 그런 사회는 장차 지금은 상상하기 힘든 모습으로 바뀌게 될 가능성이 크다. 따라서 유전자 가위는, 적어도 사람이 연관된 한에 있어서는 그 기술의 유익을 모두 누리되 우생학이 현실이 되지 않도록 하는 것을 목적으로 삼아야 한다. 치명적인 유전질환의 치료를 위한 연구를 지속한다면, 그 결과를 모두 공유할 수 있는 체제를 갖추어야 할 것이고, 그 연구결과를 소수의 유전적 향상을 위한 조작에 사용하지 않도록 하는 사회적 합의가 필요하다. 경우에 따라서는 특정 연구를 중단하거나 시도하지 않는 결정을 할 수도 있다.

네덜란드의 기술철학자 스휴르만(Egbert Schuurman)은 이와 관련하여 인간의 유전자 변형 기술은 그 효용이 분명하다고 생각되는 최소한의 경우만을 제외하고는 반대해야 한다고 주장한다. "인간의 유전자 변형은 특별한 물리적 장기와 관련해서만 고려되어야 한다. 인간 전체와 관련된 생식세포와 유전자 변형은 금지되어야 한다"(Schuurman 2014/2019: 176).

위에서 살펴본 신상규의 입장은 어떻게 우생학의 위험을 극복할 것인가에 대한 답으로는 충분하지 않다. 그는 인간향상 기술 자체를 반대할 근거가 뚜렷하지 않다는 점에 초점을 맞추고, 기술 개발을 통해 생겨날 수 있는 지배나 착취 불공정의 문제를 해결하려는 노력을 강조한다. 그러나 정작 제기되어야 할 문제는 지배나 착취, 불공정으로 이어질 개연성이 충분한 상황에서 인간향상 기술을 개발해도 되는가이다.

아직까지 전 세계의 모든 국가들이 유전자 가위 기술을 인간에 적용하는 것을 금지하고 있는 것은 기술의 불완전성뿐 아니라 사회적 정치적 악용의 가능성에 대해 암묵적으로 합의하고 있기 때문이라 할 수 있다. 그러나 그 합의가 좀 더 명시적이 될 필요가 있고, 관련 분야의 공학자와 정부들이 우생학의 위험을 인정하고 그것을 피할 것을 선언해야 한다. 원천기술 하나가 개발되면 응용할 수 있는 여지기 무궁무진하기 때문에 특정 기술의 개발 초기에 특정 목적을 분명하게 하거나 제한하기가 쉽지 않다. 유전자 가위 기술의 경우 인간에 직접 적용하는 것만을 제외하고 모든 가능성을 열어두고 기술을 개발해 나가고 있는 것이 현실이다. 스휴 르만의 제안과 정반대의 경향을 띠고 있는 것이다. 그러나 가능성이 열리면 그때그때 판단하겠다고 하는 것보다 연구개발의 초기 단계에서 기술이 일부를 위한 강화나 우생학적 목적으로 사용되지 않아야 한다는 명확한 합의가 공표되는 것이 중요하다.

생명공학은 너무 전문적인 영역이기 때문에 연구개발의 규모가 크고 기간이 길다. 그래서 많은 첨단기술 중에서도 생명공학의 연구들은 상대적으로 일반에 알려지지 않고 조용히 수행되는 경우가 많아 공론화가 어렵다. 그러나 인간의 인간됨에 본질적인 영향을 미칠 수 있는 기술들에 대해서는 어떤 방식으로든 견제와 감독이 필요하다. 이 지점에서 적절한 방식의 과학기술 거버넌스가 요청된다. 여기서 매우 중요한 것은 국제적인 협조이다. 다른 기술들도 그러하지만, 생명공학의 경우 만약 한 나라가 합의되지 않은 기술을 개발한다면, 다른 나라들도 해당 연구개발에 뛰어들 가능성이 매우 크다. 그래서 과거 전 세계 과학자들이 모라토리움을 시도했던 기술들이 모두 생명공학과 관련되어 있었다.

**인간의 인간됨을 어떻게 이해할 것인가?** 우생학에 대한 우려가 현실적인데 반해 이어지는 두 번째 물음은 철학적이다. 만약 여러 가지 제도적 장치들을 통해 우생학으로 인한 사회적인 부작용을 완벽하게 차단할 수 있다면, 인간의 본성을 바꾸는 인간향상을 추구할 것인가? 이 전제를 성취하려면 상당한 노력이 필요할 것이므로, 이 물음 자체는 다급하게 묻고 해결해야 할 것은 아닌지도 모른다. 그러나 우생학의 위험에도 불구하고 관련 기술의 개발이 계속 되는 데에는 엄청난 금전적 혜택이나 난치병 치료에 대한 절박함 같은 이유가 있고, 이런 이유 때문에 다시 근본적인 문제를 회피하거나 우회하게 된다는 점을 고려해야 한다. 따라서 시간이 걸리더라도 근본적인 문제를 회피하기보다 차근차근 널리 묻고 합의점을 찾아갈 필요가 있다.

이 물음이 단순히 인간 본성이 이러저러해야 한다는 신념의 문제만은 아니라는 점에 주목해야 한다. 인간 본성의 어떠함 혹은 어떠해야 함만큼이나 중요한 것은 그 본성의 변화가 일어나는 속도다. 호모 파베르의 역설은 역사적 사실이다. 인간의 본성을 무엇으로 파악하든, 인간의 자신에 대한 이해는 오랜 시간을 거쳐 바뀌어 왔고, 그 과정에 기술의 발전이 있었다. 그러나 그 발전의 속도가 매우 느렸기 때문에 인간 본성 역시 불변하는 것처럼 보이기도 했다. 이제 급격한 속도와 규모로 발전하는 기술사회에서 인간이 기술을 만들고 그 기술이 다시 인간의 자기 이해를 흔드는 상황을 동시대에 목도하는 상황이 되었다. 이런 역동적인 상황을 염두에 두고 인간의 인간됨을 고려한다는 것은 사실의 문제가 아니라 기획의 문제다. 우리는 어떤 인간이 되고 싶은지 물어야 한다. 한편으로는 열린 인간관을 가지고 기술에 의해 일어나는 변화를 받아들여야겠지만, 이 물음은 일정한 시간을 요구하기 때문에 그 변화의 속도를 조절할 필요가 있을지도 모른다. 그 조절은 앞서 말한 대로 사회적, 경제적, 정치적 제도와 조직들이 정비되어 첨단기술이 현재의 윤리적 기준에 비추어 받아들일 수 없을 정도의 부작용을 일으키지 않도록 하는 것을 통해 이루어질 수 있다. 이러한 노력은 다시 위의 물음에서 언급한 우생학의 문제를 해결하기 위한 방안과 만나게 된다.


# 3. 빅데이터


### 1) 빅데이터와 빅데이터 기술

위키피디아에 따르면 빅데이터란 "전통적인 데이터 처리 응용 소프트웨어로는 처리할 수 없을 정도록 방대하고 복잡한 데이터 세트를 분석하고 거기서 정보를 체계적으로 추출하거나 그 데이터를 처리하는 방법을 다루는 분야"를 말한다.[113] 그런데 이러한 정의들과 함께 '빅데이터'라는 말의 쓰임새를 유심히 살펴보면, '빅데이터'는 '빅데이터 기술'이라는 말과 혼용되는 경우가 많다. 빅데이터를 정의할 때 자주 언급되는 소위 3V, 즉 집적된 데이터의 양(high volume), 그 양이 늘어나는 속도(high velocity), 종류의 다양성(high variety)은[114] 주로 대량의 데이터 세트가 가지는 특징을 서술한다. 데이터 세트를 가공하는 '빅데이터 기술'은 대규모 데이터를 저장하는 기술, 그 데이터를 분석할 수 있는 상태로 조정하는 기술, 정형화된 데이터에서 일정한 패턴을 추출하는 기술, 그리고 도출된 패턴을 해석하여 의미 있는 정보(information)로 만들어내는 기술 등 성격과 차원이 다른 기술들을 포괄한다.


### 2) 빅데이터 기술의 철학적 의미

빅데이터 기술은 여러 가지 측면에서 우리가 가지고 있던 기존의 사고틀에 도전을 가한다. 인간이 세상을 파악하는 방식에 근본적인 변화를 일으킨 것은 인간과 자연의 관계를 바꾼 것이라 할 수 있고, 그렇기 때문에 철학적으로 중요한 기술이라 할 수 있다. 다음의 특징들이 빅데이터 기술의 철학적 의미를 잘 보여준다.

**기술 사용에 있어서 외부행위자의 간섭**　　빅데이터 기술의 사용자는 빅데이터의 총량이 계속해서 바뀌는 가운데, 필연적이고 적극적이며 직접적이고 지속적으로 외부자(서비스 제공을 실행하는 장치)에 의존해야 한다. 예를 들어, 이미 고정되어 있는 정보를 찾아내는 사전과는 달리, 인터넷 검색엔진은 사용자의 과거 검색기록과 인터넷 상의 각종 정보들을 토대로 적절한 결과를 제공한다. 『생각 조종자들』(Parise 2011a)[115]이라는 책을 쓴 일라이 파리저(Eli Pariser)는 TED 강연에서 두 친구가 '이집트'로 검색을 하자 한 사람에게는 '아랍의 봄' 관련 기사가, 다른 한 사람에게는 이집트 관광 등의 검색결과가 나왔다는 예를 든다(Pariser 2011b).

　이처럼 빅데이터 기술의 사용에는 언제나 외부 행위자, 즉 서비스 제공 주체가 '필연적'으로 개입해야 한다.[116] 또 이 개입은 입력된 검색어를 사용자의 정보와 합하여 해석하여 결과물을 내어주기 때문에 '적극적' 개입이다. 검색 알고리즘이 제공하는 결과 자체는 다른 누군가가 설명해 줄 수 없는 최종 결과로 주어지기 때문에 그 개입은 '직접적'이다.[117] 나아가 빅데이터 총량은 계속 증가하므로 같은 검색어를 반복적으로 검색하는 경우에도 '지속적'인 개입이 불가피하다.

　빅데이터 기술이 가지는 이러한 특징은 3장에서 살펴본 기술철학자 돈 아이디가 제시한 기술의 현상학을 통해 좀 더 명확하게 이해할 수 있다(Ihde 1979/1998 [〈그림 2〉 참조]). 그는 기술과 인간, 세계가 연결되는

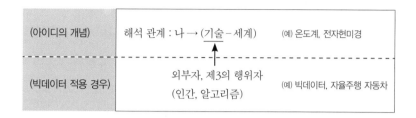

〈그림 2〉 돈 아이디 기술현상학의 적용: 빅데이터의 경우

| (아이디의 개념) | 해석 관계 : 나 → (기술 - 세계) | (예) 온도계, 전자현미경 |
| --- | --- | --- |
| (빅데이터 적용 경우) | 외부자, 제3의 행위자<br>(인간, 알고리즘) | (예) 빅데이터, 자율주행 자동차 |

네 가지 방식을 제시하였다. 인간이 기술을 체화하여 세계와 접하는 체현 관계(embodiment relations), 인간이 기술을 통해 세계의 어떤 면을 해석해서 보게 되는 해석 관계(hermeneutic relations), 기술이 인간 행위의 대상처럼 되는 타자 관계(alterity relations), 기술이 세계와 함께 인간의 환경을 구성하는 배경 관계(background relations)가 그것이다. 빅데이터 기술은 이 중에서 해석학적 관계에 속한다고 보아야 할 것인데, 빅데이터 기술이 세계를 해석할 때에는 필연적 · 적극적 · 직접적 · 지속적인 외부 요소와의 연결망 속에서 작동한다는 것이다. 아이디가 예로 삼은 온도계의 경우 일단 생산되고 나면 생산자와 분리되어 사용자가 독립적으로 사용하지만, 빅데이터나 자율주행 자동차의 경우 항상 제3의 행위자가 그 기술의 작동에 관여한다.

**기술 권력의 집중**　　　　인간의 자기 결정권, 혹은 자기 결정 능력이 저하되는 것은 인터넷 검색이나 인터넷 쇼핑의 경우를 예로 들면 더 직관적으로 알 수 있다. 빅데이터를 통해 검색결과를 제공하는 것과 인터넷 쇼핑에서 어떤 상품을 추천하는 기능은 어디까지나 나의 과거 선택에 의

거한 것이다. 문제는 그 선택의 과정에 사용자 자신에 대한 분석이 포함되고, 그 분석을 위해 사용되는 데이터의 양과 종류, 그 결론을 내리게 된 과정을 파악하는 것이 사실상 불가능하다는 데 있다. 나아가 그 검색결과와 추천에 응하고 나면 그 선택 정보가 다시 다음 검색결과와 추천에 영향을 미치게 된다.

> 통화기록, 인터넷 서핑 기록, 과거의 쇼핑 목록, 사회연결망에 올린 메시지 등등의 빅데이터 조합에 가장 단순한 방식으로 접근할 수만 있어도 "나는 누구다"나 "나는 무엇을 좋아한다"가 "너는 누구다"와 "너는 무엇을 좋아한다"로 변할 위험이 생겨난다. … 빅데이터의 힘은 정보를 가지고 우리의 정체성을 특정한 방향으로 몰고 가거나, 설득하거나, 영향을 미치거나, 심지어 한계 지을 수 있다는 점이다(Richards & King 2014: 43-44).

> 빅데이터 기술들은 개인들을 자신의 취향에 대한 예측적인 판단에 굴복하게 하고, 그런 조정의 과정은 그 취향을 형성하거나 생산해낸다(Cohen 2013: 1925).

이 문제는 인간의 자율성 문제와도 연결되어 있지만, 기술사회에서의 정치적 불균형과도 연결된다. 기술은 여러 가지 방식으로 인간 사회의 정치적 역학관계에 영향을 미치는데(Winner 1986/2010: 27-57), 빅데이터는 광범위한 영향력을 가지면서도 그 운용과 관리가 소수에게 집중되는 대표적인 기술이다. 빅데이터를 구성하는 모든 데이터는 결국 다수의 사용자들로부터 나오지만, 그것을 수집하고 저장하고 분석하는 데는 국가나

거대기업이 절대적인 우위를 가질 수밖에 없기 때문이다.[118]

**통계적 상관관계의 우선성**　　　　빅데이터 분석에 사용되는 데이터와
분석을 통해 나오는 결론 사이에는 통계적 상관관계만 있을 뿐, 그 외의
논리나 이론이 작동하지 않는다. 그러나 그 유용성은 빅데이터 이전에 데
이터 마이닝 혹은 상관분석을 마케팅에 사용하던 시절부터 이미 증명되
었다. 2004년 월마트는 허리케인 직전에는 팝타르츠(Pop-Tarts)라는 과
자도 많이 팔린다는 것을 발견하고 허리케인 용품 코너 옆에 팝다르츠
상자들을 쌓아두었다고 한다(Mayer-Schönberger & Cukier 2013: 104). 이
때 그 연관성의 이유를 파악하지 못한다 해도, 매장 재배치를 통해 매출
을 올리는 데는 아무런 문제가 없다.

　이는 빅데이터 기술은 소위 '이론의 종말'을 초래할 것이란 주장과 연
결된다. 《와이어드(Wired)》의 편집장 크리스 앤더슨(Chris Anderson)은
이 말을 유행시킨 유명한 글에서 다음과 같이 말한다.

> 구글의 설립 철학은 왜 이 페이지가 저 페이지보다 훌륭한 것인지 우리
> 는 알 수 없다는 것이다. 만약 진입링크의 통계치가 그렇다고 한다면, 그
> 걸로 충분하다. 어떤 의미론적 분석이나 인과론적 분석도 필요 없다. 구
> 글은 바로 이 방법으로 해당 언어에 대한 지식 없이도 번역을 하는 것이
> 다. …
> 이제 모델을 찾으려 애쓰지 않아도 된다. 우리는 데이터가 무엇을 보여
> 줄지에 대한 가설 없이도 그것을 분석할 수 있다. 우리는 숫자들을 세상
> 에서 제일 큰 컴퓨터 클러스터에 던져 넣고 통계 알고리즘이 지금껏 과

학이 찾아내지 못한 패턴을 찾아내게 하면 된다….

상관관계는 인과를 대체하고, 과학은 일관된 모델, 통합된 이론, 혹은 그 어떤 기계론적인 설명 없이도 발전할 수 있다(Anderson 2008).

결과적으로 데이터의 입력과 정보의 출력 사이에 있는 과정은 사용자에게 암흑상자(Black Box)로 남게 된다. 그런데 빅데이터 프로그램의 제작자 자신도 입력과 출력의 과정을 설명할 수 없다는 것이 문제다.

알고리즘은 프로그램 되어 있는 과정만을 수행한다. 이 과정들은 사람이나 또 다른 알고리즘에 의해 직접 조종되고, 궁극적으로는 소프트웨어 전문가에게 조종된다. 그러나 안타깝게도, 프로그래머는 끊임없이 진화하는 환경의 복잡성을 모두 고려할 수가 없다. 이 환경은 엄청난 수의 독립적인 부분들로 구성되어 있는데다 모두 서로 다른 목표를 지향하기 때문이다(Hibert 2013: 134).

이는 매우 당혹스러운 상황으로 우리를 이끌고 간다. 경우에 따라서 빅데이터 분석이 제시하는 해결책을 따르되, 그것을 제시된 이유를 파악할 가능성이 전혀 없을 수 있기 때문이다. 근대인이 인간과 사회, 자연을 과학적이고 체계적으로 이해하기 위해 노력한 것을 감안하면, 이런 상황은 아이러니하지 않을 수 없다.

물론 이론의 종말에 동의하지 않는 입장도 있다. 메이어-쉰버거와 쿠키어가 지적하는 것처럼 빅데이터 분석 자체도 이론에 근거하므로 이론이 필요 없어질 것이라는 주장은 과장이다(Mayer-Schönberger & Cukier

2013: 134). 또 같은 맥락에서 상관관계가 인과관계를 과연 대치할 수 있는지를 규명하려는 노력은 흥미롭지만 부질없다. 도리어 탐구의 대상이 고정적이고 알려지지 않은 변화의 원리가 있다고 가정해야 그 원리를 파악하지 못해도 빅데이터를 통해 도출되는 패턴이나 결론의 타당성을 인정할 수 있다. 이론을 확보하지 못할 수 있지만 이론을 부정하지 않으면서도 유용성을 취할 수 있다.

나아가 현재의 유용성에도 불구하고, 인과성보다 상관성을 더 중요하게 보면 생겨나는 문제가 있다. 현재 파악되는 패턴이 미래에도 지속되리라는 보장이 없는 경우, 일종의 왜곡이 생길 가능성이 있다. 예를 들어 사람들의 언어 사용은 조금씩 조금씩 그 용례를 바꾸어가며 변한다. 그래서 지금 두 언어의 번역 사례를 모아 만든 번역 프로그램이 미래에도 유용하기 위해서는 그 용례들을 끊임없이 다시 수집하여 프로그램을 수정해가야 한다고 생각하기 쉽다(물론 빅데이터 기술의 특성상 이러한 수정은 그리 어렵지 않다). 그런데 이미 개발되어 사용되는 번역 프로그램이 두 언어의 변화에 영향을 미친다면 어찌 될 것인가? 이 경우 날씨 예측을 위해 빅데이터를 쓸 때와는 달리, 과거의 언어 사용에 대한 패턴 분석이 현재 언어 사용에 영향을 미치기 때문에 가변적이었던 언어 사용의 패턴이 고정되는 결과를 낳게 될지도 모른다.

조금 더 나아가서 번역프로그램과 문장의 관계를 예로 생각해보자. 흔히 좋은 번역 프로그램은 복잡한 문장을 제대로 번역해낼 줄 아는 것이라 생각하기 쉽다. 그러나 번역 프로그램이 일정한 수준에 이르고 나면, 번역 프로그램에 의해 정확하게 번역되는 문장을 좋은 문장으로 평가하게 될 개연성이 높다. 이 경우, 번역 프로그램이 좋은 문장의 판별 기준이 될 수도 있다(손화철 2018a: 237-239). 이처럼 상관관계를 통한 현상의 파악이 가지는 놀라운 예측력 때문에 그 결과를 무작정 신뢰하고 추종하는 것은 인간 언어의 변화와 같은 유구한 흐름을 멈추게 하거나, 다른 인간에 대한 판단을 통계에 전적으로 의존하는 상황을 초래할 수 있다.[119] 이 상황을 비인간적이라 볼 것인가, 몰역사적이고 퇴행적이라 볼 것인가?

### 3) 제기되는 물음들

좋은 세상이라는 기준으로 볼 때, 빅데이터 기술의 발전을 통해 기대할 수 있는 바들은 매우 도전적인 것으로 보인다. 방금 살펴본 빅데이터에 대한 분석은 빅데이터가 나의 판단을 보조하는 것이 아니라 나의 판단을 이끄는 상황이 도래할 수 있음을 보여준다. 빅데이터가 좋은 사회를 이루는 데 기여하기 위해서 제기되는 물음은 무엇인가?

가장 현실적이고 급한 문제는 막대한 양의 데이터를 누가 어떻게 관리할 것인가이다. 이는 서로 밀접하게 연결되어 있는 데이터 주권과 보안에 대한 물음과 연결된다. 좀 더 철학적인 문제로는 인간 지성과 지식의 자리를 물어야 한다.

**데이터 주권과 공공성**          데이터는 누구의 것인가? 빅데이터 기술을 통해 수집되는 데이터 중 많은 부분이 개인의 활동과 연결된다. 그 데이터를 모아서 생성되는 정보 중에도 개인과 연관된 것이 많다. 그러나 데이터를 축적해서 사용하는 주체는 한정될 수밖에 없기 때문에 데이터의 주인에 대한 물음이 생긴다. 데이터의 생산자라고 할 수 있는 개인이 해당 데이터의 주인인가, 아니면 그 데이터를 모아 유용하게 사용할 수 있는 사람이 데이터의 주인인가? 이 물음에 어떻게 대답하느냐에 따라 빅데이터 기술이 점점 각광을 받고 있는 현대기술사회의 구도와 전망에 대한 생각이 엇갈린다.

"데이터는 정보기술 시대의 원유"라는 식의 표현이 심심치 않게 들리는 가운데 이미 데이터를 축적하여 기득권을 가지고 있는 기업이나 국가들의 영향력을 제어하는 것은 그리 쉬운 일이 아니다. 그러나 막대한 양의 데이터를 통해 사람들의 이동과 활동은 물론 그들의 건강과 미래까지 분석하는 상황에 대한 평가는 극과 극으로 나뉜다. 어차피 누군가 축적하지 않으면 사용할 수 없고, 데이터의 생산자가 그 주권을 강력하게 주장하지 않으며, 데이터의 활용을 통해 도리어 유익을 얻는 상황에서 굳이 데이터 주권을 논할 필요가 있을 것인가?

의료 빅데이터와 관련해서 우리나라에서 일어난 여러 논란은 이 문제가 간단치 않음을 잘 보여준다. 2019년 9월 17일 보건복지부는 국민건강보험공단과 건강보험심사평가원, 질병관리본부, 국립암센터 등에 분산 저장되어 있는 국민 의료 빅데이터를 한 곳에서 볼 수 있는 보건의료 빅데이터 플랫폼을 개통했다. 개인이나 연구자가 플랫폼 홈페이지에서 데이터의 범위, 형태, 종류 등을 확인하여 연구를 설계하고 제공을 신청하면 연구과제의 공공성 심의 및 기술검토를 거쳐 연구자에게 데이터가 제공되는 구조다. 개인정보 보호와 안전 확보를 위해 전용회선 사용, 데이터 비식별화, 폐쇄된 연구공간에서의 열람 및 분석 등 다양한 장치들을 두었다. 그러나 주민등록번호를 식별코드로 쓸 수 없다는 것 때문에 제약업계 등에서는 데이터의 정확도가 떨어진다는 비판도 제기된다(이지현 2019; 연합뉴스 2019a).

보건의료 빅데이터를 통합하게 된 계기는 정부의 '바이오헬스산업 혁신전략'의 후속조치이다. 이는 의료 빅데이터의 상업적 활용이나 관련 연구를 통한 경제적 이익을 염두에 둔 것이라 할 수 있다. 우리나라의 개인정보법이 너무 엄격하여 관련 사업의 발전을 저해한다는 주장이 함께 제기되는 것은 이런 맥락에서이다(김근령 · 이대희 2018).

그러나 산업 발전을 염두에 둔 의료 빅데이터의 사용을 비판하는 목소리도 있다. 민감한 개인정보인 보건의료 빅데이터를 모아 분석함으로써 생기는 유익이 없지 않지만, 그 유익은 철저하게 공공적인 것에 한해야 한다는 것이다. 이러한 주장에 따르면 "개인이 자신의 개인정보 및 생물학적 물질 사용에 대한 통제권을 행사할 수 있는 권리"가 반드시 지켜져야 하고, 이를 넘어설 때에는 사회적 합의에 의해 공공성을 담보할 수 있어야 한다(이상윤 2019: 54).

2020년 1월 국회를 통과한 소위 데이터 3법(「개인정보보호법」, 「정보통신망법」, 「신용정보법」)의 개정을 둘러싼 논란 역시 데이터 주권의 문제와 연결되어 있다. 2020년 개정 내용의 골자는 기업이나 공공기관, 국가가 가명 정보를 통계작성, 과학적 연구, 공익적 기록보존 등을 위하여 정보주체의 동의 없이 활용할 수 있도록 한 것이다. 이때 '가명 정보'란, "개인정보의 일부를 삭제하거나 일부 또는 전부를 대체하는 등의 방법으로 … 처리"하여 "원래의 상태로 복원하기 위한 추가 정보의 사용 · 결합 없이는 특정 개인을 알아볼 수 없는 정보"[120]를 말한다.

데이터 3법의 개정과 관련하여 방금 살펴본 의료 빅데이터의 관리 문제와 비슷한 논란이 벌어졌다. 기업들은 개정을 통해 가명 정보에의 접근이 쉬워진 것을 환영하면서도 가명 정보의 결합을 임의로 하지 못한다는 것에 불만을 표하고, 몇몇 시민단체들은 가명 정보의 결합을 통해 개인을 특정할 가능성이 있다는 사실을 들어 강하게 반대한다. 또 가명 정보의 이용이 상업적으로 가능하다는 점에 대한 찬반도 확연하게 나뉜다.

　이러한 논란은 일차적으로는 개인의 정보 주권과 상업성을 포함한 전체의 이익에 대한 고려가 상충하는 것으로 볼 수 있다. 그러나 데이터 주권을 강조하는 입장의 저변에는 데이터를 관리하고 가공하는 정부와 기업이 과연 모두의 유익을 추구하는 방향을 채택할 것인지에 대한 불신이 깔려 있다. 데이터의 가공과 사용을 통해 모두가 유익을 얻는 이상적인 시스템을 마련하지 못할 바에는 차라리 그 사용을 최소화하거나 강력하게 규제해야 한다고 보는 것이다. 이런 입장들의 충돌은 결국 정치적, 사회적 합의로 해소될 수밖에 없다.

## 데이터의 보안과 관리, 그리고 인공지능의 윤리

데이터의 주권과 함께 제기되는 또 다른 이슈는 데이터를 축적한 주체가 데이터를 부적절하게 사용하는 것을 방지하는 기술적인 차원의 문제이다. 정치적, 사회적 합의를 통해 데이터를 누가 어떻게 관리할 것인지를 결정한다 하더라도, 그 결정이 시스템에 어떻게 반영될 것인지는 결국 기술적인 문제이다. 빅데이터를 저장하고 관리하는 시스템이 얼마나 적절하게 설계되었는가는 방금 언급한 사회적 합의를 도출하기 위해서도 중요하고 그 자체로도 중요하다. 앞서 언급한 보건의료 빅데이터와 관련해서 이상윤은 개인의 의료 정보는 민감한 사생활의 영역이므로 의사와 병원이 자신의 정보를 잘 보호해줄 것이라는 환자의 신뢰를 지키는 것이 매우 중요하다고 강조한다. 그런 차원에서 그는 빅데이터의 원자료 공개와 주민등록번호를 식별코드로 사용하려는 움직임에 대해 매우 조심스러운 입장을 취한다(이상윤 2019: 53-54).

이는 의료정보만의 문제는 아닐 것이다. 빅데이터 처리 기술은 투명성, 공정성, 안정성, 사용권한과 같은 내용들을 명확하고 체계적으로 규정하고, 이를 설명할 수 있는 시스템을 갖추고 있어야 한다. 그렇게 해야 설사 단기적으로 데이터 주권 관련 합의가 마련되지 않더라도 빅데이터 기술의 악용을 막을 수 있다. 그러나 관련 기술의 활용은 빠르게 확장되는 반면 데이터 보안은 많은 비용과 노력이 들어가기 때문에 잠재적 위험이 크다.

빅데이터와 인공지능을 동일시할 수는 없지만, 두 기술이 서로 밀접하게 연결되어 있기 때문에 그 개발과 사용에 대한 윤리는 같은 맥락에서 접근할 수 있다. 2020년 2월 말 교황청이 발표한 "로마가 인공지능 윤리를 요청함(Rome Call for AI Ethics)"[121]은 이와 관련해서 고려해야 할 지점들을 잘 지적하고 있다. 이 문건은 인공지능의 개발과 사용이 윤리, 교육, 권리의 측면에서의 숙고를 통해 이루어져야 한다고 주장하면서,[122] 알고리즘의 개발과 설계 단계부터 지켜야 할 "알고리즘의 윤리(algor-ethics)"의 여섯 가지 원칙을 제안한다.

1. 투명성(Transparency): 인공지능 시스템은 원칙적으로 설명가능해야 한다.
2. 포괄성(Inclusion): 모든 인간의 필요가 고려되어 모든 사람이 유익을 얻고 모든 개인이 자신을 표현하고 발전할 수 있는 최상의 조건을 제공받아야 한다.

3. 책임성(Responsibility): 인공지능을 설계하고 사용하는 사람들은 책임 성과 투명성을 담보해야 한다.

4. 공평성(Impartiality): 치우친 입장을 가지고 창조하거나 행동하지 않아 야 한다. 그럼으로써 공평함과 인간의 존엄을 지킬 수 있다.

5. 신뢰성(Reliability): 인공지능 시스템은 믿을 수 있게 작동할 수 있어야 한다.

6. 안전성과 사생활 보호(Security and Privacy): 인공지능 시스템은 안전 하게 작동해야 하고 사용자의 사생활을 존중해야 한다.

이 원칙은 인공지능을 특정해서 제시되었으나 빅데이터의 관리와 사 용에도 충분히 적용할 수 있는 내용이다. 또 곧바로 기술 개발이나 사용 의 현장에 적용하기에는 다소 추상적이지만 인공지능의 개발부터 사용 에 이르는 전 과정에서 공학자뿐 아니라 정책입안자, 시민단체와 국제 사 회의 협력을 촉구하고 있다는 점은 매우 고무적이다. 특히 자본주의 시 장의 격렬한 경쟁을 고려할 때 이 제안은 상당히 급진적이다. 현재 체제 에서 인공지능과 관련된 상품과 서비스들은 자연스럽게 부자와 대기업 에 유리한 방식으로 설계되고 있기 때문이다. 교황청은 이러한 제안에 마 이크로소프트와 IBM 등 거대 기술 기업이 함께 하기로 했음을 밝혀서 그 무게를 더했다.

**인간 지성과 지식의 자리**　　　　　호모 파베르의 역설은 빅데이터 기술과 이와 연결된 인공지능 기술이 인간의 지성과 지식에 미치는 영향에 대한 숙고를 요구한다. 사람과 똑같이 생각하고 판단할 수 있는 인공지능은 아직 개발되지 않았지만, 이미 활용 가능한 빅데이터 기술만으로도 이미 사람이 정보를 습득하고 판단을 내리는 활동 가운데 많은 부분이 대체되고 있다. 위에서 살펴본 것처럼 개인의 취향과 선택이 분석되고 정보의 제공이 특정한 방향으로 편향되는 경향에 대한 우려도 생겨나고 있다. 이러한 상황에서 인간의 지성이 작동하는 방식과 지식을 습득하는 방법을 어떤 방식으로 구성해야 할 것인지에 대한 고민이 필요하다.

일차적으로는 사용자가 인터넷을 통해 전달되는 각종 정보가 어떻게 만들어지고 소비되는지를 이해하고 자신의 자율성과 판단력을 유지하면서 그 정보를 습득할 수 있는지를 아는 미디어 문해력(Media Literacy)이 중요할 것이다. 그러나 호모 파베르의 역설에 따르면, 주어진 정보의 신뢰성을 확인하고 판별하는 능력뿐 아니라 이런저런 방식으로 정보를 접하는 것을 통해 우리 자신이 만들어지고 있다는 것도 기억해야 한다. 이에 따라 인간 지성의 함양과 지식 습득의 방법에 대한 기획도 빅데이터 기술을 포함한 여러 관련 기술들의 개발에 함께 포함되어야 할 것이다.


## 4. 개별 기술의 철학


이 책의 앞부분에서 살펴본 것처럼, 기술의 역사는 길지만, 현대에 와서야 기술이 인간의 삶을 좌우하는 요소로 파악되었다. 기술철학은 그 새로운 사태에 대한 반응으로부터 발현했기 때문에 그 논의는 개별 기술보다는 기술 일반에 초점을 맞추어 진행되어왔다. 그러나 계속해서 발전하는 첨단기술의 궤적을 따라가고 거기서 비롯되는 여러 가지 물음들에 답하며 좀 더 바람직한 방향으로 그 진보를 견인하기 위해서는 개별 기술의 철학이 필요하다. 이미 인공지능의 철학/윤리학, 나노기술의 철학/윤리학과 같은 분과들이 생겨나고 있다.

기술철학 일반에서 개별 기술의 철학으로 확장되어가는 흐름은 과학철학의 과거와 비교해서 생각할 수 있다. 과학철학은 처음에는 설명의 문제나 구획의 문제와 같은 일반적인 주제들을 다루었고, 그 사례들을 과학의 대표적인 분과인 물리학에 주로 기대었다. 그러나 이후 다른 과학 분과들에서의 여러 가지 문제를 다루는 연구들이 늘어나고 있다. 물론 화학철학이나 생명과학의 철학이 기존의 과학철학과 절연하는 것은 아니고, 그 기본의 문제의식을 유치하면서 분과학문의 특성과 문제를 탐구하는 것이다.

개별 기술의 철학은 기술철학 일반의 논의를 바탕으로 해당 기술 분야에서 더 고려하거나 강조해야 할 부분들을 심화시켜 가는 형식을 띨 것이다. 나아가 특정 분야의 기술들이 가지는 철학적 함의나 문제들, 그리고 그 문제에 대한 대안을 제시하게 될 것이다. 이런 과정을 통해 기술철학의 이론적 논의가 구체화하는 과정을 밟게 된다. 이 장의 앞에서 제안한 '철학적으로 중요한 기술'이라 판단되는 기술이 이러한 시도의 일차적 대상이 될 것이고, 사용의 양과 폭이 급속하게 늘어 영향력이 커지는 기술도 개별적인 철학적 반성의 대상이 될 수 있다.

이와 같은 탐구는 당연히 해당 기술의 전문가와의 협업이나 해당 분야에 대한 지식을 요한다. 따라서 개별 기술의 철학은 공학자와 철학자가 만나는 것을 통해 실현될 수 있고, 그 만남이 이루어지는 핵심 계기가 될 수도 있을 것이다. 개별 기술에 특화된 철학적 탐구가 그 학문적 통찰뿐 아니라 미래에 대한 실천적이고 건설적인 대안으로 이어지리라는 기대도 충분히 현실적이다. 10장에서는 과학기술 거버넌스를 다루는데, 거기서 개별 기술의 철학이 진정한 의미에서의 기술영향평가와도 연결되는 지점이 있음을 보일 것이다.

| 10장 |

# 21세기 호모 파베르와
# 과학기술 거버넌스

포스트휴먼 시대의 과학기술 거버넌스는 어떤 모습이어야 하는가? 앞 장에서는 철학적으로 의미있는 기술들이 야기하는 문제들을 전망하고, 그것들에 적절하게 대처하기 위해 어떤 물음들을 물어야 하는지 살펴보았다. 인간과 자연, 인간과 인간의 관계를 근본적으로 바꾸는 최첨단기술들로 인해 촉발되는 여러 가지 물음과 문제들에 직면하는 것은 일차적으로는 공학자와 전문가들이다. 그러나 그들의 대안은 결국 그보다 더 넓은 맥락, 즉 과학기술 거버넌스의 차원에 의해 다시 조건 지워져야 한다. 공학자와 전문가들에게 모든 권한과 책임을 주기에는 현대기술의 영향력이 너무 크기 때문에, 그들에게 어느 정도의 재량권을 부여하고 어떤 윤리적 고려를 요구할 것인지를 결정할 필요가 있다. 그 결정은 과학기술 정책과 법령 제정의 범위에 국한되지 않고, 그런 구체적인 행위들을 둘러싼 정치, 사회, 문화, 경제적 맥락, 그리고 시민적 합의에 의해 영향을 받는다. 과학기술 거버넌스는 이러한 맥락들을 광범위하게 포괄하여 과학기술의 방향성을 구성해 가는 과정을 지칭하는 말이다.

오늘날의 한국은 21세기 호모 파베르의 시대를 관찰하고 대안을 논하기에 최적의 시공간적 배경이 된다. 개화기 이후 한국에서는 전통적 기술과 현대기술이 급박하게 교체되었고, 이후 빠른 시간 동안 기술의 여러 분야가 가장 높은 수준으로 발전하였다. 그 과정에서 한국 사람들은 최신기술을 개발하고 사용하는 것을 물고기가 물을 받아들이는 것처럼 자연스럽게 받아들였고, 그 기술에 의해 스스로 변해가는 것을 굳이 거부하지도 않게 되었다. 그런데 최근 최첨단기술들이 등장하면서 이제 기술사회의 미래에 대한 묘한 불안감이 사회에 퍼지고 있다. 서양 기술철학의 역사에서는 이미 한참 전에 시작된 현상이지만, 한국에서는 황우석 사기사건과 알파고의 성공을 거치면서 비로소 기술에 대한 물음이 본격적으로 제기되고 있는 것이다. 이 두 가지 조건, 즉 현대기술의 급격한 성장과 첨단기술에 의해 생겨난 경계심은 한국 사회를 호모 파베르의 역설을 반추하고 기술철학의 통찰을 실제에 적용할 수 있는 최적의 상황을 제공한다. 여기에 더해 한국은 기술 발전을 앞서 이룩한 서구의 여러 나라들과 이제 기술사회로 막 진입하고 있는 나라들 모두의 상황을 잘 이해할 수 있는 처지에 있어서, 향후 기술 발전의 방향을 가늠하고 기획하는데 좋은 위치를 점하고 있다.

따라서 본 장에서는 미래 사회를 위한 과학기술 거버넌스의 문제를, 한국이라는 배경을 염두에 두고 논할 것이다. 이는 기술철학의 이론적 통찰을 좀 더 구체적으로 적용하는 데 도움이 된다. 현대기술사회가 전 지구화하고 있는 것이 사실이지만, 여전히 거버넌스의 문제는 국가를 중심으로 한 작은 단위의 전략과 맥락에서부터 시작된다. 따라서 기술철학의 논의를 진행하고 대안을 제시할 때 구체적인 사회, 정치, 경제, 문화적 배경을 바탕으로 해야 실천철학으로서의 역할을 충실히 할 수 있다.

# 1. 한국 사회에서 과학기술의 자리

## 1) 해방 이후의 구(舊)과학기술 거버넌스

해방 이후 한국 사회에서 과학기술이 차지하는 의미는 특별했다. 한국이 이룬 눈부신 경제 발전은 냉전체제를 비롯한 여러 가지 주변 여건의 영향이기도 하지만, 과학기술입국(科學技術立國)이라는 국가정책과 떼어놓고 보기 힘들다. 1960년대부터 소위 산업화 시대라 불리는 기간 동안 한국의 과학기술 거버넌스는 국가주도, 전문가 중심, 경제 개발 우선이라는 세 가지 특징으로 정리할 수 있다.[123] 이 시기에는 정부가 과학기술의 발전을 위한 전문가 양성, 예산, 정책 방향 결정을 모두 주도하여 과학기술의 몇몇 분야들이 집중적으로 발전하고 경제적으로도 많이 성장하였다. 과학기술 전문가들은 각종 국가 출연 연구소들을 통해 기술관료가 되어 일사불란하게 응용개발연구를 수행하였다. 과학기술을 통해 경제 발전을 이루어야 한다는 것은 정부뿐 아니라 온 국민이 동의하는 중요한 원칙이었다. 과학기술을 통한 경제 발전이라는 개념은 헌법에 '국민경제의 발전을 위한 과학진흥'이라는 표현으로도 명시되었다. 이를 박희제 등은 '과학의 상업화'라 부른다. "20세기 말 선진산업국에서 과학의 상업화가 화두로 등장하기 수십 년 전부터 한국에서는 국가주도의 과학의 상업화가 일어나고 있었던 것이다"(박희제 · 김은성 · 김종영 2014: 8).

개발시대 과학기술 거버넌스의 특징은 소위 '추격자 모델'의 관점으로 보면 잘 이해할 수 있다. 이 모델은 기술 후발국으로서 선진국들의 과학기술을 수입하고 모방하고 개선해 가면서 경제 발전과 기술 발전을 꾀하는 것을 그 특징으로 한다. 송위진 등은 우리나라의 기술 발전을 '추격형 기술혁신체제'로 설명하면서 한국이 드물게 선발주자들을 추격하는 데 성공한 나라라고 평가한다(송위진 외 2006: 40). 추격발전은 혁신이 이미 완성된 성숙한 단계의 기술을 선발주자로부터 받아들여 재생산하는 것으로 시작하여 기술력을 축적해간다(송위진 외 2006: 45-46). 이들에 따르면 한국 추격형 기술혁신체제의 특성은 해외의 원천기술을 재빨리 모방하면서 기술력을 획득하는 모방형과 체계적인 협력체계 없이 다양한 주체들이 각자의 과업을 추진하는 각개약진형의 형태를 띤 것이다(송위진 외 2006: 49-53).

이는 한국 사회의 기술 발전 과정을 잘 설명할 뿐 아니라, 과학기술과 관련하여 우리나라 사람들이 보이는 일반적인 정서와 태도와도 연결하여 생각할 수 있다. 그중 가장 두드러진 것은 조급증이다. 한국은 과학기술 후발국 중에서도 발전과 개발에 대한 의욕이 넘치는 추격자였다. 유교의 영향을 받은 교육과 학력에 대한 열망과, 가난에서 벗어나고자 하는 강한 의지는 과학기술 발전에 있어서도 속도를 가장 우위에 두게 만들었다. 이는 다시 낮은 위험 감수성과 권위주의로 이어졌다. 속도 위주의 발전 과정에서 사소한 위험요소들을 무시되고, 사고예방을 위한 안전장치나 장기적인 영향에 대한 우려 등은 우선순위에서 밀려났다. 일단 목표를 세우고 나면 그것을 일정 기간 안에 달성하기 위해 절차를 무시하거나 무리한 연구개발을 진행했고, 과학기술 전문가는 매우 폐쇄적, 위계적, 권위주의적으로 조직되었다.

추격자로 스스로의 정체성을 정하고 나면, 선발주자를 따라잡는 것 외에는 다른 어떤 지향이나 질문이 설 자리가 없다. 추격자는 선도자의 등을 보면서 달리기 때문에 지금 가고 있는 방향이 바람직한지, 왜 그 방향으로 가야 하는지에 대한 일체의 성찰을 유보한다. 누군가 그러한 성찰을 시도하면 그는 추격을 방해하고 전체의 유익을 해하는 사람이 되고 만다. 이렇게 뚜렷한 목표의식은 강렬해서 놀라운 추진력을 가지지만, 과정에 대한 윤리적 평가는 소홀하게 되고, 기술 개발의 결과가 인간의 삶에 미치는 영향에 대해서도 무감해질 수밖에 없다. 우리나라의 연구자와 개발자가 한편으로는 자신이 하는 일과 성과에 큰 자부심을 가지고 공적 의미를 부여하면서, 다른 한편으로 연구의 과정에 대한 윤리적 평가는 철저히 개인의 일로 보는 이유도 여기에 있다.

이는 우리나라에서 연구와 개발 과정이 특별히 비윤리적으로 행해진다는 의미가 전혀 아니다. 그랬다면 성과도 없었을 것이다. 그러나 정당한 과정을 통해 연구개발을 수행함에도 불구하고 연구윤리나 공학윤리, 나아가 기업윤리 공적 의미에 대한 이해가 상대적으로 취약하고, 이를 제도화하는 것을 부담스러워하는 분위기가 있다. 또 첨단기술이 인간의 삶에 미치는 영향이 점점 더 커지고 있는데도 불구하고 연구개발의 장기적이고 거시적인 결과 혹은 인류 전체의 유익에 대한 고려에는 인색하다. 다시 말하지만 이는 공학자와 전문가 개인의 도덕적 수준이 낮아서가 아니라 근대화 이후 우리나라의 모든 교육과 정책이 추격자 모델에 입각하고 있기 때문이다.

이처럼 산업화 시대 과학기술 거버넌스의 특징은 산업화에 이어 민주화가 이루어지면서 일부 완화되기는 했지만, 여전히 우리나라 과학기술 거버넌스에 일정한 영향을 미치고 있다. 특히 '과학의 상업화'는 그 주체가 국가에서 기업과 민간으로 바뀌었을 뿐 한국의 과학기술 거버넌스를 움직이는 가장 큰 동력이다.

### 2) 추격자 모델의 붕괴

과학기술 거버넌스의 외피만 두고 본다면, 한국사회에서 정부가 주도하는 추격자 모델은 아직도 유효한 듯 보이기도 한다. 아직까지 막대한 정부예산이 R&D에 투여되면서 과학기술 연구의 방향성을 결정하고, 정권이 바뀔 때마다 '녹색성장' '창조경제' '4차 산업혁명' 같이 알 듯 모를 듯한 소위 '키워드'들이 횡횡하고 있다. 대학과 연구소, 산업체들은 정권에 따라 바뀌는 발전 전략들에 발맞추기 위해 애를 써야 한다.[124]

그러나 그러한 외양에도 불구하고 근본적인 변화가 일어나고 있음을 부인할 수 없다. 산업화와 개발독재의 시대를 지나면서 그 질적, 양적 면에서 성장한 한국의 과학기술 개발은 이제 추격자 모델의 특징을 내용적으로 벗어나고 있다. 그리하여 우리나라 과학기술 거버넌스에 대한 여러 연구들은 앞에서 살펴본 국가 주도의 거버넌스와 산업화, 민주화 이후의 참여적 거버넌스를 대비시킨다. 박희제·김은성·김종영은 "한국의 과학기술규제정책은 기술관료주의적인 구(舊)거버넌스와 사전예방적, 참여민주주의적인 신(新)거버넌스가 공존하는 특징을 보인다"(박희제·김은성·김종영 2014: 1)고 진단하기도 한다(손화철 2019b: 190).[125]

과학기술의 신거버넌스는 구거버넌스와 대비되는 여러 가지 특징을 가진다.[126] 먼저 과학기술 정책의 결정에 있어서 시민들의 의견이 과거에 비해 더 큰 의미를 가지게 되었다. 또 전문가들이 과거의 국가 통제나 애국주의, 경제적 이익 추구 일변도의 연구에서 벗어나 자신의 전문성을 그 자체로 강조하는 움직임을 보이고 있다. 이 두 움직임과는 별도로, 연구 윤리에 대한 관심이 커지면서 과거 전문가들이 누렸던 권위가 일정한 도전에 직면하기도 한다. 이는 한편으로는 시민들이 과학기술 전문가들에 대한 무조건적인 존경을 철회하는 과정이기도 하고, 다른 한편으로는 정부가 점점 독립적이 되어가는 전문가들을 통제하는 새로운 수단의 측면도 있는 것으로 보인다.

이러한 변화는 불가피하다. 구과학기술 거버넌스에서는 정치적 권위주의가 전문가들의 권위주의와 연결되어 있었기 때문에, 정치적 권위주의의 극복은 자연스럽게 과학기술 영역에서도 시민의 지분을 늘이는 계기가 되었다. 과학기술이 중요성이 커지면서 민주화된 정치 지형에서 서로 다른 과학기술 정책이 경쟁해야 하는 상황이 되었기 때문이다. 지금까지는 정부의 보호와 관리하에 있던 과학기술 전문가들도 더 이상 관련 문제를 독점하고 신뢰를 요구할 수 없게 되었다. 2017년 문재인 정부가 들어선 이래 탈 원자력 정책을 추진하면서 생긴 일련의 상황들은 이러한 변화를 상징적으로 보여준다. 우선 탈 원자력 정책 자체가 환경 단체들의 오랜 노력과 닿아 있다. 그 정책의 옳고 그름을 떠나, 정권을 창출한 정당이 국가의 에너지 정책에서 기존과 다른 입장을 가지게 된 것 자체가 중요한 의미를 가진다. 2017년 신고리 5, 6호기의 건설 재개와 관련한 공론화위원회의 개최는 과학기술의 민주화의 진전 가능성을 보여주었다. 비전문가인 시민들이 전문가의 도움을 받아 자신들의 입장을 정리하고, 그 것을 정책에 반영했기 때문이다. 이 계기를 통해 구과학기술 거버넌스의 대표적인 예라 할 수 있는 원자력 전문가들은 시민과의 소통이 전문가의 중요한 역할이라는 사실을 몸소 경험하였다(cf. 신고리 5 · 6호기 공론화위원회 2017).

과학기술 전문가들 역시 구과학기술 거버넌스의 통제로부터 독립을 선언하고 있다. 그들은 산업화 시대에 국가의 경제적 유익을 확보하기 위한 수단으로 사용되었고, 그들 자신 스스로의 정체성을 그렇게 이해하기도 했다. 이런 상황에서는 추격자 모델은 매우 유용한 방법론을 제기했고, 한국은 열심히 추격하여 과학기술 강국으로 떠오르게 되었다. 이런 상황의 변화는 국가가 전문가를 지원하며 같은 목표를 추구하던 구과학기술 거버넌스의 균열로 이어졌다. 그 결과 과학기술 전문가들은 다양한 방식으로 자신들의 위상을 다시 강조하고 있다. 이런 입장은 이공계를 홀대한다는 불만이나, 비전문적인 결정과 규제로 진정한 과학기술 발전을 저해하는 정부에 대한 비판으로 표출되기도 한다. 때에 따라서는 학문의 자유를 강조하기도 하는데, 이는 학문이 정치적인 의도나 경제적인 목적이 아니라 진리 탐구라는 본연의 자리에 머물러야 한다는 주장이다. 2018년 1월 일군의 과학기술자들은 헌법개정과 관련하여 위에서 언급한 바 있는 과학기술을 경제 발전의 도구로 보는 조항(헌법 제127조 1항과 3항)을 삭제하고, 대신 "국가는 학술 활동과 기초 연구를 장려할 의무가 있다"라는 조항을 삽입해야 한다고 제안했다.[127] 이는 과학기술의 연구가 경제적인 요구와는 분리되어야 한다는 주장으로, 그 둘 사이의 현실적인 관계보다는 과학기술 연구의 중립성과 독립성에 방점을 찍어야 한다는 것이다(손화철 2019b: 194).

시민과 과학기술 전문가들이 각각 과학기술 거버넌스와 관련하여 자신들의 목소리를 높이려던 시기와 같은 때에 연구윤리에 대한 관심이 높아졌다. 그런데 이는 과학기술 전문가들의 노력에 의해서라기보다는 황우석의 줄기세포 논문 조작 사건으로 촉발되어(한학수 2006), 결과적으로는 연구윤리의 제도와 교육을 강화하는 계기가 되었다.[128] 이 사건을 통해 그동안 일정한 신뢰의 대상이던 전문가의 위상이 심대하게 떨어졌고, '국익'을 매개로 한 과학기술 진흥 정책에 대한 견제도 시작되었다.

이 일련의 과정들은 한국의 과학기술 거버넌스에서 추격자 모델이 내부로부터 조금씩 붕괴하고 있음을 의미한다. 국가주도에서 시민들의 의견을 반영하는 정책으로 방향을 바꾸고 있고, 전문가 중심주의의 의미는 전문가의 활용보다 전문가의 주체성을 앞세우는 것으로 바뀌었다. 경제적 유익에만 초점이 맞추어져 있던 과학기술 개발에 윤리의 요소가 들어왔다. 구과학기술 거버넌스의 특징들이 여전히 제도적, 문화적으로 남아 있고 시장의 영향력은 다른 방식으로 커졌지만, 기존의 틀에 일어나고 있는 균열을 막기에는 역부족이다.


## 2. 포스트휴먼 시대의 과학기술 거버넌스


추격자 모델에서는 시대적인 상황 때문에 과학기술을 국가 중심의 경제 개발 정책의 일환으로 보았다. 황우석 사기 사건은 추격자 모델이 노정할 수밖에 없는 여러 문제가 총체적으로 드러난 경우다. 과학으로 세계를 재패한 것을 과시하는 애국주의, '국익'으로 표현된 경제 중심의 과학기술 개발, 언론 조작, 연구 사기 등등 이 사건의 전개 과정에서 나타난 사회병리적 증상과 부조리들은 매우 익숙한 것들이었다. 그러나 이 사태는 한시적으로 유용했던 추격자 모델이 더 이상 유효할 수 없음을 잘 보여주었다.

문제는 앞서 살펴본 신과학기술 거버넌스로의 변화 역시 포스트휴먼 시대에 걸맞은 과학기술 거버넌스로의 이행을 담보하지 않는다는 점이다. 추격자 모델의 구조적인 취약성과 부조리를 극복하고 좀 더 합리적인 방식으로 과학기술 개발과 연구를 추진하고 관련 거버넌스를 정비하는 것은 과거에 비뚤어져 있던 체계를 정상화하는 것에 지나지 않는다. 포스트휴먼 시대가 제기하는 물음은 과학기술 개발과 발전을 전문가의 자유나 연구윤리, 혹은 시민의 지배하에 두는 것으로 답할 수 있는 종류의 것이 아니다. 과정의 정상화만을 가지고서는 그 결과의 적절함을 보장할 수 없다. 경험으로의 전환이 시도했던 기술의 민주화가 기술사회의 문제에 대한 충분한 해결책이 되지 못하는 이유가 여기에 있다.

새로운 인간이 등장할 조짐, 사람이 지금껏 경험한 것보다 더 근본적인 변화가 일어날 개연성은 새로운 과학기술이 인간에 미치는 영향과 그 함의에 대한 심도 깊은 성찰을 요구한다. 과학기술의 민주화는 과학기술 개발의 과정과 절차뿐 아니라, 그것이 지향하는 이념과 목적, 가치에 대한 시민의 합의로 확대되어야 한다.

포스트휴먼 시대의 과학기술 거버넌스는 좋은 세상에 대한 이념을 포함하고, 경제중심주의와 전문가주의에서 탈피하여 기술이 지향해야 할 목적을 설정하는 가치로의 전환을 시도하며, 전문가의 사회적 책임을 강조하는 형태가 되어야 한다. 이를 통해 지금까지 환경적인 차원에서만 주로 이야기되던 '지속가능한 개발' 개념을 확장적으로 이해할 필요가 있다(손화철 2019b: 204-206). 기술의 발전이 인간의 인간됨에 대한 시민들의 논의와 이해를 추월하지 않고 충분한 논의를 할 수 있는 시간과 공간을 허락해야 하는 것이다.

> 새로운 지속가능성의 개념은 변화를 거부하는 것이 아니다. 이는 기존의 지속가능성 개념이 환경과 생태계의 변화 혹은 오염을 부정하거나, 그 문제를 완전히 극복하는 목표를 염두에 두지 않는 것과 같다. 다만 그 변화의 속도나 방향을 조절하여 지금 세대와 다음 세대가 변화에 적응하고 대처할 수 있는 여유를 가질 수 있도록 하는 것이다(손화철 2019b: 205).

## 3. 목적이 이끄는 미래의 과학기술 거버넌스를 위한 제안

2부에서 제안한 것처럼, 질주하는 기술 발전의 시대에 인간이 자신의 자리를 확보하고 기술의 발전을 통해 유익을 얻으려면 목적이 이끄는 기술 발전을 할 수 있는 여러 가지 여건이 조성되어야 한다. 시민과 공학자, 정부가 기술의 발전을 지속가능한 방식으로 이끌어가는 거버넌스를 수립하기 위해서 필요한 요소가 무엇인가? 여러 가지 제안들을 할 수 있겠으나, 그중에서 가장 시급하고 중요한 두 가지는 기술영향평가 전문기관의 설립과 기술 발전의 바람직한 방향을 조정하기 위한 다양한 국제협력

체계의 구축이다. 그리고 이런 대안들을 포함하여 지금까지 우리가 논의해온 목적이 이끄는 기술 발전의 기반이 되는 것은 오늘 기술사회를 사는 시민들의 참여이다.

## 1) 기술영향평가 전문기관 설립

과학기술 발전에서 추격자 모델이 선도국가들의 기술을 모방하면서 무조건 앞으로 나아가려는 추진력을 가졌다면, 선도자 모델은 과학기술을 통해 좋은 사회를 이루기 위한 발전의 방향을 제시하는 것이어야 한다. 이러한 근본적인 변화를 반영하고 목적이 이끄는 과학기술 발전을 추구하는 한 방안으로 기술영향평가 전문기관의 설립을 제안한다.

**한국의 기술영향평가 현황**[129]     기술영향평가는 정부가 "과학기술의 발전 및 전파·사용 시 야기될 수 있는 여러 가지 환경·사회·윤리적인 문제 등 국민의 일상 생활에 영향을 미칠 수 있는 부분에 대해서 이를 미리 예측하고 적절한 대응방안을 마련하고자 하는 일련의 활동"(과학기술기본법 시행령 제23조)으로 규정된다.

기술영향평가는 대상 기술의 현황과 발전방향, 다른 기술과의 상호관계, 사회·경제·문화·환경·윤리적 영향 등을 평가하는 것으로 기술의 발전으로 인한 긍정적인 영향을 극대화하고 부정적인 영향을 최소화하기 위해 기술이 우리 사회에 끼칠 잠정적 영향을 미리 예측 및 평가하는 것을 의미한다. 따라서 기술영향평가는 과학기술 자체는 물론 과학기술의 부차적 영향에 대한 연구·조사·분석·토론 등의 활동을 총칭하는 의미를 가지고 있다(서지원 외 2014: 17).

우리나라에서는 개발독재 시기를 거쳐 산업화와 민주화를 이루면서 과학기술 분야에서도 민주화의 요구가 일어나고, 전문가의 자유와 연구 윤리에 대한 관심이 커지는 과정에서 기술영향평가 제도가 도입되었다. 과학기술평가는 2001년에 과학기술기본법과 기본법 시행령에 포함되어 2003년부터 실시되기 시작했다. 2001년에 제정된 과학기술기본법 시행령 제23조의 기술영향평가의 범위 및 절차에 따르면, 기술영향평가의 대상은 "미래의 신기술 및 기술적 · 경제적 · 사회적 영향과 파급효과 등이 큰 기술로서 미래창조과학부 장관이 관계 중앙행정기관의 장과 협의하여 정하는 기술"로 정해졌다(서지원 외 2014: 23).

그러나 현재 우리나라에서 이루어지고 있는 기술영향평가는 앞서 언급한 구(舊)과학기술 거버넌스를 극복한다는 차원에서 의미가 있을 뿐, 포스트휴먼 시대가 요구하는 새로운 종류의 문제들에 대처하는 데에는 여러 가지 한계를 노정하고 있다.

우선 기술영향평가의 목표가 신기술의 산업적 가치를 예상하고 서술하는 데 치중되어 있다. 해당 기술의 부작용이나 위험을 예측하고 평가하는 것도 예상되는 산업적 가치를 지키기 위한 수단으로 인식되고 있다는 점이 문제다. 신기술의 윤리적, 사회적 문화적 함의에 대한 논의들도 포함되어 있으나, 이 역시 산업적 가치를 창출하는 데 방해가 되는 요소를 미리 파악하려는 의도를 명백히 하는 경우가 많다. 그렇게까지 노골적인 경우가 아니라도, 그런 함의들에 대한 논의를 했다는 사실 자체에 의의를 두고 언급만 하기도 한다. 서지원은 기술영향평가가 행정부 지원 목적으로 수행되다 보니 해당 기술의 파급효과나 경제성에 대한 평가결과를 정책에 반영하는 데에는 좋지만 "기술이 사회와 환경에 미칠 수 있는 부정적 영향에 대해서는 심도 있게 다루기 어렵다"고 평가한다(서지원 2015: 14).

이와 같은 기조는 발간되는 보고서에서도 드러날 뿐 아니라, 평가위원의 구성에서도 여실하게 증명된다. 기술영향평가를 수행하는 전문가 평가위원회의 구성은 산업계, 정부, 공학자, 법학자, 인문학자 등으로 구성되는데, 그중 법학자나 인문학자의 비중이 낮아 신기술의 윤리적, 환경적, 사회적 영향에 대한 심도있는 논의를 하기 어렵다. 또 전문가 평가위원을 선정하는 기준이 명확하지 않고, 평가위원들이 기술영향평가가 무엇인지에 대해 숙지하고 있는가에 대한 의문도 있다. 매번 다른 기술을 다루어야 하기 때문에 해당 분야의 전문가를 섭외해야 하고 한정된 시간 속에 몇 번의 만남으로 논의를 이어가야 하는 구조적인 어려움도 있다. 이런 환경에서 해당 기술을 기술사회 전반의 맥락에서 살피고 그 의미를 파악하기를 기대하기 어렵다. 기술영향평가에는 전문가 평가뿐 아니라 시민포럼도 포함되는데, 시민포럼의 구성이나 활동의 규모가 크지 않고 대중에게 잘 알려져 있지 않다는 점도 아쉬운 점이다. 또 전문가 위원회와 시민포럼이 연계하여 의사소통할 창구도 충분히 마련되어 있지 않다. 여기에 더해 대상기술 선정위원회의 참여자와 대상 기술의 선정 기준, 영향평가 기준이 바뀌는 문제도 있다(서지원 2015: 15).

기술영향평가를 통해 도출된 결론이 정부의 정책이나 기업의 연구개발에 어떤 식으로 반영되는지도 명확하지 않다. 매해 기술영향평가 결과가 언론에 공개되지만, 대부분 신기술에 대한 기대나 문제점을 나열하는 것에 그치고, 이어지는 후속 논의나 영향평가의 결과를 보도하는 경우는 거의 없다. 무엇보다 기술영향평가에서 논의된 내용이 사회적인 토론으로 이어지지 않는다는 것이 문제이다.

물론 이러한 문제들의 원인을 기술영향평가를 시행하는 주체의 운영 미숙이나 예산부족 등 '어떻게'의 방법론적 차원에서 찾을 수도 있다. 그러나 그보다 중요한 것은 기술영향평가를 누가 어떤 목적으로 진행하고 있는지다. 이 책에서 주장해온 목적이 이끄는 기술 발전의 실현이라는 차원에서 현행 기술영향평가를 보면, 이 일을 행정부 소속의 한국과학기술기획평가원(KISTEP)이 진행하고 있는 것은 적절하지 않다. 한국과학기술기획평가원의 설립목적은 "국가 과학기술 기획, 기술예측·수준조사, 전략의 수립, 국가연구개발사업 조사, 분석 평가 및 예산의 조정, 배분을 지원하고 국가연구개발시스템 개선과 실효성을 제고하며 과학기술 국제협력에 관한 업무를 효율적으로 수행함으로써 과학기술진흥에 기여"하는 것인데,[130] 이 목적에 과학기술 개발이 가지는 다양한 함의에 대한 분석이 포함되어 있다고 보기 힘들다.

위와 같은 비판들은 이미 여러 연구들을 통해 제시된 바 있다. 예를 들어 정원규 등은 과학기술정책연구원(STEPI)와 한국과학기술기획평가원(KISTEP)에서 수행하는 과학기술정책 관련 연구와 국가 R&D 평가에 장기적인 차원의 인문학적 사회학적 변화에 따른 대응전략이 충분히 반영되지 않고 있음을 지적하면서, 새로운 과학기술의 윤리적, 법적, 사회적 함의, 즉 ELSI(Ethical Legal Social Implications) 연구를 강조하면서 전담기구 설립을 제안한 바 있다(정원규 외 2011). 기술영향평가에 대한 가장 최근의 연구를 진행한 서지영 등은 현행 기술영향평가의 객관성에 대한 신뢰가 충분하지 않음을 지적하고, 기술영향평가를 하는 전문가들의 전문성에 대해서도 의문을 표하였다. 이들은 또 기술영향평가가 ELSI 연구에 더 많은 비중을 두어야 한다고 제안하고, 좀 더 독립적인 기술영향평가 기관의 설립과 함께 기술영향평가 실행 절차를 매뉴얼화하고 제도화할 것을 권고하였다.

기술영향평가와 관련하여 가장 많이 언급되는 해외의 기관으로 네덜란드의 라테나우 연구소(Rathenau Institute)가 있다(서지영 외 2014: 55-62). 라테나우 연구소는 네덜란드 왕립학술원에 소속되어 정부 재정으로 운영되지만 자율적인 독립 기구의 위상을 가지고 있다. 이들은 매 2년마다 '워크 프로그램'을 기획하여 기술영향평가의 주제를 선정하여 연구를 진행하며, 연구 결과들은 의회와 정부에 제공되고 미디어에 공개되어 네덜란드 사회에서 큰 영향력을 행사하고 있다(Rathenau Institute 2019). 이때 기술영향평가 대상의 선정과 연구 주제 설정, 연구 실행의 모든 단계에 대한 시행규칙들이 마련되어 있다. 연구소에는 60여 명이 근무하고 있고, 그중 40명가량이 연구자들로 매우 큰 규모와 상당한 재정규모를 가지고 있다.[131]

**기술영향평가 전담 기관의 필요성**　　　한국 과학기술 거버넌스를 추격자 모델이 아닌 선도자 모델로 바꾸기 위해서는 먼저 기술영향평가 전문 기관을 설립하여 관련 연구와 정책 수립을 수행하게 할 필요가 있다. 이는 지금까지 논의한 현행 기술영향평가의 난점들을 극복할 수 있는 동시에 포스트휴먼 시대의 도래를 건설적으로 견인할 수 있는 현실적인 방안이다.

그러나 단순히 특정 역할을 수행하는 기관의 설립에 그쳐서는 곤란하다. 기술영향평가 전담 기관의 설립은 과학기술 거버넌스의 틀을 바꾸는 중대한 사회적 결단의 산물이어야 한다. 이 기관의 노력 결과가 '과학기술진흥'에 그치는 것이 아니라 과학기술을 통해 더 나은 세상, 좋은 세상을 만드는 것으로 확장되어야 한다. 이를 위해서 개발기술영향평가 전담 기관은 무엇보다 다양한 이해관계의 영향을 받지 않는 독립적인 위상을 가질 필요가 있다. 신기술 개발과 관련한 국가적 산업적 필요나 기업들의 노력을 무시하지 않고, 좋은 사회의 모습에 대한 다양한 생각들이 있음을 인정하면서도 어느 일방의 입장에 매몰되지 않는 중립성을 가져야 하고, 사회적으로도 일정한 권위를 인정받아야 한다. 앞서 살펴본 라테나우 연구소의 경우처럼 의회와 산업계, 그리고 시민에게 모두 생각할 거리를 제공하는 실력을 갖추는 것도 중요하다.

기술영향평가 전담 기관은 과학기술과 인문학, 사회학적 통찰이 만나는 진정한 융합의 장이 되어야 한다. 2000년대 초반부터 과학기술과 인문학의 융합에 대한 요구는 많았으나, 대부분 학문적 흥밋거리를 제공하거나 과학기술과 인문학 전문가들이 서로의 지식을 불균등하게 공유하는 것에 그쳤다. 그러나 ELSI 연구에 무게를 두는 기술영향평가는 과학기술과 인문사회학의 만남이 정책적인 결과로 이어지는 중요한 통로가 될 수 있다. 이 전담 기구는 인문사회계와 이공계 각 분야의 전공자들이 높은 수준에서의 융합적 소통을 수행하고 그 결과로 정책 대안을 제시할 수 있는 수준이 되어야 한다. 앞서 9장에서 언급한 개별 기술에 대한 철학적 연구가 이런 기관에서 이루어질 수 있다면 그 효용은 매우 클 것이다.

이와 같은 기술영향평가 전담 기관이 설립되면 기술영향평가 전문 인력을 확보하고 양성할 수 있게 되어 미래 사회에 대해 좀 더 심도 있는 통찰을 사회에 제공할 수 있다. 나아가 기술영향평가를 더 안정적이고 체계적으로 수행할 뿐 아니라, 일정한 연속성을 담보할 수 있게 된다. 이를 통해 첨단기술에 대한 사회적 논의를 활성화하고, 해당 기술이 초래할 경제적 유익뿐 아니라 윤리, 법, 사회, 문화적인 변화들까지 포괄하는 기술정책을 수립할 수 있다. 이는 과학기술의 절차적 민주화를 넘어 가장 인간다운 것이 무엇이며 어떤 가치를 추구해야 할 것인지에 대한 사회적 고민과 합의를 이루어가는 폭넓은 과학기술 거버넌스를 시작하는 단초가 될 것이다.

### 2) 국제 공조를 위한 노력

목적이 이끄는 과학기술 발전을 실현하기 위해 필요한 또다른 노력은 기술의 영역에서 국제 공조를 강화하는 것이다. 좋은 세상에 대한 합의 역시 국제적인 차원에서 일어나야만 한다. 만약 이러한 합의와 협조가 일어나지 않는다면 목적이 이끄는 과학기술의 적정한 발전을 추구하기가 매우 힘들다.

그 이유는 자명하다. 현대기술의 개발과 사용이 전 세계적인 경쟁을 통해 국제적인 규모로 일어나고 그로 인한 유익과 폐해도 지역이나 국가의 경계와는 무관하다. 이런 상황을 어떤 식으로든 관리하기 위해서는 그와 관련된 논의와 결정이 한 국가나 지역에서만 일어날 수 없다. 한 나라에서 친환경 정책을 편다고 해도 이웃나라가 전혀 협조하지 않는다고 하면 대기오염을 막기 어렵다.

목적이 이끄는 과학기술이라는 제안이 비현실적으로 보이는 가장 큰 이유 중 하나가 여기에 있다. 충분히 안정성이 점검되지 않거나 인간에 미치는 영향력이 감당할 수 없을 만큼 중대하여 개발의 속도를 줄이고 숙고하기로 모두가 합의한 기술이 있다고 하자. 만약 한 나라가 그런 합의와 고민의 결과를 받아들이지 않고 자체적으로 해당 기술의 개발에 나선다면 과연 누가 말릴 수 있을 것인가? 2018년 11월 중국의 허젠쿠이라는 학자가 AIDS 감염의 통로가 되는 인자를 유전자에서 제거한 시험관 배아를 착상시켜 아기가 태어나게 했다는 발표를 해서 큰 논란이 일었다. 파장이 일자 허젠쿠이는 사과했고 중국 정부는 곧바로 그의 연구를 비난하며 조사에 착수했지만, 중국 정부의 입장이 무엇인지에 대해서는 여전히 불확실성이 남아 있다(문예성 2018). 중국 정부는 허젠쿠이를 파면했는데 그 이후 1년이 지나도록 실제로 어떤 일이 일어났는지 알려지지 않고 있다. 만약 중국이 그와 정반대의 결정을 발표했다면 어떻게 했을 것인가? 중국처럼 충분한 연구력과 자원을 가지고 있는 나라들이 논란이 될 만한 특정 기술의 개발을 일방적으로 추진할 경우, 다른 나라들도 당장 해당 분야의 경쟁에 뛰어들 가능성이 크다. 바로 이 지점이 엘륄이 말한 기술의 자율성 개념과 맞닿아 있다. 기술 발전의 국면에서 개인이나 개별 집단의 결정이 무의미하고, 기술은 자체적인 동력을 가지고 발전한다는 것이다.

구체적인 사례 중 하나는 감시기술이다. 언론 보도에 따르면, 중국은 2억 대 이상의 CCTV를 전국에 설치하고 인공지능 안면인식 기술과 결합하여 사용하고 있다. 이 시스템을 통해 정부당국은 사실상 모든 사람의 일거수일투족을 데이터화할 수 있고, 축적된 데이터를 통해 더 정교하게 개인의 삶을 알 수 있게 되었다. 중국 정부는 이러한 기술의 사용을 굳이 감추려 하지 않고 이것이 모두의 편의를 위한 것이라고 주장하고 있다. 그러나 신장 위구르 지역에서는 단순한 치안의 목적을 넘어 감시용으로 사용하고 있다는 의혹이 제기되고 있다(이승호 2020). 이는 9장에서 다룬 데이터 주권의 문제가 제대로 제기되지도 관리되지도 않은 상황이다. 첨단기술이 명백히 권력을 한 방향으로 집중시키고 개인의 자유를 말살하는 방향으로 기술이 개발되고 사용되고 있는 것이다. 그러나 다른 나라가 중국에 이러한 기술 사용 자제를 요구하기도 쉽지 않고 실효도 없다.

이처럼 목적이 이끄는 과학기술의 발전에 모두가 동의하지 않는 상황에 대한 우려는 현실적이고 지극히 타당하다. 그러나 이러한 우려가 목적이 이끄는 기술 발전의 추구를 부정하거나 거부할 이유가 되지 못한다. 중국 감시기술의 사례는 목적이 이끄는 기술 발전이 중요한 이유와 그것을 확산하기 위한 방안이 무엇인지를 더 고민하게 하는 계기가 된다. 위에서 제안한 기술영향평가 기관은 기술영향평가를 통해 국내적인 합의를 이루어낼 뿐 아니라 국제적인 협력을 통해 기술사회 전체가 좀 더 바람직한 방향으로 나아가게 견인해야 한다.

기술의 발전은 엄청난 속도로 이루어지고 있는데, 이러한 국제협력의 틀을 마련하는 것은 어렵고 더디다. 그러나 다양한 차원의 국제협력 방안을 복합적으로 구상하고 실천에 옮기는 노력을 계속해야 한다. 원자력과 관련된 문제들이나 환경에 관한 문제들의 경우처럼 국제적인 기구와 협의체를 만드는 방법도 있겠지만, 생명공학이나 인공지능 분야에서 전문가들을 중심으로 이루어지는 국제협력도 중요하다. 특히 첨단기술과 관련된 협력은 상대적으로 소수의 주체가 모여서도 이루어낼 수 있기 때문에 가능한 빨리 논의를 시작해야 한다. 중국의 CCTV의 경우처럼 적절한 때를 놓치면 효과적인 대응을 하기 힘들다. 이런 면에서 앞서 9장에서 잠시 사례로 제시한 로마 교황청의 인공지능 윤리 수립을 위한 노력은 고무적이다.

### 3) 포스트휴먼 시대 과학기술 거버넌스를 위한 시민 참여와 과학기술 문해력

포스트휴먼 시대의 과학기술 거버넌스는 민주적이고 융합적이며 국제적이어야 한다. 또한 이 거버넌스에서는 책임 있는 공학자와 전문가의 역할이 매우 중요하다. 이런 거버넌스를 구축하기 위한 궁극의 조건은 결국 시민들의 참여다. 기존의 기술철학 이론들이 시민의 참여를 통한 과학기술의 민주화를 주창하면서 전문가들의 역할에 대해서는 언급하지 않았기 때문에 이 책에서는 더 나은 세상을 지향하는 기술 발전에 있어 공학자의 책임을 중요한 요소로 부각하였다. 그러나 지향해야 할 좋은 세상의 설정도, 공학자들에게 책임을 요구하는 것도, 공학자로 하여금 진보의 기준을 새롭게 설정하여 기술코드를 바꾸도록 하는 것도 모두 기술사회의 구성원들이 함께해야 가능한 일이다. 환경에 대한 시민의 관심이 과학기술정책과 기술코드의 변화를 가져왔듯이 포스트휴먼 시대에 바람직한 기술 발전을 이루기 위해서는 시민의 참여가 필요하다.

환경문제에 대한 각성은 소수의 시민들이 문제를 제기하는 것에서 시작되어 오랜 노력 끝에 일정한 열매를 거두었다. 빅데이터나 인공지능, 생명기술을 비롯한 최첨단기술에 대해서도 비슷한 접근이 필요하다. 가까이는 데이터 주권과 관리로부터 생명기술의 사용과 통제에 이르기까지 기술 발전을 통해 일어날 수 있는 위험에 대한 자각과 대비가 있어야 한다. 일반 시민들이 문제의식을 가지고 공학자와 전문가에게 대답을 요구하고, 공학자는 이에 대해 좋은 세상에 대한 자신의 입장을 가지고 필요한 기술 개발에 대한 정당화 논리를 제공하는 틀이 갖추어져야 한다.

아직까지 이런 문제의식을 공유하는 시민의 조직이 생겨나지 않은 것은 유감스럽다. 전통적인 시민운동의 방식이 아니더라도, 공학자와 시민이 함께 하며 소통의 장을 만드는 노력이 필요하다. 위에 제안한 기술영향평가 전문기관이 수행해야 할 역할에는 이러한 시민들의 움직임을 발굴하고 지원하는 일도 포함되어야 한다.

기술의 문제에 대해 시민들이 관심을 가지고 관련 정책과 기술 개발에 대한 입장을 표명할 수 있으려면 기본적인 과학기술 문해력을 가지는 것이 매우 중요하다. 이는 현재 우리가 살아가고 있는 세상을 특징짓는 여러 과학기술의 기본 원리와 과학기술이 인류의 삶을 어떻게 바꾸어 왔는지를 가르치는 것을 통해 얻을 수 있다. 2019년부터 초·중등 교육에 도입하기 시작한 코딩 교육을 예로 들자면, 학생들이 코딩을 능숙하게 하는 것을 목표로 삼을 것이 아니라, 코딩이 무엇이며 그것을 가능하게 하는 원리가 무엇인지를 이해하게 데 집중해야 한다. 나아가, 과학기술에 지배당하는 것이 아니라 그것을 사용해 더 나은 세상을 만들도록 노력해야 한다는 사실을 각인시켜야 한다. 이는 앞서 6장에서 언급한 "미래가 현재의 기획"이라는 입장과도 직결된다. 비가 오는데 우산을 챙겨야 한다고 말하는 것처럼 인공지능의 시대를 준비하지 않으면 너만 큰일 날 것이라는 협박이 아니라, 엄청난 기술의 힘을 소수가 독점하게 되면 인류 전체가 어떤 고통을 당하게 될 것인지를 상상할 수 있도록 도와야 한다.

기초과학에 더 많은 투자를 해야 한다거나 고전 읽기를 해야 한다는 주장도 이와 일맥상통한다. 불행하게도 이런 논의들은 흔히 기초과학에 투자하고 고전 읽기를 해야 창의적이 되고, 더 창의적이 되어야 '100만 명을 먹여살릴 인재'를 키울 수 있다는 식으로 전개되어서 문제다. 그러나 모든 것이 효용과 효율, 방법의 언어로 재해석되는 것은 결국 고전적 기술철학자들이 말한 기술의 지배를 보여줄 뿐이다. 과학기술 발전을 목적이 이끌어야 하듯이, 과학기술과 관련 교육도 뚜렷한 목적에 따라 이루어진다면, 기초과학과 기술, 인문학에 대한 교육도 기술시대에서 바람직한 인간의 인간됨을 모색하는 계기와 도구가 될 수 있다.[132]

# 기술의 시대
# 인간의 자리

⟶

자연을 능가하는 기술은 없다. 사실 모든 기술은 자연의 이런저런 모습을 모방한 것이기 때문이다. 이것이 맞다면, 인간이 기술을 통해 만들어낸 것들 중에서 자연의 이런저런 모습을 다 포괄하는 가장 완전한 자연을 능가하는 것도 존재할 수 없다. 모든 기술에서 열등한 것을 만들어내는 것은 우월한 것을 위한 것인데, 이것은 자연 전체에도 그대로 적용된다. 자연 전체에서 정의가 기원하고, 정의로부터 다른 모든 미덕이 나온다. 따라서 우리가 선하지도 않고 악하지도 않아서 가치중립적인 것들을 소중히 여겨서 미덕들을 소홀히 하거나, 그런 것들에 쉽게 속아서 미덕들을 행하는 일에서 미끄러지거나 변질된다면, 정의는 보존되지 못하게 된다.

— 마르쿠스 아우렐리우스 『명상록』 11권 10절 —

인류는 자기에게 주어진 물리적 시간과 공간, 그리고 지성의 한계를 벗어나려고 부단히 노력해왔다. 종교와 학문, 예술과 기술 모두 그 노력의 결과다. 그런데 종교와 학문, 예술의 영역이 주로 생각하는 것을 통해 인간의 한계를 넘어서려 하는 데 반해, 기술은 노골적이고 직접적으로 물리적인 한계에 도전한다. 죽음이라는 한계를 넘어 영원을 생각하거나 실제로는 갈 수도, 볼 수도 없는 우주와 미시세계의 원리를 궁구하는 것은 기술의 관심사가 아니다. 기술은 병을 고치고 무거운 것을 들어올리며 멀리 있는 곳에 직접 가보는 적극적인 시도다. 서양 근대와 산업혁명을 거치면서 기술의 적극적인 시도가 인간의 나머지 노력들을 모두 집어삼키고 있다. 이상적이라고 생각하거나 막연히 기대했던 모든 것들이 실현되거나 실현을 눈앞에 두고 있다. 이렇게 본다면, 니체가 과감하게 말한 것처럼 인간은 자기도 모르는 사이에 신을 죽이고 새로운 시대를 맞이한 것인지도 모른다. 이제 인간은 스스로 지구 밖으로 나가거나 미시세계를 눈으로 보고 조작하며 죽음의 극복을 탐하는 경지에 이르렀으니 말이다.

문제는 이러한 노력의 결과로 만들어진 새로운 세상에서 인간의 자리가 어디인지가 불분명하다는 것이다. 방금 말한 엄청난 성취 덕에 인류는 이전과는 전혀 다른 어딘가에 서 있는 듯하다. 그러나 그렇게 기술을 만들고 사용하면서도, 그리고 그 기술에 의해 스스로를 바꾸면서도 우리는 여전히 시간, 공간, 지성의 한계에 시달린다. 까마득한 미래 세대까지 영향을 미칠 대단한 기술을 만들었지만 여전히 죽음을 극복하지 못했고, 설사 죽음을 극복한다 하더라도 그것이 어떤 삶일지 상상하지 못한다. 인간이 발전시켜 온 문명 자체가 죽음을 염두에 두고 만들어졌기 때문이다. 지구 전체의 온도를 올리고 바다에 섬이 생길 만큼 새로운 물질로 된 물건들을 많이 만들어냈지만 정작 인간 자신은 한 번에 한 장소에만 있을 수 있고 한순간에 하나의 정체성을 가질 뿐이다. 엄청난 용량의 저장장치를 만들어서 우리가 한 모든 행동과 말들을 다 저장할 수 있게 된 마당에 정작 자신의 행동과 말을 기억하지도 못하고, 그 기억에 일관되게 살지도 못한다.

구체적인 삶의 자리로 들어오면 문제는 더욱 복잡해진다. 기술의 발전은 인류를 질병에서 어느 정도 해방시켰을지 모르나 다른 인간이나 사회적 억압으로부터 벗어나게 해주지는 못했다. 죽고 사는 것이 오늘날처럼 돈과 밀접하게 엮인 시절도, 한꺼번에 이렇게 많은 사람을 죽음으로 몰아넣을 수 있는 시절도 역사에 없었다. 첨단기술이 제공하는 그 어떤 혜택도 받아보지 못한 사람이 다른 누군가가 기술을 사용하면서 만들어낸 오염에서 벗어나지 못하고 죽어간다. 내가 기억하지 못하는 나의 말과 생각과 행동의 기록들이 다른 누군가의 권력이 되는 세상이 도래하고 말았다. 인류가 역사 내내 겪었던 부조리와 불평등은 기술의 시대에도 다른 옷을 입고 다시 우리를 옥죈다.

마르쿠스 아우렐리우스가 기술이 결국 자연을 모방하는 것이라 한 말의 의미가 혹시 이런 현실을 통찰하고 있는 것은 아닐까. 그가 말한 '자연'을 이미 존재하는 모든 것과 원리들의 총체라고 본다면, 기술이라는 것은 언제나 지엽적이고 열등한 모방일 수밖에 없다. 아무리 새로운 가능성이어도 결국 있는 것들의 조합일 것이기 때문이다. 기술의 성취는 새로운 자연의 창조가 아니라 자연의 재배열인 것이다. 기술을 통해 자연의 구조가 재배열될 때마다 인간의 자리도 조금씩 바뀔 것이고, 인간의 자리를 묻는 물음에는 그때마다 다른 대답이 제공되어야 한다. 따라서 궁극적으로 물어야 할 것은 선하지도 악하지도 않은 기술이 아니라 인간의 미덕이다.

기술철학에서 제기된 물음에 대한 고민과 해답에의 모색 속에서 결국 인정하게 되는 인간의 미덕, 인간의 자리는 돌고 돌아 다시 물음의 자리이다. 기술사회에서 인간에게 주어지는 책무는 자신의 자리를 찾으려는 물음이고, 그 물음을 통해 우리는 기술과 구별된 인간의 자리를 확보한다. 기술을 통해 자연과 스스로를 이전과는 다른 모습으로 만들어가면서 인간은 자신이 기억하는 과거와, 변하는 와중의 현재, 그리고 마땅히 그러해야 할 것 같은 미래를 끊임없이 묻는다. 그 물음이 철학이고, 그 물음이 중단되는 순간 철학도, 인간도, 기술도 없어질 것이다. 포스트휴머니즘이 새로운 인간의 등장을 예언하지만, 그 새로운 인간 역시 반성적 능력이 없는 존재일 수 없다. 포스트휴머니즘은 기술과 인간에 대한 반성이라는 측면에서 보면 미래보다 오늘의 모습을 더 잘 설명해주고 있다. 아이러니하게도 포스트휴머니즘의 도래를 사유하는 것 자체가 포스트휴먼 이전의 '휴먼'이 가장 인간적인 자리에 있음을 보여준다.

기술철학의 짧은 역사는 기술에 대한 탐구에서 시작해서 인간에 대한 반성으로, 다시 인간의 자리에 대한 고민으로 이어진다. 기술철학의 이론적 탐구와 그에 따른 실천적 대안을 찾는 노력이 결국 21세기 호모 파베르인 우리에게 부여된 과제다. 이 책에서는 기술철학의 역사를 일별하면서 그런 물음들이 어떻게 얽혀서 제기되고 어떤 대답들이 제시되었는지를 살펴보았다. 그 과정에서 얻게 된 통찰들로 '호모 파베르의 역설'과 '목적이 이끄는 기술 발전'이라는 이론적 실천적 제안을 제출하였고, 미래기술의 기획을 위해서는 오늘의 윤리적 기준을 채택하고 접근성을 진보의 기준에 새로 더해야 한다고 주장하였다. 나아가 '공학자의 사회적 책임'을 강조하고 우리 시대에 맞는 과학기술 거버넌스의 틀을 통해 바람직한 기술 발전을 추구하기 위한 구체적인 대안들도 모색하였다.

이 논의의 과정에서 피할 수 없이 부딪히는 물음은 진부하게도 현실과 이상의 문제이다. 철학의 분과 중에서 가장 현실과 직면하여 있는 만큼, 기술철학의 논의에서 자주 나오는 표현은 어떤 이론이나 제안이 '비현실적'이라는 비판이다. 실천철학의 특성상 현실을 그대로를 파악하고 그것을 개선하려는 노력을 해야 하는데, 기술사회의 현실이 워낙 확실하고도 강고해 그것을 극복하려는 어떤 시도도 비현실적으로 보이게 마련이다.

그러나 기술이 끊임없이 발전하고 있고 그 발전이 계속되어야 한다는 것 말고, 위너가 말한 '기술의 표류'를 시작점으로 본다면 조금은 다른 이야기를 할 수 있을지도 모른다. 현대기술사회의 표류를 극복하려면 목적지를 정해야 한다. 그런데 목적지를 정한다 해서 바다를 벗어나는 것도, 항해가 안전해지는 것도 아니다. 목적지가 정해진 다음에는 지금의 위치를 알아야 한다. 먼 옛날 인도를 향해 유럽을 떠나 서쪽의 망망대해를 향해 나아갔던 콜럼버스와 항해자들은 항해를 하면서 끊임없이 자기의 위치를 확인하려 했을 것이다. 자신들이 목적지에 가까워지고 있는지를 알기 위해서라도, 시시각각 변하는 자신들의 위치를 묻지 않을 수 없었다. 험한 바다를 이겨야 하기에 최선을 다해 배를 만들고 수리했지만 어느 순간 망망대해에 홀로 떠 있는 자신의 한계에 몸을 떨었을지도 모른다. 몰아치는 바람과 풍랑을 헤쳐 목숨을 한동안 부지하는 데 성공하더라도 그것으로 끝이 아니었다. 그냥 물결에 배를 맡기고 흘러가면 영영 표류할 것이기에, 그들은 필사적으로 자신의 위치를 파악하고 목적지를 가늠해야 했다. 그들은 그렇게 해서 새 땅에 도달했는데, 어처구니없게도 그 땅은 그들이 굳게 믿었던 인도가 아니었다.

오늘 포스트휴먼을 논하는 우리의 기술사회는 목적지조차 불분명한 표류 상태에 있다. 그런데 기술을 통해 좋은 세상을 만들겠다는 목적을 명확히 정한다 하더라도 망망대해에 떠 있는 콜럼버스의 배와 비슷한 처지일 뿐이다. 새로운 기술이 매일 등장하지만 그것들이 합치고 융합하여 어느 방향으로 우리를 몰고 갈지 모르기 때문이다. 돌이켜도 제자리로 돌아갈 수 없으니 나아가지 않을 수 없다. 목적지가 있으나 가본 적이 없어서 희망을 버릴 수도 없고 성공을 장담할 수도 없다. 내가 어디에 있는지, 목적지와 얼마나 떨어져 있는지 확신할 수 없으니 최선을 다해 나의 자리를 물을 수밖에 없다. 의지할 것이라고는 고향에서 가져온 나침반과 상상력을 더해 그린 해도(海圖), 오랜 경험을 축적한 선원들, 그리고 이전부터 봐오던 하늘의 별밖에 없다. 그 어느 것도 확실하지 않지만 나는 내가 가진 판단의 근거를 가지고 목적지를 향해 나아간다. 확인해야 할 것은 내가 설정한 목표가 내 자신과 남들을 설득할 만한지, 나를 덮치는 물음들을 회피하지 않고 있는지 정도다. 도착하여 그곳이 인도라고 굳게 착각하는 상황까지 생각하며 미리 괴로워할 필요는 없다. 가는 길에 절망하여 항해를 포기한 자, 하루하루 닥친 위기를 극복하는 데에만 매진한 자, 미리 희망에 들떠 무책임하게 파도에 배를 맡긴 자들은 모두 중간에 사라져버릴 테니까.

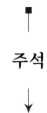

# 주석

1  포시바(Posiva)社 홈페이지 참조(http://bitly.kr/FO6Qfne, 2020. 9. 21. 확인).
   포시바는 이 영구처리시설을 만드는 회사이다.
2  '사용후핵연료'라고도 불리는 고준위 방사성폐기물은 원자로에서 꺼낸 후 40년
   동안 수조에서 식힌 다음에 영구처리장에 매립된다.
3  물론 영구처리장의 위치를 정할 때 이 문제에 대한 숙고가 이미 어느 정도 이루
   어졌을 것이다. 그러나 지질학적 안정성에 대한 판단은 본 논의에서 핵심 사안이
   아니다.
4  이런 통계를 내는 데 사용하는 도시의 형식적 정의는 나라마다 다르다. 또 도시
   를 뉴욕이나 상하이 같은 대도시로만 이해하는 것도 곤란하다. 일반적으로는 인
   구를 기준으로 도시를 정의하고 (예를 들어 미국은 2,500명) 때로는 구성원이
   1차산업에 종사하는지를 보기도 한다(인도의 경우 지방정부를 가진 곳 중 인구
   5,000명이 넘거나 남자 어른의 75% 이상이 농사를 짓지 않는 지역을 도시로 본
   다)(Haub 2009).
5  이 절은 손화철 2016b: 67-68에서 가져와 수정·보완하였다.
6  이후 2017년 5월 알파고는 당시 세계 바둑 일인자였던 중국 기사 커제와의 대국

을 3전 전승으로 이겼고, 이후 2017년 10월에는 기존의 기보를 학습하지 않고 최소한의 바둑 규칙만을 가지고 스스로를 강화한 '알파고 제로'가 공개되었다. 지금은 중국과 한국 등에서 바둑 AI를 계속 개발하고 있으며 '세계 AI 바둑 대회'도 있다.

7  최윤섭은 의료인공지능이 광범위하게 사용될 것을 예측하면서도, 딥러닝을 이용한 의료인공지능의 사용 결과가 암흑상자(Black Box)와 같아져 사람이 평가할 수 없다는 점을 지적한다. 그는 이 문제가 의료인공지능의 활용을 막는 근본적인 문제라고까지는 생각하지 않지만, 그 판단을 간접적으로라도 평가, 검증할 수 있는 시스템이 필요함을 강조한다(최윤섭 2018: 400-411). 이외에도 소위 '설명가능한 인공지능(explainable AI)'에 대한 연구가 진행되고 있다. 미국 방위고등연구계획국(DARPA: Defense Advanced Research Projects Agency)에서 주도하는 연구에 대한 간단한 소개로는 한지연·최재식 2017을 참고하라.

8  기술에 대한 철학적 논의가 시작된 것은 19세기이지만, 독립적인 철학의 분과로 자리를 잡기 시작한 것은 1970년대에 이르러서이다. 그 이전까지는 기술사나 기술사회학, 응용윤리학이나 사회철학의 논의들에서 기술을 주제로 한 논문들이 발표되었다. 미첨에 따르면 1960년대에 접어들면서부터 독일과 미국에서 논문모음집(anthology)들이 나오기 시작했고, 1970년대 중반 비로소 기술철학회를 설립하려는 노력이 시작되었다. 기술철학회(Society for Philosophy and Technology, www.spt.org)는 1981년 첫 공식 학회와 초대 회장을 선출하며 활동을 시작한 이래 2년에 한 번씩 미국과 유럽에서 정기 학술대회를 가지며 지금에 이르고 있다(Mitcham 1994: 7-11).

9  예를 들어 'techné'는 본래적인 것을 의미하는 'archtech'와 구분되어 부정적으로 이해되었다. 이카로스(Icarus)의 신화는 자연을 모방하는 것의 위험을 보여주고, 플라톤은 예술을 부정적으로 보았다.

10 미첨이 지적하듯이, 이러한 생각은 이후 앙리 베르그손(Henri Bergson)이나 마샬 맥루언(Marshall McLuhan)에서도 발견되는 통찰이다(Micham 1994: 24).

11 그 예로 프레더릭 페레(Frederick Ferré)와 미첨이 언급한 벅민스터 풀러(Buckminster Fuller)가 있다. 그는 공학자로서 인간의 운명이 기술-과학적 기획에 관련되어 있다고 생각하고 기술 중심의 미래가 인간의 운명을 좌우할 것이라고 보았다(Ferré 1995/2009:129-140; Mitcham 1994: 36-37). 그러나 이러한 견해는 19세기와 20세기의 전형적인 기술예찬론으로 이후 기술철학의 전개에는

별다른 영향을 미치지 못했다.

12 그러한 노력의 결실로 Mitcham 2020이 있다.

13 손화철 2011b: 324-325에서도 비슷한 논의를 하였다.

14 이를 '역사적 전환'으로 번역할 수도 있겠으나, 본서에서 중요하게 사용되는 '경험으로의 전환(empirical turn)'과 같은 맥락에 있음을 강조하게 위해 '역사로의 전환'이라 옮긴다.

15 이에 대해서는 3장에서 조금 더 자세히 논할 것이다.

16 공학윤리 교육의 범위와 내용에 대한 서로 다른 입장을 8장에서 다룬다.

17 본서에서 기술철학의 흐름을 서술하는 방식의 한계 때문에 한국의 1세대 기술철학자들이라 불러야 할 이들의 연구를 체계적으로 정리하는 것은 아쉽게도 다른 독립된 연구로 미루어야 하겠다.

18 「핵 군비 경쟁」. 위키백과. http://bitly.kr/fzrsE10(2019. 12. 13 확인).

19 이 절의 각 항목은 손화철 2006a: 139-145에서 다룬 내용을 가져와 맥락에 따라 대폭 수정하였다.

20 구연상은 하이데거가 사용한 'Gestell'을 한국어로 어떻게 번역할 것인지에 대한 여러 의견들을 검토하고 자신의 제안을 제출한 바 있다(구연상 2016). 그는 그동안 하이데거 연구에서 주로 사용된 번역어인 '닦달'이나 '몰아세움'이 이 개념에 대한 지나치게 부정적인 해석을 전제하고 있다고 본다. 하이데거가 현대기술에 대해 비판적인 입장을 가진 것은 사실이지만, 동시에 현대기술의 탈은폐를 존재의 드러남이라는 큰 틀에서 조명하고 있다는 사실도 감안하면 이러한 해석이 적절하지 않다고 보는 것이다. 여기에서 한 걸음 더 나아가 구연상은 하이데거가 사용하는 다른 개념들인 'Herstellen(산출)', 'Vorstellen(표상)', 'Bestellen(주문 요청)' 등이 'stellen'이라는 동사를 포함하고 있음을 고려하여 'Gestell'을 '세움 몰이', 'Herstellen'을 '빚어 세움', 'Vorstellen'을 '눈앞에 세움', 'Bestellen'을 '맞춰 세움' 등으로 번역할 것을 제안한다. 하이데거 철학 전반에 대한 이해를 위한 번역의 일관성 측면에서 보면 이러한 논의들은 매우 소중하다. 그러나 이 책에서는 관련 논의가 극히 제한적으로 이루어졌기 때문에 그것들을 언급하는 것에 만족하고, 하이데거의 인용문을 발췌한 번역서(『강연과 논문』)에서 사용한 번역어인 '닦달[몰아세움]'을 그대로 사용하기로 한다.

21 여기서 주의해야 할 것은 역운의 개념이 기술이 존재가 자기를 드러내 보이는 한 방식임을 강조한 것이지 인간이 기술에 대해 전에는 가지고 있던 통제권을 상실

했다는 것에 의미를 둔 것이 아니라는 사실이다. 인간은 어차피 존재의 드러냄을 좌지우지하지 못한다(손화철 2006a: 144).

22 하이데거는 이를 '내맡김(Gelassenheit)'의 태도라고도 불렀다. 이에 대해서는 신상희 1999: 226-228, 이선일 1992: 92-95의 설명을 참조하라.

23 이 절은 손화철 2014b: 47-53을 가져와 수정 · 보완하였다.

24 이에 대한 더 자세한 논의로 강성화 2001과 Winner 1995, Son 2014 등을 참고하라.

25 엘륄은 불어로 기술(technique)과 기술담론(technologie)를 구분한다. 불어의 technique은 영어로는 technology라 번역되어 혼란을 가중시키기 때문에 나는 이를 영어로 표기할 때 하이픈을 이용하여 techno-logy로 쓰기도 했다. 앞서 소개한 기술(technique)과 달리 기술담론은 기술에 대한 담론들을 의미하는데, 사람들이 기술에 대해 가지는 막연한 생각부터 기술철학, 기술사회학 등의 이론적 접근들까지를 포괄한다.

> 나는 기술적 허세에 대해 논하는 것이 아니다. 나는 기술이 그 약속한 바를 이루지 못하거나, 기술자들이 허풍쟁이들이라고 주장하지 않는다. 나는 기술담론의 허세, 즉 기술에 대한 담론으로 우리를 둘러싸고는 기술에 대해서라면 무엇이든 믿게 하고 나아가 기술에 대한 우리의 태도를 바꾸게 만드는 그 엄청난 허세에 대해 말하는 것이다. 정치인들의 허세, 미디어의 허세, 기술자들이 일은 하지 않고 기술에 대해 말로 떠들 때의 그 허세, 온갖 광고의 허세, 경제 모델들의 허세 등등 (Ellul 1988/1990: xvi).

이러한 허세에는 i) 기술의 엄청난 힘, 다양성, 성공, 보편적 적용, 완벽성 강조, ii) 기술의 부정적 결과들을 은폐함. iii) 기술과 인간 간의 경계 허물기 같은 것들이 포함된다(Ellul 1988/1990: xvi, 16).

26 엘륄의 효율성 법칙에 대한 이 같은 해석과 그 함의에 대한 자세한 논의로는 Son 2013이 있다.

27 엘륄은 1968년의 학생운동과 미국의 히피 운동, 그리고 그즈음에 시작된 컴퓨터 혁명에 접하여 자신의 비관적 시각이 좀 엷어졌다고 고백한다(Vanderburg 1981/2010: 96). 그러나 새 기술과 함께 기술사회의 변화를 기대할 수 있었던 시기는 지나가버렸다(Ellul 1988/1990: xiii).

**28** 이를 영어 번역에서는 "the wholeness of Man"으로 표현하였다(Jonas 1979/1984: 11).

**29** 마르쿠제의 생몰년과 활동 시기가 요나스보다 조금 이르지만, 기술사회에 대한 입장에서는 다음 장에서 소개할 '경험으로의 전환' 흐름과 조금 더 가깝다고 판단하여 요나스 뒤에 배치하였다.

**30** 본 인용문 안에 인용된 문구들의 서지사항은 각각 Marcuse 1972: 74, 67과 Marcuse 1969/2004: 53이다.

**31** 박홍규는 이와 같은 멈포드의 기술사 서술이 정확하지 않다고 지적하고 있다. 그는 대개 기계 시계가 만들어진 것으로 보는 시기는 10세기가 아닌 14세기 중엽이며, 멈포드가 산업혁명이 12세기에 시작되었다고 보는 것에도 동의하기 힘들다고 본다(박홍규 2010: 169).

**32** 원문을 그대로 번역하면 "추상적 시간은 새로운 존재의 매개가 되었다"(Mumford 1934: 17).

**33** 이 소절의 첫 두 문단은 손화철 2003: 267-268, 손화철 2006a: 143에서 일부를 가져와 정리했다.

**34** 암흑상자, 혹은 블랙박스는 내부의 구조를 모르지만, 그 기능은 알려져 있는 부품을 가리키는 말이다. 따라서 기술을 암흑상자로 취급한다는 말은 기술 자체에 대해서는 아무것도 모르는 채로 기술 때문에 이런저런 결과들이 나왔다고 주장한다는 의미이다.

**35** 이 두 문단은 손화철 2006a: 152에서 그대로 가져왔다.

**36** 이 절은 손화철 2006a: 146-147에서 그대로 가져왔다.

**37** 아이디는 체현 관계, 해석 관계, 타자 관계를 병렬적으로 서술했으나(Ihde 1990: 72-97), 페이베이크는 앞의 둘을 기술이 인간과 세계를 매개하는 방식으로 묶어서 정리한다. 인간이 세계를 직접 파악하는 것과 기술을 매개하여 파악하는 것의 차이를 아이디 자신이 강조했기 때문에 이는 타당하다. 그리하여 페어베이크는 아이디의 네 가지 인간 - 기술 - 세계의 연결 방식을 설명할 때 체현 관계와 해석학적 관계를 합쳐 '매개적 관계'로 보고 여기에 타자 관계, 배경 관계를 더해 세 가지로 정리한다(Verbeek 1999/2001: 123-132).

**38** 많은 문헌들이 'alterity relations'를 '대체관계'라고 번역하였다. 그러나 아이디가 이 개념을 레비나스의 타자성 개념과 연결해서 설명하는 것과 또 기술이 '유사 - 타자(quasi-other)'의 지위를 갖게 되는 경우를 상정하는 것을 감안하면

(Ihde 1990: 98), 유지희 2018: 40-41에서처럼 '타자 관계'라고 번역하는 것이 타당하다.

39  이 도식화는 아이디 자신이 제시한 것과(Ihde 1990: 107) 페어베이크의 제안에 따른 것이다(Verbeek 1999/2001: 131-132). 사례는 이해에 도움이 되는 것들을 임의로 제시했다.

40  이 문단은 손화철 2006a: 148에서 그대로 가져왔다.

41  아이디의 기술 현상학에 대한 많은 문헌들에서는 타자 관계를 생략하고 체현 관계, 해석 관계, 배경 관계를 기술이 인간과 세계를 매개하는 방식으로 설명한다.

42  이 절은 손화철 2003: 269-270, 272에서 가져와 보완하였다.

43  이 절은 손화철 2003: 273과 손화철 2006a: 151에서 가져와 다시 정리하였다.

44  이러한 주장은 앞으로 살펴볼 스클로브의 '강한 민주주의(strong democracy)'와 다르다(Sclove 1995). 강한 민주주의는 직접 민주주의를 강조하는 데 반해, 핀버그의 '깊은 민주주의'는 모든 사람의 직접적 참여보다는 특정 기술에 의해 영향을 받거나 그에 영향을 끼칠 수 있는 사람들을 중심으로 민주적인 참여가 이루어져야 한다는 입장이다. 이러한 참여를 통해 특정 기술을 수용할 것인가의 여부를 넘어 현재의 기술 발전 과정에서 당연한 것으로 받아들여지는 비민주적인 기술적 코드를 민주적으로 바꿀 수 있다.

45  다른 책(손화철 2016c)에서 위너의 기술철학을 10개의 키워드로 정리하였다.

46  이 소절은 손화철 2003: 275-280에서 일부를 가져와 수정하였다.

47  이 논문은 나중에 Science as Culture(1993), Science, Technology, & Human Culture 등에 재게재되었고 한국에도 번역 출판되었다(송성수 편 1999: 287-345). 1991년의 원제는 "Upon Opening the Black Box and Finding it Empty: Social Constructivism and the Philosophy of Technology"이다. 여기서는 Science as Culture(Winner 1993)에서 인용한다.

48  송성수의 번역(1999: 299-300)을 참조, 약간 수정하였다.

49  이 소절은 손화철 2010b: 7-10에서 그대로 가져왔다.

50  이 소절은 손화철 2006a: 149-151에서 가져와 수정·보완하였다.

51  과연 모제스의 의도가 인종차별이었는지, 롱아일랜드의 해수욕장에 가는 길이 모제스의 도로뿐이었는지, 고가가 실제로 버스가 지나지 못할 정도로 낮았는지 등등에 대한 논란이 있으나, 위너가 이 예를 통해 주장하고자 하는 바가 무엇인지 명백하기 때문에 이후로도 이 예는 꾸준히 인용되고 있다(Woolgar & Cooper

1999; Joegers 1999; cf. Sørensen 2004).

**52** 이 방식을 공론화 백서는 다음과 같이 설명한다.

> 먼저 1차 조사를 통해 대표성 있는 시민참여단을 선정하고, 2차 조사를 진행해 시민참여단의 의견 및 지식수준 등을 파악한다. 이후 오리엔테이션을 시작으로 숙의 과정에 돌입하게 되고, 자료집과 이러닝을 통해 충분한 개인 학습의 시간을 가지며, 그 이후 3차 조사를 진행해 의견 변화 여부 및 지식 수준 향상 등을 체크한다. 마지막으로 종합토론회에서 분임토의와 질의응답 등의 경청과 숙의의 시간을 거쳐, 최종(4차) 조사를 진행하게 된다. 그 이후 위원회는 이 결과를 토대로 권고안을 작성하고, 정부는 이 권고안을 수용하는 절차를 거치게 된다(신고리 5,6호기 공론화위원회 2017: 96-97).

이 과정에 발전소 건설 재개에 대한 찬성과 반대의 입장을 가진 전문가들의 강의, 국민들에게 사안을 알리기 위한 TV 토론, 총 471명의 시민들의 종합 토론 등이 실시되었고, 결과적으로 신고리 5, 6호기의 건설 재개를 권고하여 그대로 정책에 반영되었다. 공론화위원회의 가동부터 결정 내용에 이르기까지 많은 갈등과 이견이 불거졌고, 그에 대한 사후 평가도 다양하다. 특히 원자력 발전소의 건설이 이미 시작된 상태에서 건설을 중단하고 논의를 시작한 것에 대한 엄청난 비난이 있었고, 포퓰리즘이라는 비판도 있었다. 그러나 기술의 문제에 대하여 전문가가 시민에게 자신의 입장을 애써 설명하고, 시민들은 합리적인 판단에 따라 자신의 기존 입장을 바꾸는 등 이전에는 생각하지 못했던 경험을 하는 계기가 되었다.

**53** 이 절의 내용은 손화철 2016a를 가져와 대폭 줄이고 다시 정리하였다.

**54** 이때의 '탁월함'이란 그리스어에서 'arete'로 표현했던 것으로 일차적으로는 각종 기예나 활동에서 훈련을 통해 일정한 경지에 오른 것을 말한다. 이 탁월함을 통해 인간의 인간다움이 더욱 빛난다.

**55** 보르그만은 다른 경험으로의 전환 철학자들과 달리 과거와 현재의 기술을 구분한다.

**56** 이 말은 빌헬름 폰 훔볼트(Wilhelm von Humboldt)가 한 것으로 밀의 『자유론』의 커버 페이지에 인용되었다. 해당 원문은 다음과 같다. "The grand, leading principle towards which every argument unfolded in these pages directly converges, is the absolute and essential importance of human development in its richest diversity."

**57** 이는 성경에서 예수가 "그 열매를 보고 좋은 나무인지를 안다"(마태복음 7장 16-20절)에서 따온 표현이다.

**58** 이 절은 손화철 2019a: 122-137을 가져와 요약 · 수정하였다.

**59** 독일에도 많은 기술철학자들이 활동하고 있다고 하는데, 영어로 논문이나 책을 내는 경우가 거의 없어서 그 국제적 활동은 제한적이다.

**60** 먼저 하나님은 세상을 완벽하게 창조했다. 이때 인간은 하나님의 형상(Imago Dei)으로 창조되어 자연을 다스리는 '문화명령(cultural mandate)'을 받았다. "하나님이 그들에게 복을 주시며 하나님이 그들에게 이르시되 생육하고 번성하여 땅에 충만하라, 땅을 정복하라, 바다의 물고기와 하늘의 새와 땅에 움직이는 모든 생물을 다스리라 하시니라"(성경 창세기 1장 28절). 기독교 전통에서는 인간이 자연을 사용하고 탐구하는 모든 활동뿐 아니라, 인간의 모든 문화적 활동을 돌봄과 다스림으로 이해한다. 그런데 인간의 타락으로 하나님과 인간의 관계가 왜곡되어 우리가 경험하는 악과 고통, 부조리가 삶의 모든 영역에 들어왔다. 이렇게 왜곡된 관계는 예수가 십자가에서 죽는 것을 통해 회복되고 예수의 재림으로 완성되는데, 오늘날 인간의 삶은 예수의 탄생과 재림 사이에 있다. 그 기간 동안 기독교인은 인간 삶의 왜곡된 모든 영역을 하나님의 주권이 드러나는 방식으로 재편해야 한다. 이는 창조 당시에 땅을 정복하고 다스리라 했던 문화명령의 원래 의도를 따라 사는 것을 말한다. 이를 '구속(redemption)'이라고 부른다. 이런 시각에서 보면 기독교에서 말하는 구원의 개념은 개인의 종교적인 차원만이 아니라 문화의 전 영역까지 포괄하는 개념이 된다.

**61** 이러한 상황에 대한 판 리셴의 묘사는 엘륄과 크게 다르지 않다.

**62** 이때 양상은 'aspect'의 옮김말이다.

**63** 이를 최용준은 다음과 같이 설명한다.

> 여기서 언급해야 할 또 한 가지 중요한 점은 도여베르트가 단순하고 구체적인 경험을 과학적이고 이론적인 사고와 분리시켰다는 것이다. 전자는 구조적이고 이론적인 분석 없는 일상적 삶의 경험을 말하는 반면, 후자는 시간내적 실체를 여러 가지 다양한 추상적, 이론적 관점에서 본다. 가령 여기에 연필이 한 자루 있다고 생각해보자. 연필 한 자루는 하나의 개체구조로 존재한다고 말할 수 있다. 하지만

이것을 양상 구조로 분석해보면 전혀 다른 관점들이 나타난다. 예를 들어 수적 양상으로 보면 이 연필은 한 자루임이 강조되지만 역사적 관점에서 본다면 이 연필의 역사에 관심을 쏟게 될 것이다. 사회적 양상에서는 연필의 사회적 기능이 주된 관심사이지만 경제적 관점에서 보면 이 연필의 가격이 가장 중요할 것이다. 미적인 관점에서는 이 연필의 디자인에 관심을 두겠지만 윤리적인 양상에서는 이 연필이 누구의 것이며 이 연필을 다른 사람이 훔쳐서는 안 됨을 강조할 것이다. 이렇게 양상 구조는 한 개체 구조가 가지고 있는 다양한 면들을 부각시켜준다(최용준 2005: 44).

64 "technology is human, tool-equipped forming power, potential and active,…"

65 경험으로의 전환을 주도한 대부분의 네덜란드 기술철학자들은 자기 땅에서 일어난 학문적 흐름에 대해 거의 언급하지 않는다는 점을 언급해야 한다. 개혁주의 기술철학자들 후예들 역시 자신들의 전통 안에서 연구를 진행할 뿐 기술철학의 전반에 발전에 대한 본인들의 기여를 내세우지 않고 있다. 개혁주의 기술철학자들이 네덜란드의 주요 대학들에서 개혁주의 철학 특임 교수로 오랫동안 강의를 해왔다는 점을 감안하면 이런 소통의 부재는 당혹스럽다. 개혁주의 기술철학 연구의 배타성과 그들의 두드러진 종교성이 비기독교 연구자들에게 그다지 환영을 받지 못하는 것이 이런 단절의 원인이라 추측할 뿐이다.

66 이 소절은 손화철 2006a: 154-158에서 가져와 수정하였다.

67 엘륄의 '사회학'과 '철학'에 대해서는 약간의 설명이 필요하다. 엘륄은 자신의 기술에 대한 분석을 현실을 있는 그대로 다룬다는 점에서 사회학으로 분류하고, 본인은 철학자가 아님을 매우 강조한다. 그에 따르면 철학은 현실과 무관하게 마음 속으로 이런저런 사상들을 가지고 즐기는 유희일 뿐이다(Ellul 1981/1982: 202; Ellul and Trude-Chastenet 1994/2005: 54; cf. Vanderburg 1981/2010: 173). 그러나 그의 기술에 대한 분석들을 주로 다루어온 것은 사회학자들이 아니라 기술철학자들이었다. 따라서 본 논문에서는 엘륄이 사회학에 포함시키는 기술에 대한 그의 사상을 필요에 따라 '기술철학'으로도 지칭한다(손화철 2014b: 37).

68 여기서 기술의 중립성과 도구성은 밀접하게 연결된 것으로 이해한다. 즉 기술이 중립적이라는 말은 그것이 인간의 목적을 위한 도구로만 사용되고, 그 사용이 목적에 큰 영향을 끼치지 않는다는 것이다. 물론 인간과 문화의 상호작용이라는 측면에서 도구가 인간의 목적에 전혀 영향을 미치지 않는 상황을 생각하기는 어렵다. 그러나 고전적 기술철학자들이 과거와 현대의 기술의 구별할 때 지적하는 것

은 그 영향의 정도가 이전과는 비교할 수 없을 정도로 심대해졌다는 점이다. 현대기술은 버리고 싶으면 버리고, 바꾸고 싶으면 바꿀 수 있는 단순한 도구 이상의 무엇이 되었다.

69 위너가 2003년 미국 하원에 나노기술의 사회적 함의와 관련하여 "나노기술에 대한 사회적, 윤리적 우려에 대한 연구가 연구개발 과정에 어떻게 융합될 수 있는가?"라는 질문에 답변한 내용은 냉소적이지만 정곡을 찌른다.

> 이런 종류의 연구는 여러 가지 방식으로 시도될 수 있습니다. … 하지만 저는 여러분이 새로운 직업을 창출하기 위해 "나노윤리 완전고용 법안"을 통과시키지는 말 것을 조언합니다. 이 분야에 대한 새로운 연구가 무용한 것은 아니지만, 신기술의 윤리적 측면에 대한 연구를 하는 사람들은 갈등을 일으킬 만한 주제를 피하는 대신 편안하고 심지어 사소한 물음들에 무게를 두는 경향이 있습니다. (나노윤리의 모델이 될 수도 있는) 생명윤리 같은 영역에는 흥미로운 이야깃거리들이 많이 있지만, 이 분야에 종사하는 사람들이 "아니오"라고 말하는 경우는 거의 없습니다(Winner 2003).

70 이 장은 2015년 5월 동의대학교 인문사회 연구소 정기학술대회와 2016년 과학기술학회 전기학술대회에서 "기술의 자율성과 포스트휴머니즘"이란 제목으로 구두 발표한 내용을 바탕으로 하였다.

71 이 절은 손화철 2018b: 41-43에서 가져와 대폭 수정하였다.

72 신상규는 "진화심리학과 같은 경험적 연구를 통해 밝혀진 인간의 도덕적 능력의 한계를 감안하면 … 인류의 생존이란 목적을 위해 약물이나 유전공학 등을 이용한 인간의 도덕적 향상이 요구된다"고 주장하는 사블레스쿠와 페르손의 주장을 소개한다(신상규 2014: 133-144).

73 이 절은 2019년 9월 안동에서 열린 "인문가치포럼"에서 토론문으로 구두 발표한 것을 수정한 것이다.

74 "homo faber." Wikipedia. https://en.wikipedia.org/wiki/Homo_faber (2019.12.17. 확인).

75 아렌트는 '객관성(objectivity)'와 연결된 개념인 대상(object)의 독일어가 즉 '대항해서 서 있음'이라는 의미의 'Gegenstand'임을 이 인용문과 연결된 각주에서 밝힌다. 이 인용문에서는 번역서의 내용을 일부 수정하였다.

76 행위하는 인간(the man of action)도 독립적이지 않기는 마찬가지다. 그는 다른

인간들에 매여 있다. 행위는 다른 인간과의 사이에서만 일어나기 때문이다.

77 이 개념은 이전 연구들에서도 이미 소개한 바 있다(손화철 2016d: 280-282; 2017: 119-121).

78 여러 문헌들이 맥루언의 이 말을 인용하고 있지만 대부분 출처가 명확하지 않다. 맥루언 연구자인 알렉스 커스키스(Alex Kuskis)는 맥루언이 이 말을 쓴 적은 없지만, 맥루언이 1968년에 녹음한 오디오북의 한 부분에 이 표현이 등장한다고 한다. 이 짧은 경구가 맥루언의 사상을 잘 표현하고 있다고 보면서도, 커스키스는 그 표현 자체는 맥루언의 것이 아니라 또 다른 맥루언 연구자인 J. M. Culkin 이라는 사람이 맥루언에 대한 소개글에서 쓴 것이라고 주장한다. https://bit.ly/2PSrxmZ(2019.12.17.확인)

79 물론 문자의 발명이 진화의 결과이며, 그런 면에서 자연스러운 것이라 주장할 수도 있겠으나, 그 주장을 문자 발명의 구체적인 역사적 사실들에 적용하여 설명하기 위해서는 상당한 노력이 필요할 것이다.

80 여기서 다룬 기술철학의 논의들보다 더 경험적인 연구를 통해 심리학자 셰리 터클(Sherry Turkle)은, 디지털 환경에서의 인간의 문제를 다룬 『외로워지는 사람들』에서 윈스턴 처칠의 말을 인용하며 이와 비슷한 문제제기를 한다.

> 우리는 어떻게든 테크놀로지를 거부하려는 게 아니라, 우리가 소중히 여기는 것을 존중하는 방식으로 테크놀로지를 빚을 준비를 하는 거다. 윈스턴 처칠이 말했다. "우리가 건물을 지은 다음에는 건물이 우리를 짓는다"고. 우리가 테크놀로지를 만들면 그다음에는 테크놀로지가 우리를 만든다. 그러므로 모든 테크놀로지에 대해 우리는 질문해야만 한다. "우리의 인간적 목적에 부합하는가?" 이 목적이 무엇인지를 재고하게 만드는 질문을 던져야 한다. 어느 세대에서나 테크놀로지는 우리의 가치와 방향에 대해 곰곰이 생각할 기회를 준다. 나는 『외로워지는 사람들』이 독자들에게 기회의 시기를 드러내 보이도록 만들 작정이다(Turkle 2010/2012: 46-47).

81 문자와 인쇄술에 대한 저항도 없지 않았다. 그러나 그 저항이 단순히 옛것을 지키려는 보수적 태도에 기인하였으며, 설사 단순한 반대를 넘어선 경우에도 개별 기술의 부작용에 대한 비판이었지 도구와 기술 전반에 대한 반성적인 태도에 기인한 것은 아니었다.

82 이 표에 나오는 입장들은 지금까지 살펴본 주장과 그에 대한 해석을 단순화하여

표현한 것이기 때문에 이것들 간의 논리적 상관관계를 따지는 것은 별 의미가 없다. 호모 파베르 개념 자체가 양립하기 힘든 두 주장을 동시에 포함하는 일종의 역설로부터 시작한다는 것을 기억해야 한다.

83 2005년 중·저준위 방사성폐기물 처리장 유치 당시에 일어난 경주시와 울산시의 갈등은 흥미로운 사례이다. 경주시가 유치에 성공하여 보상을 받았지만, 정작 방사성폐기물 처리장이 들어선 곳에 더 가까운 인구 밀집 지역은 경주시가 아닌 울산시에 속해 있다(손화철 2006b: 130-133).

84 여기에 돈 아이디의 인간관도 포함시켜야 할 것이다.

85 2000년대 초 한국 기독교계에서 크게 유행했던 릭 워렌(Rick Warren)의 『목적이 이끄는 삶』에서 빌린 표현이다.

86 미래학자 게르트 레온하르트도 동일한 맥락에서 새로운 과학기술에 대해 질문을 던져볼 것을 제안한다(Leonhard 2016/2018: 55).

> 기하급수적 변화가 인간성에 유례없는 위협을 가하는 상황에서 우리는 새로운 과학기술 혁신을 평가할 때 이런 질문을 던져볼 것을 제안한다.
> • 이 아이디어는 관련된 어떤 사람의 인권을 침해하는가?
> • 이 아이디어는 인간관계를 기계와의 관계로 대체하려 하는가, 아니면 인간관계를 증진하는가?
> • 이 아이디어는 인간성보다 효율성을 우선하는가? 필수적인 인간 상호작용과 같은 자동화해서는 안 될 것을 자동화하려고 하는가?
> • 이 아이디어는 전통적인 국내총생산(GDP, 이윤과 성장) 중심 사고를 가장 기본적인 인간 윤리보다 우선하는가?
> • 이 아이디어는 인간의 행복 추구를 한낱 소비 활동으로 대체하는가?
> • 이 아이디어는 핵심적인 인간 활동, 예컨대 성직자라든가 물리 치료사의 일을 자동화하는가?

이러한 질문은 위에 제시한 것들에 비해 구체적이어서, 상당한 전제를 깔고 있다. 레온하르트는 '인간성', '인권', '행복' 같은 개념들을 동의 가능한 것으로 사용하고 있다. 그러나 그런 전제가 성립하는지에 대한 충분한 합의가 없는 이상, 질문의 내용과 구성 자체에 대한 논의가 필요하다.

87 이 절의 내용 대부분은 손화철 2011a: 115-118[1), 2)], 2014b: 200-203[4)], 손

화철 2011a: 120, 122[4])]에서 가져와 일부 수정하였다.

88 극단적인 사례이기는 하지만, 19세기에 개발되어 20세기 중반부터 널리 사용된 플라스틱을 예로 들어 보자. 플라스틱은 매우 가변적인데다 반영구적이고 저렴해서 엄청난 규모로 생산, 사용되었고, 그 결과 본격적으로 사용된 지 100여 년 만에 환경오염의 주범이 되었다. 1997년 태평양에서 소용돌이 해류에 갇혀 해조류처럼 떠 있는 거대한 플라스틱 섬이 발견되었는데, 이런 섬들이 태평양 곳곳에 생겨나고 있다. 길게는 50년 이상 된 플라스틱으로 이루어진 이 섬의 규모는 70만 제곱킬로미터(미국 텍사스 주의 크기)에서 150만 제곱킬로미터(러시아의 크기)까지 다양한 추정이 있는데, 위키피디아는 이를 '인간이 만든 가장 큰 인공물'이라 표현한다. 2018년에 완료된 연구에 따르면, 태평양의 쓰레기 섬을 이루고 있는 플라스틱 쓰레기의 개수는 약 1조 8,000억 개, 무게는 8만 톤이라고 한다. 이는 빠른 속도로 늘어나고 있으며 얼마 후에는 그 무게가 바닷속의 물고기 전체의 무게를 다 합친 것보다 커질 것이라고 예상하기도 한다(이영희 2018).

최근 바다의 플라스틱 쓰레기를 수거하려는 노력이 본격적으로 일어나고 있다. 그러나 이런 노력을 통해서도 직경 5밀리미터 이하의 미세 플라스틱 조각까지 제거하는 데에는 한계가 있다. 미세 플라스틱에는 큰 플라스틱 덩어리가 부스러진 조각뿐 아니라 화장품이나 치약, 섬유나 페인트의 성능을 높이기 위해 만들어 집어넣은 플라스틱 알갱이가 포함된다. 그중에는 눈에 보이지 않을 만큼 작은 것들도 있어 수중생물이 섭취하는 경우도 많고, 이를 통해 다시 인간이 섭취하기도 한다.

바다에 섬을 이룰 정도로 플라스틱을 많이 사용한 다음에 문제를 제기하고 해결책을 찾기로 한 것은 큰 실패라 하지 않을 수 없다. 뒤늦게 사용자들에게 플라스틱의 사용을 자제할 것을 호소하는 것보다, 개발과 사용 초기나 문제가 지적된 당시부터 문제 해결을 위한 노력을 기울이고 대체재 개발에 노력했다면 좋았을 것이다. 이렇듯 기술의 생태학이 장기적으로 훨씬 더 유익함에도 불구하고 기술의 경제학이 여전히 더 선호되는 이유는 첫 번째 문제를 해결하기 위한 기술 프로젝트와 두 번째 프로젝트를 분리해서 생각하기 때문이다. 그러니까 플라스틱으로 인한 오염을 해소하기 위한 노력에 들어가는 비용을, 플라스틱을 사용할 때 들어갔던 비용과 구분해서 생각하는 것이다. 이렇게 되면 단순히 초기 비용만을 비교하기 때문에 장기적인 안목을 가지기 힘들다.

89 우리나라에서도 적정기술에 대한 논의가 활발하게 전개되면서 다양한 소개서들

이 나왔다(나눔과 기술 2011; 김정태 외 2012; 김정태 · 홍성욱 2011; 신관우 외 2019).

90 한때 적정기술이 저개발국가의 개발이나 원조를 위한 개념이 아닌 일종의 대안 문화로서 제시된 경우도 있었다. 그러나 위너가 미국 적정기술의 유행과 몰락에 대한 분석에서 보여준 것처럼 당시의 적정기술은 새로운 세상을 만들기 위한 시 도이기보다는 기술사회의 기존 틀 안에서 스스로의 삶을 즐기는 유행이자 약간 의 허영이 섞인 취미생활이었다(Winner 1986/2010: 89-124).

91 "universal design." Wikipedia. http://goo.gl/4VICCT(2019.12.30. 확인)

92 이 절의 대부분은 손화철 2014a: 192-193(1))과 203-208(2), 3), 4))에서 가져와 일부 수정하였다. 절 제목의 '새롭다'는 것은 기존의 진보 개념을 대체한다기보 다는, 그것에 추가되어 고려되어야 한다는 의미이다.

93 "Why laptops aren't beating poverty in Peru." *Stuff*. 2012년 7월 4일. http:// goo.gl/cecjXr(2020.7.6. 확인)

94 접근성의 원칙은 기술격차의 해소를 위한 것이지 기술사회의 모든 문제를 해결 할 만능의 열쇠일 수 없다. 예를 들어 3D프린터를 이용해 권총을 만들 수 있는 정보가 공개되는 것은 해당 기술의 접근성을 높이는 일이지만 치안에는 위험할 것이다. 그러나 접근성이 더 높은 권총제작 기술이 더 진보한 것이라고 보는 데 는 별다른 문제가 없다.

95 홈페이지: www.designthatmatters.org(2020.7.6. 확인)

96 NeoNurture는 2010년《타임》지의 최고발명품 50선에 선정되었다.

97 이 단체의 CEO인 프레스테로는 NeoNurture가 현지의 필요와 상황을 무시한 제 품이었다고 평가했다.

98 포항공대의 장수영 교수는 2013년 1월 24일 포스텍에서 저자와 가진 만남에서 접근 가능성 개념이 생산자보다는 사용자에 초점을 맞추어 고려되어야 하며, 이 때 사용자의 경제, 문화, 사회적 상황이 중요하게 고려되어야 한다고 조언하였 다. 그는 기존의 공학활동에서도 최적화 개념을 통해 접근성에 대한 고려가 있었 지만, 사용자의 접근 가능성에 대한 고려는 부족했다고 지적했다. 그러나 기술의 생산과 개발 측면에서의 접근 가능성이 담보되지 않는다면, 사용자의 접근 가능 성만으로 기술 격차의 해소를 기대하기는 어렵다.

99 물론 오늘날 일반적으로 통용되는 최적화 개념을 곧바로 접근가능성과 동일시할 수는 없다. 효율성의 극대화를 위한 최적화의 노력이 모두 접근가능성을 증진하

는 것이 아니기 때문이다. 경우에 따라서는 생산과정의 고도화를 통해 오히려 접근가능성을 차단할 가능성도 있다.

100 폴 비릴리오(Paul Virilio)는 속도를 주제로 현대 문명에 대한 철학적 사유를 전개하였다(이재원 2019).

101 "Superintelligence: Science or Fiction? Elon Musk & Other Great Minds," https://goo.gl/R1A52a (2019.12.30. 확인). 이 모임에서 발언한 대부분의 전문가들은 "언젠가는 인간과 거의 비슷한 능력을 가진 인공지능을 개발할 수 있다"고 말했다. 알파고를 개발한 하사비스는 인공지능으로 인한 사회적, 윤리적 문제들을 해결하기 위한 규제들은 인공지능 개발 자체를 음성화하여 통제불능 상태를 초래할 수도 있기 때문에 오히려 위험할 수 있다고 주장했다.

102 이 절의 내용은 이국운 외 2017: 30-32에서 필자 집필 부분을 가져와 수정·보완한 것이다.

103 물론 황우석 사건이 전문가주의의 문제보다 과학기술의 영역에서 대중이 과도하게 참여할 때 생기는 부작용, 즉 과학기술 민주화의 문제점을 드러내는 사례라 생각할 수도 있다. 그러나 그는 어느 순간 자신의 전문성 자체보다는 과학자라는 이미지와 대중적 친화력에 기댄 인기몰이를 하였고 이는 결과적으로 정치적 민주주의에서도 경계해야 할 대중 선동으로 이어졌다. 이는 왜곡된 전문가주의와 함께 과학기술의 민주화가 자칫 빠질 수 있는 함정을 보여준다.

104 이 소절의 내용은 이국운 외 2017: 32-33의 내용(필자 집필 부분)을 수정, 보완한 것이다.

105 손화철 2018a: 247-254에서는 인공지능의 사례를 가지고 기술 개발의 정당화에 대해 논하였다.

106 이를 위한 구체적인 방안은 본 장의 5절에서 다시 논의한다.

107 "Elon Musk unveils Tesla Model 3"(2016.3.31.). https://goo.gl/I4nvod(2019.12.29. 확인).

108 이 소절의 첫 세 문단은 손화철·송성수 2007: 306-307에서 그대로 옮겨왔다.

109 공학단체의 윤리강령은 초창기에는 고용주나 고객의 이익을 보호하는 것을 최고의 의무로 간주했지만 1980년대 이후에는 공공에 대한 책임을 강조하는 경향을 보인다. NSPE의 윤리강령의 경우에도 기본규범(Fundamental Canons) 1조는 "공공의 안전, 건강, 복지를 가장 중요하게 고려한다"고 규정하고 있으며, "고용주나 고객에 대하여 믿을 만한 대리인 또는 수탁자로 행동한다"는 조항은

4조로 배치되어 있다.

110 이 소절은 손화철·송성수 2007: 324, 325에서 그대로 가져왔다.

111 공학윤리와 기술철학을 연계하여 교육하는 것과 공학도와 비공학도에 대한 공학윤리 교육의 사례, 그리고 그 효과에 대해서는 손화철 2010a을 참고하라.

112 2016년 결성된 변화를 꿈꾸는 과학기술인 네트워크(Engineers and Scientists for Change, ESC, https://www.esckorea.org/)는 전문가만이 모인 단체는 아니지만 필자가 염두에 두고 있는 강력한 공학자 단체의 모습과 상당 부분 일치한다. 이들은 "더 나은 과학과 더 나은 세상을 함께 추구"할 것을 선언하면서 전문성이 시민성과 공존할 수 있음을 보여주는 다양한 활동을 전개한다. 또 조직을 투명하게 관리하고 그 구성과 활동에서 민주주의의 원칙을 철저하게 지키려 노력함으로써 사회적 신뢰를 획득해가고 있다.

113 https://en.wikipedia.org/wiki/Big_data (2020. 10. 14 확인). 한편 한국어 위키피디아에서는 다음과 같이 서술하고 있다. "기존 데이터베이스 관리도구의 능력을 넘어서는 대량(수십 테라바이트)의 정형 또는 심지어 데이터베이스 형태가 아닌 비정형의 데이터 집합조차 포함한 데이터로부터 가치를 추출하고 결과를 분석하는 기술이다. 즉, 기존의 데이터 베이스로는 처리하기 어려울 정도로 방대한 양의 데이터를 의미한다"(https://ko.wikipedia.org/wiki/빅데이터, 2020. 10. 14 확인). 한국어 위키피디아의 설명에는 기술과 방대한 데이터를 모두 '빅데이터'로 부른다고 되어 있어, 이 용어가 혼용되고 있음을 보여준다.

114 3V에 진실성(veracity)과 가치(value)를 더하여 5V를 이야기하기도 한다. 이중원은 6V 혹은 7V로 정의하는 경우도 있다고 전한다(이중원 2017: 170).

115 원제는 *The Filter Bubble*이다.

116 위의 검색사례에서 이때 이 두 사람이 본인의 컴퓨터를 이용했기 때문에 (즉 그 컴퓨터에 과거 검색의 쿠키가 남아 있고 검색엔진이 그것을 함께 계산했기 때문에) 외부자의 개입이라 볼 수 없다고 하는 반론은 성립하지 않는다. 검색어와 쿠키가 같이 제공되어도 여전히 새로운 연산을 필요로 하기 때문이다.

117 알고리즘을 설계하고 유지하는 사람이 있는 것이 사실이지만, 사용자의 검색 당시에 사람이 개입하는 것은 아니다. 물론 사람이 개입할 가능성 자체가 배제되는 것은 아니다.

118 실제로 구글과 같은 회사는 전 세계 검색 시장의 91.8%를 점유하고 페이스북과 함께 전 세계 디지털 광고시장의 46.4%를 차지하고 있다. 피보털리서치에 따르

면 2016년 미국의 디지털 광고 증가분의 99%를 이들 두 기업이 싹쓸이했다고 한다(류정일 2017). 2019년에는 구글(37.2%), 페이스북(22.1%), 아마존(8.8%)이 미국의 디지털 광고 시장의 68.1%를 점유했다(정성호 2019).

119 2017년 IBM에서는 입사지원서를 AI 왓슨이 검토하도록 하기 시작했다는 뉴스가 나왔는데(김경필 2017), 2019년에는 한국에서 AI면접을 시행할 뿐 아니라 AI 면접 대비 특강과 컨설팅까지 생겨나고 있다(김정민 2019).

120 개인정보보호법 2조 1호, 1의 2호. http://bitly.kr/NYFonhcDoHI(2020.7.11. 확인).

121 http://bitly.kr/BoMj6eUv(2020. 7.10 확인). 이하의 내용은 손화철 2020에서 가져와 수정했다.

122 이 부분을 더 상세히 정리하면 다음과 같다. 윤리적 측면에서는 인공지능이 인권과 환경을 지키고 보호하는 방향으로 개발되어야 한다. 이는 인공지능 기술의 발전이 누구도 차별하지 않으며, 인간의 선함을 반영하고 복잡미묘한 생태계를 보호해야 한다는 더 상세한 요구로 이어진다.

교육의 측면에서는 인공지능의 발전으로 모두가 유익을 누리는데 필요한 교육이 차별 없이 이루어져야 함을 강조한다. 이는 다음 세대의 교육뿐 아니라 기성세대에게 평생교육의 기회를 주는 것을 포함한다. 인공지능이 직업을 없애는 것이 아니라 모두의 창의성을 더 고양하여 누구도 뒤에 남겨지는 일이 없어야 한다는 것이다. 나아가 인공지능의 사회적 윤리적 함의에 대한 교육도 함께 강조한다.

권리의 차원에서는 인공지능이 소수자와 약자를 비롯한 인간의 기본적인 권리를 침해하는 일이 없어야 한다고 주장한다. 인공지능은 인권을 보호하고 평화를 확장하는 방향으로 사용되어야 하고 그 반대가 되어서는 안 된다. 이를 담보하기 위해서는 인공지능의 판단이 어떤 과정을 통해 이루어졌는지가 기술적, 제도적 측면에서 보장되어야 한다. 기술적 측면은 이른바 설명 가능한 인공지능(explainable AI)의 개발을 의미하고, 제도적 측면은 인공지능 사용에 있어서 투명성과 개방성을 보장하고 윤리적인 원칙을 분명히 지키도록 하는 것을 말한다(손화철 2020).

123 이에 대해서는 손화철 2019b: 187-189에서 좀 더 상세하게 기술하였다.

124 "산업기술계 민간단체인 한국산업기술진흥협회(이하 산기협)가 지속적인 경제성장을 위해 2030년까지 정부가 일관성 있는 산업기술혁신 정책을 추진해야 한

다고 주장했다. 정부에 따라 정책 방향이 '녹색성장'에서 '창조경제'로, 또 '4차 산업혁명'으로 바뀌며 산업 현장의 혼란이 가중되고 있다고 지적했다"(연합뉴스 2019b).

125 그러나 개발시대 이후 과학기술 거버넌스가 국가주도적인 특징을 벗어나는 과정을 좀 더 자세히 살펴보면 다양한 논의들이 숨겨져 있음을 알 수 있다. 예를 들어 참여민주주의를 강조하는 과학기술의 민주화는 그중 핵심적인 측면이기는 하지만, 과학기술 전문가 집단이 모두 그런 흐름에 동의하는 것은 아니다. 예를 들어 최근에 전문가의 자유와 연구윤리가 강조되고 있는 것은 국가주도 대(對) 참여민주주의의 구도로는 설명하기 힘들다(손화철 2019b: 190).

126 이 특징에 대해서도 손화철 2019b: 189-195에서 상술하였다.

127 변화를 꿈꾸는 과학기술 네트워크, 「경제에 종속되어 있는 과학기술 조항 개정을 위한 대한민국헌법 일부개정에 관한 청원」(변화를 꿈꾸는 과학기술인 네트워크 홈페이지, 2018). 김성훈 2018과 전치형 2018을 참조하라.

128 이덕환은 황우석 사기 사건을 다음과 같이 기술한다.

> 심지어 정부가 앞장서서 국민은 물론 전 세계를 상대로 사기극을 벌이기도 했다. 지금도 '논문 조작 사건'으로 알려져 있는 황우석 사태는 단순한 논문 조작 사건이 아니었다. 전문성은 물론 최소한의 도덕성도 갖추지 못한 엉터리 과학자가 과학기술에 대해 극도로 왜곡된 인식을 가진 정부의 막강한 영향력을 이용해서 전 세계 과학계를 속이고, 국민들에게 공허한 환상을 심어주다가 실패해버린 황당한 시도였을 뿐이다(이덕환 2019: 205).

> 그러나 당시 과학계의 놀라운 침묵과 암묵적 지지를 감안하면, 모든 책임을 정부와 부도덕한 개인에 돌리고 과학계를 희생자인 것으로 표현하는 것은 그다지 설득력이 없거나 오해의 소지가 있다. 당시 과학계와 의학계에는 황우석이 거짓을 말하고 있다는 사실을 알 수 있는 사람들이 많았지만 대부분 침묵했다(손화철 2019b: 195 각주14).

129 이 소절은 미발간 정책 자료집인 백종현 외 2019의 필자 집필 부분 중 22-23쪽의 내용을 풀어서 옮겼다.

130 홈페이지 https://www.kistep.re.kr/c1/sub2.jsp

131 "연구소에 지원되는 정부의 재정은 2010년에 480만 유로에 달했고 그 밖에

European Commission으로부터 연구 계약으로 약 50만 유로, 대학의 자문료 등으로 4만 5,000유로 정도의 수입을 올리고 있다. 지자체로부터 재정 지원을 받지 않으며 민간 재정 지원을 받지는 않고 있다"(서지원 외 2014: 56).

**132** 마지막 두 문단은 손화철 2016b: 75-76의 내용을 옮겨와 수정하였다.

# 참고문헌

강양구 · 김병수 · 한재각 (2006). 『침묵과 열광: 황우석 사태 7년의 기록』. 후마니타스.

강성화 (2001). 「자크 엘륄의 "자율적" 기술 개념」. 『철학연구』 54집: 273-293.

고인석 (2010). 「공학윤리교육의 지향점과 방법: 특히 ABEEK와 관련하여」. 『철학논총』 제59집: 3-23.

구연상 (2016). 「'Ge-stell(몰아세움)'의 새 옮김말 '세움-몰이'」. 『현대유럽철학연구』 제43집: 65-87.

김경필 (2017). "서류전형에 15초 … 인공지능이 사람 뽑는다". 《조선일보》 2017년 8월 18일. https://goo.gl/roLvxg (2019.12.27. 확인).

김근령 · 이대희 (2018). 「보건의료 빅데이터 활용에 관한 법적 검토: 개인정보보호를 중심으로」. 『과학기술법연구』 제24집 3호: 57-90.

김민수 (2018). "인공지능(AI) 무기 개발 논란 휩싸인 KAIST … '윤리 지킨다'". 《조선비즈》 2018년 4월 5일. http://bitly.kr/Z6VrRwe (2019.12.29. 확인)

김성훈 (2018). "기초과학 발목 잡는 헌법 127조 1항을 어쩌나". 《주간조선》 2490호 (2018.1.8.).

김성동 (1998). 「기술철학의 시각에서 본 인간의 문제: 돈 아이디의 기술철학을 중심

　　　　　으로」.『철학』제54집: 197-217.

＿＿＿ (2005).『기술 - 열두 이야기』. 철학과 현실사.

김재희 (2014).「우리는 어떻게 포스트휴먼 주체가 될 수 있는가?」.『철학연구』106집: 215-242.

＿＿＿ (2016).「발명 개념에 대한 철학적 탐구: 베르그손과 시몽동의 기술철학을 중심으로」.『철학연구』제112집: 163-191.

＿＿＿ (2017).『시몽동의 기술철학: 포스트휴먼사회를 향한 청사진』. 아카넷.

김정태 외 (2012).『적정기술과의 만남』. 에이지.

김정태 · 홍성욱 (2011).『적정기술이란 무엇인가: 세상을 바꾸는 희망의 기술』. 살림.

김정민 (2019). "피도 눈물도 없는 AI 면접 '못 믿겠다' vs '편하다'".《중앙일보》2019년 11월 11일. http://bitly.kr/yshM2Mni (2020.2.28. 확인).

김환석 (1999).「과학기술의 민주화란 무엇인가」.『진보의 패러독스: 과학기술의 민주화를 위하여』. 참여연대 과학기술민주화를 위한 모임 편. 당대: 13-41.

＿＿＿ (2017).「우리는 오직 휴먼이었던 적이 없다: 포스트휴머니즘과 행위자」.『포스트휴머니즘과 문명의 전환』. 광주과학기술원: 43-66.

나눔과 기술 (2011).『적정기술: 36.5도의 과학기술』. 허원미디어.

류정일 (2017). "구글은 알고 있다, 내가 모르는 나의 과거를".《한국일보》2017년 7월 19일. https://goo.gl/uw8ds7 (2019.12.27. 확인).

류준영 (2017). "'유전자 치료'에 빗장 푼 美… '원정 연구' 떠나는 韓".《머니투데이》2017년 8월 3일. http://bitly.kr/kEuR2pB (2019.12.30. 확인).

문예성 (2018). "유전자 편집 아기 논란에 中 교수 결국 사과".《중앙일보》2018년 11월 28일. https://news.joins.com/article/23163787 (2019.12.27. 확인).

박병훈 (2010).「도여베르트와 암스텔담 철학의 이해」.『신학지평』. 23권 2호: 37-65.

박영태 외 (2011).『과학철학: 흐름과 쟁점, 그리고 확장』. 창비.

박완규 (1996).「과학기술 문명의 빛과 그림자」.『범한철학』13호: 125-136.

박희제 · 김은성 · 김종영 (2014).「한국의 과학기술정치와 거버넌스」.『과학기술학연구』14(2): 1-47.

박찬국 (2002).『하이데거와 윤리학』. 철학과현실사.

＿＿＿ (2013).『들길의 사상가, 하이데거』. 그린비.

박홍규 (2010).『메트로폴리탄 게릴라 루이스 멈퍼드』. 텍스트.

백종현 외 (2019).「인공지능과 포스트휴먼 사회의 규범 관련 정책 제안 및 연구보고」.

서지원 (2015). 「'책임있는 연구와 혁신'을 위한 기술영향평가 개선방안」. 『STEPI Insight』 157호. 과학기술정책연구원.

서지원 외 (2014). 『기술사회시스템의 회복탄력성 향상을 위한 기술영향평가 개선방안』. 경제ㆍ인문사회연구회.

손화철 (2003). 「사회구성주의와 기술의 민주화에 대한 비판적 고찰」. 『철학』 76집: 263-288.

_____ (2006a). 「기술철학에서의 경험으로의 전환: 그 의의와 한계」. 『哲學』 제87집: 137-164.

_____ (2006b). 『현대기술의 빛과 그림자: 토플러 & 엘륄』. 김영사.

_____ (2010a). 「공학윤리와 기술철학」. 『공학교육연구』. 13권6호: 122-131.

_____ (2010b). 「기술철학의 제자리 찾기: 랭던 위너의 기술철학」. 『과학기술학연구』 10권 1호: 1-25.

_____ (2011a). 「공학설계와 기술철학」. 『철학연구』 제94집: 107-136.

_____ (2011b). 「기술철학」. 『과학철학: 흐름과 쟁점, 그리고 확장』. 박영태 외. 창비.

_____ (2014a). 「기술격차에 대한 철학적 반성: '접근성' 개념의 제안」. 『철학논집』 38집: 185-212.

_____ (2014b). 「자끄 엘륄의 기술철학과 기독교 사상: '변증법' 개념을 중심으로」. 『신앙과 학문』 제19권 3호: 35-57.

_____ (2016a). 「보르그만의 기술철학: 기술의 약속, 기술의 개혁」. 『범한철학』 81집: 297-323.

_____ (2016b). 「인공지능 시대 인간의 자리」. 『윤리학』. 제5권 제2호: 55-80.

_____ (2016c). 『랭던 위너』. 커뮤니케이션북스.

_____ (2016d). 「포스트휴먼 시대의 기술철학」. 『포스트휴먼 시대의 휴먼』. 한국 포스트휴먼학회 편. 아카넷: 265-292.

_____ (2017). 「지속가능한 발전과 제4차 산업혁명 담론」. 『제4차 산업혁명과 새로운 사회윤리』. 한국포스트휴먼학회 편. 아카넷: 99-130.

_____ (2018a). 「인공지능 시대의 과학기술 거버넌스」. 『인공지능과 새로운 규범』. 한국 포스트휴먼학회 편. 아카넷: 221-258.

_____ (2018b). "포스트휴먼 시대 앞에 선 기독교세계관의 과제". 《복음과 상황》 330호: 40-48.

_____ (2018c). "유전자 가위 기술, 배아논쟁을 넘어야 한다". 《좋은나무》 2018.8.24.

https://cemk.org/9389 (2020.2.29. 확인)

_____ (2019a). 「문화명령과 현대기술: 개혁주의 기술철학의 의의와 한계」. 『인간 환경 미래』. 22호: 117-148.

_____ (2019b). 「포스트휴먼 시대의 과학기술 거버넌스」, 『포스트휴먼 사회와 새로운 규범』. 한국 포스트휴먼학회 편. 아카넷: 186-216.

_____ (2020). "교황청이 제안한 인공지능의 윤리". 《좋은나무》 2020. 3. 16. https://cemk.org/16197 (2020.7.10 확인)

손화철 · 송성수 (2007). 「공학윤리와 전문직 교육: 미시적 접근에서 거시적 접근으로」. 『철학』 제91집: 305-331.

송상용 (1990). 「환경 위기의 뿌리」. 『철학과 현실』 6월호: 28-35.

_____ (1991). 「과학기술과 대량살륙」. 『철학과 현실』 12월호: 12-16.

_____ (1992). 「과학주의의 문제와 미래」. 『기독교 사상』 36권 9호: 27-32.

송성수 편역 (1995). 『우리에게 기술이란 무엇인가』. 녹두.

송성수 편저 (1999). 『과학기술은 사회적으로 어떻게 구성되는가』. 새물결.

송성수 · 김병윤 (2001). 「공학윤리의 흐름과 쟁점」. 『과학연구윤리』, 유네스코한국위원회 편, 당대: 173-204.

송위진 외 3인(2003). 『한국 과학기술자 사회의 특성 분석: 탈추격체제로의 전환을 중심으로』. 과학기술정책연구원.

신고리 5 · 6호기 공론화위원회 (2017). 『숙의와 경청, 그 공론의 기록: 신고리 5 · 6호기 공론화 백서』. 신고리 5 · 6호기 공론화위원회.

신관우 외 (2019). 『적정기술의 이해』. 7분의 언덕.

신동혼, "오픈소스 하드웨어 시대," 《조선일보》 2014년 4월 25일. http://goo.gl/6UwEa9 (2019.12.27. 확인).

신두호 (2016). 「인류세와 기후변화; 환상에서 현실로: 인류세, 기후변화, 문학적 수용의 과제」. 『인문과학』 제60집: 67-102.

신상규 (2014). 『호모 사피엔스의 미래』. 아카넷.

신상희 (1999). 「기술 시대의 자연에 대한 하이데거의 숙고: 대지의 위험과 대지의 근원」. 『현상학과 현대철학』 14: 213-237.

안수찬 (2011). 「왜 가난한 청년은 눈에 보이지 않는가?」. https://1boon.kakao.com/h21/poverty (2019.12.29. 확인)

양성만 (2011). 「도여베르트의 기독교 철학에 대한 비판적 성찰」. 『신앙과 학문』 16권

4호: 133-164.

연합뉴스 (2019a). "복지부, 공공기관 보건의료 빅데이터 활용 플랫폼 개통".《연합뉴스》2019년 9월 17일. http://bitly.kr/r7zpUlX (2019.12.27. 확인).

_____ (2019b). "녹색성장 → 창조경제 → 4차산업혁명 … 정책 변경에 혼란".《연합뉴스》2019년 9월 30일. http://bitly.kr/dv6k9Kz (2019.12.27. 확인).

_____ (2019c). "한빛 원전 격납건물 공극, 부실 공사·관리 미흡 때문".《연합뉴스》2019년 10월 2일. http://bitly.kr/YBpYfaUx (2020.2.24. 확인).

유지희 (2018). 「이분법적 기술 담론 비판과 돈 아이디(Don Ihde)의 다중 안정적 기술세계에 관한 고찰」. 이화여자대학교 석사학위논문.

이국운 외 (2017). 「한국 사회의 공론장에서 원자력 담론의 위상 연구 최종 보고서」. 미래사회에너지정책연구원.

이경란 (2017).『로지 브라이도티, 포스트휴먼』. 커뮤니케이션북스.

이기상 (1992a). 「현대기술의 본질: 도발과 닦달(1)」.『과학사상』2: 130-144.

_____ (1992b). 「현대기술의 본질: 도발과 닦달(2)」.『과학사상』3: 165-175.

_____ (1992c). 「현대기술의 본질: 도발과 닦달(3)」.『과학사상』4: 192-205.

이덕환 (2019). 「대한민국 과학기술의 현주소와 미래를 위한 노력」.『철학과 현실』120호: 201-203.

이상욱 (2009). 「현장성과 지향성: 현대기술철학을 읽는 한 방식」.『철학과 현실』80호: 120-132.

_____ (2019). 「인공지능의 도덕적 행위자로서의 가능성: 쉬운 문제와 어려운 문제」.『철학연구』제 125호: 259-279.

이상욱 외 (2009).『욕망하는 테크놀로지』. 동아시아.

이상윤 (2019). 「보건의료 빅데이터와 개인정보 보호, 주체의 자율성」.『생명, 윤리와 정책』제3권 2호: 47-58.

이선일 (1992). 「기술의 극복을 위한 하이데거의 시도」.『철학』38집: 75-98.

이승호 (2020). "14억 얼굴 3초에 파악 … 中 올해 CCTV 4억 개로 늘린다".《중앙일보》2020년 1월 29일. https://news.joins.com/article/23691905 (2020.2.25. 확인).

이영희 (2000).『과학기술의 사회학』. 한울.

_____ (2018). "치명적 '미세 플라스틱' 공포 … 韓 면적 15배 쓰레기 섬".《중앙일보》2018년 4월 1일. https://news.joins.com/article/22495397 (2019.12.27. 확인).

이재원 (2019). "우리는 광속 숭배에 빠져 있다: 속도의 사고(Accident)를 경고한 폴 비릴리오". 《중앙대학교 대학원 신문》. 2019년 3월 5일. http://bitly.kr/pu9feOB (2019.12.30.확인)

이정우 (2002). 「상식, 과학기술, 형이상학: 베르그손과 바슈라르를 중심으로」. 『동서 철학연구』 제 25호: 5-26.

이중원 (2017). 「빅데이터가 던지는 도전적인 철학적 문제들에 대한 고찰」. 『도시인문 학연구』. 제9권 제1호: 168-205.

이지영 (2013). "내 손으로 뚝딱, 오픈소스 3D 프린터 세계". 《블로터넷》 2013년 5월 26일. http://www.bloter.net/archives/154012 (2019.12.27. 확인).

이지현 (2019). "의료 빅데이터 플랫폼 '반쪽 출범' … 의약품 개발 등엔 활용 못해". 《한경헬스》 2019년 9월 18일. http://bitly.kr/rIzEVdc (2019.12.27. 확인).

이창훈 · 김기수 (2007). 『공학입문자를 위한 창의공학설계』. 한티미디어.

이초식 (1993). 『인공지능의 철학』. 고려대학교 출판부.

_____ (1994). 「인공지능의 철학적 성찰」. 『과학사상』 8호: 81-96.

_____ (1996). 「정보혁명의 선택」. 『과학사상』 18호: 7-25.

_____ (2001). 「윤리는 과학기술발전의 적인가?」. 『과학기술학 연구』 1권 2호: 291-309.

임홍빈 (1995). 『기술문명의 철학』. 문예출판사.

_____ (1996). 「기술과 윤리: 기술에 대한 윤리적 담론의 몇 가지 관계들」. 『철학연구』 56호: 1-11.

_____ (1999). 「20세기의 과학기술과 세계 사회의 규범적 쟁점들」. 『철학과 현실』 6월호: 85-101.

전방욱 (2017). 『DNA 혁명 크리스퍼 유전자 가위: 생명 편집의 기술과 윤리, 적용과 규제 이슈』. 이상북스.

전치형 (2018). "헌법에 어울리는 과학기술". 《한겨레 신문》 2018년 1월 18일.

정성호 (2019). "구글 · 페이스북 · 아마존, 美 디지털광고 시장 3분의2 차지". 《연합뉴스》 2019년 6월 18일.http://bitly.kr/AkQ55eSg (2020.2.28. 확인).

조광제 (2017). 『현대철학의 광장: 사유의 광장에서 24인을 철학자를 만나다』. 동녘.

조영식 (2008). 『인간과 디자인의 교감: 빅터 파파넥』. 디자인하우스.

주영재 (2016). "인간이 만든 새로운 지질시대 '인류세' 공식화하나"『경향비즈』. 2016년 1월 8일. https://goo.gl/rA1hXS (2019.12.27. 확인).

차인석 (1999). 「과학기술 시대의 가치 선택」. 『철학탐구』 11호: 63-71.

최용준 (2005). 「헤르만 도여베르트의 생애와 사상」. 『하나님을 사랑한 철학자 9인』. 손봉호 외. IVP: 37-66.

최윤섭 (2018). 『의료인공지능』. 클라우드나인.

한지연 · 최재식 (2017). 「설명가능 인공지능」. 『소음 · 진동』 27권 6호: 8-13.

한학수 (2006). 『여러분! 이 뉴스를 어떻게 전해 드려야 할까요?』. 사회평론.

한재각 · 이영희 (2012). 「한국의 에너지 시나리오와 전문성의 정치」. 『과학기술학연구』 12권 1호: 107-144.

홍성욱 (2015). 「유전공학의 저울추: 디스토피아와 유토피아」. 『호모 사피엔스 씨의 위험한 고민』. 권복규 외. 메디치: 229-260.

Achterhuis, Hans (ed.) (1999/2001). *American Philosophy of Technology: The Empirical Turn*. trans. by Crease, Robert P. Indiana U.P..

Anderson, Chris (2008), "The end of theory," *Wired magazine*, 16(7). https://goo.gl/iPkDVZ (2019. 12. 27. 확인).

Arendt, Hannah (1958/1996). 『인간의 조건』. 이진우 역. 한길사.

Bergson, Henri (1907/2008). 『웃음/창조적 진화/도덕과 종교의 두 원천』. 이희영 옮김. 동서문화사.

Bijker, Wiebe E.(1995). *Of Bicycles, Bakelites, and Bulbe: Toward a Theory of Sociotechnical Change*. MIT.

Bijker, E. et. al. (eds.)(1987), *The Social Construction of Technological Systems: New Directions in the Sociology and History of Technology*. MIT press.

Bird, Kai and Sherwin, Marin J. (2005/2010). 『아메리칸 프로메테우스: 로버트 오펜하이머 평전』. 최형섭 역. 사이언스북스.

Borgmann, Albert (1984a). *Technology and the Character of Contemporary Life: Philosophical Inquiry*. Chicago U. P..

_____ (1984b). "Technology and Democracy." *Research in Philosophy and Technology*. Vol.7: 211-228.

Bostrom, Nick (2014/2017). 『슈퍼인텔리전스』. 까치.

Braidotti, Rosi (2013/2015). 『포스트휴먼』. 이경란 역. 아카넷.

Callon, Michael (1986/2010). 「번역의 사회학의 몇 가지 요소들: 가리비와 생브리외

만의 어부들 길들이기」. 『인간 · 사물 · 동맹: 행위자네트워크 이론과 테크노
사이언스』. 홍성욱 엮음. 이음.

Callus, Ivan and Stefan Herbrechter (2013). "Posthumanism." *The Routledge Companion to Critical Theory*. eds. by Simon Malpas and Paul Wake. Routledge: 144-153.

Chislenko, Alexander Sasha et. al. (eds.) (2012). "Transhumanist Declaration." *The Transhumanist Reader* : 54-55.

Cohen, Julie E. (2013). "What Privacy Is For." *Harvard Law Review*. Vol.126: 1904-1933.

De Vries, Marc J.(2005). "Analysing the Complexity of Nanotechnology." *Techné* 8(3): 62-75.

_____ (2010), "Introducing Van Riessen's Work in the Philosophy of Technology", *Philosophia Reformata*, 75: 2-9.

Eggert, Rudolph J. (2004/2010). 『공학설계』. 강남철 역. 시그마프레스.

Ellul, Jacques (1954/1964). *The Technological Society*. trans. by J. Wilkinson. Vintage.

_____ (1970). *The Meaning of the City*. trans. by Dennis Pardee. Eerdmans.

_____ (1981). "Epilogue: On Dialectic." *Jacques Ellul: Interpretive Essays*. C. G. Christians and J. M. Van Hook eds. Illinois U. P..: 91-308.

_____ (1981/1982). *In Season Out of Season*. Trans. by L. K. Niles. Harper & Row.

_____ (1992). "Technology and Democracy." *Democracy in a Technological Society*. L. Winner Ed. Kluwer: 35-50.

_____ (1988/1990). *Technological Bluff*. Eerdmans.

Ellul, Jacques and Troude-Chastenet, Patrick (1994/2005). *Jacques Ellul on Politics, Technology, and Christianity: Conversation with Patrick Troude-Chastenet*. Wipf & Stock.

Feenberg, Andrew (1996). "Marcuse or Habermas: Two Critiques of Technology." *Inquiry* Vol. 39: 45-70.

_____ (1999). *Questioning Technology*. Routledge.

Ferré, Frederick (1995/2009). 『기술철학』. 박준호 역. 서광사.

Fielder, John(1992). "Autonomous Technology, Democracy, and the Nimbys." *Philosophy and Technology vol 9: Democracy in a Technological Society*. ed. by Langdon Winner: 105-121.

Franssen, Maarten et. al. (eds.) (2016). *Philosophy of Technology after the Empirical Turn*. Springer.

Haub, Carl(2009). "What is a City? What is Urbanization?" *Population Reference Bureau*. https://goo.gl/X1CD8Z (2019. 12. 25. 확인).

Hayles, N. Katherine (1999/2013). 『우리는 어떻게 포스트휴먼이 되었는가』. 허진 역. 열린책들.

Hegel, G. W. F. (1821/2020). 『법철학』. 서정혁 역. 지식을 만드는 지식.

Heidegger, Martin(1951/1977). "Building Dwelling Thinking." *Martin Heidegger: Basic Writings*. ed. by David Farrell Krell, Haper & Row. 319-339.

_____ (1954/2008). 『강연과 논문』. 이기상 · 신상희 · 박찬국 역. 이학사.

_____ (1966/1993). "Only a God Can Save Us: Der Spiegel's Interview with Martin Heidegger (1966)." *The Heidegger Controversy: A Critical Reader*. ed. by Richard Wolin. MIT: 91-116.

Herkert, Joseph R. (2001). "Future Directions in Engineering Ethics Research: Microethics, Macroethics and the Role of Professional Societies." *Science and engineering ethics*. 7(3): 403-414.

_____ (2005). "Ways of Thinking about and Teaching Ethical Problem Solving: Microethics and Macroethics in Engineering." *Science and Engineering Ethics*. 11(3): 373-385.

Higgs, Eric, Light, Andrew and Strong, David (eds.) (2000). *Technology and the Good Life?* Chicago U.P..

Hilbert, Martin (2013), "Big Data for Development: From Information~ to Knowledge Societies," SSRN: https://goo.gl/KqBRzB (2019. 12. 27. 확인).

Holbrook, J. B. (ed.) (2014). *Ethics, Science, Technology and Engineering*. Gale, Cengage Learning.

Horenstein, Mark N. (2009/2010). 『공학입문 창의적 공학설계』(4판). 이광수 역. 휴 먼싸이언스.

Horkheimer, Max and Adorno, Theodor W.(1969/2001). 『계몽의 변증법』. 김유동

역. 문학과 지성사.

Ihde, Don (1979/1998).『기술철학: 돈 아이디의 기술과 실천』. 김성동 역. 철학과 현
실사.

_____ (1990). *Technology and the Lifeworld: From Garden to Earth*. Indiana U.P..

_____ (2008/2009). *Postphenomenology and Technoscience: The Peking Univeristy Lectures*. SUNY.

Ihde, Don and Malafouris, Lambros (2019). "Homo faber Revisited: Postphenomenology and Material Engagement Theory." *Philosophy and Technology* Vol. 32: 195-214).

Jerónimo, Helena. M., Garcia, José Luís, & Mitcham, Carl (eds.) (2013). *Jacques Ellul and the Technological Society in the 21st Century*. Springer.

Joerges, Bernward (1999). "Do Politics Have Artefacts?" *Social Studies of Science*. Vol 29. No.3: 411-431.

Jonas, Hans (1979/1984). *The Imperative of Responsibility*. trans. by Hans Jonas and David Herr. Chicago U. P..

_____ (1979/1994).『책임의 원칙: 기술 시대의 생태학적 윤리』. 이진우 역. 서광사.

_____ (1987/2005).『기술 · 의학 · 윤리』. 이유택 역. 솔.

_____ (1996). *Mortality and Morality*. ed. by Lawrance Vogel. Northwestern U.P..

Kellner, Douglas (1991). "Introduction to the Second Edition." *One Dimensional Man*. Herbert Marcuse. Routledge: xi-xxxix.

Kroes, Peter and Meijers, Anthonie (eds.) (2000). *Research in Philosophy and Technology Vol. 20: The Empirical Turn in the Philosophy of Technology*. Emerald Publishing.

_____ (2002). "The Dual Nature of Technical Artifacts: Presentation of a New Research Program." *Techné* Vol. 6/2: 4-8.

_____ (2016). "Toward an Axiological Turn in Philosophy of Technology." *Philosophy of Technology after the Empirical Turn*. ed. by Franssen et. al.. Springer: 11-30.

Kurzweil, Ray (2005/2007).『특이점이 온다』. 김명남 · 장시형 역. 김영사.

Leonhard, Gerd (2016/2018).『신이 되려는 기술: 위기의 휴머니티』. 전병근 역. 틔움
출판.

Mackenzie, Donald and Wajcman, Judy (1999). *The Social Shaping of Technology* (2nd ed.). Open U. P..

Madsen, Michael (2010). *Into Eternity*(Documentary Film). Films Transit International.

Malafouris, Lambros (2013). *How Things Shape the Mind: A Theory of Material Engagement*. MIT.

Marcuse, Herbert (1941/1998). "Some Social Implications of Modern Technology." *Technology, War and Fascism: Collected Papers of Herbert Marcuse* Vol 1. ed. by Douglas Kellner. Routledge: 39-65.

_____ (1955/2001). 『에로스와 문명: 프로이트 이론의 철학적 연구』. 김인환 역. 나남.

_____ (1964/2009). 『일차원적 인간』. 박병진 역. 한마음사.

_____ (1965). "On Science and Phenomenology." *Boston Studies in the Philosophy of Science* 2: 179-190.

_____ (1968). *Negations*. Beacon Press.

_____ (1969/2004). 『해방론』. 김택 역. 울력.

_____ (1972). *Counterrevolution and Revolt*. Beacon Press.

Marx, Karl (1843/2011). 『헤겔 법철학 비판』. 강유원 역. 이론과 실천.

Mayer-Schönberger, Viktor and Cukier, Kenneth N. (2013). 『빅데이터가 만드는 세상: 데이터는 알고 있다』. 이지연 역. 21세기북스.

McLuhan, Marshall (1964/2011). 『미디어의 이해: 인간의 확장』. 김상호 역. 커뮤니케이션북스.

McLuhan, Marshall and Fiore, Quentin (1967). "The Medium is the MASSAGE: An Inventory of Effects." Ginko Press.

Mitcham, Carl (1994). *Thinking Through Technology: The Path Between Engineering and Philosophy*. Chicago U.P..

_____ (2003). "Co-Responsibility for Research Integrity." *Science and Engineering Ethics*. Vol. 9. Issue 2: 273-290.

_____ (2010). "Placing Technology in the Religious-Philosophical Perspective: A Dialogue among Traditions." *Philosophia Reformata*. 75: 10-35.

_____ (2020). *Steps Toward a Philosophy of Engineering: Historico-Philosophical and Critical Essays*. Rowman & Littlefield.

Moravec, Hans (1988/2011). 『마음의 아이들: 로봇과 인공지능의 미래』. 박우석 역. 김영사.

Mumford, Lewis (1934). *Technics and Civilization*. Harcourt Brace.

_____ (1934/2013). 『기술과 문명』. 문종만 역. 책세상.

_____ (1964). "Authoritarian and Democratic Techincs." in *Technology and Culture*, Vol.5:1 (Winter): 1-8.

_____ (1966/1986). "The First Megamachine." *The Lewis Mumford Reader*. ed. by Donald L. Miller, Pantheon.

O'Connell, Mark (2017/2018). 『트랜스휴머니즘』. 문학동네.

Ong, Walter J. (1982). *Orality and Literacy*. Routledge.

Papanek, Victor (1983/1986). 『인간과 디자인』. 한도룡 · 이해묵 역. 미진사.

Pariser, Eli (2011a). 『생각 조종자들』. 알키.

_____ (2011b). 「온라인 "필터버블"을 주의하세요」, TED 2011 https://goo.gl/UARFxZ (2019.11.9. 확인).

Pinch, Trevor J. and Bijker, Wiebe E.(1987). "The Social Construction of Facts and Artifacts: Or How the Sociology of Science and the Sociology of Technology Might Benefit Each Other." *The Social Construction of Technological Systems*. eds. by Wiebe E. Bijker et. al.: 17-50.

Pitt, Joseph C. (2000). *Thinking About Technology: Foundations of the Philosophy of Technology*. Seven Bridges.

Pöggeler, Otto (1988/1993). "Heidegger's Political Self-Understanding." The Heidegger Controversy: A Critical Reader. ed. by Richard Wolin. MIT: 198-224.

Popper, Karl (1963/2001). 『추측과 논박 I』. 이한구 역. 민음사.

Postman, Neil (1999). *Building a Bridge to the 18th Century: How the Past Can Improve Our Future*. Vintage.

_____ (2000). "The Humanism of Media Ecology." *Proceedings of the Media Ecology Association*. Vol. 1: 10-16.

Prestero, Timothy (2012). "Design for People, not Awards," TEDx Boston. http://goo.gl/DahJ0g (2019.12.30. 확인).

Rathenau Institute (2019). *Work Programme for 2019-2020*.

Richards, Neil M. and King, Jonathan H. (2014). "Big Data Ethics." *Wake Forest Law Review*. Vol. 49: 393-432.

Rollison, Jacob (2017). "Ellul and Personalism." International Jacques Ellul Society. https://ellul.org/themes/ellul-and-personalism/ (2020.2.29. 확인).

Sandel, Michael J. (2007). *The Case Against Perfection: Ethics in the Age of Genetic Engineering*. Belknap Havard.

Schumacher, Ernst F. (1973/2002). 『작은 것이 아름답다』. 이상호 역. 문예출판사.

Schuurman, Egbert (2014/2019). 『기술의 불안한 미래: 엇갈린 전망과 기독교적 대안』. 최용준·손화철 역. 비아토르.

Sclove, E. Richard(1995), *Democracy and Technology*. Guilford Press.

Sennett, Richard (2008/2010). 『장인: 현대문명이 잃어버린 생각하는 손』. 김홍식 역. 21세기북스.

Shelley, Mary (1818/2011). 『프랑켄슈타인』. 오숙은 역. 열린책들.

Shrader-Frechette, Kristin (1994). *Ethics of Scientific Research*. Rowman & Littlefied.

Smithsonian Institute (2007/2010). 『소외된 90%를 위한 디자인』, 허성용·허영란 역. 에딧더월드.

Son, Wha-Chul (2005). *Modern Technology and Democracy*. K. U. Leuven. Doctoral Dissertation.

_____(2013). "Are We Still Pursuing Efficiency Principle?: Interpreting Jacques Ellul's Efficiency Principle." *Jacques Ellul and the Technological Society in the 21st Century*. H. M. Jerónimo, J. L. Garcia, and C. Mitcham eds. Springer: 49-62.

_____ (2014). "Autonomous Technology." *Ethics, Science, Technology and Engineering*. ed. by J. Britt Holbrook. Gale, Cengage Learning: 164-168.

Sørensen, Knut H.(2004). "Cultural Politics of Technology: Combining Critical and Constructive Interventions?" *Science, Technology & Human Values* Vol. 29, No. 2: 184-190.

Thompson, Brian S. (2001). 『창의적 공학설계 1』. 서영성 역. 피어슨에듀케이션코리아.

Turkle, Sherry (2010/2012).『외로워지는 사람들: 테크놀로지가 인간관계를 조정한다』. 이은주 역. 청림출판.

Vanderburg, Willem H. (ed.) (1981/2010)『세계적으로 사고하고 지역적으로 행동하라』. 김재현 · 신광은 역. 대장간.

_____ (2000). *The Labyrinth of Technology*. Toronto U.P..

Van Riessen, Hendrik (1952). *The Society of the Future*. Trans. by D. H. Freeman. Baker Book House.

_____ (1960). "The Relation of the Bible to Science." *Christian Perspectives*. Pella Publisher: 3-54.

_____ (1961/1979). "The Structure of Technology." Trans. by Donald Morton. *Research in Philosophy and Technology*, 2: 296-313.

Verbeek, Peter-Paul (1999/2001). "Don Ihde: The Technological Lifeworld." *American Philosophers of Technology: The Empirical Turn*, ed. by Achterhuis. Indiana U.P..: 119-146.

Verkerk, Maarten et. al. (2007/2016). *Philosophy of Technology: An Introduction for Technology and Business Students*. Routledge.

Vogel, Steven (1991). "New Science, New Nature: The Habermas-Marcuse Debate Revisited." *Research in Philosophy and Technology* Vol. 11: 15-178.

Weil, Vivian (2002). "Making Sense of Scientists' Responsibilities at the Interface of Science and Society." *Science and Engineering Ethics*, Vol. 8, Issue 2: 223-227.

Wennemann, D. J. (1991). "Freedom and Dialectic in Ellul's Thought." *Research in Philosophy and Technology*. Vol. 11: 67-75.

Winner, Langdon(1977/2000).『자율적 테크놀로지와 정치철학』. 대우학술총서 469. 아카넷.

_____ (1986/2010).『길을 묻는 테크놀로지』. 손화철 역. 씨아이알.

_____ (1993). "Social Constructivism: Opening the Black Box and Finding it Empty." *Science as Culture*. Vol.16, Part 3, No.16: 427-452.

_____ (1995). "The Enduring Dilemmas of Autonomous Technique." *Bulletin of Science, Technology &Society*, Vol. 15, No. 2: 62-72.

_____ (2002). "Are Humans Obsolete?" *The Hedgehog Review* Vol. 4(3): 25-44.

_____ (2003). "Langdon Winner's Testimony to the Committee on Science of the U.S. House of Representatives on the Social Implications of Nanotechnology." http://www.rpi.edu/~winner/testimony.htm (2019.12.30. 확인).

Woolgar, Steve and Cooper, Geoff(1999), "Do Artefacts Have Ambivalence?: Moses' Bridge, Winner's Bridge and other Urban Legends in S&TS." *Social Studies of Science*, Vol. 29, No. 3: 433-449.

# 찾아보기

## 지은이 손화철

서울대학교 철학과를 거쳐 벨기에 루벤대학교 철학부에서 '현대 기술과 민주주의'라는 주제로 박사학위를 취득했다. 세부 전공은 기술철학이고, 주요 연구 분야는 기술철학의 고전이론, 기술과 민주주의, 포스트휴머니즘, 빅데이터와 인공지능의 철학, 미디어 이론, 공학윤리, 연구윤리 등이다. 현재는 한동대학교 교양학부 교수(철학)이다.

지은 책으로 『랭던 위너』, 『현대기술의 빛과 그림자: 토플러와 엘륄』, 『4차 산업혁명이라는 거짓말』(이하 공저), 『포스트휴먼 시대의 휴먼』, 『포스트휴먼 사회와 새로운 규범』, 『인공지능과 새로운 규범』, 『과학기술학의 세계』, 『한 평생의 지식』, 『과학철학: 흐름과 쟁점, 그리고 확장』 등이 있으며, 옮긴 책으로 닐 포스트먼의 『불평할 의무: 우리 시대의 언어와 기술, 그리고 교육에 대한 도발』, 랭던 위너의 『길을 묻는 테크놀로지』, 엑버트 스휴르만의 『기술의 불안한 미래』 등이 있다.

대우학술총서 629

# 호모 파베르의 미래

기술의 시대, 인간의 자리는 어디인가

1판 1쇄 펴냄  2020년 12월 31일
1판 3쇄 펴냄  2023년 1월 6일

지 은 이  손화철
펴 낸 이  김정호

책임편집  박수용
디 자 인  이대응

펴 낸 곳  아카넷
출판등록  2000년 1월 24일 (제406-2000-000012호)
주    소  10881 경기도 파주시 회동길 445-3
전    화  031-955-9511 (편집) · 031-955-9514 (주문)
팩시밀리  031-955-9519

www.acanet.co.kr

ⓒ 손화철, 2020

Printed in Paju, Korea.

ISBN 978-89-5733-716-5 94100
ISBN 978-89-89103-00-4 (세트)

이 도서의 국립중앙도서관 출판예정도서목록(CIP)은 서지정보유통지원시스템 홈페이지(http://seoji.nl.go.kr)와
국가자료공동목록시스템(http://www.nl.go.kr/kolisnet)에서 이용하실 수 있습니다.(CIP제어번호: 2020051449)